Hartmut Kaelble
Nachbarn am Rhein

Hartmut Kaelble

Nachbarn am Rhein

Entfremdung und Annäherung
der französischen und deutschen Gesellschaft
seit 1880

Verlag C. H. Beck München

CIP-Titelaufnahme der Deutschen Bibliothek

Kaelble, Hartmut:
Nachbarn am Rhein : Entfremdung und Annäherung der
französischen und deutschen Gesellschaft seit 1880 /
Hartmut Kaelble. – München : Beck, 1991
ISBN 3 406 35224 3

ISBN 3 406 35224 3

Umschlagentwurf: Bruno Schachtner, Dachau
© C.H.Beck'sche Verlagsbuchhandlung (Oscar Beck), München 1991
Gesamtherstellung: C.H.Beck'sche Buchdruckerei, Nördlingen
Gedruckt auf alterungsbeständigem (säurefreiem) Papier,
gemäß der ANSI-Norm für Bibliotheken
Printed in Germany

Vorbemerkung

Ein Buch, das die Geschichte zweier Gesellschaften vergleicht, sollte im Gespräch mit Historikern beider Nationen und am besten auch in beiden Ländern geschrieben werden. Mit diesem Buch verhält es sich so. Es ist zuerst mit Blick auf die Pariser Rue du Cherche-Midi und ihrer schicken Geschäftigkeit, danach mit Blick auf die Kiefern des Berliner Grunewalds und seiner Streusandbüchsennüchternheit niedergeschrieben worden. Für diesen bikulturellen Hintergrund bin ich Clemens Heller von der Maison des Sciences de l'Homme in Paris dankbar, der mich 1985 zu einem Aufenthalt nach Paris einlud. Dankbar bin ich daneben vor allem der Volkswagen Stiftung, die mir 1987/88 ein Akademiestipendium gewährte, auch der Freien Universität Berlin, die mir danach noch ein Semester bewilligte, in dem ich nur ein Seminar zum Thema des Buches zu halten hatte; weiterhin dem DAAD und der Historischen Kommission zu Berlin, die mir kurze Lehr- bzw. Forschungsaufenthalte in Paris finanzierten. Dankbar bin ich schließlich auch Jürgen Kocka für die Einladung an die Bielefelder ZIF-Forschungsgruppe «Bürgertum im 19. Jahrhundert», in der es einen intensiven Dialog über den Vergleich zwischen Frankreich und Deutschland gab. Viel gewonnen habe ich auch von den Anregungen anderer Fachkollegen, die einzelne Kapitel des Buches lasen, besonders Christoph Conrad, Heinz-Gerhard Haupt, Merith Niehuss, Hannes Siegrist, Clemens Wurm, den Teilnehmern meines Doktorandenarbeitskreises, aber auch den zahlreichen Kollegen, die einzelne Thesen dieses Buches bei Vorträgen in Bielefeld, Bad Homburg, Frankfurt, Marburg, Paris und Uppsala diskutierten. Ich danke auch Antonia Humm, Andrea Schmelz und Alexander Schmidt für ihre technische Hilfe und Heike Siesslack für ihre geduldige Mithilfe bei diesem meinem ersten Computermanuskript.

Berlin, April 1991 *Hartmut Kaelble*

Inhalt

Einleitung 9

Teil I:
Der Blick zurück um 1914: Die Entfremdung

1. Die raschere deutsche Industrieexpansion und ihre Folgen 19
2. Die stärkere Familienbindung in Frankreich 41
3. Französische Bourgeoisie und deutsches Großbürgertum 59
4. Der Arbeitskonflikt: Deutsche Arbeiterorganisation und
französische sozialistische Bewegung 87
5. Die früheren Anfänge des Sozialstaats in Deutschland 102
6. Zwischenbilanz und Ausblick auf die Zwischenkriegszeit 139

Teil II:
Der Blick zurück um 1980: Die Annäherung

7. Deutsches Wirtschaftswunder und französische wirtschaftliche
Modernisierung: Die wirtschaftlichen und gesellschaftlichen
Auswirkungen 151
8. Die Familie: Neue französisch-deutsche Unterschiede und
europäische Annäherungen 168
9. Französische und deutsche obere Schichten nach 1945 182
10. Arbeitskonflikte und neue soziale Bewegungen:
Andere Welten? 196
11. Der Sozialstaat in Frankreich und in der Bundesrepublik:
Traditionelle Unterschiede und europäische Annäherungen ... 214

Zusammenfassung und Schlußbemerkungen 231

Anhang

Anmerkungen 249

Literatur- und Quellenhinweise 257

Register 289

Einleitung

Die Einstellung von Franzosen und Deutschen zueinander hat in den letzten zehn Jahren allem Anschein nach einen der tiefsten Umbrüche der letzten hundert Jahre erlebt. Wenn wir den Umfragen Glauben schenken dürfen, so betrachtet Frankreich heute Deutschland als einen der vertrauenswürdigsten oder sogar vertrautesten Nachbarn. Auch für die Deutschen gehören die Franzosen zu den Nachbarn, die ihnen am nächsten stehen und auf die sie sich am meisten verlassen. Noch um die Mitte der 70er Jahre sahen dagegen die wechselseitigen Einstellungen ganz anders aus. Die Deutschen rangierten bei den Durchschnittsfranzosen eher unter den schwer einzuschätzenden, unsicheren und immer noch beunruhigenden Nachbarn. Umgekehrt entwickelten auch die Deutschen bei allen grundsätzlichen Sympathien nicht sonderlich viel Vertrauen in die Franzosen. Soweit wir sehen können, war das sehr lange Zeit die Normaleinstellung der beiden Völker zueinander gewesen. Seit es direkt nach 1945 Umfragen gab, hatten sie die Ambivalenz in den Einstellungen der Durchschnittsbürger beider Länder belegt. Auch für die Zeit davor – für die erste Hälfte des 20. und für die letzten Jahrzehnte des 19. Jahrhunderts – lassen uns die sehr viel gröberen, ideengeschichtlichen Untersuchungen vermuten, daß das Mißtrauen gegenüber dem gewichtigsten Nachbarn die Haltung der Bürger beherrschte, soweit sie sich überhaupt ein Bild vom Volk jenseits des Rheins machten und machen konnten. Das idyllische und romantische Bild vom Volk der Dichter und Denker, das noch am Anfang des 19. Jahrhunderts Madame de Staël von den Deutschen zeichnete, war spätestens mit der Eroberung Frankreichs durch die preußische Armee 1870/71 vom Bild des aggressiven Pickelhaubenmilitaristen verdrängt worden; es hatte eigentlich schon beim Einmarsch der preußischen Truppen in das napoleonische Frankreich, ja schon während des siebenjährigen Krieges, erste Risse bekommen. Umgekehrt war seit der Eroberung Deutschlands durch Napoleon I. das Mißtrauen gegen Frankreich das sicherste und wirksamste Aufputschmittel für deutschen Nationalismus.[1] Selbst Heinrich Heine, der fast die Hälfte seines Lebens in Frankreich gelebt und Paris geliebt hatte, konnte für das napoleonische Frankreich keine Sympathien entwickeln. «Es ist freilich wahr, daß dennoch der tote Napoleon von den Franzosen geliebt wird... Vielleicht eben weil er tot ist, was wenigstens mir das liebste an Napoleon ist, denn lebte er noch, so müßte ich ihn ja bekämpfen helfen.»[2]

Warum dieser plötzliche Bruch einer langen, verhärteten und eingefleischten Tradition des Mißtrauens und des Feindbildes in den völlig unspektakulären späten 1970er und 1980er Jahren? Warum sollte dieser Bruch so abgehoben von der Geschichte der Regierungsbeziehungen passiert sein, in der die Gründung der Montanunion 1951, die Gründung der Europäischen Wirtschaftsgemeinschaft 1957, der deutsch-französische Freundschaftsvertrag 1963 die wichtigsten Etappen sind und in der es keinerlei ähnlich einschneidende Ereignisse in den späten 1970er Jahren und frühen 1980er Jahren gab? Ist dieser Bruch nicht vielleicht das Zufallsergebnis einer kurzen Konjunktur oder einfach unglaubwürdig?

Aus mehreren Gründen ist dieser Umschwung in der öffentlichen Meinung gar nicht so erstaunlich. Es ist erstens keineswegs überraschend, wenn die enge Zusammenarbeit der französischen und deutschen Regierungen nicht sofort und schlagartig zu einem Einstellungswandel der Bürger geführt hatte. Es erscheint nur natürlich, daß es erst vieler Jahre funktionierender Praxis der Zusammenarbeit zwischen Regierungen bedarf, um alteingefahrenes und alteingetrichtertes Mißtrauen abzubauen. Es ist sicher schwer zu sagen, wie viele handgreifliche Erfolge dazu nötig sind. Daß jedoch die Bürger erst einmal abwartend auf Regierungsverträge reagieren, ist nur normal.

Der Einstellungswandel, den uns die Umfragen zeigen, war zweitens nicht nur ein plötzlicher Sinneswandel der Franzosen und der Deutschen, sondern hat eher mit Veränderungen unter den Befragten zu tun: vor allem mit dem Nachwachsen der Nachkriegsgenerationen, die schon immer mehr Vertrauen in die europäischen Nachbarn hatten und sich ihnen näher fühlten als die Generationen, die noch unter den nationalistischen Feindbildstereotypen aufgewachsen waren oder während der deutschen Besatzung als Franzosen in ihrem Mißtrauen gegenüber Deutschland zutiefst bestärkt worden waren.[3] Die neuen Nachkriegsgenerationen ohne eigenes Kriegserlebnis und ohne Feindbilderziehung bildeten in den 70er und 80er Jahren nicht nur allmählich die Mehrheit in den beiden Ländern; sie rückten auch in die Entscheidungspositionen ein und beeinflußten direkt oder indirekt über Bücher, Presse, Rundfunk, Fernsehen immer stärker die öffentliche Meinung vom Nachbarn jenseits des Rheins.

Schließlich gibt es einen dritten Grund, der in den meisten Untersuchungen zu den deutsch-französischen Beziehungen unbeachtet bleibt und im Mittelpunkt dieses Buches stehen soll: die langsame, aber tiefgreifende Annäherung der Gesellschaftsstrukturen und Lebensweisen der beiden Länder. Das lange Mißtrauen der Bürger beider Länder hing nicht nur mit politischer Indoktrination und politischen Erfahrungen, sondern auch mit fundamentalen Unterschieden der gesellschaftlichen Strukturen und Lebensweisen zusammen, die jedes Verständnis außerordentlich erschwerten. Am Jahrhundertanfang lebten Franzosen in einer noch sehr stark agrarisch geprägten Gesellschaft mit sehr geringem Bevölkerungswachstum, relativ kleinen Familien, langsamem Stadtwachstum und wenig reinen Industriestädten, starker Immigration aus anderen Mittelmeerländern, traditionellen Familienbetrieben, wenig Aufstiegschancen, kleinen Elitehochschulen ohne Universitäten, einer nicht sehr großen und relativ wenig organisierten Industriearbeiterklasse, einem starken und gefestigten Kleinbürgertum, einem beherrschenden, gesicherten, liberalen Bürgertum, einer entmachteten Aristokratie, einem gebremsten und mit Mißtrauen betrachteten Interventionstaat. Für die Deutschen sah ihre damalige Gesellschaft dagegen ganz anders aus: Sie lebten in einem recht stark industrialisierten Land mit enormem Bevölkerungswachstum, dramatisch wachsenden Städten, oft Industriestädten, starker Auswanderung, geringerer und schlecht bewältigter Immigration, angesehenen und rasch wachsenden Universitäten, riesigen Managerbetrieben, vielen Arbeitern und einer perfekten Gewerkschaftsorganisation, einem sich als bedroht empfindenden Kleinbürgertum, einem verunsicherten, zersplitterten Bürgertum, einer der mächtigsten Grundbesitz- und Amtsaristokratien des Kontinents, einem massiv intervenierenden Staat. Auch wenn diese und andere tiefgreifende gesellschaftliche Unterschiede Franzosen und Deutschen nicht immer bewußt waren, führten sie doch zu großen Gegensätzen in den alltäglichen Grundproblemen und damit auch zu erheblichen Schwierigkeiten mit dem gegenseitigen Verständnis. Ein deutsches Ehepaar mit fünf Kindern hatte wohl wenig Verständnis für die Probleme eines französischen Ehepaars mit zwei Kindern. Ein französischer Familienunternehmer hatte es schwer, den Alltag des Managers eines deutschen Großunternehmens zu verstehen. Einer der typischen aristokratischen deutschen Offiziere führte ein ganz anderes Leben als ein typischer französischer Offizier mit seinem bürgerlichen oder oft auch kleinbürgerlichen Hintergrund. Im Kopf eines Spitzenfunktionärs der sozialistischen Freien Gewerkschaften Deutschlands mit zweieinhalb Millionen Mitgliedern am Vorabend des Ersten Weltkriegs sah es sicher anders aus als im Kopf eines der Führer des CGT, der um 1910 nur eine halbe Million Mitglieder hatte. Selbst für europäische Verhältnisse waren die Unterschiede zwischen der französischen und deutschen Gesellschaft damals oft extrem scharf.

Diese Unterschiede entschärften sich in der Zeit seit 1945 immer mehr. Sie haben heute in vieler Hinsicht überraschenden Annäherungen Platz gemacht, die selbst im Rahmen Westeuropas nicht selten ungewöhnlich sind. Viele Grundprobleme beider Gesellschaften wurden damit ähnlicher, manchmal sogar identisch. So ist heute die Industrialisierung in beiden Ländern gleichermaßen abgeschlossen. Frankreich hat heute kaum mehr Bauern als die Bundesrepublik, umgekehrt die Bundesrepublik nicht weit mehr Industriearbeiter als Frankreich. Die Familien sind ähnlicher geworden. In Frankreich wie in Deutschland hat sich der Managerbetrieb in den Großunternehmen durchgesetzt. Herkunft, Ausbildungsstand, Managementmethoden der Großunternehmer haben sich angeglichen. Die alte Feudal- und Amtsaristokratie ist in der Bundesrepublik genauso entmachtet wie in Frankreich. Der gewerkschaftliche Organisationsgrad fällt in beiden Ländern nicht mehr so weit auseinander. Der Sozialstaat hat sich in beiden Ländern in ähnlicher Weise etabliert. Wir werden noch auf viele solche Beispiele gründlicher und systematischer zurückkommen. Die Gesellschaften auf der jeweils anderen Seite des Rheins wurden damit für Franzosen und Deutsche weniger fremdartig und leichter verständlich. In einem langsamen Lernprozeß, der freilich oft hinter der gesellschaftlichen Annäherung herhinkte, wurden sich Deutsche und Franzosen dieser neuen Ähnlichkeiten allmählich bewußt.

Allerdings ist dieser Annäherungsprozeß nur eine Tendenz unter mehreren. Einige wichtige Gesellschaftsstrukturen und Lebensweisen blieben so verschieden wie eh und je. So blieb die Zentralisierung in Paris, die Degradierung der Provinz mit ihren vielfältigen Auswirkungen auf das Alltagsleben einem Bundesdeutschen besonders der Nachkriegsgeneration ebenso fremd wie der unstrukturierte, fluchtpunktlose Großstadtbrei der Bundesrepublik für einen Franzosen. Die französischen grandes écoles mit ihren vielfältigen Auswirkungen auf den Leistungsdruck im Alltag der französischen Schüler und Studenten, auf die Netzwerke in den Karrieren der französischen Wirtschaft, Verwaltung und Wissenschaft sind für Deutsche ebenso fremdartig wie für Franzosen die geringen oder doch flüchtigen Unterschiede zwischen den deutschen Universitäten, das scheinbar unangestrengte deutsche Studentenleben und die Auswahlkriterien in den deutschen Wirtschafts-, Wissenschafts- und Verwaltungskarrieren. In einem fast rein katholischen Land stellten sich die Fragen der Kirche und Religion weiterhin anders als in der Bundesrepublik bzw. in Deutschland mit zwei ungefähr gleich gewichtigen Konfessionen. Nicht nur das. In manchen Bereichen gab es in den letzten Jahrzehnten sogar Tendenzen zur Auseinanderentwicklung. Die Geburtenraten und Familiengrößen in Frankreich und der Bundesrepublik fielen in den 1970er und 1980er Jahren immer mehr auseinander. Auch in den neuen sozialen Bewegungen schienen sich die Kontraste in der ersten Hälfte der 80er Jahre eher zu verschärfen. Friedens- und Umweltbewegungen waren in der jüngsten Vergangenheit in Frankreich lange Zeit besonders schwach, in Deutschland besonders stark. Auch in der Gegenwart repräsentieren daher Frankreich und Deutschland immer noch unterschiedliche Entwicklungswege europäischer Gesellschaften. Auch wenn diese Wege heute enger beieinander liegen als vor achtzig Jahren, wird deshalb das Land jenseits des Rheins mit Recht oft weiterhin als Modell für eine andere Entwicklung angesehen. Es hieße daher, die Geschichte der gesellschaftlichen Annäherung der beiden Länder mißverstehen, wollte man darin eine alle Strukturen und Lebensweisen durchdringende, völlige Angleichung sehen oder erwarten. Beide Länder bleiben verschieden. Auch die deutsche Einheit wird daran wohl nichts ändern. Sie haben sich aber doch so weit angenähert, daß sie sich meist nicht mehr befremdet von einander abkehren, sondern, neugierig geworden, eher voneinander lernen.

Mit diesen eher unbekannten Aspekten der gesellschaftlichen Annäherung Frankreichs und Deutschlands werden sich die folgenden Seiten befassen. Noch vor fünfzehn Jahren waren solche Untersuchungen über die Langzeitentwicklung in beiden Gesellschaften außerordentlich schwierig, weil es erstaunlich wenig Vergleichendes, kaum länderübergreifende Materialsammlungen, ja nicht einmal parallele Forschungen in beiden Ländern gab. Wir sind heute in einer erheblich besseren, wenn auch keineswegs optimalen Situation. Statistische Materialsammlungen zu vielen Aspekten der Langzeitentwicklung in beiden Ländern sind inzwischen verfügbar. Die intensiven Forschungskontakte zwischen beiden Ländern haben zu mehr parallelen Arbeiten auf beiden Seiten des Rheins geführt. Selbst die direkten Vergleiche zwischen der französischen und deutschen Sozialgeschichte werden in allerletzter Zeit etwas häufiger. Diese neuen Chancen nutzen wir gründlich.[4]

Wir werden im ersten Teil des Buches das Auseinanderdriften der beiden Gesellschaften während der letzten Jahrzehnte vor dem Ersten Weltkrieg gleichsam aus dem Blickwinkel von 1914 verfolgen – eine Entwicklung, die schon Zeitgenossen von den «tiefen Gegensätzen, die das heutige Frankreich und Deutschland zerklüften», sprechen ließ.[5] Fünf Bereiche erscheinen uns dabei zentral: die massivere Entwicklung der deutschen Industrie mit vielen einschneidenden Folgen; die uns heute viel näher stehende französische Familie und die traditionellen deutschen Familienstrukturen, familiären Beziehungen und Frauenrollen; die tiefen Unterschiede zwischen einer mächtigen und in sich recht geschlossenen französischen Bourgeoisie und einem halb an die Macht gelassenen, in sich zerspaltenen deutschen Bürgertum; die starken Gegensätze im Arbeitskonflikt; schließlich der damals als äußerst modern und effizient geltende deutsche Interventionsstaat im Vergleich zu einer traditionell hochentwickelten, stark zentralisierten Staatsbürokratie in Frankreich. In einem kurzen Kapitel über die Zwischenkriegszeit werden wir die weitere Zuspitzung dieser gesellschaftlichen Kontraste zwischen Frankreich und Deutschland behandeln.

Im zweiten Teil nehmen wir diese Themen wieder auf, behandeln sie im Blick der Gegenwart auf die vergangenen vier bis fünf Jahrzehnte und zeigen, wie stark sich die beiden Gesellschaften heute angenähert haben. Wir werden das vor allem für den Bereich der wirtschaftlichen Entwicklung und ihrer Folgen für die Berufsstruktur und die Verstädterung tun können – ein Bereich, in dem der Gegensatz zwischen Frankreich und Deutschland vor allem seit den 1950er Jahren immer wieder überschätzt und die Dynamik der französischen Wirtschaft auf beiden Seiten des Rheins unterschätzt wird. Wir werden weiter verfolgen, wie stark sich im Verlauf des zwanzigsten Jahrhunderts die Familienstruktur, das Familienleben und die Rolle der Frau in Frankreich und Deutschland angenähert haben, wie weit freilich auch Unterschiede auf beiden Seiten des Rheins erhalten blieben. Wir werden dann die Annäherungen der alten Gegensätze zwischen französischer Bourgeoisie und deutschem Bürgertum belegen können. Wir werden danach die auch heute noch starken, aber nicht ungebrochenen Unterschiede des Arbeitskonflikts in Frankreich und der Bundesrepublik behandeln und schließlich die eindrucksvollen Annäherungen des französischen und bundesdeutschen Wohlfahrtsstaats nachzeichnen. Im Schlußkapitel werden wir die Hauptthese nochmals kompakt vortragen.

Gesellschaften lassen sich schwer vergleichen, auch wenn sie sich wie Frankreich und Deutschland im Prinzip immer in ähnlichen Entwicklungsstadien befanden. Drei Fehler sollte man vermeiden: Bei einem Vergleich wie dem unsrigen besteht erstens immer die Gefahr, daß man die Unterschiede überschätzt, weil man noch unterschiedlichere Länder nicht in den Vergleich einbezieht. Bernard Shaw hat das einmal etwas bissig den «Narzißmus des Unterschieds» genannt. Es besteht aber auch die umgekehrte Gefahr, daß man Ähnlichkeiten und Annäherungen als einzigartiges französisch-deutsches Phänomen ansieht und sie in sicher guter Absicht als Zeichen der deutsch-französischen Verständigung überbewertet und sogar ideologisiert. Es scheint mir sehr wichtig, diesen beiden Fehlurteilen nicht zu verfallen. Es wird deshalb immer versucht, gleichzeitig die Gesamtentwicklung der Divergenzen und Konvergenzen *Westeuropas* im Auge zu behalten. Damit wird klarer werden, was normale europäische Entwicklung und was französisch-deutsche Besonderheit war. Der vorliegende Vergleich zwischen Frankreich und Deutschland ist in gewisser Weise die Fortführung eines Buches, das ich vor einigen Jahren publizierte und in dem ich versuchte, die *Gemeinsamkeiten* der westeuropäischen Gesellschaften in ihrer geschichtlichen Entwicklung im 20. Jahrhundert aufzuspüren.[6] Auf Unterschiede zwischen einzelnen europäischen Ländern konnte in jenem Buch kaum eingegangen werden. Dies soll im folgenden am Beispiel zweier wichtiger europäischer Länder nachgeholt, dabei aber der europäische Rahmen und die europäischen Gemeinsamkeiten immer bedacht werden.

Wir haben weiter versucht, nicht so zu tun, als ob Frankreich und Deutschland bzw. die Bundesrepublik in sich völlig einheitliche Gesellschaften gewesen wären und als ob die französisch-deutsche Grenze für den vergleichenden Sozialhistoriker die einzig wichtige geographische Trennlinie gewesen wäre und ist. Vielmehr kam es uns auch auf die inneren regionalen Unterschiede sowohl in Frankreich als auch in Deutschland bzw. der Bundesrepublik an. Zwischen den Nachbarländern Frankreich und Deutschland waren die politischen Grenzen in einer Reihe von Entwicklungen auf die wir im folgenden zu sprechen kommen, ziemlich unwichtig. Beide Länder gehören gemeinsam zum dynamischen, entwickelten und grenzüberschreitenden Kern Europas. Beide Länder haben und hatten aber auch weite Regionen – Frankreich eher im Westen und Süden, das Deutsche Reich eher im Osten –, die man lange Zeit zu den peripheren Regionen Europas rechnen mußte. Hinzu kommt ein spezielles Problem der deutschen Geschichte. Wir vergleichen in diesem Buch zwei verschiedene Deutschlands mit ein- und demselben Frankreich: im ersten Teil das Deutsche Reich am Vorabend des Ersten Weltkriegs, im zweiten Teil die alte Bundesrepublik. Manches, was wir als Annäherung zwischen beiden Gesellschaften finden werden, hat damit zu tun, daß die alte wie die neue Bundesrepublik nicht nur geographisch erheblich weiter westlich liegt als das Deutsche Reich. Trotzdem macht der Vergleich mit verschiedenen Deutschlands einen Sinn: Die französisch-deutschen Auseinanderentwicklungen der Vorkriegszeit beschränkten sich keineswegs auf die östlichen und mittleren Teile Deutschlands, sondern erfaßten durchaus auch den Westen und Süden, also das Territorium der alten Bundesrepublik. Zudem wohnten und wohnen in der alten Bundesrepublik fast vier Fünftel der Deutschen. Frankreich mit der alten Bundesrepublik vergleichen heißt deshalb die Franzosen mit der großen Mehrheit der Deutschen vergleichen. Die frühere DDR in diesen Vergleich einzubeziehen, ist nicht möglich, da die Sozialgeschichte dieses Teils Deutschlands jenseits der offiziösen Darstellungen und oft geschönten Zahlen erst noch erforscht werden muß. Selbst wenn diese enorme Aufgabe eines Tages bewältigt sein wird, werden die hier behandelten Grundtendenzen der Sozialgeschichte der Bundesrepublik in einer gesamtdeutschen Geschichte letztlich doch die beherrschenden sein.

Wir haben schließlich versucht, dieses Buch nicht nur als Historiker der 1980er Jahre zu schreiben, sondern vor allem im ersten Teil auch zu fragen, wie die Zeitgenossen um die Jahrhundertwende die Unterschiede und Ähnlichkeiten zwischen der französischen und deutschen Gesellschaft sahen. Vor allem in Frankreich wuchs das Interesse an der Gesellschaft und Wirtschaft jenseits des Rheins um die Jahrhundertwende stark an und wir besitzen deshalb viele Aussagen und Beobachtungen von teilweise sehr gut informierten Franzosen. In vielen Hinsichten bestätigen diese Zeitgenossen unsere heutigen sozialhistorischen Beobachtungen, in anderen Hinsichten übersahen sie, was wir heute für wichtig halten. Auf jeden Fall werden uns diese Beobachtungen durch das Buch hindurch begleiten und einen Eindruck davon vermitteln, wie stark die Gräben zwischen Frankreich und Deutschland um die Jahrhundertwende die Verständigung zwischen beiden Ländern erschwerten und wie sehr die Annäherung beider Gesellschaften nach 1945 die Verständigung erleichterte.[7]

Teil I:
Der Blick zurück um 1914
Die Entfremdung

Kapitel 1
Die raschere deutsche Industrieexpansion und ihre Folgen

Ein erster Graben, der Franzosen und Deutschen das Verständnis der Gesellschaft auf der jeweils anderen Seite des Rheins am Anfang unseres Jahrhunderts so schwer machte, brach in der wirtschaftlichen Entwicklung auf. Im damals industrialisierenden Teil Europas mit seiner großen inneren Vielfalt gab es selten größere Gegensätze als die zwischen Frankreich und Deutschland.

Das sahen schon die Zeitgenossen. Aus der Perspektive des Jahrhundertanfangs schrieb Henri Lichtenberger, einer der besten damaligen Deutschlandkenner Frankreichs, elsässischer Emigrant, Sorbonneprofessor, bewundernd, daß «die deutsche Industrie sich zu Beginn des 20. Jahrhunderts auf die Stufe von Macht und Wohlstand ohnegleichen erhoben [hat], die ihre Vertreter mit berechtigtem Stolz erfüllt ... Vor 15 Jahren stand Deutschland unter den handeltreibenden Mächten noch an vierter Stelle hinter England, Frankreich und Amerika. Heute haben Deutschland und Frankreich die Rollen getauscht, Deutschland steht an zweiter, Frankreich an vierter Stelle.»[1] Mit einer ganz anderen Bewertung stützte ein weiterer französischer Autor diesen damaligen Eindruck weit auseinanderlaufender Industrialisierungswege: «Für Länder wie Frankreich, deren industrielle und kommerzielle Gangart gemäßigt und deren wirtschaftliches Temperament ausgeglichen ist, entstehen aus der Überproduktion nur vorübergehende und örtliche Krisen. Unser Markt ist (nur) der nationale Markt... Für Länder wie Deutschland ... dagegen, deren industrielle und kommerzielle Gangart rasch und sogar übertrieben ist, führt ein Rückgang des Absatzmarktes in katastrophale Auswirkungen für das gesamte Land.»[2]

Die Gemeinsamkeiten

Aus der Vogelperspektive der gesamtwirtschaftlichen Betrachtung fielen diese Unterschiede allerdings noch nicht auf. Frankreich und Deutschland hatten aus dieser Sicht eher viele Gemeinsamkeiten. Sie waren im 19. Jahrhundert beide nicht nur klassische kapitalistische Länder, in denen sich Waren, Arbeitskräfte und Kapital fast ungehindert bewegen konnten und in denen Unternehmer viel Macht im Staat und gegenüber den noch recht schwachen jungen Gewerkschaften besaßen. In beiden Ländern stieß der Kapitalismus daneben auf zwei ähnlich wichtige Grenzen. In Frankreich wie in Deutschland konnten sich Regierung und staatliche Verwaltung gegenüber den Interessen der neuen Industrien, Banken, Eisenbahn- und Handelsinteressen eine relativ große Unabhängigkeit bewahren. Beide Länder besaßen zudem viele wirtschaftliche Bereiche, die vom Kapitalismus noch nicht durchdrungen waren wie Teile der ländlichen Bauernwirtschaft, des Kleinhandels und des Handwerks, aber auch die Werthaltungen der freien Berufe und der Bildungseliten. Fernand Braudel hat einmal vorgeschlagen, den *unvollkommenen* Kapitalismus als ein Merkmal der Identität des modernen Frankreich anzusehen.[3] Um die Jahrhundertwende war das genauso ein Merkmal der deutschen Wirtschaft. Bauern, Kleinhändler, Handwerker, freie Berufe, Professoren standen auf beiden Seiten des Rheins der kapitalistischen Industrialisierung manchmal feindlich, vor allem aber oft verständnislos gegenüber.

Aus der Vogelperspektive schienen um 1900 zudem beide Länder auf der gleichen wirtschaftlichen Entwicklungsstufe zu stehen. In beiden Ländern war die erste industrielle Revolution abgeschlossen. Das Eisenbahnzeitalter, die technologische Vorreiterrolle und die Wachstumstriebkraft von Textil- und Eisenindustrie, die vielfach übersehene beherrschende Rolle von Handarbeit und handwerklicher Arbeit in den Fabriken neigten sich ihrem Ende zu. In beiden Ländern spürte man die Anzeichen der zweiten industriellen Revolution: das Aufkommen riesiger Unternehmen mit Zehntausenden von Beschäftigten; die Entstehung moderner Massenproduktion, in der die Maschinen die Handarbeit nicht nur ergänzten, sondern oft auch ersetzten; die Durchsetzung moderner Managementmethoden und riesiger Wirtschaftsbürokratien; das massenhafte Aufkommen der modernen Angestelltenberufe und der modernen Manager, die die alten Unternehmerfamilien in den Großunternehmen zu verdrängen anfingen.

Viel ähnlicher als oft angenommen wird, war in beiden Ländern auch das Wirtschaftswachstum, also die Zunahme der jährlichen Leistung der Wirtschaft pro Kopf der Bevölkerung. Von dem beliebten und bekannten Kontrast zwischen einem langsamen, trägen Wirtschaftswachstum in Frankreich ohne starke Brüche und einem abrupt hochschnellenden, überstürzten Wachstum in Deutschland mit tiefen Krisen und fieberhaften Boomperioden ist in den gesamtwirtschaftlichen Wachstumsstatistiken wenig zu sehen. Blickte man um 1900 zurück, so war das Wirtschaftswachstum in Frankreich nur in wenigen Perioden spürbar niedriger gewesen als in Deutschland. In der Ära des ersten modernen industriellen Booms, in den 1850er und 1860er Jahren, war die gesamtwirtschaftliche Leistung pro Kopf (nach einer von mehreren wirtschaftshistorischen Schätzungen) in Deutschland jährlich durchschnittlich um 1,6%, in Frankreich um 1,4% gewachsen. Die Unterschiede waren sicher während der sogenannten großen Depression größer gewesen: In den 1870er und 1880er Jahren hatten die Wachstumsraten in Frankreich nur bei 0,8%, in Deutschland dagegen bei 1,2% gelegen. Aber im zweiten großen Wirtschaftsboom, in dem man sich um 1900 gerade befand, waren die Wachstumsraten gleich: 1,4% für Frankreich und 1,4% für Deutschland in den 1890er Jahren und den 1900er Jahren. Auch aus dieser globalen Perspektive drängen sich eher die Ähnlichkeiten beider Länder auf.

Schließlich gehörten beide Länder zum entwickelten Teil des damaligen Europa. Sie hatten beide um 1900 einen enormen wirtschaftlichen Vorsprung vor den noch nicht industrialisierten Ländern Europas und Außereuropas gewonnen. Man schätzt die wirtschaftliche Leistungskraft Frankreichs und Deutschlands pro Kopf um 1900 um rund die Hälfte höher als die der Habsburger Monarchie, um rund zwei Drittel höher als die Spaniens und doppelt so hoch wie die Portugals. Für den damaligen Zeitgenossen war das erstaunlich. Ein halbes Jahrhundert davor hatte es einen solchen gesamtwirtschaftlichen Vorsprung Deutschlands oder Frankreichs gegenüber diesen süd- und südosteuropäischen Ländern kaum oder überhaupt nicht gegeben. Deutschland ebenso wie Frankreich stützten diesen neuen wirtschaftlichen Vorsprung in ihren Außenwirtschaftsbeziehungen so ab, daß er auch für die Zukunft gesichert schien. Beide Länder exportierten in die zurückgebliebenen Länder vor allem Kapital und ihre überlegenen Industrieprodukte. Sie machten es damit den Industrien in diesen Ländern schwer, sich zu entwickeln und den Rückstand aufzuholen. Den zurückgebliebenen Ländern wurden vor allem Agrarprodukte, industrielle Rohstoffe und Arbeitskräfte abgenommen, die im allgemeinen im Überfluß vorhanden waren und damals in den wirtschaftlich fortgeschrittenen Ländern noch keine Abhängigkeiten schufen.

Das größere Tempo der industriellen Expansion in Deutschland

Diese Ähnlichkeiten um 1900 sind aber nicht alles. Bei näherem Hinsehen stehen dahinter zwei grundverschiedene Entwicklungswege. Es ist deshalb kein Wunder, daß sich über diese Entwicklungswege nach dem Zweiten Weltkrieg eine bis heute nicht beendete Debatte entzündete und fast immer nur über diese Unterschiede geredet wird. Gemeinsamkeiten kommen sehr selten zur Sprache. Diese Unterschiede sind häufig als rapide Industrialisierung in Deutschland und zögernde Industrialisierung in Frankreich, als technologisch und unternehmerisch modernes Deutschland und undynamisches Frankreich, im ganzen als wirtschaftlich fortschrittlicheres Deutschland und als wirtschaftlich zurückgebliebenes Frankreich interpretiert worden. Nicht nur Historiker, sondern auch Zeitgenossen sahen das häufig so. Zwei Beispiele haben wir eingangs zitiert. Trotzdem kann man an diesem wirtschaftlichen Schwarz-Weiß-

Bild starke Zweifel haben und Frankreichs Wirtschaftsentwicklung als einen anderen Weg mit eigenständigen Nach-, aber auch Vorteilen sehen. Eine ganze Schule von Wirtschaftshistorikern nimmt diese Position ein. Beide Sichtweisen streichen die großen Unterschiede zwischen Frankreich und Deutschland heraus, beurteilen sie aber verschieden. Zuerst seit die erste Sichtweise vorgetragen:

Schon die Globalzahlen der wirtschaftlichen Leistung um 1900 enthalten erste Anzeichen für einen Rückstand Frankreichs. Deutschlands jährliche Wirtschaftsleistung war nach den heutigen Schätzungen um 1900 etwas höher als die Wirtschaftsleistung Frankreichs. Das Pro-Kopf-Produkt lag demnach um 1900 in Deutschland umgerechnet bei 868 US-Dollar (von 1970), in Frankreich bei 754 US-Dollar. Das war damals eine recht neuartige Situation. Fast das ganze 19. Jahrhundert über hatte Frankreich die leistungsfähigere Wirtschaft gehabt. Selbst nach für Frankreich ungünstigen Schätzungen war das französische Pro-Kopf-Produkt in den 1850er und 1860 Jahren immer noch ungefähr genauso groß wie das deutsche. Erst in der späten Bismarckzeit hatte Deutschland durch ein rascheres Wirtschaftswachstum einen leichten Vorsprung errungen. Aber das sind unsere heutigen, nachträglichen, auch nicht unumstrittenen Berechnungen. Für die Einstellung der damaligen Zeitgenossen spielten diese feinen und nicht einmal zweifelsfreien Veränderungen schwerlich eine Rolle.

Wirklich deutlich zeichneten sich dagegen die Unterschiede in der *Industrie*produktion pro Kopf ab. Sie war nach heutigen Schätzungen um 1900 in Deutschland anderthalbmal so groß wie in Frankreich. Das war damals etwas Neues. Die Leistungskraft der französischen Industrien war während des Großteils des 19. Jahrhunderts immer deutlich stärker gewesen als die der deutschen Industrie. Den teuren und kunstvollen Produkten der französischen Textil-, Glas-, Keramik-, Bijouterie- und Lederindustrie hatte die deutsche Industrie jahrzehntelang nur wenig entgegenzusetzen. Erst im späten 19. Jahrhundert drehte sich die Situation fast schlagartig um. Erst nach 1880 hatte die deutsche Industrie nach heutigen Berechnungen mit der Leistungskraft der französischen Industrie gleichgezogen und innerhalb kurzer Zeit einen großen Entwicklungsvorsprung gewonnen. Vor allem dank der Entwicklung des Kohlebergbaus, der Eisen- und Stahlindustrie, des Maschinenbaus, der Chemie- und Elektroindustrie und nicht zuletzt des Baubooms. Diese Schere sollte sich bis zum Ersten Weltkrieg noch etwas weiter öffnen.

Besonders augenfällig war dieses Auseinanderdriften der industriellen Entwicklung in der Beschäftigung. Jedem Zeitgenossen um 1900 konnte das bei einem kurzen Blick in die deutschen und französischen statistischen Jahrbücher sehr schnell klarwerden. In Deutschland hatten damals schon rund 40% der Erwerbstätigen einen Arbeitsplatz in der Industrie, im Handwerk oder im Baugewerbe. Die Industriebeschäftigung hatte in Deutschland damit fast den ersten prozentualen Höhepunkt erreicht, den sie im alten Deutschen Reich vor dessen Zusammenbruch 1945 nicht mehr überschreiten sollte. In Frankreich hingegen arbeiteten um 1900 nur 30% der Erwerbstätigen in Industrie und Gewerbe. In absoluten Zahlen war dieser französisch-deutsche Unterschied noch beeindruckender. Die deutsche Industrie in diesem weiten Sinn beschäftigte um 1907 rund elf Millionen Menschen, die französische 1906 dagegen nur rund sechs Millionen. Auch dieser Unterschied war für die Zeitgenossen recht neu. Nur zwei Generationen davor war die industrielle Beschäftigung noch sehr ähnlich gewesen. In Frankreich wie in Deutschland hatte um 1850 rund ein Viertel der Erwerbstätigen in Industrie und Gewerbe gearbeitet, jeweils rund vier Millionen Menschen. Um 1900 gab es vor den Augen der Zeitgenossen daher in Deutschland nicht nur mehr Industriebeschäftigung, sondern vor allem auch ein viel dynamischeres Wachstum und umgekehrt ein recht rasches Zurückfallen Frankreichs.

Dieses Auseinanderdriften von industrialisierenden Ländern war auch für europäische Verhältnisse keineswegs normal. Ungewöhnlich war dabei nicht die Entwicklung in Deutschland. In England, Belgien, der Schweiz arbeiteten noch mehr Erwerbstätige in Industrie und Gewerbe als in Deutschland. In Schweden und Norwegen wuchs die Beschäftigung in diesem Sektor rascher. Ungewöhnlich war vielmehr das Zurückbleiben Frankreichs. Kein anderes europäisches Land hatte einige Jahrzehnte zuvor ein so hochentwickeltes Gewerbe gehabt und dann in der Folgezeit so wenig Dynamik entwickelt.

Dynamischer erscheint vielen Wirtschaftshistorikern das Vorkriegsdeutschland insbesondere in den Wachstumsindustrien. In der Eisen- und Stahlproduktion, einem der Führungssektoren der Industrialisierung, hatte das Deutsche Reich Frankreich um 1900 längst überholt. Um 1910 produzierte das Deutsche Reich rund dreimal soviel Roheisen und fast viermal soviel Stahl wie Frankreich. Noch um 1850 war es fast genau umgekehrt gewesen: Frankreich hatte rund doppelt soviel Roheisen wie Deutschland produziert. In einem zweiten Führungssektor der Industrialisierung, der Textilindustrie, verlief die Entwicklung ähnlich. Um 1910 gab es in Deutschland rund anderthalbmal so viel Baumwollspindeln wie in Frankreich; um 1850 zählte man in Deutschland weniger als ein Viertel der französischen Spindeln. Noch einschneidender: Auch in den um 1900 noch jungen Wachstumsindustrien, in der Elektroindustrie und in der chemischen Industrie, erschien die deutsche Wirtschaft dynamischer. Die Produktion von Schwefelsäure, einem zentralen Rohmaterial der chemischen Industrie, war in Deutschland am Vorabend des Ersten Weltkriegs fast doppel so hoch wie in Frankreich; noch um 1900 hatten beide Länder fast gleichauf gelegen. Die Produktion an elektrischer Energie, die den Markt für elektrische Geräte absteckte, war um 1913 in Deutschland rund viermal so hoch wie in Frankreich.

Dynamischer erscheinen in Deutschland um 1900 auch die Unternehmensleitungen und Managementmethoden. Unternehmen scheinen in Deutschland besonders in den Wachstumsindustrien nicht nur größer gewesen zu sein und damit kostengünstiger produziert zu haben. Die Leitung selbst der großen Industrieunternehmen lag in Frankreich um 1900 noch stärker in den Händen von Unternehmerfamilien, die vorsichtiger investierten. Umgekehrt waren in deutschen Spitzenunternehmen die Manager schon stärker im Vormarsch, die keine Rücksicht auf Familienvermögen zu nehmen hatten, oft risiko- und expansionsfreudiger waren und daher auch die deutschen Familienunternehmen einem schärferen Wettbewerb aussetzten. Weiterhin waren in Deutschland die Großbanken viel einflußreicher und trieben auch Familienunternehmen stärker zur Expansion an als in Frankreich. Auch die Unternehmensintegration, das heißt die Zusammenfassung einer Produktion von den Rohmaterialien bis zum Fertigprodukt und Verkauf in *einer* Unternehmensgruppe, war in Deutschland offensichtlich weiter vorangekommen. Das gleiche gilt für die Unternehmensdiversifikation, den Zusammenschluß von Unternehmen unterschiedlicher Wirtschaftsbranchen zur Abpolsterung des Risikos einer einzelnen Branche. Auch solche Unterschiede gab es um die Mitte des 19. Jahrhunderts zwischen Frankreich und Deutschland noch nicht. Auch all diese Unterschiede dürften wesentlich zur größeren Effizienz und zur raschen Expansion der deutschen Industrie beigetragen haben.

Häufig wird auch argumentiert, daß die Ausbildung für die Wirtschaft in Deutschland am Vorabend des Ersten Weltkriegs erheblich moderner war als in Frankreich. Die Ausbildung der deutschen Unternehmer, besonders der deutschen Manager, wird allgemein als besser angesehen, weil sie sehr oft hochqualifizierte Spezialisten in ihrer Branche waren und nicht überall einsetzbare, aber nicht im Fach trainierte Generalisten, wie sie die französischen grandes écoles ausbildeten. Zudem waren auch für die Stellen unterhalb der Unternehmensspitze die Ausbildungskapazitäten in Deutschland im Bereich der Ingenieurswissenschaften, der Naturwissenschaften, der Betriebswirtschaft zusammengenommen weit größer als in Frankreich. Besonders die Maschinenbauindustrie, aber auch die chemische und Elektroindustrie verfügten damit in Deutschland über ein wesentlich größeres Angebot an hochqualifizierten Arbeitskräften. Diese Industriebranchen konnten daher in Deutschland auch rascher expandieren. In der praxisorientierten Betriebswirtschaftslehre wird Deutschland darüber hinaus sogar als Pionierland in Europa angesehen. Schließlich wird auch die Handwerker- und Facharbeiterausbildung in Deutschland am Vorabend des Ersten Weltkriegs für besser gehalten als die französische Ausbildung. Dynamischer war in Deutschland schließlich auch der Handel. Nicht nur der Güterverkehr im Binnenland war in Deutschland um 1910 weit größer als in Frankreich; Eisenbahnen und Kanäle transportierten in Deutschland nicht nur mehr Güter als in Frankreich. Auch der Außenhandel entwickelte sich in Deutschland rascher als in Frankreich. Am Vorabend des Ersten Weltkriegs war der deutsche Export rund doppelt so hoch wie der französische Export; noch um 1880 war der Export beider Wirtschaften ungefähr gleich groß gewesen. Auch als Importland war Deutschland am Vorabend des Ersten Weltkriegs deutlich gewichtiger als Frankreich; noch um 1880 hatte die deutsche Nachfrage auf dem Weltmarkt deutlich hinter der französischen zurückgestanden. Schließlich erschien auch in der Struktur des Handels zwischen beiden Ländern Deutschland als die modernere Wirtschaft: Deutschland lieferte um 1900 an Frankreich vor allem Industrieprodukte wie Maschinen, Kohle, Erzeugnisse der chemischen Industrie, Frankreich an Deutschland dagegen die für ein weniger entwickeltes Land typischen Agrar- und Rohprodukte wie Nahrungsmittel, Häute, auch textile Halbfabrikate.

Das ist eine beachtliche Merkliste für die größere Dynamik der deutschen Industrie. Sie ließe sich sogar noch weiter ausdehnen auf landwirtschaftliche Produktivität ebenso wie auf Banken, auf Kapitalexport, auf Kommunikationsnetze. Sie spricht dafür, daß Frankreich am Vorabend des Ersten Weltkriegs hinter Deutschland wirtschaftlich zurückgefallen war und dieser Abstand immer größer wurde. All das dürfte die Verständigung zwischen beiden Ländern erschwert, die deutschen Überlegenheitsgefühle und die französischen Unterlegenheitskomplexe eher verstärkt haben.

Trotzdem stimmt einiges an diesem Schwarz-Weiß-Bild des wirtschaftlich dynamischeren Deutschland nicht. Es ist durchaus zu Recht von einer ganzen Reihe schon genannter Wirtschaftshistoriker kritisiert worden.

An allererster Stelle darf man nicht vergessen, daß Frankreich am Vorabend des Ersten Weltkriegs immer noch das reichere Land war und über mehr Wohlstand und Wohlhabenheit verfügte als Deutschland. In der französischen Gesellschaft waren 1912 immer noch mehr als doppelt soviel Gold, Silber und Banknoten pro Kopf der Bevölkerung im Umlauf als in Deutschland. Die Sparstrümpfe und Bankkonten der Franzosen dürften daher im Durchschnitt besser gefüllt und dicker gewesen sein als die der Deutschen. Es wäre ein Irrtum zu glauben, daß sich dieser Reichtum nur in nichtproduktiven Vermögen angesammelt hatte. Auch produktive Anlagen wie das Kanalnetz oder das Eisenbahnnetz waren in Frankreich relativ dichter als in Deutschland. Als der Reichsbankpräsident Helfferich 1913 den Reichtum des Deutschen Reichs ausrechnete, strich er zwar das raschere Wachstum des deutschen Volksvermögens heraus. Er mußte aber zugestehen, daß Frankreich immer noch reicher war als Deutschland, wenn man die Bevölkerungsgröße berücksichtigte. Frankreich blieb nicht nur das Land des Luxus, der Eleganz, des reichen Rentierslebens, sondern auch der kapitalintensiven spektakulären Ingenieurbauten wie des Eiffelturms oder des Suezkanals. Aufgrund des größeren französischen Reichstums konnte sich die französische Wirtschaft zudem mehr als die deutsche Wirtschaft auf eine starke Binnennachfrage aus dem eigenen Land stützen und war weniger gezwungen, ihre Waren auf dem Weltmarkt abzusetzen. Ihre Industrie war daher auch stärker auf den Binnenmarkt, auf Konsum- und Luxusprodukte ausgerichtet, viel weniger auf Export und Produktionsgüter als die deutsche Industrie. Sie war auf dem eigenen französischen Binnenmarkt auch weniger Konkurrenz ausgesetzt und weniger als die deutsche Industrie gezwungen, mit der Hilfe von technischem Fortschritt, mit der Nutzung der economies of scale der Großunternehmen oder auch mit inländischen Kartellen gegen die scharfe amerikanische und englische Konkurrenz auf dem Weltmarkt zu bestehen.

Weiterhin darf man den Modernitätsvorsprung der deutschen Wirtschaft nicht überschätzen. Auch noch am Vorabend des Ersten Weltkriegs lag die Leistung der deutschen Wirtschaft, bezogen auf die Bevölkerung oder die Erwerbstätigen, nach den Berechnungen von Wirtschaftshistorikern nur um wenige Prozentpunkte höher als in Frankreich. In diese Berechnungen sind zudem oft die Unterschiede der Preissteigerungen in den beiden Ländern nicht eingegangen. Die leichte Inflation in Deutschland und besonders die starke Deflation in Frankreich seit dem späten 19. Jahrhundert könnten solche geringen rechnerischen Vorsprünge Deutschlands leicht in Nichts auflösen oder sogar in das Gegenteil verkehren. In einer freilich mit starken Zweifeln behafteten Berechnung ist dies schon geschehen.

Zudem war die deutsche Industrie nur in wenigen Industriezweigen der französischen Industrie technologisch wirklich überlegen. Sie fielen dem zeitgenössischen Beobachter und fallen dem heutigen Historiker besonders auf, weil es sich um die damaligen Spitzentechnologien handelte. Ganz ähnlich wie heute der Rückstand Westeuropas hinter Japan war damals der Rückstand Frankreichs hinter Deutschland gesamtwirtschaftlich mehr Zukunftsprognose als Gegenwartsanalyse. Nicht nur in eher traditionellen Konsumgüter- und Luxusindustrien, sondern auch in manchen damals modernen Wirtschaftsbranchen wie der Automobilindustrie, dem Flugzeugbau, dem modernen Warenhaus war die französische Wirtschaft sogar weiter entwickelt. Für all dies ist es nur bezeichnend, daß Frankreich im Handel gerade mit den modernen europäischen Industrieländern, mit Großbritannien, Deutschland, Belgien, der Schweiz, lange Zeit einen hohen Außenhandelsüberschuß erwirtschaftete. Im europäischen Rahmen hatten

– wie schon erwähnt – die Produktivität und die technologische Entwicklung von Industrie und Gewerbe am Anfang unseres Jahrhunderts in Deutschland im ganzen keinen dramatisch großen Vorsprung vor Frankreich. Sicher expandierte die deutsche Industrie im *Gesamt*volumen ihrer Produktion weit rascher als die französische Industrie. Aber die *Pro-Kopf*-Wachstumsraten der Industrie waren nach den heutigen Schätzungen in den letzten beiden Jahrzehnten vor 1914 in Deutschland nicht mehr erheblich höher als in Frankreich. Preisbereinigt könnten die industriellen Wachstumsraten pro Kopf in Frankreich sogar etwas höher gewesen sein. Eine raschere Zunahme der damaligen industriellen Pro-Kopf-Produktion Deutschlands läßt sich daher zumindest in den beiden letzten Jahrzehnten vor dem Ersten Weltkrieg nicht mehr ausmachen.

Auch die Bildungsunterschiede zwischen Deutschland und Frankreich sind weniger einschneidend als oft behauptet wird. Die französische Regierung unternahm seit den 1870er Jahren große Anstrengungen, um den deutschen Vorsprung in der ingenieurwissenschaftlichen, naturwissenschaftlichen und betriebswirtschaftlichen Ausbildung aufzuholen. Spezialhochschulen für Elektrotechnik, für Chemie, für «Commerce» entstanden in den siebziger und achtziger Jahren. Am Vorabend des Ersten Weltkriegs war Frankreich daher nur noch bei den ingenieurwissenschaftlichen Ausbildungskapazitäten im Rückstand. In den Naturwissenschaften bildeten die französischen Universitäten und grandes écoles nicht nur ähnlich viele Studenten wie in Deutschland aus. Sie gelten in diesem Bereich auch als anwendungsorientierter. Für Preußen geht Peter Lundgreen im Vergleich zu Frankreich sogar noch weiter: Er sieht schon seit den 1870er Jahren in den für die Wirtschaft wichtigen ingenieur- und naturwissenschaftlichen Ausbildungskapazitäten überhaupt keine Unterschiede zu Frankreich mehr.

Weiterhin ist die Gegenüberstellung eines Frankreichs des langsameren Industriewachstums und eines Deutschlands des raschen Industriewachstums zu pauschal und berücksichtigt zu wenig die enormen Binnenunterschiede in beiden Ländern. Auch in Frankreich gab es Regionen, deren Industrie rasch wuchs. Sie lagen vor allem im Norden und Osten des Landes. In den Industrieregionen um Lille, um Lyon, um Paris nahm die industrielle Beschäftigung ähnlich rasch zu wie in deutschen Industrieregionen. Wären das Elsaß und Lothringen nicht von Bismarck annektiert worden, hätten sicher auch sie zu den wirtschaftlich dynamischen Regionen Frankreichs gehört. Umgekehrt gab es auch in Deutschland wirtschaftlich stagnierende Regionen, nicht nur im Osten des deutschen Reichs, sondern auch auf dem Territorium der heutigen Bundesrepublik. Die Staatsgrenze zwischen Frankreich und Deutschland war keineswegs gleichzeitig auch eine klare Markierungslinie wirtschaftlicher Dynamik. Regionen Frankreichs ebenso wie Deutschlands waren Teil des damaligen europäischen Zentrums der wirtschaftlichen Dynamik; zu beiden Ländern gehörten auch wirtschaftlich periphere Zonen. Die Gegensätze wirtschaftlicher Dynamik waren in beiden Ländern groß. Nur gehörten zu Deutschland etwas mehr und zu Frankreich etwas weniger wirtschaftlich dynamische Regionen. Wie stark ihr jeweiliger Anteil war, hing zum guten Teil auch von Zufallsgrenzziehungen der europäischen Diplomatie des 19. Jahrhunderts ab: Wäre es zu einer großdeutschen Lösung ohne Annexion Elsaß-Lothringens gekommen, wäre der Entwicklungsunterschied zwischen Frankreich und Deutschland wahrscheinlich geringer gewesen, da dann auch das wirtschaftlich wenig dynamische Österreich zu Deutschland gehört hätte. Wäre es umgekehrt nicht zur Gründung des kleindeutschen Reichs gekommen, wären die wirtschaftlichen Ähnlichkeiten zwischen den süddeutschen Staaten und Frankreich viel stärker aufgefallen; man hätte erheblich differenziertere Vergleiche mit Frankreich angestellt und wäre mit dem Urteil eines globalen deutschen Vorsprungs zurückhaltender gewesen.

Die raschere Expansion der deutschen Industrie wird schließlich zu schnell als eine reine Leistung dynamischer Unternehmer und Arbeiter mißverstanden. Sie beruht zu einem beträchtlichen Teil nicht auf wirtschaftlichen Produktivitätssteigerungen, sondern auf Bevölkerungswachstum. Die Industrieproduktion und die Industriebeschäftigten wuchsen in Deutschland zum guten Teil nur deshalb rascher, weil die Bevölkerung rascher wuchs als in Frankreich. Gerade dieser Aspekt sollte uns in der heutigen europäischen Situation zu denken geben. Blickte man um 1910 zurück, so hatte die deutsche Bevölkerung zwischen 1850 und 1910 sehr rasch von 32 Millionen auf rund 59 Millionen zugenommen. In der deutschen Geschichte war das ein bis dahin einmaliger Bevölkerungssprung. Im damaligen Europa war eine solche Zunahme aber fast normal: Auch in Europa insgesamt nahm die Bevölkerung von 210 Millionen auf 340 Millionen zu. Anders Frankreich: Seine Bevölkerung wuchs zwischen 1850 und 1910 nur von rund 37 Millionen auf rund 42 Millionen an. Um 1850 war Frankreich nach Rußland noch das bevölkerungsreichste Land Europas gewesen. Um 1900 war es nicht nur hinter das Deutsche Reich und die Habsburger Monarchie zurückgefallen. Auch Großbritannien und Italien hatten stark aufgeholt und überholten Frankreich bald danach. Das lag vor allem an den ungewöhnlich niedrigen Geburtenraten Frankreichs, sicher nicht an ungewöhnlich hohen Sterberaten oder besonders massiver Auswanderung. Frankreich war vielmehr zum einzigen Einwanderungsland in Europa geworden, während in Deutschland wie in den meisten anderen europäischen Ländern die Auswanderung um 1900 die Einwanderung immer noch überstieg.

Dieses langsame Bevölkerungswachstum hat die Dynamik der französischen Industrie entscheidend gebremst und hat mit dazu beigetragen, daß diese hinter die deutsche Industrie zurückfiel. Der Zustrom von ländlicher Überschußbevölkerung und damit von potentiellen Industriearbeitern in die Städte war in Frankreich deutlich schwächer als in Deutschland. Man schätzt die Landflucht in Frankreich zwischen 1870 und 1910 auf knapp vier Millionen Menschen, die auf Dauer vom Land in die Stadt wanderten. Allein in Preußen schätzt man in der gleichen Zeit die Landflucht auf fast fünf Millionen. Im Deutschen Reich dürften daher zwischen 1870 und 1914 über sieben Millionen Menschen vom Land in die Stadt übergesiedelt sein. Das mobilisierbare ländliche Arbeitspotential müßte demnach in Deutschland fast doppelt so groß gewesen sein wie in Frankreich.

Nicht nur das: Die Abwanderung aus den ländlichen Gebieten mit Bevölkerungsüberschuß konnte in Frankreich noch in viel stärkerem Maße als in Deutschland vom Dienstleistungssektor, vom Kleinhandel, vom Dienstbotenmarkt, von Fuhr- und Transportgewerbe und von nur wenig industrialisierten Branchen wie der Baubranche aufgenommen werden. Diese Tätigkeiten lagen den Zuwanderern aus dem Land oft mehr als die Industriearbeit. Dienstmädchenarbeit in einem Haushalt war von weiblicher Hausarbeit auf dem Land weniger verschieden als Fabrikarbeit. Kleinhandel war oft schon ein Teil der bäuerlichen Arbeit gewesen oder hielt doch zumindest enge wirtschaftliche Beziehungen mit der Landwirtschaft aufrecht. Arbeit im Baugewerbe war für einen Landwirt oder einen Knecht nichts Fremdes. Solange sich solche Arbeiten noch anboten, wurden sie im allgemeinen von ländlichen Zuwanderern bevorzugt, weil der Bruch mit dem ländlichen Leben nicht so scharf war. Solange der Zustrom vom Land noch so gering war wie in Frankreich, konnten ländliche Zuwanderer in solchen Tätigkeiten sehr häufig ein Auskommen finden. Der starke Zustrom ländlicher Zuwanderer in Deutschland überflutete den Dienstleistungssektor dagegen völlig. Ländliche Zuwanderer waren in viel stärkerem Maß gezwungen, industrielle Arbeiten anzunehmen. Aus diesen Gründen entwickelten sich die Beschäftigungssektoren in Frankreich und Deutschland gänzlich verschieden. In Deutschland nahmen die industriellen Arbeitsplätze seit etwa der Mitte des 19. Jahrhunderts viel rascher zu als die Dienstleistungsarbeitsplätze. Das war im industrialisierenden Europa der Normalfall. In Frankreich dagegen blieb Dienstleistungsarbeit immer fast ebenso häufig wie Industriearbeit. Sicher lag das nicht allein daran, daß für eine dynamische Entwicklung des Industriesektors die massenhafte Zuwanderung vom Land fehlte. Aber es ist sicher ein wichtiger Grund. Das war auch den Zeitgenossen klar: «Die jährlichen Bevölkerungsüberschüsse haben Deutschland das Heer von Arbeitern geliefert, das die Industrie zu ihrer Entwicklung braucht.»[4]

Schließlich zwangen niedrige Geburtenraten und geringe Stadtwanderung die französische Industrie, das Arbeitskräftepotential auf dem Land zu nutzen und häufig ländlich zu bleiben. Der Typ des Industriearbeiters, der nebenher noch Landwirt war, nur in bestimmten Jahreszeiten oder bestimmten Lebenszyklen in der Industrie arbeitete, sich nach den Anforderungen nicht nur des Industriebetriebs, sondern auch seines landwirtschaftlichen Betriebs richten mußte und sich noch nicht als Industriearbeiter im vollen Sinn verstand, war daher in Frankreich häufiger als in Deutschland. Er setzte der Unternehmensexpansion schwer überwindbare Grenzen. Seine Bereitschaft zur Arbeit war schwerer kalkulierbar; die Produktionsplanung blieb daher viel unklarer. Es war schwerer, ihn in neue Technologien und Arbeitsprozesse einzuarbeiten. Betriebe mit solchen traditionsgebundenen Arbeitern konnten nicht über eine bestimmte Größe hinauswachsen. Auch darin hat die niedrige Geburtenrate und nicht die fehlende Unternehmerdynamik die Expansion der französischen Industrie gebremst. Im ganzen gibt es deshalb gute Gründe, nicht pauschal von einem wirtschaftlichen Rückstand Frankreichs, sondern vorsichtiger von einem anderen Industrialisierungsweg Frankreichs zu sprechen. Dabei konzentrierte sich Frankreich unter den fundamental anderen Voraussetzungen eines langsameren Bevölkerungswachstums und eines größeren Reichtums stärker auf den Binnenmarkt und stärker auf Konsum- und Luxusgüter. Es erreichte unter Beibehaltung oft mittelbetrieblicher Familienunternehmen und ohne allzu enge Verbindung mit wissenschaftlicher Forschung zumindest in den wirtschaftlichen Prosperitätsjahren ein recht ähnliches Wachstum *per capita* wie Deutschland. Es besaß im Bereich der Konsumgüter – etwa im Automobilbau, in der Nahrungsmittelproduktion, in der Entwicklung von Warenhäusern – sogar einen Modernisierungsvorsprung, den Deutschland erst noch einholen mußte. Ebenso gibt es gute Gründe, umgekehrt nicht pauschal von einem wirtschaftlichen Vorsprung Deutschlands, sondern von einem bestimmten, freilich in Europa damals eher üblichen Weg der Industrialisierung zu sprechen: Deutschland setzte, aufbauend auf raschem Bevölkerungswachstum, stärker auf Außenmärkte, auf Produktionsgüterindustrien, wie Eisen und Stahl, Maschinenbau, Elektroindustrie. Zu diesem Weg Deutschlands gehörten auch riesige, modern verwaltete Unternehmen, enge Verflechtungen zwischen Bankkapital und Unternehmensführung, eine starke Kartellierung des Binnen- und teilweise auch des internationalen Markts, die Mobilisierung aller Produktionsvorteile, auch durch den Einsatz wissenschaftlicher Forschung.

Die unterschiedlichen Folgen der Industrialisierung

Das ist freilich nur die wirtschaftliche Seite der beiden verschiedenen Entwicklungswege. Ihre Unterschiede werden noch deutlicher, wenn man die sozialen Folgen der gesonderten Wege Frankreichs und

Deutschlands vor 1914 vergleicht. Diese sozialen Folgen rissen eher noch tiefere Gräben zwischen den beiden Ländern auf als die wirtschaftliche Entwicklung und liessen die Gesellschaft jenseits des Rheins ebenfalls immer fremdartiger erscheinen. Hier sei nur auf drei besonders wichtige gesellschaftshistorische Auseinanderentwicklungen näher eingegangen: auf die soziale Schichtung, auf das Städtewachstum und schließlich auf die Schattenseite der Dynamik der deutschen Entwicklung, auf die Verschärfung der individuellen Lebenskrisen.

Kurz zur Auseinanderentwicklung der sozialen Schichtung in beiden Ländern: Der gewichtigste und auch für die Zeitgenossen um 1900 schon augenfällige Unterschied bestand in der größeren Masse der Industriearbeiter in Deutschland. Auch dies konnte der Zeitgenosse mit einem kurzen Blick in die statistischen Jahrbücher schnell sehen. Bei der Berufszählung in Deutschland um 1907 wurden über acht Millionen Industriearbeiter gezählt, in Frankreich bei der Berufszählung 1906 dagegen nur rund drei Millionen. «Die Arbeiter», schrieb ein erstaunter französischer Zeitgenosse, der um 1910 deutsche Großstädte besuchte, «sind sehr zahlreich. Sie stellen den Großteil der Bevölkerung.»[5] Einige feinere und für Zeitgenossen weniger auffällige Unterschiede kamen hinzu. Mit den größeren und moderneren Industriebürokratien wuchs die Zahl der neuen Industrieangestellten in Deutschland über die französischen Verhältnisse hinaus. Mit rund einer dreiviertel Million waren sie 1907 mehr als doppelt so häufig wie in Frankreich. Nur zwei Jahrzehnte davor war die Situation noch genau umgekehrt gewesen. Anders die Selbständigen: Die Berufszählungen sind hier nicht leicht vergleichbar, weil wirtschaftliche Selbständigkeit nicht immer klar und vor allem nicht immer in beiden Ländern gleich definiert ist. Aber es sieht doch so aus, als ob die Selbständigen, wenn man sie in ihrer ganzen Vielfalt vom Großunternehmer bis zum Einmannbetrieb zusammenfaßt, in der französischen Gesellschaft ein erheblich größeres Gewicht hatten als in Deutschland. Kurz nach der Jahrhundertwende zählte man in Frankreich fast fünfeinhalb Millionen Landwirte und rund dreieinhalb Millionen Selbständige im Gewerbe, im Handel, in den Banken, im Transport; im bevölkerungsreicheren Deutschland dagegen nur zweieinhalb Millionen Landwirte und rund drei Millionen Selbständige im Gewerbe- und Dienstleistungssektor. Auch diese Unterschiede waren zwanzig Jahre zuvor zumindest außerhalb der Landwirtschaft noch nicht so groß gewesen.

Hinzu kam, daß mit der größeren industriellen und demographischen Dynamik in Deutschland ein neuer Städtetyp entstand, den man auch anderswo in Europa, aber kaum in Frankreich kannte: die reine Arbeiter- und Fabrikstadt mit einem Minimum an öffentlicher Verwaltung, an wirtschaftlichen Dienstleistungen, an freien Berufen, an traditionellem

Handwerk und Handel. Oberhausen, wo vier Fünftel der Einwohner Industriearbeiter waren, oder Barmen, das zu drei Vierteln aus Arbeitern bestand, oder Esslingen, in dem immerhin zwei von drei Einwohnern in der Industrie arbeiteten, sind Beispiele für viele solcher Städte in Deutschland, aber auch in Österreich, der Schweiz, Belgien, England, Schweden. Dieser damals neue Typ der rasch emporgeschossenen, reinen Industriestadt war Frankreich fremd. Nicht nur die Hauptstadt Paris, sondern auch die anderen großen industriellen Stadtzentren Frankreichs, Lyon und Lille, entwickelten sich nie zu reinen Arbeiterstädten. In Lyon kamen die Industriearbeiter nie über die Hälfte der Stadtbevölkerung hinaus und prägten die Gesellschaft der Stadt nie so stark wie in deutschen Industriestädten. Selbst Lille, das unter den großen französischen Städten dem Typ der europäischen Industriestadt am nächsten kam, war für die Franzosen kein Schlüssel zum Verständnis der damals neuen deutschen Industriestädte. Sicher gab es auch in französischen Industriegebieten kleinere Städte, die reine Industriestädte waren, wie St. Etienne im Rhonetal oder Roubaix im Norden oder Decazeville in der Guyenne. Sie waren aber dem Durchschnittsfranzosen zu unbekannt und vor allem auch zu klein, um ihm um 1900 das Verständnis für die neuen großen deutschen Industriestädte zu ebnen. Diese französisch-deutschen Unterschiede in der sozialen Schichtung lassen auch andere soziale und politische Entwicklungsunterschiede zwischen beiden Ländern verständlicher erscheinen: nicht nur die stärkere Organisation der deutschen Arbeiterbewegung und Gewerkschaften, sondern auch die frühzeitige Einführung der staatlichen Arbeiterversicherung, die stärkere Stadtfeindschaft des Bürgertums, den schwächeren bürgerlichen Liberalismus und den größeren Rückhalt der Staatsintervention im Bürgertum in Deutschland. Wir werden darauf in späteren Kapiteln zurückkommen.

Die raschere Bevölkerungs- und Industrieexpansion in Deutschland trug weiterhin wesentlich dazu bei, daß sich um 1900 auch das Städtewachstum in beiden Ländern auseinanderentwickelte. In Deutschland hatte um 1900 das Tempo des Städtewachstums und der Verstädterung atemberaubende Ausmaße angenommen. Dörfer und kleine, beschauliche Gewerbestädtchen verwandelten sich innerhalb von wenigen Jahrzehnten in Großstädte. Saarbrücken, Gelsenkirchen, Bochum, Mülheim, Essen, Charlottenburg, Schöneberg, Neukölln sind eklatante deutsche Beispiele für dieses explosionsartige Wachstum. In der kurzen Zeit seit der Reichsgründung von 1871 hatte sich in Deutschland die Zahl der Städter verdoppelt, die der Großstädter sogar verfünffacht. Während der Reichsgründung war ungefähr jeder dritte Deutsche ein Städter gewesen, um 1900 war es schon mehr als die Hälfte. Das Deutsche Reich hatte sich innerhalb von nur drei Jahrzehnten von einer überwiegend ländlichen Gesellschaft in eine mehrheitlich städtische Gesellschaft verwandelt. Nur noch in den skandinavischen Ländern und in der Schweiz schoß der europäische Verstädterungsprozeß mit ähnlichem Tempo voran. Dieser Verstädterungsschub in Deutschland stand in scharfem Gegensatz zu der normaleren Entwicklung in Frankreich: Noch um 1870 waren sich beide Länder sehr ähnlich gewesen. Ähnlich wie unter den Deutschen hatte auch unter den Franzosen nur ungefähr jeder Dritte in einer Stadt und nur ungefähr jeder zwanzigste in einer Großstadt gelebt. Der einzige spürbare Unterschied hatte damals darin bestanden, daß mehr Franzosen in ihrer Hauptstadt lebten als Deutsche, und umgekehrt die deutschen Städter etwas häufiger Kleinstädter waren. Es war damals durchaus noch etwas Richtiges an der französischen Vorstellung von der biedermeierlichen deutschen Kleinstadtidylle gewesen. Aber wirklich tiefgreifende Unterschiede waren es noch nicht. Um 1900 fielen dagegen nur noch Unterschiede auf. Neun Millionen Deutsche, aber nur fünf Millionen Franzosen lebten in Großstädten. Dreißig Millionen Deutsche, aber nur dreizehn Millionen Franzosen lebten in Städten überhaupt. Die Zahl der Städter nahm in Deutschland doppelt so rasch zu wie in Frankreich. Selbst in den Hauptstädten merkte man das. Berlin expandierte fast doppelt so schnell wie Paris. In Deutschland waren die Städter die Mehrheit geworden, in Frankreich überwogen weiterhin die Dorfbewohner. Deutschland hatte damals nicht nur den Sprung zur städtischen Gesellschaft getan, der Frankreich noch bevorstand und erst nach weiteren Jahrzehnten erfolgte. Auch eine Rückkehr der alten Ähnlichkeiten schien ausgeschlossen. Gemessen an den Geburtenraten sah die Zukunft nach immer tieferen Gegensätzen zwischen beiden Ländern aus.

Sicher sollte man die gesellschaftlichen Auswirkungen dieser Unterschiede der französischen und deutschen Städte nicht überschätzen. Man mag erwarten, daß es in den rascher wachsenden deutschen Städten viel mehr Zuwanderung aus ländlichen Regionen gab als in Frankreich und daß die deutschen Städte viel stärker Schmelztiegel von Zuwanderern mit all den Schwierigkeiten der Anpassung an die städtischen Lebensformen waren. Nach dem, was wir bisher über Migration in beiden Ländern wissen, sieht es aber nicht danach aus. Einheimische, die in der Stadt, in der sie lebten, schon geboren wurden, waren in Deutschland keineswegs spürbar seltener als in Frankreich. In deutschen wie in französischen Städten waren sie knapp in der Mehrheit. Umgekehrt waren Städter, die über größere Entfernungen (nicht aus der näheren Umgebung, also der gleichen Provinz beziehungsweise den gleichen Departements) zuwanderten, in Deutschland keineswegs spürbar häufiger als in Frankreich. Nicht nur auf dem platten Land, sondern auch in den deutschen Städten waren die Geburtenraten hoch. Die deutschen Städte wuchsen daher nicht nur durch die Landflucht, sondern zum guten Teil durch das eigene natürliche Bevölkerungswachstum.

Man mag vielleicht auch erwarten, daß das dramatische Städtewachstum in Deutschland die Lebensbedingungen in den Städten rapide verschlechterte und daß die Ängste des 19. Jahrhunderts vor der lebensfeindlichen Stadt in den geradezu explodierenden deutschen Städten realitätsnäher waren als in Frankreich. Auch darauf deutet nach unserem bisherigen Wissen nichts hin. Im Gegenteil: In Frankreich überstiegen damals die städtischen Sterberaten weit markanter die ländlichen Sterberaten als in Deutschland. Die Unterschiede zwischen ländlicher und städtischer Lebenserwartung dürften daher in Frankreich erheblich größer und das Leben auf dem Land im Vergleich zur Stadt spürbar länger gewesen sein als in Deutschland. Nicht nur das: Dieser Unterschied blieb in Frankreich bis zum Vorabend des Ersten Weltkriegs erhalten, auch wenn er sich etwas abmilderte. In Deutschland dagegen verlor er sich schon in den 1890er Jahren. Im neuen Jahrhundert fielen die städtischen Sterberaten immer mehr hinter die ländlichen Sterberaten zurück. Sicher war die generelle Lebenserwartung in Deutschland kürzer. Wir kommen darauf zurück. Aber das Leben in der Stadt begann in Deutschland wahrscheinlich länger zu werden als auf dem Land. Die Angst vor der lebensfeindlichen Stadt verlor in Deutschland im Unterschied zu Frankreich ihre Grundlage.

Trotzdem dürfte die rapide Expansion der Städte in Deutschland ihre Spuren hinterlassen haben. Wahrscheinlich war eine größere Zahl der Deutschen mobil, einfach weil es mehr Städte und mehr Städter gab. Wahrscheinlich waren auch mehr Deutsche als Franzosen vor allem in Städten um 1900 extrem unstetig, nicht nur hunderttausende von Obdachlosen, sondern auch der normale deutsche Durchschnittsbürger. In den größeren deutschen Städten zog jedes Jahr ungefähr ein Fünftel der Bevölkerung weg und zu. Nicht nur das. Auch die Deutschen, die in der gleichen Stadt blieben, zogen innerhalb der Stadt sehr häufig um. Diese Unstetigkeit war ungewöhnlich auch in der deutschen Geschichte. Noch um 1860 waren Umzüge zwischen Städten viel seltener. Schon um 1920 wurden sie wieder seltener und sind bis heute erheblich seltener geblieben. Wir befinden uns daher in den Jahrzehnten vor 1914 in einer Periode außergewöhnlicher Unstetigkeit, die in Deutschland mehr Menschen erfaßt haben dürfte als in Frankreich. Auch von dem *circulus vitiosus* von unzureichenden beruflichen Qualifikationen der neuen Zuwanderer vom Land, extrem kurzer, oft nur tageweiser, sehr unregelmäßiger, ungelernter, schlecht bezahlter Arbeit, daher auch extrem viel Wohnungswechsel und hoher Mietbelastung auf dem immer sehr teuren Markt von Kurzzeitwohnungen, geringer Sicherung durch Ersparnisse oder nachbarschaftliches Netzwerk und sehr harten persönlichen Lebenskrisen bei Krankheit, Tod, Zerfall von Familien, geringere Möglichkeit der längerfristigen Planung des eigenen Lebens und der Nutzung von Ausbildungs-

und Berufschancen – auch von diesem *circulus vitiosus* dürften in Deutschland mehr Menschen betroffen gewesen sein als in Frankreich. Sicher kann man auch in Deutschland die Mobilisierung der Bevölkerung nicht nur als erzwungene und leidvoll erfahrene Unstetigkeit ansehen. Sie war zu einem Teil auch zielgerichtete und erfolgreiche Suche nach besseren Arbeitsplätzen, besseren Löhnen und Wohnungen. Sicher gab es um 1900 auch schon erste Anzeichen einer Entspannung der Krisensituation. Aber insgesamt dürfte damals immer noch die krisenhafte Unstetigkeit für mehr Deutsche als Franzosen lebensprägend gewesen sein.

Die rasche Stadtexpansion in Deutschland wird viel dazu beigetragen haben, daß die Deutschen den Städten gegenüber irritierter, skeptischer, wenn nicht gar feindseliger eingestellt waren: Die Großstadtkritik war in Deutschland schärfer als in Frankreich. Die oft antistädtische Lebensreformbewegung, die antimodernistische Jugendbewegung, die industrie- und stadtkritische Heilpraktikerbewegung waren in Deutschland stark und lebendig; in Frankreich fehlten diese Bewegungen fast ganz. Antimodernistischen Antisemitismus, der sich vor allem gegen *städtisches* Judentum richtete, gab es sicher auch in Frankreich. Die Widerstandskraft dagegen war aber unter französischen Intellektuellen stärker. In ganz anderer Weise war auch der Reformdruck des Bürgertums in den Stadtverwaltungen in Deutschland massiver und erfolgreicher. Auch darin schlägt sich Unzufriedenheit über städtisches Leben nieder. Besonders das deutsche Bildungsbürgertum zeigte sich von der Expansion der Städte betroffener als das französische Bildungsbürgertum und wurde nicht selten auch schwerer damit fertig.

Die größere demographische und industrielle Dynamik warf in Deutschland schließlich generell längere Schatten und stellte die deutsche Gesellschaft vor größere Krisenprobleme. Unter dieser Frage wurden zwar bisher die beiden Gesellschaften nie verglichen noch ist verfolgt worden, wie sich die Zeitgenossen, die beide Länder kannten, dazu stellten. Es gibt aber doch manche Hinweise dafür, daß die Lebensbedingungen für viele Deutsche in den letzten Jahrzehnten vor oder sogar bis zur Jahrhundertwende schlechter und bedrückender waren als für Franzosen.

Das härteste und für das Leben der Betroffenen einschneidendste Anzeichen für eine wesentlich tiefere Krise der Lebensbedingungen in Deutschland war die Sterblichkeit. Das Leben eines Deutschen war ein ganzes Stück kürzer als das Leben eines Franzosen. Schon die Zeitgenossen konnten das nachlesen. Die Lebenserwartung eines Franzosen betrug in den 1890er Jahren 46 Jahre, das einer Französin 49 Jahre. Ein Deutscher konnte dagegen damals nur 41 Lebensjahre erwarten, eine Deutsche nur 44 Jahre. Das Leben der Deutschen gehörte damit zu den kürzesten in Westeuropa. Nicht nur in Frankreich, auch in Belgien, den Niederlanden, in Finnland, Schweden, Norwegen, Dänemark, in der Schweiz, in Italien, selbst in Großbritannien lebte man länger. Besonders groß waren die Unterschiede in der Kindersterblichkeit. Von den Säuglingen, die in Deutschland lebend geboren wurden, starb schon im ersten Lebensjahr um 1900 jeder fünfte. Beerdigungen von Kindern und Geschwistern war für deutsche Eltern und Kinder damals ein normales, für uns heute nur noch schwer vorstellbares Ereignis. Anders in Frankreich. Dort starb nur jeder sechste bis siebte Säugling im ersten Jahr nach der Geburt. Die Chancen, das erste Lebensjahr zu überleben, waren in Frankreich besser. Auch darin war Frankreich eher ein europäischer Normalfall, Deutschland ein Extremfall. Ähnlich beachtlich waren die Unterschiede in der Sterblichkeit der Frauen. In Deutschland waren Frauen vor allem im Alter zwischen 25 und 35 Jahren aus unserer heutigen Sicht ungewöhnlich stark vom Tod bedroht. Nur in diesem Alter starben Frauen in Deutschland ähnlich oft oder sogar öfter als Männer. Das hat mit der Vielfachbelastung der Frauen im damaligen Deutschland, mit vielen Geburten, mit vielen kleinen Kindern, die – wie wir sahen – oft starben und sicher viel krank waren; auch mit besonders schwierigen finanziellen familiären Situationen, weil das reguläre Einkommen der Frau oft ausfiel und sie mit Heimarbeit und Untermietern das Familienbudget aufbessern mußte; mit deshalb besonders beengten Wohnsituationen und häufigem Wohnungswechsel zu tun. Diese sogenannte «Übersterblichkeit» der Frauen in Deutschland sollte erst nach dem Ersten Weltkrieg verschwinden. Sie war davor ein Signal für eine Krisensituation in Deutschland. In Frankreich war diese Übersterblichkeit von erwachsenen Frauen um die Jahrhundertwende deutlich geringer. Bei Frauen über 30 Jahren war sie um 1900 schon überwunden; bei Frauen zwischen 25 und 29 Jahren war sie am Verschwinden. Bei anderen erwachsenen Altersgruppen war die Untersterblichkeit der Frauen schon weit größer als in Deutschland. Auch im Alter der starken Belastung durch die Familie starben Frauen daher erheblich seltener als Männer. Vor allem die geringere Kinderzahl und die günstigeren Lebensumstände, auf die wir im nächsten Kapitel noch kommen, scheint die Französinnen weniger überbelastet und sie seltener physisch zugrundegerichtet zu haben.

Die Sterberaten waren in Deutschland nicht schon immer höher und die Lebenserwartung wohl auch nicht schon immer kürzer gewesen als in Frankreich. Erst in der Zeit, als das hohe Bevölkerungswachstum, die Industrialisierung und das rasche Städtewachstum einsetzten, fiel die Lebenserwartung in Deutschland hinter Frankreich zurück. Noch in den 1820er Jahren lagen die Sterberaten in beiden Ländern sehr nahe beieinander. Die Schere begann sich in den 1830er und 1840er Jahren leicht zu öffnen. Zwischen den 1850er und den 1880er Jahren waren die Kontraste am schärfsten. Um 1900 begann diese Kluft in der Lebenserwartung wieder geringer zu werden. Zumindest unter Erwachsenen glich sich die Lebenserwartung an. Zwanzigjährige Franzosen hatten um 1880 noch zwei Jahre mehr zu erwarten als zwanzigjährige Deutsche. Um 1900 war dieser Lebenserwartungsvorsprung der Franzosen verschwunden. Vor allem die staatlichen Maßnahmen gegen eine der wichtigsten Todesursachen jener Zeit, die Tuberkulose, waren in Deutschland stärker und scheinen wirkungsvoller gewesen zu sein. Bei Frauen freilich war dieser Rückgang der französisch-deutschen Lebenserwartungsunterschiede schon nicht so ausgeprägt. Auch um 1900 lebten erwachsene Französinnen immer noch etwas länger als erwachsene deutsche Frauen. Für Säuglinge und Kinder blieb der Lebenserwartungsvorsprung der Franzosen weiterhin beträchtlich.

Die Lebenserwartung ist der denkbar einschneidendste, aber nicht der einzige Hinweis darauf, daß in der deutschen Gesellschaft die Schattenseiten der raschen Bevölkerungs- und Industrieexpansion größer und dunkler waren als in Frankreich. Eine ganze Reihe anderer Unterschiede weist in eine ähnliche Richtung. Sie sind freilich vieldeutig und noch nicht so genau untersucht, daß sie über alle Zweifel erhaben wären. Wichtige Teile des Bildungssektors scheinen in Deutschland durch die Bevölkerungsexplosion überfordert worden zu sein: Volksschulen und Volksschullehrer waren in Deutschland vergleichsweise seltener als in Frankreich. Die französische Statistik zählte um 1900 rund 160000 Lehrer in über 80000 Schulen und bei rund vier Millionen Volksschülern, die deutsche Statistik nur knapp 150000 Lehrer in rund 60000 Schulen, allerdings bei rund neun Millionen Volksschülern. Schulen und Schulklassen dürften daher in Deutschland viel überfüllter gewesen sein als in Frankreich. Wir kommen darauf im fünften Kapitel zurück. Auch die medizinische Versorgung scheint in den 1880er Jahren in Deutschland hinter Frankreich zurückgeblieben zu sein. In Frankreich gab es damals rund 15000 Ärzte, im bevölkerungsstärkeren Deutschland dagegen nur rund 16000 Ärzte, die sich freilich in dieser Entstehungszeit des modernen Arztes nicht immer leicht vergleichen lassen. Erst um 1900 scheint Deutschland in der Versorgung mit Ärzten aufgeholt zu haben. Auch das Angebot an Wohnungen dürfte in den rasch wachsenden deutschen Städten noch schlechter gewesen sein als in französischen Städten. Jedenfalls waren 1896 im überfüllten Paris nach dem zeitgenössischen Verständnis 15% der Wohnungen, in Berlin 1895 dagegen 28% der Wohnungen überfüllt. Schließlich kann man auch aus der Gewaltkriminalität stärkere Krisenzeichen in Deutschland herauslesen. Um 1900 wurden in Deutschland fast eine halbe Million Personen wegen Verbrechen und Vergehen verurteilt, in Frankreich dagegen erheblich weniger als die Hälfte. Allein in

Preußen saßen um 1900 rund 60000 Personen in Gefängnissen, in Frankreich waren es nur rund 27000. In Deutschland nahm gleichzeitig die Kriminalität rascher zu als die Bevölkerung, in Frankreich ging sie spürbar zurück. So vieldeutig diese Unterschiede im einzelnen sind, ihre Häufung gibt doch zu denken. Sie machen zum Teil auch verständlicher, warum die Kritik an der entstehenden Industriegesellschaft besonders im Bildungsbürgertum in Deutschland schärfer war als in Frankreich.

Um 1900 freilich gingen die beiden Gesellschaften nicht nur im Ausmaß dieser Krise ihre eigenen, gesonderten Wege. Fast noch mehr verstärkten die Lösungsversuche den Graben zwischen ihnen. Die tiefere Krise in Deutschland hat notgedrungen zu stärkerer staatlicher Intervention geführt. Staatliche Sozialversicherungen hatten sich um 1900 in Deutschland stärker als in Frankreich durchgesetzt. Das hatte sicher auch mit der größeren Massierung städtischer Industriearbeiter und den Folgen des rascheren Städtewachstums zu tun. Nicht umsonst waren sie primär eine Versicherung für Arbeiter und Städter. Auch die deutschen Stadtverwaltungen erhielten in den letzten Jahrzehnten vor 1900 mehr Kompetenzen als in Frankreich und setzten diese Kompetenzen auch zielgerichtet ein. Die Zwänge der Krise und das Wachstum der Städte führten zu einem rascheren Aufbau der Frischwasserversorgung, der Abwassersysteme, der Gas- und der Elektrizitätsversorgung. Französischen Besuchern um 1900 erschienen deshalb nach der Jahrhundertwende die deutschen Städte oft besonders sauber, hygienisch und mit perfekten Versorgungseinrichtungen ausgestattet. Umgekehrt war nicht nur das Erlebnis einer tiefen Krise explodierender Städte, sondern auch der Zwang, Lehren aus der Krise zu ziehen, in Frankreich weit weniger stark. Wir kommen darauf im fünften Kapitel näher zurück.

Dieser Staatsinterventionismus hat schließlich den deutschen Liberalismus vom französischen Liberalismus scharf getrennt und beide einander entfremdet. In Deutschland wurde die Staatsintervention auch von den Liberalen getragen, auf kommunaler Ebene sogar von ihnen besonders stark vorangetrieben. Die mildere Krise in Frankreich hatte umgekehrt weniger Zwänge zur Staatsintervention entstehen lassen und es den Liberalen erlaubt, ihre Freiräume rigider zu erhalten, ihren Staatsskeptizismus massiver zu vertreten und die Gesellschaft auf der anderen Seite des Rheins sogar als Negativmodell illiberaler staatlicher Eingriffe anzusehen, obwohl oder gerade weil sich vor 1914 die ersten deutschen Erfolge in der Stadtplanung, in der sozialen Sicherung, auch in der Tuberkulosebekämpfung und der allgemeinen Lebenserwartung zeigten. Die Versuche zur Lösung der Probleme des Industriewachstums trennten daher auch den Liberalismus in beiden Ländern immer mehr. Die beiden Gesellschaften gingen auch darin ihre gesonderten Entwicklungswege und wurden einander auch dadurch immer unverständlicher.

Zur Zusammenfassung: Ein erster tiefer Graben, der Franzosen und Deutsche einander vor dem Ersten Weltkrieg immer schwerer verständlich werden ließ, waren die unterschiedlichen Wege der Industrialisierung in den rund vier Jahrzehnten davor. Auf den ersten Blick lag der Unterschied vor allem in einer rascheren deutschen Industrieexpansion, in einer stärkeren Entwicklung der modernen Wachstumsbranchen, in der schnelleren Übernahme moderner Managementmethoden, in der leistungsfähigeren Ingenieurausbildung, in dem effizienteren Interventionsstaat in Deutschland. Sieht man genauer hin, so beruht der französisch-deutsche Unterschied allerdings nicht allein auf einem wirtschaftlichen Modernitätsvorsprung Deutschlands und einem wirtschaftlichen Rückstand Frankreichs, sondern in verschiedenen Wegen der Industrialisierung in beiden Ländern, die selbst im Rahmen der industrialisierenden Länder Europas relativ weit auseinanderlagen: auf der einen Seite der Weg Frankreichs, eines reichen, prosperierenden Landes mit der niedrigsten Geburtenrate und dem geringsten Bevölkerungswachstum Europas; ein Land, für das es daher wenig Zwänge, allerdings auch wenig demographische Chancen zu massiver Industrieexpansion gab, da es sich auf einen großen und kaufkräftigen Binnenmarkt stützen konnte und deshalb weder aggressiv auf dem Weltmarkt vordringen noch sich durch rigide Produktivitätssteigerung und die economies of scale der Großunternehmen gegen Konkurrenten behaupten mußte. Gleichzeitig kannte Frankreich allerdings auch die Schattenseiten raschen Industrie- und Bevölkerungswachstums weniger: Es hatte weniger mit dramatischem Städtewachstum, mit Überbeanspruchung städtischer Dienstleistungen und Märkte, mit individuellen Lebenskrisen großer Arbeitermassen, mit geographischer Mobilität und Verarmungsspiralen, mit Gefährdungen der Lebenserwartung zu kämpfen. Es sah sich deshalb auch weniger gezwungen, illiberale Staatseingriffe vorzunehmen und beließ mehr Schonraum für individuelle Freiheitsräume. Insgesamt bot der Weg Frankreichs einen allmählichen, schonenderen Übergang zur Industriegesellschaft. Auf der anderen Seite der Weg Deutschlands, eines ärmeren, ursprünglich weniger entwickelten Landes mit einer der höchsten Geburtenraten Europas, zudem mit dem Aufbau eines Nationalstaats befaßt und auch belastet. Dieses Land setzte auf dramatische Industrieexpansion, auf die rasche Entwicklung der neuesten Wachstumsindustrien, auf den starken Einsatz der Produktivkraft Wissenschaft, auf die neuesten Managementmethoden, auf die wirtschaftlichen Vorteile von Großunternehmen und Kartellen, auf das aggressive Eindringen in den Weltmarkt, verbunden mit dem ruckartigen Anwachsen der Industriearbeiterzahlen, die als Fremdkörper behandelt wurden und sich daher auch so fühlten, mit für europäische Verhältnisse dramatischen Verstädterungsraten, aber auch mit tiefen Schattenseiten, mit hoher Migration und Unstetigkeit, mit überlasteten städtischen Schulen und Wohnungsmärkten, mit einer der höchsten Kindersterblichkeiten und einer der niedrigsten Lebenserwartungen Europas. Als Folge davon setzte Deutschland massive Staatsintervention ein, mit der die krisenartigen Schattenseiten der raschen Industrieexpansion überwunden werden sollten und zum Teil auch recht erfolgreich überwunden wurden, freilich mit dem Preis einer verhängnisvollen Schwächung des politischen Liberalismus. Diese unterschiedlichen Entwicklungswege, die erst nach dem Zweiten Weltkrieg wieder zusammenführen sollten, haben beide Gesellschaften vor 1914 einander entfremdet.

Kapitel 2
Die stärkere Familienbindung in Frankreich

Neben der Industrialisierung wurde ein zweiter wesentlicher Unterschied zwischen beiden Ländern in der damaligen Öffentlichkeit häufig diskutiert: die französisch-deutschen Kontraste in Familienstruktur und Familienleben. Die beiden Länder lagen auch darin im europäischen Spektrum weit auseinander und waren daher einander schwer verständlich: Frankreich mit seiner ungewöhnlich kleinen, lebenserhaltenden, besonders bindenden und sichernden Familie, in der die Ehefrau früh heiratete und recht häufig berufstätig war, und Deutschland mit seiner außergewöhnlich kinderreichen, eher lebensverschwendenden, von starken Generationskonflikten geprägten, nur Startchancen bietenden Familie mit später Heirat und einer besonders ausgeprägten Hausfrauen- und Mutterrolle. Wir werden diese Unterschiede nacheinander vorstellen und wieder danach fragen, ob eines der beiden Länder um 1900 wirklich moderner war. Wiederum scheinen wir es mit zwei weit auseinanderlaufenden Entwicklungswegen zu tun zu haben: In Frankreich haben sich um 1900 die heutigen europäischen Geburtenraten und Familiengrößen, aber auch die gleichrangigere Stellung der Ehefrau und die zielgerichtete und genau geplante Fürsorge der Eltern für ihre Kinder schon stark durchgesetzt. In Deutschland dagegen entwickelte sich damals stärker als in Frankreich der heutige europäische Zwei-Generationen-Haushalt und die europäische Eigenständigkeit junger erwachsener Söhne und Töchter.

Man sollte freilich bei allen Unterschieden die europäischen Gemeinsamkeiten und Haupttendenzen zunächst nicht aus dem Auge verlieren. Ähnlich wie in anderen europäischen Ländern gab es auch in Deutschland und Frankreich um 1900 deutliche gemeinsame Tendenzen. Zu ihnen gehörte an erster Stelle die Durchsetzung des modernen europäischen Familienhaushalts, der im Kern seines Wesens durch die besonders starke *Unabhängigkeit* junger europäischer Erwachsener von ihrem elterlichen Haushalt geprägt war. Das läßt sich besonders deutlich bei einem der zentralen Lebenseinschnitte, bei der Heirat, fassen. Heirat bedeutete in Europa vor allem die Gründung eines *eigenen, unabhängigen* Haushalts, nicht die Einheirat in Haushalte von Eltern oder Geschwistern. Drei-Generationen-Haushalte waren daher sehr selten; der Kernfamilienhaushalt herrschte vor. Als Folge davon war das Heiratsalter für beide Ehepartner in Europa besonders hoch, da die jungen Eheleute für die Gründung eines eigenen Haushalts auf eigenen wirtschaftlichen Füßen stehen und eine gute Stellung, ausreichende Ersparnisse und eigene Kenntnisse in Haushaltsführung haben mußten. Viele Europäer und Europäerinnen erreichten das nicht. Deshalb waren auch ungewöhnlich viele lebenslang Unverheiratete eine Folge des europäischen Familienhaushalts. Zu den allgemeinen europäischen Tendenzen gehörten weiterhin, vor allem im Bürgertum, die Durchsetzung besonders enger Beziehungen zwischen den Mitgliedern der Kernfamilie und ihre Abschließung nach außen. Die zukünftigen Ehepartner wählten sich selbst nach Zuneigung und Liebe aus und wurden nicht mehr durch familienstrategische Entscheidungen der Eltern zusammengebracht. Die Kinder wurden Mittelpunkt nicht nur der elterlichen Gefühle, sondern auch der zielgerichteten und genau geplanten Fürsorge und Erziehung der Eltern. Die Familien schlossen sich gegenüber der Öffentlichkeit, dem Staat, der Gemeinde, der Straße, der weiteren Verwandtschaft immer mehr ab. Schließlich gehört zu den allgemeinen europäischen Tendenzen auch ein zunehmender Kontrast zwischen den einzelnen Phasen des Lebenszyklus: eine immer ausschließlichere Bindung der Kinder an die Eltern; danach eine wachsende Unabhängigkeit von den Eltern, teils schon als Jugendliche, als Lehrlinge, Dienstmädchen, wandernde Gesellen, sicher aber als junge Erwachsene mit der Heirat; eine wachsende Bindung von Vätern und Müttern an die eigene Familie in der Elternphase, zunehmende Häuslichkeit der Eltern und Abschließung nach außen; eine Ablösung im Alter vom Haushalt der eigenen Kinder und ein Verlust patriarchalischer Vorrechte im Alter.

Diese Tendenzen waren um 1900 sehr unterschiedlich alt, gingen teils schon bis in das Mittelalter zurück wie der Rückgang der Drei-Generationen-Familie, waren teils recht neu, wie die Liebesheirat. Sie waren in Europa unterschiedlich verbreitet und herrschten um 1900 noch keinesfalls überall vor. Sie waren besonders deutlich in Nordwesteuropa und besonders schwach in Ost- und Südeuropa. Auf die Unterschiede zwischen Frankreich und Deutschland im Rahmen der europäischen Familienentwicklung kommt es uns hier an.

Die Familienstruktur und die familiären Lebensphasen

Der auffallendste, bekannteste, in der damaligen Öffentlichkeit auch stark diskutierte Unterschied zwischen französischen und deutschen Familien um die Jahrhundertwende war die extrem hohe Geburtenrate in Deutschland und die ungewöhnlich niedrige in Frankreich. Beide Länder waren auch in dieser Hinsicht für damalige europäische Verhältnisse Extremfälle. Deutschland lag mit 36 Neugeborenen pro Tausend Einwohner um die Jahrhundertwende mit an der Spitze der europäischen Länder und wurde nur noch von Österreich und von osteuropäischen Ländern wie Ungarn, Bulgarien, Rumänien, Serbien übertroffen. Frankreich lag umgekehrt mit 22 Neugeborenen pro tausend Einwohnern am unteren

Ende. Es hatte sich seit der Revolution von der europäischen Entwicklung abgekoppelt, mit nicht nur ungewöhnlich niedrigen, sondern auch noch ständig fallenden Geburtenraten. In Deutschland dagegen stiegen diese bis in die 1880er Jahre und sanken erst vor dem Ersten Weltkrieg wieder, was in der französischen Öffentlichkeit mit Erleichterung registriert wurde.[1] Trotzdem blieben die Unterschiede enorm. Eine wirkliche Annäherung zeichnete sich noch nicht ab.

Dabei erscheinen uns heute die im Vergleich zur Bundesrepublik viermal höheren Geburtenraten des damaligen Deutschland geradezu atavistisch. Fast nur noch Afrika und die moslemischen Teile Asiens zeigen heute ein ähnliches Bild. Frankreich dagegen hatte damals Geburtenraten, die den Zahlen aus jüngster Vergangenheit in einer ganzen Reihe westeuropäischer Länder und bundesrepublikanischer Regionen gleichen: der Niederlande, Irlands, Spaniens etwa oder der Regierungsbezirke Münster, Tübingen, Niederbayern. Die Natalität in Frankreich am Vorabend des Ersten Weltkrieges erscheint uns daher vergleichsweise vertraut und modern.

Allerdings fielen diese scharfen Natalitätsunterschiede keineswegs genau mit der französisch-deutschen politischen Grenze zusammen. Kontraste gab es vor allem zwischen den bizarr hohen Geburtenraten meist im östlichen Deutschland und niedrigen Geburtenraten in der Mitte und im Westen Frankreichs. Diese französischen Regionen waren schon damals bei Natalitätsziffern angekommen, wie wir sie für die Bundesrepublik noch der 1960er Jahre und für das Frankreich von heute kennen.

Auch die familiären Lebenszyklen des damaligen Frankreich stehen uns heute näher als die des damaligen Deutschland. Wir wissen freilich besonders im Vergleich viel zu wenig darüber und können nicht einschätzen, ob für Durchschnittsfranzosen Kindheit, Jugend und Erwachsenenalter schon schärfer voneinander getrennt waren und ob sie die Lebenseinschnitte stärker erlebten als in Deutschland. Eine wichtige Periode des Familienlebens, die Elternphase, sah jedoch zumindest von außen im damaligen Frankreich unserer heutigen Situation schon recht ähnlich.

Das beginnt mit dem Heiratsalter und damit dem Ende der Jugendzeit. Man würde vielleicht im damaligen Frankreich ein besonders hohes Heiratsalter erwarten, da dadurch die Abstände zwischen den Generationen größer und die Geburtenraten niedriger werden. Was man bis zum Ende des 19. Jahrhunderts jedoch in Wirklichkeit antrifft, ist das genaue Gegenteil. Französische Frauen heirateten um 1900 im Alter von durchschnittlich 23 Jahren. Für damalige europäische Verhältnisse war das ungewöhnlich früh. Deutsche Frauen hingegen heirateten im Durchschnitt erst im europaweit eher üblichen Alter von 26 Jahren. Das Heiratsalter der Französinnen war damals etwa genauso hoch wie das heutige durchschnittliche Heiratsalter der Europäerinnen. Es erscheint moderner, während das höhere Heiratsalter der damaligen deutschen Frauen eher einer vergangenen Epoche angehört. Sicher näherte sich schon am Vorabend des Ersten Weltkriegs das Heiratsalter von Französinnen und Deutschen stark an. Aber noch um die Jahrhundertwende fielen französischen Beobachtern die Unterschiede auf. «Die Heiraten», schrieb ein Franzose 1899 nach einer Deutschlandreise, «sind oft das Ergebnis langen Wartens, denn die jungen Leute verloben sich früh und bleiben es während endloser Jahre, bevor sie sich zusammentun können.»[2]

Wichtig für den Eindruck eines vertrauteren Lebenszyklus' in Frankreich um die Jahrhundertwende waren weiter die Familiengrößen. Schon um 1900 hatte sich in Frankreich die Zwei-Kinder-Familie weitgehend durchgesetzt. Fast die Hälfte aller französischen Familien hatte damals ein oder zwei Kinder. Nur jede achte Familie hatte vier Kinder, nur jede dreizehnte Familie fünf Kinder. Kinderreiche Familien gab es zudem eher in der Oberschicht als in der Mittelschicht. Auch darin nahm Frankreich spätere Entwicklungen im übrigen Europa vorweg. In Deutschland hingegen sah die Familiengröße noch ganz anders aus: Die Familie mit vier oder mehr Kindern war immer noch eindeutig am häufigsten. Nur etwa jede sechste deutsche Familie hatte nur zwei Kinder und sogar nur jede achte ein Kind. Ganz sicher war die Zweikinder-Familie noch in keiner Weise das Modell, an dem sich die deutschen Eltern um die Jahrhundertwende orientierten. Kinder waren in Deutschland zudem immer noch desto zahlreicher, je mehr man die sozialen Hierarchien hinabstieg.

Auch der französische Lebenszyklus selbst erscheint uns vertrauter. Die Elternzeit begann in Frankreich wegen der schon erwähnten frühen Heirat zumindest für Frauen in einem früheren Alter. Französinnen bekamen am Anfang unseres Jahrhunderts im Durchschnitt schon im Alter von 24 Jahren ihr erstes Kind. Sie hatten im allgemeinen zwei bis drei Kinder. Kurz vor ihrem dreißigsten Lebensjahr dürften sie im allgemeinen ihr letztes Kind zur Welt gebracht haben. Selbst Französinnen, die ein drittes Kind zur Welt brachten, waren 1907 im Durchschnitt erst 29, auch Mütter eines vierten Kindes im Durchschnitt erst 31 Jahre alt. Das jüngste Kind war daher im allgemeinen spätestens, wenn französische Mütter 45 Jahre alt waren, aus der Schule. Danach blieben die Kinder zwar üblicherweise im elterlichen Haushalt wohnen – die Söhne bis zur Militärzeit, die Töchter bis zur Heirat. Sie wurden möglicherweise in dieser Zeit auch von ihren Eltern noch genau kontrolliert. Aber die Kinder wurden doch schon wirtschaftlich selbständiger. Wenn die Mütter etwa fünfzig Jahre alt waren, hatten sie meist schon erwachsene Kinder. Da eine Französin damals als Zwanzigjährige noch eine Lebenserwartung von über vierzig Jahren hatte, konnte sie erwarten, nach der Elternphase noch einige Zeit allein mit ihrem Mann oder als Witwe zu leben. Die Elternphase war daher für die Durchschnittsfranzösin eine nicht sehr lange Lebensphase. Vor allem war deren Ende absehbar; danach folgte normalerweise eine weitere Lebensphase. Sicher war die öffentliche Einstellung zu diesem nachmütterlichen Leben im damaligen Frankreich erheblich anders als heute. Sie zwang die älteren Französinnen nicht selten in die Rolle der schwarz gekleideten, dem Leben entsagenden, oft allein lebenden, beruflich nicht mehr aktiven, an den gesellschaftlichen Rand gedrückten älteren Frau. Aber immerhin war die Lebenseinteilung der heutigen schon ähnlicher. Damit war eine wichtige Voraussetzung zu einem Einstellungswandel gegenüber der Frau nach der Mutterzeit gegeben.

Für französische Väter verschob sich das Ende der Elternphase um etwa zwei Jahre auf ein Alter zwischen 45 und 50 Jahren. Aber auch sie dürften im allgemeinen noch einige Jahre mit ihren auf eigenen Füßen stehenden Kindern und auch noch allein mit ihrer Frau zusammengelebt haben. Die Zeit nach der Elternphase war für Franzosen zwar erheblich kürzer als für Französinnen. Aber ähnlich wie heute gab es sie schon.

Die Elternphase spielte auf der anderen Seite des Rheins in Deutschland aller Wahrscheinlichkeit nach eine andere Rolle im Leben. Auch sie müssen wir rekonstruieren, da sie wenig erforscht ist. Sie begann wegen des späteren Heiratsalters für Frauen sicher später als in Frankreich. Zumeist dürften die deutschen Frauen erst wenige Jahre vor ihrem dreißigsten Lebensjahr ihr erstes Kind zur Welt gebracht haben, wie auch die deutschen Männer erst in diesem Alter erstmals Väter wurden. Im Durchschnitt bekamen die deutschen Frauen danach vier bis fünf Kinder – die Totgeburten nicht mitgerechnet. Im allgemeinen durften Mütter und Väter daher fast vierzig Jahre geworden sein, bis das letzte Kind auf die Welt gekommen war, zwischen 50 und 55 Jahre alt, bis es aus der Schule kam und um die sechzig Jahre alt, bis es erwachsen war. Bei ihrer Heirat war das in etwa auch ihre Lebenserwartung gewesen: Wer am Anfang des Kaiserreichs geheiratet hatte, hatte als Mann im Durchschnitt auf ein Leben von knapp sechzig Jahren, als Frau auf kaum mehr hoffen können. Die Chance, das zu erleben, was man heute «nachelterliche Partnerschaft» oder im Englischen plastischer als «empty nest» bezeichnet, war daher in Deutschland um die Jahrhundertwende nicht sehr groß. Mit der Elternphase schloß im Unterschied zu Frankreich das Leben im allgemeinen ab. Sicher gab es eine beträchtliche Zahl von deutschen Frauen und Männern, die die Elternphase tatsächlich doch überlebten. Wir sprechen ja hier von Durchschnitten. Dafür starben aber ebenso viele schon während der Elternphase und bevor ihr jüngstes Kind erwachsen war. Auch in den Phasen des Lebens und im Abschluß des Lebens mit der Elternphase erscheint uns Deutschland um die Jahrhundertwende heute als ein unvertrauteres, fremderes Land als Frankreich.

Schließlich scheint die deutsche Familie um die Jahrhundertwende viel weniger als die französische Familie etwas erreicht zu haben, was wir heute für fast selbstverständlich ansehen: Es war noch keineswegs ausgemacht, daß ein Mensch von der Geburt bis zum Erwachsenenalter in seiner Familie wirklich auch mit den gleichen Personen zusammenlebte. Die deutsche Familie war noch kein geschlossener Fahrstuhl, in dem die gleichen Personen für eine gewisse Zeit zusammenfuhren, sondern eher wie eine Treppe, auf der man mit manchen zusammenging, anderen aber nur kurz begegnete. Es kam in Deutschland nicht nur viel häufiger als heute vor, daß ein Familienmitglied hinzukam und weitere Geschwister geboren wurden. Viel häufiger als heute starben Familienmitglieder wieder weg. Wichtigster Grund war die erheblich höhere Säuglings- und Kindersterblichkeit in Deutschland. Um die Jahrhundertwende starb in Deutschland jedes fünfte Kind schon im ersten Lebensjahr, fast jedes dritte Kind bevor es das Erwachsenenalter erreichte. Geschwister als Kind oder Jugendlicher zu verlieren, war daher nichts Ungewöhnliches. Heute erreichen dagegen nur 3-4% der Kinder nicht das Erwachsenenalter. Mehr noch: Es war auch nicht so ungewöhnlich, ein Elternteil zu verlieren, bevor man selbst erwachsen war. Jeder dritte deutsche Erwachsene starb zwischen dem 25. und dem 60. Lebensjahr. Heute verlieren nur noch ein paar Prozent der Kinder und Jugendlichen ihre Eltern. Damals bedeutete das in vielen Fällen, daß der Vater (seltener die Mutter) sich wieder verheiratete und daß eine neue Mutter (seltener ein neuer Vater) ins Haus kam. All das zeigt, daß man als Kleinkind durchaus in einer anders zusammengesetzten Familie leben konnte als am Ende seiner Jugendzeit und daß die deutsche Familie viel mehr als heute von Kommen und Gehen geprägt war.

Die französische Familie war am Vorabend des Ersten Weltkriegs etwas stabiler. Die Familienmitglieder blieben einander schon damals eher erhalten. Das liegt vor allem an der weit geringeren Säuglings- und Kindersterblichkeit. «Nur» jedes siebte Kind starb in Frankreich im ersten Lebensjahr, «nur» jedes sechste Kind erreichte nicht das Erwachsenenalter. Aber auch Eltern hatten in Frankreich etwas bessere Chancen zu überleben. «Nur» ein Viertel der Französinnen starben im Alter zwischen 20 und 45, als Mütter von nichterwachsenen Kindern. Ohne Zweifel war auch in Frankreich die Gefahr, zwischen Säuglingsalter und Erwachsenenalter Geschwister oder Eltern zu verlieren, erheblich größer als heute. Aber sie war deutlich geringer als in Deutschland. Frankreich stand auch darin unserer heutigen Situation ein Stück näher.

Das Familienleben

Auch das Innenleben der französischen Familie, das Zusammenleben der Familienmitglieder in Frankreich, erscheint uns in wichtigen Hinsichten vertrauter. Sicher ist ein genauer Vergleich mit Deutschland außerordentlich schwierig, weil sich die Familienforschung lange Zeit wenig mit der Geschichte des 20. Jahrhunderts befaßte und wir über unser eigenes Jahrhundert weniger wissen als über die frühe Neuzeit. Der Vergleich ist aber auch deshalb nicht leicht, weil man darüber streiten kann und streitet, was eine moderne Familie ist. Trotzdem scheint uns ein erster, wenn auch noch recht vorläufiger Versuch möglich.

Manches spricht dafür, daß die Familie in Frankreich am Anfang unseres Jahrhunderts nach außen schon abgeschlossener, intimer und die Beziehungen zwischen den Familienmitgliedern intensiver und enger waren. Das mag auf den ersten Blick überraschen, da gerade die Familie als der entscheidende Ort in sich gekehrter, weltabgeschlossener deutscher Innerlichkeit gilt; wir werden auf die Gegenargumente noch zurückkommen. Aber die Entstehung der familiären Häuslichkeit, die gleichzeitige Herauslösung der einzelnen Familienmitglieder aus außerfamiliären Bindungen an ihre Altersgruppe, an den nach Geschlechtern getrennten sozialen Umgang in Spinnstuben, Waschplätzen, Märkten, Teekränzen, Jagden, Kneipen, Vereinen, Brüderschaften, auch das Aufkommen gleichrangiger Beziehungen zwischen den Ehepartnern, die Entwicklung der Kinder zum Fürsorgemittelpunkt der Eltern – all das scheint in Frankreich um die Jahrhundertwende ein Stück weiter gewesen zu sein als in Deutschland.

Das scheint vor allem für die männliche Freizeitkultur zu gelten. Französische zeitgenössische Beobachter waren immer wieder erstaunt, wie stark deutsche Männer nicht nur ihre Arbeitszeit, sondern auch ihre Freizeit außerhalb der Familie in einer rein männlichen Umgebung verbrachten. Am schärfsten und sicher überzogen drückte dies Jacques Saint-Cères in seinen Reiseimpressionen über Deutschland 1886 aus: «Es gibt keine Familie in Deutschland. Noch weniger gibt es ein Familienleben. Der Deutsche bleibt abends nie zuhause. Es wird in Deutschland als vollkommen normal angesehen, daß ein Ehemann jeden Abend (ich sage, jeden Abend) in die Kneipe geht. Selbst im kleinsten Dorf in Deutschland sieht man, und sah ich, die Bauern jeden, aber auch jeden Abend in das Gasthaus gehen. Während der Woche können sie es nur abends besuchen. Sonntags verbringen sie dort den ganzen Tag. In den großen und kleinen Städten das gleiche Schauspiel, in allen sozialen Klassen: alle Männer in der Kneipe, alle Frauen zuhause.» Auch unvoreingenommenere Beobachter als Saint-Cères registrierten die geringe häusliche Bindung deutscher Ehemänner.[3] Sicher übersah keiner der französischen Beobachter, daß die Familie nicht nur in der Politik, der öffentlichen Moral, der Kirche, der Literatur eine zentrale Rolle spielte, sondern auch von damaligen deutschen Ehemännern als ihr Lebensmittelpunkt angesehen wurde. «Die Idee der Familie», schreibt ein anderer zeitgenössischer französischer Beobachter, «ist nirgends so tief verwurzelt wie in Deutschland... Der Deutsche, ein Innenmensch, ist am zufriedensten, wenn er mit seiner Frau und seinem Nest voll Kindern zusammen ist.»[4] Vor dem Hintergrund solch starker emotionaler Bindung erschien französischen Beobachtern die außerfamiliäre männliche Soziabilität in Deutschland recht erstaunlich.

Die französischen Beobachter dürften nicht ganz danebengegriffen haben. Nach allem, was wir über die bäuerliche Gesellschaft in Deutschland wissen, war das außerfamiliäre Gesellschaftsleben der Männer nach der Arbeit tatsächlich noch sehr intensiv. Nach allem, was wir über die Freizeit von Industriearbeitern wissen, waren politisch oder gewerkschaftlich organisierte Väter tatsächlich abends viel außer Hause, auch wenn französische Besucher den Zweck dieser außerfamiliären Bindungen oft nicht erwähnten. Auch nach dem, was wir über das Bürgertum wissen, waren Ehemänner geschäftlich oder gesellschaftlich viel auf Reisen und abends viel außer Haus, im Großbürgertum häufig allerdings auch mit ihrer Ehefrau. Auch wenn bisher niemand versucht hat, präzise Vergleiche mit Frankreich zu ziehen, war das außerfamiliäre Gesellschaftsleben deutscher Ehemänner, im Großbürgertum auch der Ehefrauen, am Anfang des Jahrhunderts wahrscheinlich intensiver als in der Gegenwart. «Gelänge es», schrieb Karl Kautsky gegen die Antialkoholbewegung 1891, «die deutschen Arbeiter in Masse zu bewegen, das Wirtshaus zu meiden und sich außerhalb der Arbeit auf das ihnen so verlockend geschilderte Familienleben zu beschränken(...), dann hätten sie erreicht, was dem Sozialistengesetz niemals auch nur annähernd gelungen: der Zusammenhalt des Proletariats wäre gesprengt.»[5] «Das Wirthshausgehen der Gatten ist unbekannt», schrieb umgekehrt über die französischen Ehemänner 1886 ein Deutscher, der lange in Frankreich gelebt hatte.[6]

Aber nicht nur die Ehemänner scheinen um 1900 in Deutschland mehr außerhalb der eigenen Familienwände gelebt zu haben als in Frankreich. Französische Beobachter wunderten sich damals auch darüber, wie viel weniger abgeschlossene Intimität die deutsche Familie als *Ganzes* entwickelt hatte und wie viel stärker das deutsche Familienleben in der Öffentlichkeit stattfand. Daß ganze Familien, Eltern zusammen mit Kindern, den Abend oder sogar den ganzen Sonntag im Gasthaus oder im Biergarten verbrachten, wurde als kurios empfunden. Auch deutsche Familienstiftungen, die sich um öffentliche, nichtfamiliäre Belange kümmerten, wurden als fremdartig angesehen.[7] In allen diesen Hinsichten schien den französischen Beobachtern die Grenze zwischen familiärer Intimsphäre und Öffentlichkeit in Deutschland weniger scharf gezogen. Trotz der Aufbruchtendenzen der sechziger Jahre dürfte auch darin die französische Familie der heutigen europäischen Familienrealität näherstehen als die damalige deutsche Familie.

Es sieht ganz so aus, als ob darüber hinaus die Kinder in Frankreich um die Jahrhundertwende schon stärker Fürsorgemittelpunkt der Eltern waren als in Deutschland und die französischen Eltern mit ihren Kleinkindern vorsorglicher umgingen, sie bewußter vor Krankheiten zu schützen versuchten, eher auf gesunde Nahrung achteten, sich besser über neue Methoden der Kinderernährung, der Kinderpflege informierten. An der geringen Säuglings- und Kindersterblichkeit in Frankreich läßt sich diese andere französische Einstellung zu Kindern sehr handgreiflich fassen: In Frankreich starben um 1910 ein Drittel weniger Säuglinge im ersten Lebensjahr als in Deutschland. Sicher begann auch in Deutschland die Säuglingssterblichkeit um 1900 langsam zu sinken. In einzelnen Berufsgruppen, vor allem den Beamten- und Angestelltenfamilien, lag sie sogar schon erheblich unter dem französischen Durchschnitt. Aber in den Durchschnittsfamilien waren die Unterschiede zwischen den beiden Ländern nie mehr danach so kraß. «Wenn jemand sagt, wie man das gar nicht selten hören kann, daß die Franzosen kein Familienleben haben, so ist das eine reine Fabel», schrieb ein deutscher Beobachter nach einem längeren Aufenthalt in Paris am Vorabend des Ersten Weltkriegs. Er fand eher umgekehrt, «daß die Liebe der Eltern zu ihren Kindern in Frankreich zu weit geht, daß die Kinder manchmal allzu sehr den Mittelpunkt der Familie bilden.»[8]

Historiker haben neuerdings diese Unterschiede in den Begriffen von «lebensverschwendenden» und «lebenserhaltenden» familiären Einstellungen zu fassen versucht. Unter «lebensverschwendenden» Einstellungen verstehen sie hohe Geburtenraten, kurze Geburtenabstände, großen Kinderreichtum verbunden allerdings mit einer passiven, fatalistischen Einstellung gegenüber Krankheitsvorsorge, Pflege, Ernährung und Erziehung von Kindern und daher auch hoher Kindersterblichkeit, manchmal auch höherer Müttersterblichkeit, nicht nur im Kindbett, sondern auch in der physisch extrem belastenden Zeit mit sehr kleinen Kindern. Unter «lebenserhaltenden» Einstellungen verstehen sie niedrige Geburtenraten, längere, schonendere Abstände zwischen den Geburten, weniger kinderreiche Familien, aktive, fortschrittsorientierte Haltung zur Vorsorge, Pflege und Ernährung und Erziehung von Kindern, daher auch niedrigere Kindersterblichkeit und niedrigere Müttersterblichkeit. Am Vorabend des Ersten Weltkriegs wird Deutschland eher der traditionellen lebensverschwendenden Einstellung zugerechnet, Frankreich dagegen eher der modernen, lebenserhaltenden Einstellung – immer unter dem Vorbehalt starker regionaler Unterschiede zwischen den grenznahen und grenzfernen Gebieten. Sicher war die emotionale Bindung der Eltern an ihre Kinder in Deutschland deshalb nicht schwächer, der Tod eines Kindes ihnen nicht gleichgültiger. Aber die geplante, nüchterne, informierte Vorsorge der Eltern scheint in Frankreich schon weiter gewesen zu sein. Zwischen europäischen Ländern waren die Kontraste in den leicht faßbaren Anzeichen dieser Einstellungen, in den Geburtenraten, der Mütter- und der Kindersterblichkeit, selten so scharf wie zwischen dem damaligen Deutschen Reich und Frankreich.

Schließlich erscheint uns das Zusammenleben der Eheleute um die Jahrhundertwende in Frankreich etwas vertrauter, in Deutschland eher fremder. Französischen zeitgenössischen Beobachtern fiel vor allem auf, wie glanzlos, kalt, geschäftsmäßig die deutschen Ehebeziehungen waren, wie stark und autoritär die Position des Mannes in der deutschen Ehe und wie schwach und untergeordnet die der deutschen Ehefrauen. Nach dem Ende der Hochzeitsreise, so beobachtete ein französischer Deutschlandbesucher um 1900, «verschwindet das junge, lustige, immer zum Lachen aufgelegte, ausgelassene und umworbene Mädchen und macht der wirklich ernsten und gesetzten Hausfrau Platz. In Frankreich... würden die jungen Frauen schwer mit dieser ein wenig spießigen Existenz zurechtkommen... Seine Verlobte überschüttet der Deutsche noch mit den zärtlichsten Bezeichnungen. Er nennt sie mein Schatz. Aber mit dem Moment der Heirat wird aus dem Schatz nur noch eine brave Hausfrau mit beschränktem Horizont.»[9] Als Symbol dieser ernüchternden Ehebeziehungen: das deutsche Schlafzimmer aus der Sicht französischer Zeitgenossen. Es hatte «einen sehr unterschiedlichen Charakter von dem, was man aus Frankreich kennt. Das Zimmer wird [in Deutschland] außerhalb der Nacht nicht benutzt. Es enthält nur die für das Schlafen und die Kleidung nötigen Möbel. Keine oder wenig Dekoration, Bilder oder Blumen. Die Ehegatten, ordentlich und methodisch wie sie sind, ziehen es vor, sich nur dann zu berühren, wenn sie das selbst gemeinsam so entschieden haben. Sie mögen keine Überraschungen oder Zufälle.»[10] Vor allem aber fiel den zeitgenössischen französischen Beobachtern die fehlende Gleichrangigkeit der Ehepartner in Deutschland auf: «Die Frau bleibt in der deutschen Gesellschaft trotz allem, was die Dichter und Literaten über sie sagen, in einer untergeordneten Position. Der Mann bleibt immer der Herr und Meister.»[11] Auch dabei dürften die französischen Beobachter trotz ihres sicher begrenzten Erfahrungshorizonts nicht ganz unrecht gehabt haben. Memoiren, Heiratsannoncen, Interviews, heutige Untersuchungen bestätigen immer wieder die enge Beschränkung der deutschen Ehefrau auf den Haushalt, die starke, autoritäre Position des deutschen Ehemannes und die untergeordnete Position der Ehefrauen. «Mein Vater», schrieb ein deutscher Verleger über seine Kindheit um die Jahrhundertwende, «war besonders empfindlich gegen Kritik. Kaum zögerte meine Mutter bei irgendeiner Sache mit ihrer Zustimmung, so runzelte er die Stirn... Papa war immer mehr oder weniger Respektsperson. Schon weil wir sahen, daß Mama – so wurde sie zeitlebens von uns genannt – auf Papa immer so große Rücksicht nahm. Ihn bei guter Laune zu erhalten, ihm möglichst alles Unangenehme zu ersparen, fühlte sie als ihre vornehmste Pflicht. Daß Papa nicht gestört werde, war oberstes Prinzip im Hause.»[12]

Die unabhängigere französische Frau

Drittens erscheint uns die französische Familie vor 1914 auch deshalb etwas vertrauter, weil die Rolle der Frau in der Ehe und im Beruf in Frankreich der heutigen europäischen Situation schon näherstand. Sicher beherrschte auch im französischen Recht und im französischen öffentlichen Diskurs die Vaterfigur das Privatleben. Aber im familiären Alltag war die französische Ehefrau doch etwas gleichrangiger und stützte sich dabei in vielen französischen Familien auf ihre wirtschaftliche Aktivität außer Haus oder in der Familienwirtschaft, während die deutsche Ehefrau eher dem Mütterlichkeitsideal und dem Modell der reinen, dem Ehemann untergeordneten Hausfrau folgte.

Diese Ideale waren am Anfang unseres Jahrhunderts in der deutschen Gesellschaft ohne Zweifel noch beherrschend. Die zielgerichtete Erziehung der Töchter zu Hausfrauen und nicht zum Beruf, die Einimpfung der scharfen Rollenunterschiede zwischen Mann und Frau schon im Kindes- und Jugendalter, die schwer überwindbaren Barrieren zumindest für bürgerliche Frauen bei einer Berufstätigkeit, die völlige Inanspruchnahme der meisten deutschen Ehefrauen durch das Gebären und die Erziehung der zahlreichen Kinder, aber auch durch die manchmal schwer finanzierbaren bürgerlichen sozialen Aufwandsnormen und Geselligkeitsformen oder die oft unerträgliche Wohnungs- und Lebenssituation vieler Arbeiterfamilien ist für den Anfang unseres Jahrhunderts vielfach untersucht, dokumentiert und belegt worden. Auch die Frauenbewegung in Deutschland versuchte zumindest in ihrem bürgerlichen Flügel, Studien- und Berufsfelder für *unverheiratete* Frauen, nicht so sehr für *Ehe*frauen zu erkämpfen und konnte hier auch auf einige Erfolge verweisen. Dem Mütterlichkeitsideal der wilhelminischen Gesellschaft konnte sich auch die Frauenbewegung nicht entziehen. Auch sie hing ihm an. Nur eine kleine Schicht von oft eher großbürgerlichen Frauen wurde von ihren Eltern zielgerichtet auf einen späteren Beruf vorbereitet und ausgebildet.

Diese Einschränkung und auch Selbstbeschränkung der deutschen Ehefrauen auf den Haushalt fiel französischen zeitgenössischen Beobachtern scharf ins Auge. Sie sahen darin einen wesentlichen Unterschied zu ihrem Land. «Die Details des Haushalts interessieren nicht nur die Frauen des Kleinbürgertums. In Deutschland befassen sich auch vornehme Damen mit der Küche und die Befriedigung, die intellektuelle Vergnügen verschaffen, kommen für sie nicht an die einfachen Freuden des Haushalts und seiner Zwänge heran. Während der Ehemann den ganzen langen Tag seinem Beruf nachgeht, läßt die Ehefrau alle Gedanken an die Eleganz fahren; ihr Haushalt, ihre Wirtschaft, nehmen sie völlig in Anspruch, und ihr Leben spielt sich nur noch zwischen ihren Dienstboten und ihren Kindern ab. Ob reich oder arm, ob bürgerlich oder proletarisch, alle Frauen geben sich mit großem Eifer den tausend Sorgen der Küche hin, die sie vor allem anziehen. Die Jungverheiratete muß, wenn sie ihrem Ehemann gefallen will, eine gute Hausfrau sein, Kleider in Ordnung halten können, Dienstboten befehligen können, Essen anrichten können.»[13]

Französischen Ehefrauen scheinen sich nicht nur stärker im Beruf engagiert, sondern auch stärker am gesellschaftlichen Leben beteiligt und intensiver an der gesellschaftlichen Öffentlichkeit teilgenommen zu haben. Deutsche zeitgenössische Beobachter sahen es jedenfalls so: «Noch heute herrscht die Französin im Salon, in den Bureaux der Ministerien, in der Familie, ja im Handel.»[14] Es ist schwer zu sagen, ob das weit größere Gewicht der Frau in der republikanischen politischen Symbolik Frankreichs, vor allem als Jeanne d'Arc und als Marianne, irgendwelche praktischen Auswirkungen im Alltag hatte. Aber im Ehealltag erscheint uns die Französin um 1900 gleichrangiger. Von Zwängen des reinen Mütterlichkeitsideals liest man in der französischen Forschung weniger. Die französischen Ehefrauen bestimmten zudem zumindest außerhalb des Großbürgertums meist über die Finanzen des Haushalts oder der Familienwirtschaft im Handwerk und Kleinhandel und bezogen daraus Macht gegenüber dem Ehemann.«Das männliche Geschlecht,» schrieb 1881 ein deutscher Beobachter über die französische Familienwirtschaft, «ist fast überall der Producent; es arbeitet hinten im Haus. Die Frauen und Töchter bringen die Ware dann an den Mann. In unglaublich vielen Läden (...) verkaufen nur junge Mädchen, während die ältere Dame an der Thür in dem ‹Comptoir› sitzt und die Controle, besonders das Verkaufsbuch führt.»[15]

Vor allem aber war der Verzicht auf eigene wirtschaftliche Aktivität in Frankreich seltener als in Deutschland. Französische Frauen waren am Anfang unseres Jahrhunderts erheblich häufiger außerhalb des familiären Haushalts im Berufsleben aktiv. Um die Jahrhundertwende waren in Deutschland 45% (1907) aller erwerbsfähigen Frauen und 26% (1907) aller Ehefrauen, in Frankreich dagegen 56% (1906) aller erwerbsfähigen Frauen und 50% (1906) aller Ehefrauen berufstätig. Besonders im Einzelhandel, auf den Märkten, unter den kleinen Ladenbesitzern, in der Landwirtschaft, unter Lehrern, Telefonisten, Angestellten gab es in Frankreich spürbar mehr Frauen als in Deutschland. Fast noch wichtiger war, daß die berufstätigen Frauen in Frankreich weit häufiger als in Deutschland wirtschaftlich selbständig waren und dabei entweder als «patronne», also als Chefin, Personal hatten oder als «travailleur isolé» wenigstens nicht einem direkten Arbeitgeber unterstanden. «Patronne» waren 1896 ein Viertel, 1906 sogar mehr als ein Drittel aller berufstätigen Französinnen. Sie waren das meist in der Landwirtschaft, oft aber auch im Handel und im Gewerbe. Unter den berufstätigen Ehefrauen gab es sogar wahrscheinlich noch erheblich mehr «patronnes». In Deutschland dagegen war 1895 nur jede siebte, 1907 sogar nur noch jede zehnte berufstätige Frau Chefin oder wenigstens allein arbeitende Selbständige. Unter den berufstätigen Ehefrauen war es 1907 nur ungefähr jede zwölfte; diese Frauen stellten seltene Randerscheinungen dar. Ähnlich das Frauenstudium: An französischen Universitäten gab es kurz nach 1900 schon über tausend Studentinnen. Mit 5% weiblichen Studenten war Frankreich neben der Schweiz, Österreich, den Niederlanden eines der europäischen Pionierländer des Frauenstudiums. In Deutschland dagegen war um 1900 noch nicht einmal die Zulassung von Frauen zum Studium durchgesetzt. Als sich 1908 auch die preußische Regierung in das Unvermeidliche ergab, war sie eines der Schlußlichter in Europa. Wie wir in einem späteren Kapitel sehen werden, hat sich dieser Rückstand Deutschlands bis heute erhalten. Generell gehören die berufstätige Ehefrau, die «patronne» und die Intellektuelle in Frankreich um 1900 stärker zum Alltag. Was auch immer der Grund für diesen französisch-deutschen Unterschied gewesen sein mag, – das schmälere Arbeitskräftereservoir aufgrund geringerer französischer Geburtenraten, das Weiterwirken der starken Ehefrauenrollen in der Bauernwirtschaft in einem noch stark ländlich geprägten Frankreich, ein stärkeres gesellschaftliches Gewicht der Frau in katholischen Gesellschaften, die größere Liberalität des republikanischen Frankreich – auf jeden Fall war die berufstätige und damit auch in der Ehe gleichrangigere Ehefrau und Mutter in der französischen Gesellschaft schon stärker Leitbild und auch eher Wirklichkeit als in Deutschland und drängte das soziale Modell der reinen Hausfrau und Mutter etwas stärker in den Hintergrund. Nur im Bürgertum scheint letzteres auch in Frankreich in der zweiten Hälfte des 19. Jahrhunderts viel Boden gewonnen zu haben.[16]

Die moderneren Züge der deutschen Familie

Die französische Familie und die Frauenrolle waren freilich nicht in jeder Hinsicht moderner und uns daher heute vertrauter. In einer Reihe von Punkten kehrt sich das Verhältnis um:
Erstens und vor allem war die europäische Kleinfamilie, die heute überall in Westeuropa vorherrscht, um die Jahrhundertwende in Deutschland schon erheblich weiter verbreitet als in Frankreich. Peter Laslett, Richard Wall und Michael Mitterauer haben sich besonders intensiv mit dieser europäischen Entwicklung des Kleinfamilienhaushalts beschäftigt. Für

sie bestehen – wie schon anfangs erwähnt – europäische Besonderheiten der Familie vor allem in einer weitgehenden Verdrängung des Drei-Generationen-Haushalts, in einem relativ späten, aber für beide Ehepartner recht ähnlichen Heiratsalter und in einem recht hohen Anteil lebenslang unverheirateter Junggesellen und Jungfern. Dahinter steht – so argumentiert vor allem Michael Mitterauer – eine lange europäische Tradition besonders drastischer Ablösung junger Erwachsener von ihrem elterlichen Haushalt, oft schon in der Jugend durch eine Lehre oder Arbeit in einem anderen Haushalt, vor allem aber durch die Gründung eines eigenen Haushalts mit der Heirat anstelle der Einheirat in den Haushalt der Eltern oder Schwiegereltern.

Diese europäischen Formen des Familienhaushalts gab es am Ende des 19. Jahrhunderts freilich noch keineswegs überall in Europa. Neben Großbritannien, den skandinavischen Ländern, der Schweiz, dem Westen der Habsburger Monarchie herrschten sie zwar auch schon in Deutschland vor. Aber in Frankreich hatten sie sich nur teilweise durchgesetzt. Im Norden und im Osten Frankreichs dominierte zwar der Zwei-Generationen-Haushalt, war das Heiratsalter bei beiden Ehepartnern schon recht ähnlich, gab es viele Unverheiratete und auch viele Alte, die im eigenen Haushalt lebten. Aber im Westen und Süden Frankreichs waren Drei-Generationen-Haushalte noch häufig. Das Heiratsalter von Männern und Frauen lag oft noch weit auseinander. Die Einheirat in Eltern- oder Schwiegerelternhaushalte war noch häufig: Alte lebten auch recht häufig noch in den Haushalten ihrer Kinder.

Zweitens sieht es ganz so aus, als ob um 1900 in Deutschland junge Erwachsene in ihren sozialen Kontakten und in ihrer Entscheidung über Heirat und Beruf von ihren Eltern schon unabhängiger waren und sich familiären Strategien weniger ein- und unterzuordnen hatten als in Frankreich. Auch in dieser Hinsicht scheint sich die europäische Familie in Deutschland etwas früher durchgesetzt zu haben. «So genau auf das französische Mädchen aufgepaßt wird», schrieb ein französischer Deutschlandreisender kurz vor 1890, «so unabhängig bewegt sich das deutsche Mädchen... Das französische Mädchen, das durch seine Mutter sozusagen von jeglichem direkten Kontakt mit Männern abgehalten und zur Unkenntnis erzogen wird, lernt vor allem auf der Straße, dieser Erzieherin der großen Städte. Ganz anders dagegen das deutsche Mädchen, das in Kontakt mit jungen Männern lebt, mit den Freunden ihres Bruders... Seine Mutter ist nicht immer da, um aufzupassen; es muß deshalb selbst auf sich aufpassen... Es besucht mit einem der Vereine, von denen das Land nur so wimmelt, einem Gesangs-, Musik-, Turn-, Geschichts-, Naturwissenschaftsverein eine andere Gegend oder Stadt... In Frankreich würde das als unglaubliche Exzentrizität, als eine monströse und unnatürliche Sache angesehen.»[17] Auch die Liebesheirat scheint sich in

Deutschland um 1900 schon etwas stärker durchgesetzt zu haben, während umgekehrt in Frankreich die zwischen Familien ausgehandelte Ehe noch häufiger war. Schon in den 1870er Jahren fiel das französischen Beobachtern auf. «In Frankreich», schrieb ein vielgelesener französischer Kulturkritiker, «verhindert eine törichte Sitte, die unserer Moral kaum zum Ruhme gereicht, daß die künftigen Gatten einander vor der Ehe wirklich kennenlernen. Sie mögen sich bei einem Ball begegnet sein; die finanzielle Seite mag von den Anwälten geregelt, der Heiratsantrag gemacht und angenommen worden sein; und dann, nachdem alles entschieden ist, mag es ein paar unbedeutende Gespräche [zwischen den zukünftigen Eheleuten] gegeben haben. In England, in Deutschland, in den Vereinigten Staaten und in der Schweiz [werden] die Dinge anders gehandhabt. Hier herrscht von Rechts wegen große Freiheit des Verkehrs zwischen jungen Männern und Frauen. Sie haben einander kennengelernt, sie werden über alles Ehrenwerte gesprochen haben, und ihre Einwilligung ist alles andere als leere Formalität.»[18] Auch noch um die Jahrhundertwende fiel französischen Beobachtern die starke Gefühlsbeziehung unter Verlobten in Deutschland auf. «Gefühlsbeziehungen», stellte ein französischer Reisender über deutsche Verlobte fest, «herrschen unter den jungen Leuten immer vor, und die Deutsche vergibt ihre Gunst nur beim Plaudern über die ätherischsten, mystischsten und poetischsten Themen.»[19] Sicher ist die Durchsetzung der Liebesheirat selbst unter bürgerlichen Ehepartnern um 1900 in der jüngeren Forschung nicht unumstritten. Auch wenn sie noch nicht überwog, gab es in Deutschland doch mehr Anzeichen dafür.[20]

Auch die jungen Männer, insbesondere die bürgerlichen Söhne, scheinen sich in Deutschland von ihrer Herkunftsfamilie gründlicher gelöst zu haben. Unternehmersöhne wurden daraufhin erzogen, Familie nur als Starthilfe, nicht als lebenslange soziale Sicherung anzusehen. «Im Unterschied zu vielen französischen Kaufleuten» schrieb ein zeitgenössischer Beobachter, «versucht der deutsche Händler seinem Sohn nicht Arbeit zu ersparen; er anzieht ihm vielmehr einen Sinn für den Kampf des Lebens, ein Kampf, in dem die Arbeitsfreude und die Gewöhnung an Arbeit die beste Waffe ist. Nach unseren Unterhaltungen mit Kaufleuten und Industriellen scheint es uns, daß die Familienväter ihren Kindern immer klarmachen, daß sie – gleichgültig wie groß das väterliche Vermögen ist – selbst für ihren Lebensunterhalt aufkommen müssen und weder mit der väterlichen Hilfe, noch mit dem Vermögen, noch auch mit der Möglichkeit dazu rechnen können.»[21] Ein anderer französischer Beobachter der Zeit schrieb: «Der deutsche Vater hat nicht den Ehrgeiz, seinen Kindern eine gesicherte Existenz mit festen Renten zu schaffen. Er gibt ihnen eine gute Erziehung, rüstet sie für den Daseinskampf aus und läßt sie sich dann selbst ihren Platz an der Sonne erobern.»[22] Selbst unter den reichsten Unternehmern Deutschlands war deshalb ein beträchtlicher Teil der Söhne, die wiederum Unternehmer geworden waren, nicht Erben, sondern gründeten selbst eigene Unternehmen. Unter französischen Unternehmersöhnen war das erheblich seltener. «Die Söhne sollen,» schrieb ein deutscher Beobachter, der zwei Jahrzehnte in Frankreich gelebt hatte, über das französische Bürgertum «womöglich in der Vaterstadt bleiben, ihres Vaters Geschäft – als Kaufmann, Arzt oder Anwalt – übernehmen, dürfen keinesfalls auswandern und wagen selbst nicht gern, ein eigenes Geschäft zu gründen und sich unabhängig zu machen.»[23] Ganz allgemein diente die bürgerliche Familie in Frankreich viel stärker der lebenslangen Sicherung der Existenz. «Während die germanische (englische wie deutsche) Familie (...) mit der Emancipation der Kinder und der Gründung neuer Herde sich naturgemäß auflöst, oder doch nur noch an schwachen Fäden zusammenhängt, dauert die französische Familie (...) noch lange nachher in gleicher Geschlossenheit fort. Rührend ist oft die Liebe der erwachsenen Söhne für ihre Mutter anzusehen, und nicht allein Bruder und Schwester, auch Vetter und Vettersvetter halten zusammen (...), bilden eine dauernde Association.»[24] Das führte zumindest im Bürgertum auch zu einer längeren wirtschaftlichen Bindung der Söhne an den elterlichen Haushalt. Die Neigung der bürgerlichen Söhne, Erben des väterlichen Unternehmens oder sogar Rentiers zu werden, war in Frankreich aller Wahrscheinlichkeit größer.

Die geringere Kontrolle der Jugendlichen und jungen Erwachsenen durch die Familie in Deutschland hat wohl auch die Entwicklung von Jugendkulturen und Jugendprotesten stärker gefördert. Die deutschen Studentenverbindungen, für die es in Frankreich nichts Entsprechendes gab, wollten mit ihren Mensuren, Trinkritualen, Kostümierungen einen scharfen Trennstrich zum Familienleben ziehen. Vor allem aber ließ sich zu den deutschen Jugendbewegungen vor 1914 in Frankreich kein Pendant finden.

Welche Familie war nun um die Jahrhundertwende moderner? Die französische Familie mit ihrer geringeren Kinderzahl, ihrem früheren Anfang, aber auch erlebbaren Ende der Elternphase, ihrer intensiven, wirkungsvolleren elterlichen Fürsorge für die Kinder, ihren etwas gleichrangigeren Beziehungen zwischen den Ehepartnern, ihrer stärkeren Abgeschlossenheit und Bindung für die Familienmitglieder? Oder die deutsche Familie mit ihrer stärkeren Durchsetzung der heutigen Kernfamilie, mit ihrer freieren, von den Eltern weniger kontrollierten Wahl des Ehepartners und deutlicheren Entwicklungen der Liebesheirat, mit ihrer geringeren Einbindung der Söhne in das Familienunternehmen und in familiäre Vererbungsstrategien, mit ihrer etwas weniger ungleichen Position der Frau im Recht? Diese Frage erscheint nicht mehr sonderlich brennend, wenn man sich die französische und deutsche Familie vor 1914 genauer angesehen hat. Beide gingen vor 1914 offensichtlich vor allem getrennte Wege. In unterschiedlicher Weise verbanden sie dabei heute eher modern und eher traditionell anmutende Elemente. Die französische Familie mit ihren niedrigen Geburtenraten war offensichtlich lebensschonender: für die Mütter, weil sie weniger überlastet waren, und für die Kinder, weil sie mehr geplante Für- und Vorsorge ihrer Eltern empfingen. Mütter- und Kindersterblichkeit waren niedriger, unterstützt freilich oft auch durch traditionell anmutende Familienformen wie die häufigere Verbreitung der Drei-Generationen-Familie und der Großelternmithilfe bei der Kindererziehung, aber auch durch das frühere Heirats- und Gebäralter der Französinnen. Gleichzeitig war die niedrige Geburtenrate eine wichtige Voraussetzung für die häufigere außerhäusliche Berufstätigkeit der Französinnen, die dafür in der Freizeit zu einer stärkeren Häuslichkeit der französischen Familie geführt und gezwungen haben kann. Die geringere Familiengröße und die dadurch persönlicheren Beziehungen zwischen Eltern und Kindern können auch Voraussetzung für die milderen Generationskonflikte in Frankreich gewesen sein. Auf jeden Fall erleichterten sie es, die familiären Ressourcen oft wirksam für eine mehr oder weniger lebenslange Absicherung der Kinder einzusetzen, weil diese Ressouren nur unter wenige Kinder aufzuteilen waren. Dieser Einsatz und die Bindung an Familienressourcen führte freilich auch zu rigideren Familienstrategien bei der Heirat und der Berufswahl der erwachsenen Kinder und engte deren Selbständigkeit ein. Die Verbindung von traditionellen und modern erscheinenden Formen der französischen Familie vor 1914 machten deshalb durchaus einen Sinn.

Nicht anders in der deutschen Familie. Die hohen Geburtenraten und Kinderzahlen führten eher zu Lebensverschwendung, zu weniger geplanter Fürsorge für das einzelne Kind, zu stärkerer Gefährdung der Gesundheit der Mutter, zu hoher Kinder- und Müttersterblichkeit. Unterstützt wurde das durch die stärkere Verbreitung der reinen Eltern-Kinder-Familie und durch seltenere Rückgriffsmöglichkeiten auf die Großeltern in der Kindererziehung, aber auch durch das spätere Heirats- und Gebäralter der deutschen Frauen. Die große Zahl der Kinder und die Unhäuslichkeit der Männer erzwang auch stärker die reine Hausfrauenrolle, erschwerte die außerhäusliche Berufstätigkeit von Frauen und trieb die Familie dort, wo Frauenarbeit unumgänglich war, oft weiter in den Zyklus der Lebensverschwendung hinein. Gleichzeitig war die deutsche Familie eher eine Erziehungsfamilie und konnte meist wenig lebenslange Sicherheit bieten, teils weil die Überlebenschancen der Eltern geringer waren, teils weil die Familienressourcen über mehr Köpfe zu verteilen waren. Die starke Unabhängigkeit und Eigenständigkeit der jungen deutschen Erwachsenen gegenüber ihrer Herkunftsfamilie wurde dadurch sicher nicht verursacht, aber doch gestützt. Auch in der deutschen Familie machte deshalb eine Verbindung von alt und neu anmutenden Elementen des familiären Zusammenlebens durchaus einen Sinn. Im ganzen war die deutsche Familie weder traditioneller noch moderner als die französische.

Offensichtlich gingen beide Länder nicht nur in der Industrialisierung, sondern auch in der Entwicklung der Familie unterschiedliche Entwicklungswege und lagen am Anfang unseres Jahrhunderts besonders weit auseinander. Diese französisch-deutschen Unterschiede der Familie wurden in der Öffentlichkeit beider Länder vergleichsweise wenig diskutiert. Sie dürften deshalb eher unbewußt, aber vielleicht um so eingehender die Verständigung zwischen beiden Ländern erschwert haben.

Kapitel 3
Französische Bourgeoisie und deutsches Großbürgertum

Ein dritter Graben, der das Verständnis zwischen den Gesellschaften beiderseits des Rheins zunehmend erschwerte, war die unterschiedliche Entwicklung des Bürgertums. Auch in dieser Hinsicht waren die beiden Gesellschaften im europäischen Rahmen weit voneinander entfernt. Größere Gegensätze als zwischen der mächtigen und in sich recht geschlossenen sozialen Klasse der Bourgeoisie in Frankreich und dem nur halb an die Macht gelassenen und in sich recht gespaltenen Bürgertum in Deutschland gab es auch im übrigen industrialisierten Westeuropa selten. Irritierend für die Zeitgenossen und für die heutigen Historiker war und ist dabei, daß auch dieser Gegensatz nicht so recht in ein Schema gesellschaftlicher Modernität oder Rückständigkeit paßt. Das französische Bürgertum war nicht einfach weiter und moderner als das deutsche. In Deutschland teilte sich zwar das Bürgertum immer noch die politische Macht mit dem Adel, aber in der Modernität der Wirtschaftsunternehmen, der Wissenschaft, der Interessenverbände marschierte es mit an der Spitze der europäischen Entwicklung. In Frankreich war der politische Einfluß des Adels auf der nationalen Ebene zwar schon fast auf sein modernes Normalmaß zurückgedrängt, bürgerliche Liberalität wirkte gesicherter; aber französische Unternehmen wurden für damalige Maßstäbe eher in traditionellen Formen geleitet. Zweifelsohne gingen das französische und deutsche Bürgertum am Anfang des Jahrhunderts weit auseinanderliegende Wege.

Die europäischen Gemeinsamkeiten

Auch in der Geschichte des Bürgertums sind freilich die Gemeinsamkeiten beider Länder erst einmal nicht zu übersehen. Das Bürgertum am Vorabend des Ersten Weltkriegs stützte sich in beiden Ländern auf eine lange, gemeinsame, westeuropäische Tradition städtischer Honoratioren. Sie nahm ihren Anfang bei den städtischen Kaufleuten des späten Mittelalters, die sich hinter dem Schutzschild städtischer Autonomien erfolgreicher als anderswo gegen die Eingriffe von Grundherren, Kirche und Fürsten in ihre Geschäfte und ihren Besitz wehrten. Ein solches eigenständiges, autonomes, städtisches Bürgertum, das auch unter dem Absolutismus nicht völlig verschwand, gab es weder in Osteuropa noch in der arabischen Welt noch in anderen großen Zivilisationen wie Indien oder China.

Ohne diese Traditionen hätte sich in Europa im 18. und 19. Jahrhundert kaum eine wirtschaftlich innovative soziale Unternehmerklasse gebildet. In beiden Ländern stützte sich das Bürgertum zudem auf eine zweite, kürzere Tradition, die man keineswegs überall in Europa fand: In Frankreich wie in Deutschland entwickelten sich an Höfen, in städtischen und regionalen Ämtern, an Gerichten ein Beamtentum. Zusammengehalten durch seine gründliche Ausbildung und seine Fachkenntnis, entstand daraus allmählich eine soziale Gruppe. Freilich war es in beiden Ländern im 18. Jahrhundert vom städtischen Wirtschaftsbürgertum nicht nur rechtlich und wirtschaftlich scharf getrennt. Da diese Beamten im Laufe ihrer Karriere oft den Wohnsitz wechselten, waren sie meist auch sozial mit dem ansässigen städtischen Wirtschaftsbürgertum noch wenig verflochten. In Frankreich wie in Deutschland baute daher das Bürgertum auf *zwei* sehr unterschiedlichen Wurzeln auf.[1] Bis in das 20. Jahrhundert hinein hat diese Doppelvorgeschichte das Bürgertum in beiden Ländern geprägt.

Unübersehbar war am Vorabend des Ersten Weltkriegs weiterhin die Gemeinsamkeit in der Durchsetzung einer bürgerlichen Gesellschaft in einer ganzen Reihe von Hinsichten. In Frankreich wie in Deutschland war das Privateigentum rechtlich geschützt und abgesichert worden. In beiden Gesellschaften war das Eigentum von den komplizierten älteren, feudalen Nutzungsrechten befreit und Eigentum im vollen Sinn des Wortes geworden. Der staatliche Eingriff in das Eigentum war rechtlich festgesetzt und beschränkt, die Vererbung des Eigentums innerhalb der Familie ebenfalls gesetzlich geregelt. In Frankreich wie in Deutschland war die bürgerliche Gewinnmaximierung längst keine Werthaltung einer kleinen städtischen Minorität mehr. Das bürgerliche Gewinndenken hatte seinen Erfolgszug durch beide Gesellschaften angetreten und längst auch die Großgrundbesitzer erfaßt. Auch dort sah man das alte aristokratische Nutzungsdenken, das nur auf Konsum und Repräsentation, aber nicht auf den betriebswirtschaftlichen Erfolg des Landsitzes ausgerichtet war, in die Defensive gedrängt. Der Kauf von Großgrundbesitz durch Bürgerliche war sehr oft weniger eine Unterwerfung unter adligen Lebensstil als vielmehr ein weiterer Schritt in der Durchsetzung bürgerlichen Wirtschaftsdenkens in landwirtschaftlichen Großbetrieben. Sicher gab es in beiden Gesellschaften vor allem von seiten der Bauern, aus dem Kleinbürgertum und von den freien Berufen massiven politischen Druck auf den Staat, um Schutz vor der bürgerlichen Konkurrenz und ihrem Prinzip der Gewinnmaximierung zu finden. Das berührte jedoch die Durchsetzung des bürgerlichen Gewinndenkens in der Wirtschaft nicht mehr in ihrem Kern. In beiden Gesellschaften war das unverkennbar an der Vermögensverteilung abzulesen. Sowohl in Frankreich wie in Deutschland war die Mehrheit der Reichsten am Vorabend des Ersten Weltkriegs Unternehmer – Industrielle, Bankiers, Kaufleute – und nicht mehr die oft noch aristokratischen Besitzer großer alter Latifundien. In Frankreich wie in Deutschland war weiter die bürgerliche Gleichheit vor dem Gesetz und vor den Gerichten im Prinzip durchgesetzt. Ältere feudale Sondergesetze und Sondergerichte für die Aristokratie, aber auch für andere Stände waren weitgehend abgeschafft worden. Was in Deutschland an Vorrechten des Adels blieb, hatte den Trend der Zeit gegen sich und sollte in der Weimarer Republik vollends verschwinden. In Frankreich wie in Deutschland war zudem der freie Verkehr für Waren, Kapital und Arbeitskräfte durchgesetzt worden. Die zahllosen Zollschranken und Stapelrechte, die den Binnenwarenverkehr noch im frühen 19. Jahrhundert behinderten genauso wie die Eingriffe des merkantilistischen Staates in den Kapitalverkehr und in das Zinsniveau gab es nicht mehr. Die Bindung von erwachsenen Arbeitskräften an den Großgrundbesitz oder an Familienhaushalte, aber auch die städtischen Zuwanderungsbeschränkungen für Arbeitskräfte waren ebenfalls schon vor Jahrzehnten abgeschafft worden. Sicher erschienen vor 1914 viele dieser Beschränkungen noch nicht so fremdartig wie heute. Ältere damalige Zeitgenossen konnten sich zumindest in Deutschland noch an die Wanderungsbeschränkungen für Arbeitskräfte erinnern, aber niemand dachte ernsthaft daran, sie wieder einzuführen. Schließlich hatte sich in beiden Ländern die bürgerliche Öffentlichkeit durchgesetzt. Parlamente, Zeitungen, Bücher, Universitäten, Museen, Vereine, Verbände, Parteien waren längst die wichtigste Plattform öffentlicher Diskussionen und öffentlicher Darstellung geworden. Der Hof und die Landaristokratie hatten ihre Rolle als Mäzenaten und Kontrolleure von Künsten, Wissenschaften, Literaten, Intellektuellen endgültig und unwiederbringlich verloren und gehörten schon damals in beiden Ländern einer ferneren Vergangenheit an. All diese Entwicklungen waren nicht nur Frankreich und Deutschland gemeinsam, sondern setzten sich in allen industrialisierenden westeuropäischen Gesellschaften durch.

Im Bürgertum Frankreichs wie Deutschlands gab es zudem einige einschneidende, gemeinsame, kurzfristige Wandlungen. Sie waren am Vorabend des Ersten Weltkriegs teils schon abgeschlossen, teils erst in Ansätzen erkennbar. Sehr deutlich war das Aufkommen der freien Berufe mit einem klar definierten Berufsfeld, fest reglementierter Ausbildung, genau kontrollierter Zulassung und Ausübung, anerkannter Expertise. Neben dem ältesten freien Beruf, dem Rechtsanwalt, hatten sich am Vorabend des Ersten Weltkriegs nicht nur Ärzte, sondern auch Apotheker, Architekten, Ingenieure, Chemiker zu solchen «Professions» entwickelt und waren zu einem gewichtigen, ein halbes Jahrhundert vorher in beiden Ländern noch weitgehend unbekannten Bestandteil des Bürgertums geworden. Weniger deutlich erkennbar war eine zweite Veränderung: der Wandel in der Leitung von Wirtschaftsunternehmen, der Niedergang des

Familienunternehmens und der Aufstieg der Manager, die Unternehmen nur leiteten, nicht aber selbst besaßen. In den sehr großen Unternehmen auf beiden Seiten des Rheins setzte dieser Wandel schon ein und ist aus der Rückschau des Historikers zweifelsfrei festzumachen. Unter den Zeitgenossen diskutierten freilich fast nur Experten darüber. Für die allgemeine Öffentlichkeit herrschte der Familienunternehmer weiter vor. Schließlich gab es in beiden Ländern erste Anzeichen einer Verschiebung von einem wirtschaftlich unabhängigen, selbständigen Bürgertum zum angestellten Bürgertum, das zwar an den Universitäten und technischen Hochschulen studiert hatte, aber nicht mehr selbst Patron wurde. Massenhaft absehbar waren diese Tendenzen vor allem unter Ingenieuren, Chemikern, Ärzten, Juristen. Sowohl in Frankreich als in Deutschland nahm die Zahl der gut bezahlten, aber abhängigen freien Berufe schon vor dem Ersten Weltkrieg spürbar zu.

Frankreich und Deutschland: Zwei extreme Fälle im europäischen Bürgertum

Hinter diesen allgemeinen Tendenzen, die sich überall im industrialisierenden Europa vor 1914 wiederfinden, standen jedoch tiefgreifende Unterschiede zwischen französischem und deutschem Bürgertum. Zwischen wenigen anderen europäischen Ländern waren die Gegensätze so scharf. In kaum einer anderen Epoche lagen französisches und deutsches Großbürgertum so weit auseinander und waren einander so fremd. Das fiel besonders in fünf Bereichen auf, die eng miteinander zusammenhingen: Das Großbürgertum in Deutschland teilte die politische Macht immer noch mit dem Adel und war daher politisch deutlich schwächer als die Großbourgeoisie in Frankreich. Das liberale bürgerliche Selbstbewußtsein geriet in Deutschland in eine fundamentale Krise, in Frankreich dagegen nicht. Das deutsche Bürgertum war in sich tiefer gespalten, das französische Bürgertum in sich stärker verflochten und eine einheitlichere soziale Klasse. Die Eingriffe des Staates in die bürgerliche Welt gingen in Deutschland tiefer und splitterten das Bürgertum stärker auf als in Frankreich. Schließlich sah sich das deutsche Bürgertum einer anderen sozialen Schichten- und Klassensituation gegenüber und blieb auch deshalb weniger liberal als das französische Bürgertum. Wir werden auf alle fünf Unterschiede näher eingehen.

Die Machtteilung mit dem Adel

Die weit größere politische Macht des Adels in Deutschland war vor dem Ersten Weltkrieg der erste, augenfälligste und bekannteste Unterschied zu Frankreich und hat sicher die beiden Länder einander besonders entfremdet. Vor 1914 gab es im Deutschen Reich keinen einzigen bürgerlichen Kanzler und auch keine klare Mehrheit von bürgerlichen Ministern, damals Leiter von Reichsämtern genannt. Das gleiche gilt für den größten deutschen Bundesstaat. Auch in Preußen wurden die Regierungen vor allem von der Aristokratie gestellt. Überall waren Aristokraten nicht einfach Strohmänner bürgerlicher Interessen, sondern vertraten und kontrollierten einen mächtigen Interessenblock, eine perfekte, für damalige Verhältnisse äußerst moderne agrarische Massenorganisation, den Bund der Landwirte sowie die einflußreichen konservativen Parteien. Dahinter stand aber auch eine von Frankreich völlig verschiedene Verfassung, vor allem ein mächtiger Kaiserhof, der Aristokraten weit offener war als Bürgerlichen. Er griff nicht nur in militärische, sondern auch in die meisten anderen zentralen politischen Entscheidungen stark ein. Die Reichsregierung war von ihm weitgehend abhängig, und er war gegenüber dem zwar überwiegend bürgerlichen, aber schwachen deutschen Reichstag in der Vorhand. In Deutschland hatte daher die Aristokratie das äußerste an politischem Einfluß, was in einer im Prinzip bürgerlichen Gesellschaft denkbar war.

Schließlich besaß der Adel in Deutschland Versorgungsprivilegien für seine Söhne, die in Frankreich undenkbar geworden waren. Viel weitgehender als die französische Aristokratie besetzte der Adel in Deutschland – zumindest in Preußen, aber auch im Königreich Sachsen – die Spitzenränge der Armee und der Verwaltung. Um 1910 waren in Preußen nicht nur 7 von 11 Ministern, sondern auch 11 von 12 Oberpräsidenten (Chefs der Provinzialverwaltungen), 23 von 36 Regierungspräsidenten (Chefs der Regierungsbezirke), 15 von 22 Polizeipräsidenten, ja sogar die Mehrheit der Landräte und Oberamtmänner (Chefs der Kreise) adlig, oft sogar altadlig. Die Generäle der preußisch-deutschen Armee kamen um 1910 immer noch in ihrer Mehrheit aus dem Adel. Selbst im Offizierskorps als Ganzem stellten die Bürgerlichen noch nicht lange die Mehrheit. Noch in den neunziger Jahren war fast die Hälfte der Offiziere aus dem Adel gekommen. Trotz unverkennbarer Leistungsanforderungen in den Beamten- und Offizierskarrieren wurden die Spitzenpositionen in einem weitgehend abgeschirmten Wettbewerb der feinsten Kreise verteilt. Man sollte dieses Bild sicherlich nicht überzeichnen. Auch in Preußen gab es bürgerliche Domänen, wie Handel und Industrie, Marine und höchste Richterämter sowie die Verwaltungsränge, in denen primär Fachwissen benötigt wurde – unterhalb der repräsentativen Spitzenpositionen. Der Süden des Deutschen Reiches ähnelte ohnehin Frankreich viel mehr. Bürgerliche beherrschten das Feld, und auf dem Territorium der alten Bundesrepublik erwartete der Adel durchaus nicht mehr selbstverständlich die überkommenen Privilegien. Was der Adel jedoch vor allem jenseits der Elbe an Traditionen, Erwartungen und Hypotheken in die deutsche

Geschichte einbrachte, war vor 1914 erst einmal noch beherrschend. Das fiel auch in Frankreich auf. «Das deutsche Denken», schrieb 1907 einer der besten französischen Deutschlandkenner, «hat stets versucht, sich mit den Mächten der Vergangenheit, so gut es konnte, in Einklang zu bringen... Anstatt einen logisch gegliederten Staat aus einem Guß zu schaffen, [hat es] der Tradition unendlich Rücksicht erwiesen, der monarchischen Autorität seinen Respekt bezeugt, nichts unterlassen, um erworbene Rechte nicht zu verletzen und die Entwicklung der Demokratie nicht zu überstürzen.»[2]

Blickte man nun vor dem Ersten Weltkrieg in die Geschichte zurück, so war der Gegensatz zwischen Deutschland und Frankreich immer schärfer geworden. Seit der Gründung der Dritten französischen Republik 1871 hatte der Adel das, was ihm an politischer Macht nach dem tiefen Bruch der französischen Revolution, während der Reaktionszeit der Bourbonen, unter Louis Philippe und auch während des Seconde Empire Napoleons III. zugekommen war, weitgehend eingebüßt. Einen Hof, an dem der Adel privilegierten Zugang besaß, gab es nicht mehr. Kaum ein Regierungschef oder Minister war seit der neuen Verfassung von 1875 adlig gewesen. Der Graf MacMahon, von der antirepublikanischen Mehrheit 1873 zum Staatspräsidenten gewählt, war fast der einzige politisch wirklich prominente Adlige der Dritten Republik. Er kapitulierte bezeichnenderweise vor der erstarkenden Republik und dankte 1879 als Staatspräsident ab. Der französische Adel besaß nur noch auf der regionalen Ebene bestimmenden politischen Einfluß. Auf der nationalen Ebene war das Bürgertum in Frankreich beherrschend. Auch ein Pendant zum mächtigen Bund der Landwirte gab es in Frankreich nicht. Was das deutsche Bürgertum mit dem militärischen Sieg Bismarcks über Napoleon III. und der Reichsgründung an Machtchancen verlor, gewann das französische Bürgertum mit der Niederlage Napoleons III. und der neuen republikanischen Verfassung von 1875 hinzu.

Auch ein Versorgungsbollwerk für Adelssöhne wie in Preußen gab es in Frankreich weit weniger. Das galt besonders für die Armee: Während der Dritten Republik wurde selbst unter den Generälen der Adel immer stärker zurückgedrängt. Um 1878 waren noch 39% aller Generäle adlig, um 1900 nur noch 20%. Die Offiziere waren längst fast nur noch bürgerlicher, zum beträchtlichen Teil schon kleinbürgerlicher Herkunft. Auch in den Spitzen der Verwaltung spielte der Adel in Frankreich um die Jahrhundertwende eine erheblich geringere Rolle als in Preußen. Im Verlauf des 19. Jahrhunderts setzte sich in der französischen Verwaltung allmählich der anonyme Wettbewerb in der Form der concours durch. Spätestens seit den 1880er Jahren ging dadurch nicht nur der Nepotismus der bürgerlichen Notabelnfamilien zurück, die noch bis zum Second Empire den Zugang zu den Verwaltungsspitzen sehr stark kontrollierten;

auch die französischen Adligen mußten sich diesem Wettbewerb unterwerfen. Sicher gab es in Frankreich um 1900 immer noch vereinzelte adlige Reservate, vor allem den auswärtigen Dienst, in dem der concours besonders spät (1880) eingeführt wurde, aber auch das Kriegs- und Marineministerium. Sicher war der Adelsanteil in der französischen Verwaltungsspitze selbst um die Jahrhundertwende immer noch höher als heute. Was wichtiger ist: Er unterschied sich kaum vom Adelsanteil in denjenigen administrativen Spitzenpositionen Preußens, die nicht im Licht der Öffentlichkeit standen, also etwa den Ministerialdirektoren oder Vortragenden Räten. So waren auch in Frankreich zumindest im Second Empire immer noch 24% der Ministerialdirektoren adlig. Während der Dritten Republik scheint der Adelsanteil zwar weiter gefallen zu sein. Der Unterschied zwischen Frankreich und Preußen war aber nicht spektakulär. Unübersehbar war dagegen der Kontrast zwischen beiden Ländern in denjenigen administrativen Spitzenpositionen, die mit viel Repräsentationsverpflichtungen verbunden waren und die bei Regimewechsel auch «gesäubert» wurden: Vor der eigentlichen Gründung der Republik war noch fast die Hälfte der Präfekten adlig; am Vorabend des Ersten Weltkriegs dagegen nur noch grob jeder Zehnte. Nicht nur die Armee, sondern auch die Verwaltung der französischen Republik trat daher um die Jahrhundertwende in der bürgerlichen Öffentlichkeit primär mit bürgerlichen Beamten auf. Die preußische Armee und die preußische Verwaltung boten dagegen dem Adel nicht nur erheblich mehr Wirkungskreis und Versorgungsposten; sie waren vor allem auch in der Öffentlichkeit immer noch überwiegend durch Adlige repräsentiert.

Nichts deutete am Vorabend des Ersten Weltkriegs darauf hin, daß sich dieser krasse Machtunterschied zwischen französischem und deutschem Großbürgertum in absehbarer Zeit einebnen würde; daß das deutsche Großbürgertum gegen die Teilung der Macht aufmucken oder sich gar die französische Großbourgeoisie zum Vorbild nehmen und die ganze politische Macht zielgerichtet an sich reißen würde. Von einer kleinen oppositionellen linksliberalen Minderheit abgesehen, war das Großbürgertum mit dem Status quo der Machtteilung in Deutschland einverstanden, da er den unternehmerischen Entscheidungsspielraum, das wirtschaftliche Wachstum und die Weltmachtstellung Deutschlands zu garantieren, jedenfalls nicht zu bedrohen schien. Die Mehrheit des deutschen Großbürgertums nahm die Teilung der Macht mit der Aristokratie nicht nur passiv hin, sondern stützte sie durch seine Vertreter im Reichstag aktiv in dem politischen Bündnis mit den Großagrariern. Dieses politische Bündnis hat wichtige Weichen gestellt. Es sicherte die deutsche Weltmachtpolitik, die Aufrüstung gegen Frankreich und England und später auch die Kriegsziele von 1914 innenpolitisch ab. Es hat zur Spaltung des deutschen Liberalismus und zur konsequenten Abriegelung der

Reichsregierung vor einer Mitbeteiligung der damals größten deutschen Partei, der Sozialdemokratie, beigetragen. Es hat auch mitverhindert, daß das veraltete Zensuswahlrecht im größten deutschen Bundesstaat, in Preußen, gelockert wurde und daß der Reichstag einen stärkeren Einfluß auf die Reichsregierung erhielt. Ohne Zweifel durchlief dieses Bündnis zwischen Großindustrie und Landaristokratie im Beginn der 1890er Jahre, in den Jahren nach 1905 und wiederum direkt vor dem Ersten Weltkrieg auch schwere Krisen und Interessenkonflikte, doch fing es sich immer wieder.

Die tiefe Krise des Liberalismus in Deutschland

Daß das Bürgertum den großen politischen Einfluß des Adels hinnahm, hatte viel mit der tiefen Krise des deutschen Liberalismus seit den 1870er Jahren zu tun. Einen derartigen Einbruch des Liberalismus gab es in Frankreich vor dem Ersten Weltkrieg nicht, wenngleich die Historiker bisher die französische Entwicklung während der Dritten Republik nur wenig verfolgt haben. Man kann deshalb nur grobe und manchmal spekulative Vergleiche zwischen französischem und deutschem Liberalismus ziehen. Eine ganze Reihe von handfesten Unterschieden zeichnen sich jedoch ab.

Zunächst fällt die weit größere Stärke des Liberalismus im französischen Parlament und daher auch bei der Regierungsbildung in Frankreich ins Auge. Seit 1870 verliefen die Wahlerfolge der Liberalen in Frankreich und Deutschland spiegelbildlich entgegengesetzt. Für den französischen Liberalismus waren die 1870er Jahre ein Jahrzehnt einzigartigen Aufschwungs und stellten die Weichen für eine lange Periode beherrschenden Einflusses in der französischen Politik. Noch im ersten Jahr nach dem Sturz Napoleons III. gewannen die liberalen und republikanischen Richtungen nur ein enttäuschendes Drittel der Parlamentssitze; in den Wahlen von 1876 und 1877 errangen sie schon die Mehrheit gegen die monarchistischen und klerikalen Strömungen. Diese Mehrheit behielten die Liberalen zusammen mit den Republikanern während des ganzen «Goldenen Zeitalters» der Dritten Republik bis zum Ersten Weltkrieg. Nach dem Ende der letzten monarchistischen Regierung des Grafen de Broglie 1877 und nach Rücktritt des Monarchisten Graf MacMahon als Staatspräsident 1879 gab es in diesen Spitzenämtern nur noch Liberale und Republikaner. Zumindest in der Regierung in Paris waren daher Liberale und Republikaner in Frankreich ab den späten 1870er Jahren ununterbrochen an der Macht – die unausbleiblichen Krisen überstanden sie teils, weil sich der Boulangismus in den Parlamentswahlen 1889 als Strohfeuer herausstellte, teils, weil die Republik aus der Dreyfus-Affäre letztlich moralisch gestärkt hervorging und schließlich auch, weil die

Dritte Republik im Unterschied zum Deutschen Reich die Sozialisten zu integrieren verstand und erstmals 1899 einen Sozialisten als Minister in die Regierung aufnahm. Genau umgekehrt verlief die Entwicklung in Deutschland. Während die liberalen Parteien in den frühen 1870er Jahren noch glänzende Wahlerfolge errangen und 1874 auch noch die Mehrheit der Reichstagssitze gewannen, sackten sie schon in den späten 1870er Jahren auf rund ein Drittel der Reichstagssitze ab. Das war nur der Beginn eines anhaltenden Verfalls. In den 1880er und 1890er Jahren war ein Viertel der Reichstagssitze das höchste, was die verschiedenen liberalen Richtungen zusammen erreichen konnten; nach der Jahrhundertwende sogar nur noch ein Fünftel. Eine regierungsbildende liberale Mehrheit wie in Frankreich zu gewinnen, erschien daher fast während des ganzen Kaiserreichs ein völlig aussichtsloses Unterfangen. Die Liberalen gerieten entweder – wie die Linksliberalen – in die Rolle der Daueropposition oder dienten bestenfalls – wie die Nationalliberalen – als Mehrheitsbeschaffer im Parlament ohne jegliche Chance einer echten Regierungsbeteiligung.

Hinter diesem scharfen Gegensatz eines Liberalismus an der Macht in Frankreich und eines Liberalismus im Niedergang in Deutschland seit den 1870er Jahren stehen mehrere andere Entwicklungen, die in den beiden Ländern ebenfalls gegenläufig waren. Dazu gehört an erster Stelle die unterschiedliche Einlösung einer der Grundforderungen des europäischen Liberalismus, des Aufbaus einer Nation und eines Nationalstaates. Es war entscheidend für die Stärke des französischen Liberalismus und für die Stabilität der Dritten Republik, daß der Liberalismus dort weiterhin der wichtigste Anwalt dieser politischen Grundforderungen zu bleiben verstand. Er stützte sich dabei besonders auf drei Säulen: auf den Aufbau der laizistischen Volksschulen, durch die die französische Sprache erst überall in Frankreich durchgesetzt wurde und durch die auf der lokalen Ebene die Volksschullehrer zu entscheidenden Trägern nationaler, republikanischer Gesinnung wurden; auf die Armee, die zumindest bis zur Dreyfus-Affäre in der französischen Gesellschaft ein hohes und wenig umstrittenes Prestige besaß; und auf die Außenpolitik, deren Hauptziele die Rückgewinnung der von Bismarck annektierten elsässischen und lothringischen Départements und die als weltweite Zivilisierung «rückständiger» Völker verstandene Kolonialpolitik waren. «L'amour sacrée de la patrie» blieb vor allem eine liberale und republikanische Losung. Trotz der Entstehung einer nationalistischen Rechten und trotz der allmählichen Übernahme nationalistischen Gedankenguts auch im katholischen Milieu wurde die nationale Idee in der französischen politischen Kultur eindeutig durch Liberale und Republikaner besetzt.

In Deutschland war das seit der Reichsgründung nicht mehr der Fall. Nicht nur die Reichsgründung selbst war die Errungenschaft eines konservativen Politikers, Bismarcks, und nicht der Liberalen. Mindestens ebenso entscheidend war, daß der Ausbau des Reiches, der Aufbau einer nationalen Verwaltung, eines nationalen Rechts, eines nationalen Markts, auch die Außenpolitik des Reichs nicht primär von den Liberalen geprägt wurde und damit nicht eindeutig als liberale Errungenschaft gelten konnte. Im Unterschied zu Frankreich verlor damit in Deutschland der Liberalismus die Rolle des aktivsten Advokaten nationaler Forderungen.

Die Stärke des französischen Liberalismus beruhte darüber hinaus auf der Auseinandersetzung mit dem Klerikalismus und der Macht der katholischen Kirche, die er als Säulen des ancien régime ansah. Dabei ging es nicht um einen Konflikt zwischen Atheisten und Gläubigen, nicht um Religiosität, sondern um den Einfluß auf die Schulen, auf die Einstellung der Lehrer, um die Entwicklung eines Nationalbewußtseins, um die Durchsetzung bürgerlicher Werte wie Sparsamkeit, Arbeitswille, Disziplin, Ehrlichkeit – und dies in einer Zeit, in der die katholische Kirche auf der einen Seite nach ihrem Niedergang in der französischen Revolution wieder erstarkt war, auf der anderen Seite sich im Syllabus Pius IX. gegen alle modernen Entwicklungen zu stemmen schien. Die Ausweisung der Jesuiten und die Einrichtung einer laizistischen Volksschule durch Jules Ferry in den 1880er Jahren, die Trennung von Staat und Kirche 1905 haben den französischen Liberalismus gestärkt. Die Auseinandersetzung mit der katholischen Kirche des späten 19. Jahrhunderts verschaffte dem Bürgertum, dem Kleinbürgertum und der Arbeiterschaft einen gemeinsamen Gegner und hat damit ebenfalls die bürgerliche Republik stabilisiert.

Einen so eindeutigen, griffigen Feind für antiklerikale liberale Mobilisierung gab es auf der anderen Seite des Rheins nicht. In einem konfessionell gemischten Land wie Deutschland – eine in Europa seltene Situation, die es ansonsten nur noch in der Schweiz und in den Niederlanden gab (sieht man von dem 1920 beendeten Sonderfall des fast rein katholischen Irland in dem fast rein protestantischen Großbritannien ab) – war eine antiklerikale Mobilisierung durch Liberale schon deshalb schwieriger als in Frankreich, weil die beiden großen Kirchen in entscheidenden Punkten unter sich und auch von der französischen katholischen Kirche zu verschieden waren: Die katholische Kirche in Deutschland war zwar ähnlich wie in Frankreich international orientiert, aber weniger übermächtig, in der Position einer religiösen Minderheit, band deshalb katholische Liberale viel stärker an das kirchliche Milieu und sicherte sich auch in Industrieregionen wie dem Ruhrgebiet einen festen Wählerstamm. Die evangelische Kirche war denkbar eng an den Staat gebunden, von ihm kontrolliert und daher gegen den liberalen Vorwurf der nationalen Unzuverlässigkeit völlig gefeit; sie war zudem in ihren politischen Ausrichtungen vielgesichtiger als das französische katholische Milieu, vor allem gegenüber liberalen Ideen erheblich offener und damit ebenfalls durch Liberale schwerer angreifbar. Aber nicht nur deshalb war eine antiklerikale Mobilisierung durch Liberale in Deutschland schwierig. Auch das, was in Deutschland an Trennung von Staat und Kirche erreicht wurde, ging auf eine konservative Regierung zurück: staatliche Standesämter und staatliche Schulaufsicht wurden nicht wie in Frankreich von Liberalen, sondern von Bismarck durchgesetzt. Auch hier hatten in Deutschland die Konservativen ein Feld der Politik besetzt, auf dem sich in Frankreich Liberale profilierten.

Hinter der Krise des Liberalismus in Deutschland stehen schließlich auch die großen Schwierigkeiten des deutschen Bürgertums, mit den politischen und gesellschaftlichen Veränderungen der Industrialisierungsepoche fertig zu werden. Besonders tiefe Unterschiede scheinen im Selbstverständnis des staatsnahen Bürgertums, bei den höheren Beamten, Juristen, Professoren, Gymnasiallehrern und Pfarrern aufgebrochen zu sein. Besonders in diesem Teil des Bürgertums geriet der Liberalismus in Deutschland in eine tiefere Krise als in Frankreich. Ein Indiz dafür ist, daß die Kritik des staatsnahen deutschen Bürgertums am Aufkommen der modernen industriellen Gesellschaft in Deutschland massiver war: massivere Großstadtfeindschaft, massiverer Antisemitismus unter deutschen Akademikern als unter französischen Intellektuellen oder zumindest eine schwächere intellektuelle Opposition gegen den Antisemitismus, der nicht selten eine verbrämte Kritik an der modernen Wettbewerbswirtschaft war; Abwendung von bürgerlichen Formen der Öffentlichkeit und radikale Modernitätskritik im bürgerlichen Vereinswesen wie den Wagner-Vereinen, dem Dürerbund, für die es in Frankreich kein direktes Pendant gab; auch ein massiveres Engagement des staatsnahen deutschen Bürgertums in Sozialreform und in reformerischer Kommunalpolitik.

Sicher hat zu dieser tiefen Verunsicherung des staatsnahen Bürgertums auch das raschere Wachsen des Industriesektors, der Industriearbeiter, der Industriestädte in Deutschland beigetragen. Das staatsnahe Bürgertum fühlte sich davon überrollt. Nicht nur deutsche Historiker streichen dies heraus. Auch manche französischen Historiker sehen spiegelbildlich dazu in der gesellschaftshistorischen Stagnation Frankreichs einen wichtigen Faktor für die Stabilität der bürgerlichen Dritten Republik. Hinzu kommt freilich, daß das staatsnahe deutsche Bürgertum auf diesen gesellschaftlichen Wandel schlechter vorbereitet war: Sein soziales Prestige gegenüber dem Wirtschaftsbürgertum war in Deutschland vor der industriellen Revolution deutlich höher als in Frankreich; damit erlebte es auch den Prestigeverlust durch die Industrialisierung stärker, und die Abkapselung in eine wirtschaftsferne humanistische Welt lag – wie Fritz Ringer gezeigt hat – näher.[3]

Hinter der tieferen Krise des Liberalismus in Deutschland steht auch das geringere Gewicht des Intellektuellen, der in der Öffentlichkeit gegenüber der Regierung und gegenüber der Oberschicht eine unabhängige, kritische Stellung bewahrt und ein wesentlicher Bestandteil der liberalen bürgerlichen Öffentlichkeit war. Der Intellektuelle blieb in Deutschland auch nach den 1870er Jahren recht schwach angesichts des Kults des einsamen, sozial isolierten Künstlers oder Genies, auch angesichts der Innerlichkeit deutscher Maler oder Dichter, für die die politische Öffentlichkeit kein wichtiges Forum war. Die auch in Frankreich vielbewunderte deutsche Forscher- und Spezialistenuniversität schwächte die Bedeutung des Intellektuellen eher ab. In Frankreich dagegen verstärkte sich seine Rolle vor allem durch die Dreyfus-Affaire. Besonders von Emile Zola wurde der engagierte Intellektuelle erfolgreich und wirkungsvoll vorgelebt.

Auch andere Faktoren haben die Krise des deutschen Liberalismus seit den 1870er Jahren mitbestimmt: der Umstand, daß viele Forderungen des Liberalismus erfüllt waren, darunter zentrale Forderungen nach einem modernen Wirtschaftsrecht, einer Verfassung, der nationalen Einheit; die neue Bedrohung durch die Arbeiterbewegung und damit der Verlust des Anspruchs des Liberalismus auf allgemeine Emanzipation; das Hervortreten der sozialen Ungleichheit hinter der politischen Gleichheitsforderung des Liberalismus, Ungleichheit der Nichtbesitzer, Frauen, Kolonialvölker. So einleuchtend diese Gründe sind, wenn man den deutschen Liberalismus für sich betrachtet: die *tiefere* Krise des deutschen Liberalismus vermögen sie kaum zu erklären, weil alle diese Gründe für Frankreich nicht in erkennbarem Maße geringer zutrafen.

Der Liberalismus an der Macht in Frankreich hatte sicher auch Schwächen der Dritten Republik zu verantworten. Er hat die Verherrlichung der Armee gefördert und den Aufbau eines Kolonialreiches vorangetrieben, das auch Frankreich in schwere außenpolitische Probleme stürzen sollte. Er hat in den Konflikten mit der Arbeiterbewegung sicher nicht liberaler gehandelt als die konservativen Regierungen des Kaiserreichs, sondern manche Protestbewegung eher noch blutiger niedergeschlagen. Schließlich hat die Stärke des Liberalismus in Frankreich dazu beigetragen, das Aufkommen des Interventionsstaats länger aufzuschieben, und deshalb hinkte Frankreich beim Aufbau der Sozialversicherungen, aber auch in der Stadtplanung außerhalb von Paris und in der Bildungs- und Gesundheitspolitik hinter Deutschland her. Wir kommen darauf im fünften Kapitel zurück. Michel Winnock hat das auch mit Blick auf das deutsche Kaiserreich zugespitzt formuliert: «Die Dritte Republik wurde schlecht regiert, aber sie hat sich gut gehalten.»[4]

Die geringere soziale Verflechtung des Bürgertums in Deutschland

Für die Machtteilung mit dem Adel und für die Krise des Liberalismus spielten in der Interpretation vieler Nachkriegshistoriker auch sozialhistorische Entwicklungen im Bürgertum eine wichtige Rolle. Besonders die sozialgeschichtliche «Feudalisierung» des deutschen Großbürgertums wurde dafür als ein Schlüssel angesehen. Frankreich galt in dieser Interpretation immer als gewichtigster Kontrastfall Deutschlands. Auf diese sozialhistorische Erklärung der politischen Machtverteilung im Kaiserreich möchte ich näher eingehen.

Unterwerfung unter Wertvorstellungen und Lebensstil des Adels, Verzicht auf bürgerliche Denkvorstellungen und Lebensweisen, manchmal eine völlige Verschmelzung von Großbürgertum und Landaristokratie in eine «feudal-kapitalistische» Oberschicht, daran dachte man lange Zeit, wenn man von «Feudalisierung» des deutschen Großbürgertums sprach. Die differenzierten historischen Arbeiten haben das sehr vielseitig und breit untersucht. Sie versuchten teils, eine immer engere Verflechtung der Großunternehmer mit dem Adel durch Heiraten in den Adel, durch den Eintritt der Söhne in prestigereiche, damals noch als aristokratisch angesehene Berufe wie Offizier, Großgrundbesitzer, Diplomat, aber auch durch soziale Kontakte mit dem Adel bei Festen und Empfängen zu belegen. Teils verstand man unter Feudalisierung auch die Unterwerfung der Unternehmer unter eine nichtbürgerliche soziale Rangordnung. Man wies sie nach mit der demonstrativen Vorführung von Reserveoffizierspatenten durch manche Bürgerliche, mit dem Drang nach Kommerzienratstiteln und Orden, nach Nobilitierungen, mit dem Rückgang der Ablehnung solcher «feudaler» Titel und mit der immer selteneren Bevorzugung bürgerlicher Ehrenämter, städtischer Ehrenbürger- oder universitärer Ehrendoktortitel wie noch vor der Reichsgründung im klassischen Bürgertum. Teils meinte man mit Feudalisierung auch die Imitation adligen Lebensstils durch die bürgerlichen Unternehmer, den Bau schloßartiger Villen statt einfacher Bürgerhäuser, dabei auch die Wahl von aristokratischem Gotik- oder höfischem Barockstil statt des städtischen bürgerlichen Renaissancestils, den Kauf von Rittergütern, den Eintritt der Söhne in adlige studentische Corps statt in bürgerliche Landmannschaften oder Burschenschaften, die Ausbildung der Töchter in feinen Pensionaten statt in Schulen mit den Töchtern des übrigen Bürgertums zusammen, einen aufwendigen, teuren, nachgemachten Lebensstil statt der älteren, einfachen, an bürgerlichen Werten der Sparsamkeit und Solidität orientierten Lebensform. Die Historiker sahen darin nicht nur einen in Europa durchaus üblichen Verfall bürgerlicher Lebensweisen, sondern vor allem die soziale Grundlage des folgenreichen politischen Schulterschlusses mit dem Adel. Frankreich war dabei für sie meist das historische Gegenbeispiel eines unangepaßten, liberal gebliebenen und auch voll an die Macht gekommenen Großbürgertums.

Jüngere Forschungen zeigen freilich mehr und mehr, daß man den Gegensatz zwischen französischem und deutschem Großbürgertum lange Zeit mißverstanden hat. So bleibt zwar ohne Zweifel der politische Aspekt von Machtteilung in Deutschland und Machtübernahme in Frankreich, doch für eine vorherrschende *sozialhistorische* Feudalisierung gibt es nur wenige Anhaltspunkte – gleichgültig, ob man darunter eine Verschmelzung mit der Landaristokratie zu einer feudalkapitalistischen Oberschicht oder eine Unterwerfung des Großbürgertums unter aristokratische Wertvorstellungen versteht.

Besonders wichtig sind dabei die sehr Reichen, die Multimillionäre unter den deutschen Unternehmern, weil sie sich adlige Lebensführung am ehesten leisten konnten. Neuere Untersuchungen über die Zeit direkt vor dem Ersten Weltkrieg zeigen, daß nur wenige dieser reichen bürgerlichen Unternehmer selbst in den Adel hineinheirateten, obwohl die meisten von ihnen schon in Millionärsfamilien aufwuchsen und daher nicht erst als ältere Männer für den Adel vielleicht attraktive Partien abgegeben hätten. Auch die Heiratskreise der Töchter verbanden diese wenigen hundert reichsten bürgerlichen Unternehmerfamilien des Kaiserreichs weit seltener mit dem Adel als man oft annahm. Nur ungefähr jede fünfte Tochter heiratete in den Adel ein – nicht selten in frisch nobilitierte Familien, nicht in den wirklich alten Adel. Umgekehrt scheint sich auch der Adel aus den bürgerlichen Heiratskreisen herausgehalten zu haben. Adel und Großbürgertum gingen daher in ihren Heiratskreisen recht strikt getrennte Wege. Wie wenig das aristokratische Modell im Bürgertum durchschlug, zeigt sich zudem in der Berufswahl der Söhne dieser bürgerlichen Multimillionäre. Sehr wenige unter ihnen – nur ungefähr jeder zehnte – wählten einen Beruf, den man damals als «aristokratisch» angesehen hätte und wurden Großgrundbesitzer, Diplomaten oder Offiziere. Die erdrückende Überzahl folgte dem bürgerlichen Modell und wurde wieder Unternehmer – erbte oder gründete sogar selbst Unternehmen. Andere bürgerliche Berufe, vor allem freie Berufe, wurden ebenso häufig gewählt wie «aristokratische» Berufe. Der Unterschied zum französischen Bürgertum lag daher nicht, wie man annahm, in der stärkeren Unterwerfung des deutschen Großbürgertums unter adlige Leitbilder oder in der engeren Verschmelzung der deutschen bürgerlichen Unternehmerfamilien mit dem Adel.

Das bedeutete nicht, daß die politische Zusammenarbeit zwischen Großindustrie und Großgrundbesitz ohne jegliche soziale Hintergründe zustandekam. Ganz wesentlich war vielmehr die größere soziale Isolation der deutschen Großunternehmer innerhalb des Bürgertums, und zwar weniger gegenüber den freien Berufen, den Ärzten, Rechtsanwälten, Architekten, als vor allem gegenüber den staatsnahen Berufen, den Verwaltungsbeamten, den Richtern, den Professoren, Pfarrern, vielleicht sogar Gymnasiallehrern. Das deutsche Bürgertum war dadurch weit weniger als das französische eine in sich geschlossene und verschmolzene soziale Klasse. Der politischen Zusammenarbeit des deutschen Großbürgertums mit der Landaristokratie standen daher nicht so stark hemmende andere bürgerliche soziale Bindungen im Wege wie in Frankreich.

Sicher hatte es auch in Deutschland vor 1914 deutliche Vereinheitlichungs- und Verflechtungstendenzen im Bürgertum gegeben. Der alte Bildungsvorsprung der akademischen Beamten, der freien Berufe, der Hochschul- und Oberschullehrer schmolz immer mehr dahin. Die Unternehmer wurden gebildeter: Immer mehr unter ihnen waren Hochschulabsolventen, allen voran die Manager, die schon zu dieser Zeit an Universitäten und Technischen Hochschulen ausgebildet waren. Wichtiger noch war, daß sich Unternehmerfamilien immer enger mit dem Bildungsbürgertum verflochten. Um 1864 stammte nur jeder fünfundzwanzigste Professor, um 1910 schon jeder zehnte Professor aus Unternehmerfamilien. Unter den Spitzenbeamten Westfalens stammte im ersten Jahrhundertdrittel nur jeder dreißigste, ab der Jahrhundertwende jeder fünfte aus Unternehmerfamilien. Je nach deutscher Region hatte jeder fünfte bis dritte höhere Beamte, fast jeder fünfte Richter (etwa Sachsens) diesen Hintergrund. Unternehmersöhne gingen zumindest im Fall des Rheinlands und Westfalens immer häufiger Ehen mit Töchtern aus freiberuflichen und höheren Beamtenfamilien ein. Die Trennungslinien des Bildungsbürgertums gegenüber den Unternehmern waren um die Jahrhundertwende ohne Zweifel nicht mehr so kraß wie oft noch in der ersten Hälfte des 19. Jahrhunderts.

Im Vergleich zu Frankreich blieben aber die Trennlinien zwischen Unternehmern und dem übrigen Bürgertum auch um die Jahrhundertwende auffällig scharf. Schon in der Schule und in der Hochschule war das deutsche Bürgertum zerteilter und das französische Bürgertum geschlossener: In der Ausbildung gingen in Deutschland die Unternehmer besonders ab der Jahrhundertwende andere Wege als die höheren Beamten, Ärzte, Rechtsanwälte, Pfarrer, Lehrer und Professoren. Die Unternehmer und ihre Söhne besuchten eher die modernen Realoberschulen oder Realgymnasien und danach die technischen Universitäten. Das sogenannte Bildungsbürgertum und seine Söhne hingegen gingen eher an die Gymnasien und danach eher an die philosophischen und juristischen Fakultäten der Universitäten. In Frankreich hingegen trafen sich die Söhne des Bürgertums stärker an den gleichen Ausbildungsinstitutionen. Sie gingen eher zusammen an das «lycée» und waren auch danach an den «grandes écoles» viel weniger getrennt als in

Deutschland. Die stärkere Spezialisierung der deutschen Hochschulausbildung hat diesen Unterschied weiter verstärkt.

Noch schwerwiegender für den Unterschied zum französischen Bürgertum war die *Einseitigkeit* der Verflechtungen im deutschen Bürgertum. Zwar strömten immer mehr Unternehmersöhne in das Bildungsbürgertum, aber umgekehrt drängte das deutsche Bildungsbürgertum nicht sehr in die Wirtschaft. Nur etwa jeder zehnte Großunternehmer stammte um die Jahrhundertwende aus dem Bildungsbürgertum, nicht mehr als schon im frühen 19. Jahrhundert. In Frankreich hingegen kam 1912 etwa jeder vierte Großunternehmer aus höheren Beamten- und freiberuflichen Familien. Möglicherweise gab es auch tiefere Gräben in den Heiratskreisen. Nicht nur die Töchter der bürgerlichen Multimillionäre, für die ein Arzt, ein Rechtsanwalt, ein höherer Beamter keine besonders gute Partie gewesen sein mag, sondern auch die Töchter der Masse der größeren Unternehmer liierten sich selten mit dem Bildungsbürgertum. Sicher waren Unternehmer und Bildungsbürgertum vor 1914 auch in Deutschland keine getrennten Welten mehr. Im Vergleich zu Frankreich hielten sich aber doch erstaunlich tiefe Gräben. Eine soziale Klasse des Bürgertums gab es in Deutschland in geringerem Ausmaß.

Es sieht so aus, als seien drei sehr unterschiedliche Gründe für diese Heterogenität des deutschen Bürgertums verantwortlich. Auf der einen Seite gab es den schon erwähnten traditionellen Grund. Stärker als in Frankreich scheinen sich die Spitzenbeamten und die Bildungselite gegenüber den neuen Wertvorstellungen und Hierarchien der Industrialisierung abgeschottet und dem Gewinn- und Wachstumsdenken der Unternehmer, den neuen sozialen Hierarchien, wo Einkommen und wirtschaftliche Leistung und weniger Bildung zählte, skeptisch, wenn nicht sogar feindselig gegenübergestanden zu haben. Diese alte bürgerliche Oberschicht aus der Zeit vor der industriellen Revolution hatte in den neuen sozialen Rängen erhebliches soziales Prestige zu verlieren. Sie sah deshalb die Industrialisierung auch als eine Krise ihrer wirtschaftlichen Lage an. Große Teile des Bildungsbürgertums reagierten in dieser Krisenangst durch eine Verweigerung neuer Bildungsinhalte an den Oberschulen und Hochschulen, durch zähes Festhalten an der klassischen, humanistischen Bildung auch in der Ausbildung ihrer Söhne. Daß man sich abschottete, fiel auch den zeitgenössischen französischen Beobachtern auf. Henri Lichtenberger, Professor an der Sorbonne, schrieb 1907 in seinem Reisebericht über Deutschland: «An Stelle der alten Geburts- und Kulturaristokratie erhebt sich ein neuer Unternehmeradel, der Verdienst und Rang nach der Geschäftskenntnis und den Erfolgen einschätzt. Selbstverständlich hat diese Entwicklung noch lange nicht ihre letzten Konsequenzen gezogen, und es bestehen noch zahlreiche alte Gesellschaftsgruppen inmitten der modernen Gesellschaft ziemlich unberührt fort. So ist der Teil der Bourgeoisie, der den ‹freien Berufen› obliegt, die Geistlichkeit, die höheren Lehrkräfte, die Beamten und Offiziere, vom Unternehmergeist noch kaum berührt.»[5] Umgekehrt bemerkten auch deutsche Beobachter den Unterschied zum in sich geschlosseneren französischen Bürgertum und die geringeren Vorbehalte der französischen Bildungselite gegenüber der Wirtschaft. Der Nationalökonom Werner Sombart konstatierte, daß «die Intelligenz des Landes bei uns der Bourgeoisie viel fremder gegenübersteht als anderswo».[6] «In Frankreich», schrieb ein damals in Deutschland viel gelesener Kenner der Gesellschaft jenseits des Rheins, «decken sich Bildung und Besitz mehr als bei uns.»[7]

Die engere Verflechtung von Akademikern und Unternehmern in Frankreich baute auf einem zweiten, ebenfalls eher traditionellen Grund auf: auf der etablierten Schicht der «notables», die in Frankreich viel ausgeprägter als in Deutschland war. Die «notables» waren während der langen Übergangszeit zwischen ancien régime und moderner kapitalistischer Gesellschaft die Oberschicht vor allem in der Provinz, außerhalb der eigentlichen Großstädte, auf dem Land und in den Städten gewesen. Diese Schicht bestand aus sehr unterschiedlichen Sozialgruppen, aus Landadligen ebenso wie aus frühen Unternehmern, aus Ärzten, Rechtsanwälten, bürgerlichen Großgrundbesitzern. Charakteristisch für sie war ihr Besitz, ihre Herkunft aus Notablenfamilien, ihr auf ihre Region beschränkter beruflicher Horizont, aber auch ihr Fachwissen. Ihr beherrschender politischer Einfluß beruhte teils auf dem Zensuswahlrecht, teils aber auch auf der für traditionelle Gesellschaften kennzeichnenden Hinnahme der politischen Führungs- und Machtansprüche der Oberschicht. Diese Notablenschicht, die sich in Frankreich insgesamt während der frühen Dritten Republik aufzulösen begann, aber in manchen Orten bis in die Zwischenkriegszeit hinein bestand, war noch kein modernes Bürgertum, da nicht die Unternehmer der dynamische Kern dieser Oberschicht bildeten. Die Werte der Notablen waren eher traditionell, eher auf gesicherte Besitzeinkünfte als auf Unternehmensexpansion ausgerichtet. Sie waren sicher nicht unbedingt Träger liberaler, vor allem nicht republikanischer Ideen. Entscheidend für unseren Zusammenhang ist aber, daß sich in dieser Notablenschicht schon seit dem frühen 19. Jahrhundert Wirtschaftsbürgertum, Akademiker, Landbesitzer sozial verflochten und politisch gemeinsam handelten, in einer Zeit, in der in wichtigen Teilen Deutschlands Unternehmer, Beamte und Landadel scharf getrennte Sozialgruppen waren.

Verstärkt wurde die schärfere Isolierung der Unternehmer im deutschen Bürgertum durch eine sehr moderne Entwicklung: die Entstehung der Großunternehmen. Der klassische Unternehmer der industriellen Revolution der 1850er und 1860er Jahre war von seiner wirtschaftlichen

Macht her noch ganz ein Teil des städtischen Bürgertums gewesen. Sein Unternehmen hatte höchstens ein paar tausend Beschäftigte. Es war meist noch ein lokales Unternehmen und eng an eine einzige Stadt gebunden. Die Leitung des Unternehmens war meist noch einfach. Das Vermögen dieser Unternehmer beeindruckte höchstens im Rahmen einer Stadt, selten dagegen im nationalen Rahmen. Diese Unternehmer waren daher noch fest im lokalen städtischen Bürgertum integriert, stammten aus ihm, heirateten in ihm, hatten ihre wichtigen sozialen Kontakte, das Museum, die Ressource, die Vereine mit dem übrigen städtischen Bürgertum oder Kleinbürgertum und waren oft zusammen mit anderen Mitgliedern des Bürgertums in der städtischen Selbstverwaltung aktiv. Man kann gar nicht genug unterstreichen, wie stark sich die neuen Großunternehmer, die seit den 1880er Jahren aufkamen, von diesem traditionellen Unternehmer der industriellen Revolution unterschieden. Sie leiteten Unternehmen mit zigtausend Beschäftigten, mehr als die meisten deutschen Städte Einwohner hatten. Diese Unternehmen produzierten oft an mehreren Orten. Ihre Unternehmer waren daher nur noch selten in bestimmte städtische Gesellschaften eingebunden. Die Leitung dieser Unternehmen war kompliziert und für das übrige Bürgertum meist schwer verständlich. Ihrer wirtschaftlichen Macht und ihrem Vermögen nach hatten diese Unternehmen nur noch wenig mit den städtischen freien Berufen, Beamten, Lehrern gemeinsam. Sie standen weit über ihnen und gehörten nun zu den Reichsten und wirtschaftlich Mächtigsten der deutschen Gesellschaft. Kurz vor dem Ersten Weltkrieg waren diese Großunternehmer unter den Multimillionären in Deutschland schon in der Mehrheit. Der wachsende wirtschaftliche Abstand zwischen Großunternehmern und übrigem Bürgertum lockerte, wie dargestellt, auch die sozialen Bindungen, die Heiratskreise, die Berufswahl der Söhne, die einst engen sozialen Kontakte. Der eklektizistische und zusammengewürfelte Lebensstil einer neuen bürgerlichen Oberschicht, die sich vom übrigen Bürgertum ebenso distanzierte wie vom Adel, entstand sicher auch in Frankreich. Doch haben die Großunternehmen in Deutschland vor dem Ersten Weltkrieg rascher expandiert und andere Größenordnungen erreicht als in Frankreich. Auch die wirtschaftlichen Gründe für die Lockerung der Bindungen dieser neuen Oberschicht an das Bürgertum scheinen daher in Deutschland stärker gewesen zu sein.

Das Argument von den stärkeren inneren Spaltungen des deutschen Bürgertums mag erstaunlich klingen, da auch das französische Bürgertum immer als stark gespalten angesehen wird. Besonders die Gegensätze zwischen dem Bürgertum von Paris und dem Bürgertum der Provinzen, aber auch zwischen katholischem und laizistischem Bürgertum waren während der Dritten Republik tief. Freilich gab es solche regionalen und kirchlichen Trennlinien in komplizierterer Weise auch in Deutschland:

zwischen dem protestantischen, dem jüdischen, dem katholischen Bürgertum; zwischen Ruhrmagnaten, hanseatischen Kaufleuten, sächsischen Industriellen, die sich vor 1914 in Deutschland nicht in einem gemeinsamen Interessenverband finden konnten; zunehmend auch zwischen den *hauptstädtischen* Berliner Bankiers, Hochschullehrern, Spitzenbeamten, Malern, Schriftstellern – und der Provinz. Zu diesen regionalen und kirchlichen Trennlinien kamen in Deutschland noch die genannten gesellschaftlichen Trennlinien besonders zwischen Unternehmern und Bildungsbürgern hinzu.

Die stärkere Zersplitterung des deutschen Bürgertums durch den Staat

Wir kommen zum dritten Unterschied: Das Bürgertum in Deutschland war weiterhin auch deshalb keine in sich so eng verflochtene soziale Klasse wie in Frankreich, weil der deutsche Staat stärker als der französische Staat in die Welt des Bürgertums eingriff und dabei besonders das Berufsleben und die soziale Rangordnung des Bürgertums stärker reglementierte und steuerte. Auch wenn das dem Staat nicht immer erfolgreich gelang, war das Bürgertum doch auch dadurch stärker in sich zersplittert als in Frankreich.

Diese Reglementierung durch den Staat begann bei der für französische Verhältnisse ungewöhnlich intensiven staatlichen Kontrolle bürgerlicher *Berufstätigkeit.* Besonders deutlich war dies vor 1914 beim Rechtsanwaltsberuf. Rechtsanwälte wurden seit der Einführung einer einheitlichen deutschen Rechtsanwaltsordnung 1879 überall in Deutschland bei ihrer Berufstätigkeit staatlich recht genau überwacht. Schon ihre Prüfungen legten sie vor einer staatlichen Prüfungskommission, nicht vor einer Kommission von Universitätslehrern oder von Rechtsanwälten ab. Ihre Berufsausbildung erhielten sie als staatliche Referendare, nicht in einem Rechtsanwaltsbüro. Die Zulassung zum Rechtsanwalt entschied die staatliche Justizverwaltung, nicht die zukünftigen Berufskollegen. Die Berufsausübung wurde zwar durch ein Ehrengericht aus Berufskollegen überwacht. Aber selbst vor diesem Ehrengericht hatten nur Staatsanwälte Anklagerecht; die Voruntersuchung hatte ein staatlicher Richter zu führen; Berufungsinstanz war ein staatliches Gericht. Rechtsanwälte hatten zudem in Preußen, wenn sie gleichzeitig Notare waren, einen beamtenähnlichen Status und wurden deshalb bei den Berufszählungen einfach als Beamte mitgezählt. Rechtsanwalt war überall in Deutschland kein wirklich «freier» Beruf. Gegen diese staatliche Kontrolle gab es unter deutschen Rechtsanwälten nur begrenzt Opposition. Sie bot auch Vorteile, schützte vor Konkurrenz, verschaffte ein sicheres Einkommen, hob das soziale Prestige. Darüber hinaus brachte die Rechtsanwaltsordnung von 1879 für die preußischen Rechtsanwälte eine spürbare Liberalisierung der zuvor noch rigideren staatlichen Berufskontrolle. Auf jeden Fall hat die staatliche Kontrolle der Rechtsanwälte auch noch um die Jahrhundertwende dazu geführt, daß sich ihre Berufstätigkeit nach anderen Regeln abspielte als die des übrigen Bürgertums und schon deshalb Gräben im deutschen Bürgertum gezogen waren.

Staatliche Berufskontrolle gab es in schwächerem Ausmaß auch bei den deutschen Ärzten. Sie hatte sich zwar besonders in den 1860er Jahren stark abgemildert, war aber im späten 19. Jahrhundert wieder etwas stärker geworden. Auch hier geschah das mit Unterstützung der Mehrheit und auf Druck ärztlicher Interessenverbände. Auch Ärzte legten seitdem ihre Abschlußprüfungen vor einer staatlichen Kommission, nicht vor einer Kommission von Universitätslehrern oder eigenen Berufskollegen ab, und auch hier wurde die Zulassung zum Beruf, die Approbation, durch eine staatliche Behörde, nicht durch kollegiale Kooptation erteilt. Über ihre Berufstätigkeit wachte ein staatliches Ehrengericht, und auch sie waren in staatlich anerkannten Kammern organisiert. Sicher war der Einfluß des Staates schwächer als bei Rechtsanwälten. Aber auch den Ärzten verschaffte er einen Schutz vor Konkurrenz, ein gesichertes Einkommen und eine Aufwertung des eigenen Berufs. Die staatlichen Regeln unterschieden somit auch diesen bürgerlichen Beruf von den Beamten wie von den Unternehmern und verschärften die Unterschiede innerhalb des deutschen Bürgertums.

Sicher ist der schärfste europäische Kontrastfall zu Deutschland nicht so sehr Frankreich als die Schweiz, in der der Staat besonders wenig in die bürgerlichen Berufe eingriff und die freie Konkurrenz daher viel stärker gemeinsames Prinzip der Berufstätigkeit und auch gemeinsame bürgerliche Ideologie blieb als in Deutschland. Trotzdem ist auch der Unterschied zu Frankreich in der Berufstätigkeit des Bürgertums immer noch scharf genug. Am stärksten war der Gegensatz bei den Rechtsanwälten. Sie waren um die Jahrhundertwende in Frankreich gegenüber dem Staat weit autonomer als in Deutschland. Zukünftige Advokaten legten ihre Prüfung vor universitären, nicht vor staatlichen Prüfern ab. Ihre Berufsausbildung erhielten sie in einer «stage», einem Praktikum bei Rechtsanwaltsbüros, und in Kursen, die von der Advokatenorganisation eingerichtet wurden, nicht durch den Staat. Über die Zulassung zum Beruf entschied ein Advokatenkollegium, keine staatliche Verwaltung. Die Berufstätigkeit wurde von einem Ehrengericht aus Berufskollegen kontrolliert. Nur in schwerwiegenden Fällen – etwa dem völligen Berufsverbot – konnte dagegen vor einem staatlichen Gericht geklagt werden. Trotz wiederholter Versuche des französischen Staates, die Berufstätigkeit der Advokaten stärker zu kontrollieren, hatten sie sich diese seit Louis Philippe bestehende und auf vorrevolutionäre Traditionen zurückgreifende Autonomie vor dem Ersten Weltkrieg weitgehend erhalten können.

Auch Ärzte wurden in Frankreich weniger vom Staat kontrolliert, sie regelten ihre Ausbildung, ihre Berufszulassung und ihre Berufsausübung viel stärker unter sich. Sie legten ihre Examen vor universitären, nicht vor staatlichen Prüfern ab und waren gegenüber staatlichen Kontrollen bei Berufszugang und -ausübung weitgehend autonom.

Insgesamt war das französische Bürgertum daher in seiner Berufsausübung autonomer und weniger vom Staat kontrolliert als das deutsche Bürgertum. Die berufliche Ausbildung, die Zulassung zu bürgerlichen Berufen, die Kontrolle der Qualität der Leistungen einzelner bürgerlicher Berufe blieb in Frankreich somit stärker in der Hand des Bürgertums selbst. Sicher darf man dabei die Wirkung der bürgerlichen französischen Revolution nicht zu einfach sehen. Sie hatte alle berufsständischen Organisationen völlig abgeschafft und vor allem bei der Advokatur, dem ältesten und damals allein voll entwickelten freien Beruf, das reine marktwirtschaftliche Prinzip ohne jegliche Kontrolle des Arbeitsmarkts und der Qualität der freien Berufe durchgesetzt. In einem klaren Bruch mit der französischen Revolution war es dann den französischen Advokaten unter Louis Philippe gelungen, mächtige Standesorganisationen gesetzlich durchzusetzen und damit an vorrevolutionäre Traditionen anzuknüpfen. Die Advokatenorganisation war darin Vorreiter für andere freie Berufe. Was jedoch in scharfem Gegensatz zu Deutschland blieb, war der tiefe Bruch des französischen Bürgertums mit staatlicher, an den Absolutismus erinnernde Kontrolle, gegen die es sich im ureigensten Feld der Berufsausübung weit erfolgreicher zur Wehr setzte und im Unterschied zu Deutschland auch zur Wehr setzen *wollte*. Auf dieser Errungenschaft der Autonomie des eigenen Berufs gegenüber dem Staat baute in Frankreich ein gemeinsames Bewußtsein des Bürgertums auf. In Deutschland fehlte es und war höchstens als mühseliger Kompromiß sehr unterschiedlicher bürgerlicher Berufsinteressen zu erreichen.

Verschärfend kommt hinzu, daß um 1910 in Deutschland der Staat nicht nur viel stärker als in Frankreich in bürgerliche Berufstätigkeit, sondern auch in die bürgerlichen *sozialen Hierarchien* eingriff und auch dabei das Bürgertum als soziale Klasse aufsplitterte. Vor allem durch eine Politik komplizierter Orden und Titel haben die Monarchien in Deutschland versucht, das Bürgertum in sich zu gliedern und über Vermögen und Einkommen hinaus feine, staatlich bestimmte Unterschiede zu schaffen. Eine gewisse Rolle spielten dabei Nobilitierungen von Bürgerlichen, die allerdings in Deutschland vergleichsweise selten waren und keine gewichtige Schicht von Amts- und Briefadligen schufen, wie sie in Frankreich durch die Napoleonische Ära, durch die Ära Louis Philippes und durch das Zweite Empire entstanden war. Wichtiger war das System von Ratstiteln, mit deren Verleihung der Zugang zum Hofe geöffnet wurde, über die besonders nach 1848 und während der 1860er Jahre politische Kontrolle ausgeübt wurde und die nicht nur eine staatlich bestimmte Créme des Bürgertums heraushoben, sondern auch das Bürgertum in sich teilten: Für jeden der großen bürgerlichen Berufe gab es eigene Ratstitel, für Mediziner den Medizinalrat, für Unternehmer den Kommerzienrat, für Juristen den Justizrat, die von jeweils anderen Ministerien verliehen wurden. Darüber hinaus entwickelte der Staat in Deutschland ein kompliziertes System von Titeln und Ehrungen. Neben städtischen Ehrenämtern, universitären Ehrentiteln, gab es ein vielgliedriges System von politischen Orden. Allein Preußen hatte vier verschiedene Verdienstorden, die wiederum zum Teil in mehrere verschiedene Klassen eingeteilt wurden: den Roten Adlerorden, den Schwarzen Adlerorden, den Kronenorden und den Hohenzollernorden. Diesem Beispiel folgten auch die kleineren deutschen Bundesstaaten: Sachsen etwa vergab ebenfalls dreierlei Orden: den Albrechtsorden, den Heinrichsorden und den Verdienstorden. Zwischen all diesen Orden bestand eine komplizierte Rangordnung. Einige wurden nur an bestimmte Personenkreise verliehen, so der preußische schwarze Adlerorden nur an Beamte und Militärs und der sächsische Heinrichsorden nur an Offiziere. Schließlich spielte zumindest in Preußen auch das Reserveoffizierspatent für soziale Hierarchien im Bürgertum eine wichtige Rolle. Insgesamt gelang es dem Staat in Deutschland, die wirtschaftlichen Unterschiede mit einem komplizierten Netz von «feinen» staatlichen Unterschieden zu überdecken. In der deutschen Öffentlichkeit galten diese staatlich geschaffenen sozialen Unterschiede oft mehr als wirtschaftliche Leistung und Vermögen. Das fiel auch zeitgenössischen französischen Beobachtern stark auf. «Die Vorliebe für Titel», schrieb 1887 Jules Laforgue, fünf Jahre lang Vorleser der damaligen Kaiserin, für Französisch, «ist einer der in Frankreich bekanntesten Charakterzüge der Deutschen.»[8]

In Frankreich hingegen war das System von staatlichen Orden und Titeln sehr viel einfacher und schwächte den Zusammenhalt des Bürgertums als soziale Klasse wenig. Offizielle Nobilitierungen gab es in der Dritten Republik nicht mehr. Das Offizierspatent war in Frankreich nicht angesehen genug, als daß man damit «feine» soziale Unterschiede hätte ziehen können. Ratstitel, die das Bürgertum in verschiedene Berufsgruppen aufteilte, fehlten ebenfalls. Es gab nur einen einzigen Orden, die legion d'honneur, die in fünf Klassen verliehen wurde. Dieser Orden wurde im Prinzip an alle Mitglieder der Gesellschaft verliehen und spaltete das Bürgertum nicht auf. Weit wichtiger als in Deutschland waren daneben die öffentlichen Wahlämter, vor allem das Bürgermeisteramt, das Amt des Abgeordneten des Parlaments. Mit diesen Ämtern kam man an die Spitze der lokalen städtischen oder regionalen Gesellschaft. Sicher galten auch in Frankreich nicht allein der wirtschaftliche Erfolg und das Vermögen. Was jedoch Unterschiede zog, waren Ämter, über die das

Bürgertum politischen Einfluß nahm, und Orden, die bürgerlich-republikanisch waren. Diese Ehrenämter und Orden verstärkten daher eher den Zusammenhalt des französischen Bürgertums als soziale Klasse und zersplitterten sie nicht.

Andere Sozialstrukturen und andere Sozialkonflikte

Die Entwicklung liberaler Bürgerlichkeit fiel um die Jahrhundertwende in Frankreich und Deutschland schließlich auch deshalb auseinander, weil das Bürgertum in Deutschland einer anderen Sozialstruktur und anderen Sozialkonflikten gegenüberstand als in Frankreich. Auch in dieser Hinsicht waren die Kontraste zwischen Deutschland und Frankreich im europäischen Rahmen recht scharf, schärfer als um 1850, weit schärfer als heute und schärfer als zwischen den meisten anderen damaligen europäischen Ländern ähnlicher wirtschaftlicher Entwicklung. Besonders zwei Unterschiede fallen dabei ins Auge: die geringere Stärke des wirtschaftlich selbständigen Kleinbürgertums und die größere Massiertheit der Industriearbeiter in Deutschland; und zum zweiten die beeindruckende organisatorische Stärke der deutschen Arbeiterbewegung; beides erklärt die geringere Ausstrahlungskraft des bürgerlichen Modells und daher die größere Resistenz der Adelskultur, aber auch der Arbeiterkultur gegenüber der bürgerlichen Kultur in Deutschland.

Erstens sah sich das deutsche Bürgertum um die Jahrhundertwende einer Schichtenstruktur gegenüber, die seine soziale Situation erheblich unsicherer und instabiler erscheinen ließ als in Frankreich. Dies vor allem deshalb, weil das wirtschaftlich selbständige Kleinbürgertum und die selbständigen Landwirte in Deutschland eine relativ wesentlich schmälere Schicht bildeten als in Frankreich. Nur ungefähr jeder vierte bis fünfte Erwerbstätige – also eine klare Minderheit – gehörte in Deutschland dazu. In Frankreich hingegen umfaßte diese Schicht – fast die Hälfte der Erwerbsbevölkerung – nicht nur die selbständigen Landwirte, sondern auch das dem Bürgertum näherstehende, städtische, gewerbliche und kommerzielle Kleinbürgertum, die Handwerksmeister, die kleinen Kaufleute, die Gastwirte, die Fuhrunternehmer. Diese kleinbürgerliche Schicht hielt in Deutschland mit dem Bevölkerungswachstum nicht Schritt, und deshalb nahm zwar nicht ihre Zahl, aber ihr gesellschaftliches Gewicht ab, während sie sich im langsameren französischen Bevölkerungswachstum durchaus hielt. Sicher lebte nur ein Teil der Selbständigen, die von den statistischen Ämtern gezählt wurden, in wirtschaftlich wirklich sicherer bürgerlicher Existenz. Ein beträchtlicher anderer Teil dürfte sich aus unterschiedlichen Gründen in einer Lebenslage befunden haben, die sie von Arbeitern nicht unterschied. Selbst wenn man diese statistisch schwer präzisierbare Einschränkung macht, bleibt aber doch das Faktum, daß in Deutschland ein wesentlich geringerer Teil der Bevölkerung seine Existenz auf wirtschaftlicher Selbständigkeit gründete und daß daher auch die Ausstrahlungskraft der Mentalitäten und Umgangsformen, die sich mit wirtschaftlicher Selbständigkeit verbanden, in Deutschland wesentlich schwächer war. Das Bürgertum stützte sich daher in Deutschland viel weniger als in Frankreich auf das beruhigende Sicherheitspolster eines breiten Kleinbürgertums.

Gleichzeitig stand das Bürgertum in Deutschland um die Jahrhundertwende einer wesentlich massiveren Arbeiterschaft gegenüber als Frankreich. Während in Frankreich nur etwa ein starkes Drittel der Erwerbsbevölkerung als Arbeiter gezählt wurde, waren es in Deutschland erheblich mehr als die Hälfte. Sicher gehörten bei weitem nicht alle diese Arbeiter zum modernen Industrieproletariat, von dem sich das Bürgertum besonders stark bedroht fühlte. Ein beträchtlicher Teil dieser Arbeiter war vielmehr in ländliche agrarische oder städtische häusliche Abhängigkeitsverhältnisse eingebunden oder Arbeiter in kleinen Unternehmen des Handwerks, des Handels, der persönlichen Dienste. All diese Arbeiter waren nur schwer für Arbeiterparteien mobilisierbar. Trotzdem hatte die industrielle Beschäftigung ein weit größeres Gewicht, gab es reine industrielle Arbeiterstädte wie Gelsenkirchen oder Ludwigshafen sehr viel häufiger als in Frankreich. Auf diese massivere Zahl von Industriearbeitern wurde deshalb das Bürgertum in Deutschland nicht nur bei der Lektüre von Statistischen Jahrbüchern, sondern auch im städtischen Alltag gestoßen.

Dieser Gegensatz zwischen Frankreich und Deutschland wurde auch durch die rasch wachsenden neuen Schichten der Angestellten oder Beamten nicht abgemildert. Nichts deutet darauf hin, daß Angestellte oder Beamte in Deutschland rascher zunahmen und um die Jahrhundertwende häufiger waren als in Frankreich, auch wenn die Tätigkeitsbereiche dieser Zwischenschicht in Frankreich allerdings sehr viel anders ausgesehen haben mögen als in Deutschland.

Zweitens sah sich das Bürgertum in Deutschland auch mit viel massiveren Sozialkonflikten konfrontiert und hatte gleichzeitig weniger sichere politische Bündnispartner. Allein die sozialistische Gewerkschaftsbewegung besaß in Deutschland am Vorabend des Ersten Weltkriegs rund zweieinhalb Millionen Mitglieder; fast jeder sechste abhängig Beschäftigte war damit in dieser weitaus stärksten, stark zentralisierten, schlagkräftigen, wenn auch politisch wenig radikalen Gewerkschaftsrichtung organisiert: einer der höchsten Organisationsgrade in Europa. Für Frankreich hingegen schätzt man die Zahl der Gewerkschaftsmitglieder um 1910 nur auf etwa eine Million (im sozialistischen CGT sogar auf weniger als eine halbe Million); nicht einmal jeder zehnte abhängig Beschäftigte war in Gewerkschaften organisiert. Ähnlich die sozialistischen Parteien: Die verbal radikale, stark zentralisierte deutsche SPD konnte am Vorabend des Ersten Weltkriegs über vier Millionen Wähler für sich mobilisieren, ein für das damalige Europa ebenfalls recht hoher und für das deutsche Bürgertum beängstigender Wahlerfolg. Die französische SFIO war nicht nur ein sehr viel lockereres Bündnis, zusammengesetzt aus verschiedenen Richtungen. Sie hat vor dem Ersten Weltkrieg auch höchstens anderthalb Millionen Wähler für sich gewonnen.

Sicher darf man diesen Unterschied nicht falsch einschätzen. Die Sozialkonflikte waren in Frankreich nicht unbedingt schwächer: Auf dem Höhepunkt der Streikwelle, die Frankreich und Deutschland vor dem Ersten Weltkrieg erlebten und die sich in eine damals noch unbekannte Größenordnungen ausweitete, gab es in beiden Ländern Spitzen von rund einer halben Million Streikenden und rund 8 Millionen verlorenen Arbeitstagen jährlich. Daß dahinter viel weniger französische Industriearbeiter standen, spricht sogar für eine stärkere Protestneigung in Frankreich. Repressive Gegenmaßnahmen, der Einsatz von Polizei und Militär, wurden deshalb von bürgerlichen Regierungen in Frankreich nicht milder, sondern eher härter gehandhabt als von deutschen Regierungen. Auch ein traumatisches Erlebnis wie den Communeaufstand, gegen den die französische Regierung nur durch Militäreinsatz die Kontrolle über die Hauptstadt zurückgewinnen konnte, hatte so direkt nur das französische Bürgertum.

Was die Situation des deutschen Bürgertums von der des französischen Bürgertums zu Beginn unseres Jahrhunderts unterschied, war daher vor allem die solidere und bedrohlichere Organisation des Konfliktgegners. Sie dürfte das deutsche Bürgertum nicht nur für Staatsintervention empfänglicher gemacht haben, sondern zwang es auch zu mächtigeren Arbeitgeberverbänden und zu einer stärkeren Unterwerfung des individuellen Unternehmers unter die Leitung solcher Verbände – beides Entwicklungen, denen das liberalere französische Bürgertum nur zögernd folgen wollte und gegen die es sich vor 1914 erfolgreicher wehrte als das deutsche Bürgertum.

Gleichzeitig besaß das liberale und republikanische französische Bürgertum in anderen sozialen Schichten erheblich mehr politischen Halt als das liberale deutsche Bürgertum. Das Kleinbürgertum in Frankreich blieb trotz mancher ökonomischer Krisenerscheinungen der republikanischen politischen Kultur fest verhaftet. Die französischen Angestellten waren ebenfalls liberaler; Organisationen von der politischen Ausrichtung und vom Gewicht des Deutschnationalen Handlungsgehilfenverbandes gab es in Frankreich vor 1914 nicht. Bürgerliche Liberalität fand daher in Frankreich nicht nur im Bürgertum, sondern auch in der unteren Mittelschicht mehr politische Unterstützung als in Deutschland.

Zusammenfassung

Ob und warum es im deutschen Kaiserreich ein Defizit an bürgerlicher Liberalität gab, kann ein sozialhistorischer Vergleich zwischen Frankreich und Deutschland nur zum Teil beantworten. Sicher ist der Vergleich mit *Frankreich* für diese Frage essentiell: Es gab in den vier Jahrzehnten vor dem Ersten Weltkrieg einen unbestreitbaren Kontrast zwischen einer stabilen liberalen bürgerlichen Republik in Frankreich, die aufkommende monarchistische, konservative oder klerikale Gegenbewegungen unter Kontrolle halten konnte, und einer konservativ bestimmten, autoritären Monarchie in Deutschland, in der liberale Bewegungen ihren Platz, nicht jedoch die Macht hatten. Aber ohne Zweifel hängt dieser Kontrast nicht allein mit sozialhistorischen Unterschieden zwischen deutschem Großbürgertum und französischer Bourgeoisie zusammen. Andere Unterschiede, die wir oft nicht einmal streifen konnten, sind ebenfalls wesentlich: die französische Revolution als Fluchtpunkt liberaler Bewegungen in Frankreich, für die es in Deutschland nur den viel weniger eindrucksvollen Ersatz der Revolution von 1848 gab; die frühere Etablierung eines Nationalstaats, der in Deutschland nicht nur später entstand, sondern auch von einem konservativen Staatsmann geschaffen wurde und damit nicht als liberaler Erfolg gewertet werden konnte; die Identität von liberaler Republik und französischer Armee, die in der Dreyfus-Affaire zwar gestört, aber nicht zerstört wurde; die katholische Kirche, gegen die die bürgerliche Liberalität in Frankreich bis in das späte 19. Jahrhundert hinein wirksam mobilisieren konnte und für die es in Deutschland in diesem Sinne kein Pendant gab; die größere Bedeutung der Intellektuellen in der französischen Öffentlichkeit und Politik, die vor 1914 ebenfalls dem Liberalismus zugute kam; die Gemächlichkeit demographischen Wachstums in Frankreich, die diesem Land manche illiberalen Staatsangriffe ersparte und bürgerlicher Liberalität mehr Spiel- und Schonraum ließ.

Darüber hinaus hat aber die liberalere Bürgerlichkeit in Frankreich in mehrfacher Hinsicht auch mit der Sozialgeschichte des Bürgertums selbst zu tun, wobei sich französisches Bürgertum und deutsches Bürgertum für europäische Verhältnisse um die Jahrhundertwende ungewöhnlich stark unterschieden und sich beide auch in der Geschichte des 19. und der zweiten Hälfte des 20. Jahrhunderts kaum sonst einmal so unähnlich waren. Der erste, besonders ins Auge springende Unterschied war der zwischen einem die Spitzenpositionen der Politik, Verwaltung und Armee weitgehend allein besetzenden französischen Bürgertum und einem deutschen Bürgertum, das die politische Macht mit dem Adel teilte, massive Versorgungsprivilegien für Adelssöhne in den Verwaltungs- und Armeespitzen hinnahm und sich nur in den Universitäten, in der Rechtssprechung, in den Stadtverwaltungen und in den Regierungen der süddeutschen Länder und der Hansestädte wirklich durchgesetzt hatte. Dieser Unterschied wurde noch verstärkt dadurch, daß das deutsche Großbürgertum diese Machtteilung auf der nationalen Ebene durch ein enges politisches Bündnis mit dem ostelbischen Landadel zementierte. Ein zweiter wesentlicher Unterschied: die engere innere Verflechtung und größere Einheitlichkeit der französischen Bourgeoisie und die stärkere Zersplitterung des deutschen Bürgertums in den sozialen Beziehungen und Lebensweisen. Vor allem zwischen dem staatsnahen Bürgertum einerseits – den eigentlichen Verwaltungsbeamten, den Richtern, den Professoren, den Pfarrern – und dem Wirtschaftsbürgertum andererseits tat sich in Deutschland eine tiefere Kluft auf als in Frankreich. Sie hat das Bürgertum als soziale Klasse gegenüber dem Adel in Deutschland geschwächt und die Unternehmer weniger gehemmt, politische Koalitionen mit dem Großgrundbesitz einzugehen. Teils geht diese Kluft auf den Niedergang zurück, den die Industrialisierung und der Aufstieg des Wirtschaftsbürgertums für die alte Beamten- und Bildungselite bedeutete. Teils hängt sie mit der Seltenheit einer älteren Notablenschicht in Deutschland zusammen. Teils hat sie mit dem außergewöhnlich raschen wirtschaftlichen Aufstieg der *Groß*unternehmer in Deutschland und dem großen wirtschaftlichen Abstand zu tun, der sich zwischen *Groß*unternehmern und übrigem Bürgertum auftat, teils aber auch mit einem dritten Unterschied, mit der Zersplitterung des deutschen Bürgertums durch den massiveren staatlichen Eingriff in die verschiedenen bürgerlichen Berufe und sozialen Hierarchien. Schließlich konnte sich viertens die französische Bourgeoisie um die Jahrhundertwende auch beruhigter auf den Polstern eines starken, meist republikanischen, ihr auch sozial immer noch näherstehenden Kleinbürgertums ausruhen, während das deutsche Bürgertum sich einem nicht nur zahlenmäßig viel stärkeren, sondern auch besser organisierten und verbal aggressiveren Industrieproletariat gegenübersah. Bürgerliche Werte und Lebensweisen hatten daher in Frankreich mehr Ausstrahlungskraft, während sie in Deutschland zwischen einer politisch immer noch starken Aristokratie und einer hoch entwickelten Arbeitersubkultur eingepfercht und eingeschränkt waren.

Sicher sollte man diese Unterschiede nicht überziehen. Französisches wie deutsches Bürgertum waren nur Spielarten des europäischen Bürgertums, und die Unterschiede gingen bei weitem nicht so tief wie die zwischen Europa und Japan oder den USA oder Rußland. Es ist auch schwer und vielleicht sogar müßig zu entscheiden, ob französische Bourgeoisie oder deutsches Bürgertum moderner waren. Das französische Bürgertum konnte moderner erscheinen, weil es die Machtteilung mit dem Adel weitgehend beendet hatte und ihm nur noch wenige politische Reservate beließ, weil es in sich enger verflochten war und auch weil die freien

Berufe eher dem modernen Verständnis von sich selbst organisierenden «professions» entsprachen. Das deutsche Bürgertum konnte dagegen moderner erscheinen, weil der Niedergang der Familienunternehmen und der Aufstieg der Manager in den Großunternehmen schon weiter und die wohl unvermeidliche Spezialisierung der Karrieren vor allem zwischen der öffentlichen Verwaltung und der Wirtschaft schon rigider war, weil das Bürgertum Sozialreformen durch Staat und Kommunen stärker vorantrieb oder zumindest eher hinnahm, auch weil die bürgerlichen Interessenorganisationen zahlreicher, differenzierter und schlagkräftiger waren. In wichtigen Hinsichten fällt es schließlich auch schwer, überhaupt Unterschiede zwischen französischer Bourgeoisie und deutschem Bürgertum zu erkennen, etwa in der Einstellung zu Sozialkonflikten und zum Einsatz von Polizei oder Armee bei sozialen Protesten oder in der Einstellung zum freien Wettbewerb auf dem Markt. Trotzdem bleibt es richtig, daß die Wege der französischen Bourgeoisie und des deutschen Bürgertums im europäischen Rahmen um die Jahrhundertwende recht weit auseinandergingen und die liberalere Bürgerlichkeit in Frankreich auch begleitet war von mehr Unterstützung für einen voll entwickelten Parlamentarismus, wirksamerer Opposition gegen staatliche Eingriffe und Kontrolle, von mehr Toleranz und daher mehr Widerständen etwa gegen Antisemitismus, von mehr politischer Wirkung für Intellektuelle.

Kapitel 4

Der Arbeitskonflikt: Deutsche Arbeiterorganisation und französische sozialistische Bewegung

Im Arbeitskonflikt zwischen Arbeitern und Unternehmern entstand in den letzten Jahrzehnten vor 1914 ein vierter Kontrast zwischen Frankreich und Deutschland. Auch er entfremdete die Gesellschaften auf den beiden Seiten des Rheins einander und belastete das wechselseitige Verständnis.

Auch dieser Unterschied ist oft als Vorsprung des einen Landes und als Rückstand des anderen diskutiert worden. In den Augen vieler Zeitgenossen und Historiker war dabei die Arbeiterbewegung in Deutschland vor dem Ersten Weltkrieg ähnlich wie die Industrialisierung und der Interventionstaat, auf den wir gleich kommen, weiter entwickelt und moderner als in Frankreich. Es gibt gute Gründe für diese Sichtweise: Die deutschen Gewerkschaften gehörten zu den stärksten und am besten organisierten in Europa. Die deutsche Sozialdemokratie war vor 1914 eine der erfolgreichsten europäischen Arbeiterparteien mit einer der größten Parlamentsfraktionen Europas. Sie war in der internationalen Arbeiterbewegung nicht nur organisatorisch eine bestimmende Partei, sondern auch eine Vordenkerpartei, ein Zentrum der sozialistischen Theoriediskussion. Sie war gleichzeitig sicher keine reine Intellektuellenbewegung, sondern eine der am festesten in der Arbeiterschaft verwurzelten sozialistischen Parteien Europas mit einem engmaschigen Netz von sozialen und kulturellen Vereinen, einer loyalen und rasch mobilisierbaren Partei- und Gewerkschaftsbasis und darin vielfach ein Modell für die Arbeiterbewegungen anderswo. Diese Modernität der deutschen Arbeiterbewegung erschien durchaus als logische Folge der Modernität der deutschen Wirtschaft. Die deutsche Arbeiterbewegung war gleichzeitig vor 1914 in den Augen vieler Historiker besonders stark in die nationale Gesellschaft und Politik integriert und nahm auch darin eine Entwicklung vorweg, die sich in anderen europäischen Arbeiterparteien erst erheblich später durchsetzte. «Trotz aller Fakten, die bisher das Gegenteil zu beweisen schienen...», schrieb schon 1883 ein französischer Beobachter, «trotz der Junitage 1848 und trotz der Commune von 1871, ist die deutsche Nation ..., mehr noch als die französische Nation und als alle anderen Nationen der Welt, ihrem Charakter und ihrem Temperament nach dazu veranlagt, sich für sozialistische Ideen zu begeistern.»[1] Ein Vierteljahrhundert später, 1908, ganz ähnlich einer der besten zeitgenössischen französischen Kenner Deutschlands über die deutsche Sozialdemokratie: «Die Partei [besteht] im großen und ganzen aus der Proletarierklasse und diese Klasse, zu einer großen Partei organisiert, die einer straffen Disziplin unterworfen und von starkem Selbstbewußtsein beseelt ist, bildet eine imponierende, ihrer Kraft immer klarer bewußte Masse... Der Klassenkampf ist [in Deutschland] vielleicht ernster als überall sonst.»[2]

Es gibt freilich auch die umgekehrte Sicht. Einige Zeitgenossen und Historiker sahen in den Jahrzehnten vor 1914 eher Frankreich als das Land einer zukunftsweisenden Arbeiterbewegung. Auch dafür kann man gute Gründe anführen: In Frankreich gelangten einzelne Sozialisten fast zwei Jahrzehnte früher als in Deutschland und ohne die Erschütterungen des Weltkriegs in die Regierungsmacht. Darüber hinaus blieben die französischen Sozialisten an der Basis mit den linksliberalen Republikanern eng verflochten und nahmen damit eine Bündniskonstellation vorweg, die im späteren zwanzigsten Jahrhundert für viele sozialistische Regierungen essentiell werden sollte. Die französische Arbeiterbewegung hatte aber auch ein zweites, wesentlich bekannteres Gesicht, das ihr aus einer ganz anderen Perspektive Modernität verlieh: die radikale Opposition und der kompromißlose Kampf gegen den bestehenden bürgerlichen Staat. Die Pariser Commune war trotz ihres Scheiterns in den Jahrzehnten bis 1917 das wichtigste westeuropäische Beispiel und Symbol für eine sozialistische Revolution. Der Syndikalismus, eine theorie- und programmarme, spontane, staats- und bündnisfeindliche Richtung der europäischen Arbeiterbewegung blieb auch in den Jahrzehnten vor 1914 in Frankreich weit stärker als in Deutschland.

So gegensätzlich diese beiden Sichtweisen sind, sie haben doch eines gemeinsam: Sie sehen die Unterschiede zwischen französischer und deutscher Arbeiterbewegung vor allem als Fortschritt oder Rückstand. Wiederum entstehen bei näherem Hinsehen starke Zweifel, ob man auf diese Weise den Kern der Unterschiede zwischen Frankreich und Deutschland richtig versteht und ob der Arbeitskonflikt in beiden Länder nicht auch unter so unterschiedlichen Voraussetzungen entstand, daß Frankreich und Deutschland füreinander weder als Modell der Fortschrittlichkeit noch als abschreckendes Exempel der Rückständigkeit dienen konnten. Trotzdem hat die Diskussion um Fortschrittlichkeit und Rückständigkeit eine starke Faszination. Um sie verständlicher werden zu lassen, werden wir ihr folgen und in aller Anschaulichkeit zuerst die Argumente für die größeren Fortschritte in der deutschen Arbeiterbewegung, dann die Argumente für die Stärken der französischen Arbeiterbewegung detailliert vorführen. Erst in der Endbilanz werden wir dann unsere Zweifel an dieser Art der Diskussion vorbringen.

Das erste und stärkste Argument für den Vorsprung der deutschen Arbeiterbewegung gegenüber ihrer Schwesterbewegung jenseits des Rheins ist ganz ohne Zweifel ihr großes und dramatisch wachsendes

Deutsche Arbeiterorganisation und französische sozialistische Bewegung 89

Organisationspotential. Allein die sozialistische Gewerkschaftsbewegung wuchs in Deutschland von knapp zweihunderttausend Mitgliedern 1890 auf rund zweieinhalb Millionen Mitglieder am Vorabend des Ersten Weltkriegs an. Fast jeder sechste abhängig Beschäftigte war damit in Deutschland in dieser weitaus stärksten, stark zentralisierten, schlagkräftigen, politisch wenig radikalen Gewerkschaftsrichtung organisiert. Hinzu kamen um 1910 rund 350000 Mitglieder in den christlichen, meist katholischen Gewerkschaften und rund 120000 Mitglieder in den liberalen Hirsch-Dunckerschen Gewerkschaften. Neben den britischen Gewerkschaften erreichten damit die deutschen einen der höchsten Organisationsgrade in Europa. Die Mitgliederstärke der französischen Gewerkschaften blieb deutlich dahinter zurück. Man schätzt die Gesamtzahl der Mitglieder in Frankreich um 1890 nur auf rund 140000, für 1912 ebenfalls nur auf etwas über eine Million, die Mitglieder des sozialistischen CGT sogar auf weniger als eine halbe Million. Nicht einmal jeder zehnte abhängig Beschäftigte war in Gewerkschaften organisiert. Die französischen Gewerkschaften erreichten damit nicht einmal den europäischen Durchschnitt.

Es kommt hinzu, daß auch die Organisationsformen besonders der sozialistischen Gewerkschaften in Deutschland moderner waren als in Frankreich. Nach der Aufhebung des Sozialistengesetzes, das die Gewerkschaften nur in recht autonomen, dezentralen, lokalen Organisationen überstehen konnten, gewannen die Zentralen nicht nur in den Einzelgewerkschaften mehr und mehr Macht und drängten unter empfindlichen Konflikten die lokal autonomen, teilweise syndikalistischen Richtungen an den Rand. Auch die Spitze der sozialistischen Gewerkschaften, die Generalkommission, erweiterte ihren Einfluß unter der energischen Führung Carl Legiens erheblich. In den letzten beiden Jahrzehnten vor dem Ersten Weltkriegs setzten sich zudem Industriegewerkschaften, die ganze Industrie- und Dienstleistungszweige und nicht nur einzelne Berufe organisierten, unter den sozialistischen Gewerkschaften mehr und mehr durch. Alle diese Entwicklungen, die sich seit den 1890er Jahren überall in Europa finden, stärkten die deutschen Gewerkschaften in den Arbeitskämpfen spürbar. Sie waren die organisatorische Grundlage für damals enorme, zentrale Streiksfonds, aus denen zwischen 1891 und 1912 121 Millionen Mark Streikunterstützung bezahlt wurden und mit denen auch lange Arbeitskämpfe durchgestanden werden konnten. Die Gewerkschaftszentralen setzten sich zudem für wirkungsvolle Streikstrategien ein, die Arbeitskämpfe rigoros auf erfolgversprechende Situationen einschränkten. Sicher hat auch die enge Zusammenarbeit mit der Sozialdemokratie spätestens ab 1905 viel mit diesem großen gewerkschaftlichen Organisationspotential zu tun. Erst nach ihrem Aufstieg zu einer Millionenorganisation gelang es den sozialistischen Gewerkschaften, nach langen Jahren der Konflikte um den Führungsanspruch der Partei eine gleichberechtigte Zusammenarbeit mit der Sozialdemokratie zu erreichen. Diese Arbeitsteilung zwischen den für Wirtschaft und Arbeitskämpfe zuständigen Gewerkschaften und der für die Politik zuständigen Arbeiterpartei setzte sich im weiteren Verlauf des zwanzigsten Jahrhunderts fast überall in Europa durch und wurde zu einer der wichtigsten Besonderheiten der westeuropäischen Gesellschaften. Sie entstand in Deutschland besonders früh.

In Frankreich entwickelten sich diese gewerkschaftlichen Organisationsformen weit langsamer. Schon die Mitgliedschaft in Gewerkschaften wurde in Frankreich anders verstanden als in Deutschland oder Großbritannien und Schweden, eher als Beteiligung an Streikaktionen und Protesten, weniger als kontinuierliche Mitarbeit. Autonome lokale, oft syndikalistische Gewerkschaften, die ihre Arbeitskämpfe im wesentlichen im lokalen Rahmen führten, blieben auch deshalb in Frankreich bis zum Ersten Weltkrieg beherrschend. Innerhalb der französischen CGT gab es zudem gegensätzlichere Richtungen als in den deutschen sozialistischen Gewerkschaften; sie verfolgten ganz verschiedene, teils anarchistische, teils syndikalistische, teils reformistische Arbeitskampfstrategien und -taktiken. Die Zentralen der Einzelgewerkschaften und der Dachverbände blieben weit schwächer. Auf zentrale Streikfonds und auf zentral durchgesetzte Streikstrategien konnte sich daher die Gewerkschaftsseite in französischen Arbeitskämpfen weit weniger stützen als in Deutschland. Auch die Berufsgewerkschaften, deren Mitglieder nur in wenigen Industriezweigen beherrschend und deshalb in Tarifauseinandersetzungen schwächer waren als die deutschen Industriegewerkschaften, hielten sich in Frankreich bis zum Ersten Weltkrieg weit stärker. Schließlich war auch die Zusammenarbeit zwischen der 1905 gegründeten SFIO und dem 1895 gegründeten CGT bis 1914 weit spannungsgeladener und weniger eng als zwischen Sozialdemokratie und Freien Gewerkschaften.

Beeindruckender und moderner war schließlich in Deutschland auch die Parteiorganisation der Sozialdemokratie. In den letzten beiden Jahrzehnten vor 1914 entwickelte sie sich zu einer brillant organisierten Massenpartei. Sie besaß 1906 einen Mitgliederbestand von rund vierhunderttausend, 1914 von über einer Million. Sie hatte am Vorabend des Ersten Weltkriegs rund 110 Reichstagsabgeordnete und rund 230 Landtagsabgeordnete, fast 9000 Gemeindevertreter, schätzungsweise rund hunderttausend Vertreter in den Gremien der Sozialversicherungen, in den Gewerbe- und Kaufmannsgerichten und in den kommunalen Arbeitsnachweisen. Sie hatte über siebzig Zeitungen. Dahinter standen die französischen sozialistischen Parteiorganisationen weit zurück. Die größte unter den verschiedenen sozialistischen Parteien Frankreichs vor 1905, der Parti ouvrière, war zwar schon eine durchorganisierte Programmpartei, hatte aber kurz vor 1900 nicht viel mehr als 15000 Mitglieder. Auch die 1905 gegründete sozialistische Sammelpartei, die SFIO, hatte den Mitgliederzahlen der deutschen Sozialdemokratie nur wenig entgegenzusetzen. Sie besaß bei ihrer Gründung 1905 35000 und 1914 nur 91000 Mitglieder, selbst nach ihrem großen Wahlerfolg 1914 nicht mehr als rund 100 Deputierte in der Nationalversammlung. Mit den deutschen Berufsgenossenschaften vergleichbare Posten und Pfründe existierten in Frankreich nicht. Die SFIO war fast vierzig Jahre jünger als die Sozialdemokratie und mußte deshalb bis zum Ersten Weltkrieg weit größere Energien auf den Aufbau der Parteiorganisation und auf die Integration der Gründungsparteien und -richtungen verwenden. Sie war weit stärker von unten organisiert und ihr Nationalrat besaß weniger Macht als der Vorstand der deutschen Sozialdemokratie.

Auch in den Wahlerfolgen lag die französische SFIO zurück: Den deutschen Sozialdemokraten gelang es schon bei den Wahlen 1893 als erster sozialistischer Partei Europas, die Schwelle von zwanzig Prozent zu überschreiten. Am Vorabend des Ersten Weltkriegs hatte sie neben den belgischen, italienischen und dänischen sozialistischen Parteien die größten Wahlerfolge und gewann 35% der deutschen Wähler für sich. Die erfolgreichste Vorläuferpartei der 1905 gegründeten SFIO, die guedistische parti ouvrière, gewann um die Jahrhundertwende 3% der Wählerstimmen. 1906 bei den ersten Wahlen nach ihrer Gründung blieb das Resultat für die SFIO mit nur einem Zehntel der Wählerstimmen weiterhin mager. Selbst auf dem Höhepunkt ihrer Vorkriegserfolge bei den letzten Wahlen 1914 gewann die SFIO nur 17%, ein Resultat, das die deutsche Sozialdemokratie schon zwei Jahrzehnte davor erreicht hatte. Wenn man so will, hatte die französische SFIO ähnlich wie die französische CGT in ihrer Organisation und in ihrer Massenbasis Jahrzehnte gegenüber der deutschen Sozialdemokratie und den Freien Gewerkschaften aufzuholen.

Die deutsche Arbeiterbewegung hatte zweitens auch deshalb einen Vorsprung vor ihrer französischen Schwesterpartei, weil der Arbeitskampf in Deutschland vor 1914 erheblich moderner geführt wurde als in Frankreich: Beide Seiten des Arbeitskampfs waren in Deutschland stärker organisiert. Die Gewerkschaften mit ihrer größeren Mitgliederzahl nahmen in Deutschland weit massiveren Einfluß auf Streiks, planten sie entweder stärker in eigener Regie oder sattelten häufiger auf spontane Streiks auf. Sie entwickelten auch eine gezielte und effiziente Streikstrategie, nutzten wirkungsvoll günstige Streiksituationen, vor allem den Konjunkturaufschwung aus. Weit häufiger als die französischen Gewerkschaften setzten sie auf beeindruckend viele, aber relativ kurze, wenig Streikende umfassende und damit für sie nicht zu teure Streiks. Vor allem verfügten sie über weit größere Streikrücklagen und damit über ein bedrohlicheres Durchhaltevermögen als die französischen Gewerkschaften. Aber auch die Arbeitgeberseite trug in Deutschland den Konflikt mit modernen Mitteln aus: Auch sie organisierte ihre Seite stark und überholte im Organisationsgrad in den Jahren vor 1914 die Gewerkschaften sogar. Zudem waren auch die Arbeitgeberverbände zunehmend zentralisiert. Die beiden Spitzenverbände, die «Hauptstelle Deutscher Arbeitgeberverbände» (1904) und der «Verein Deutscher Arbeitgeberverbände» (1904), arbeiteten nach getrennter Gründung immer enger zusammen, fusionierten kurz vor dem Ersten Weltkrieg (1913), koordinierten die Arbeitgeberseite erfolgreich und stützten vor allem schwächere Branchen mit geringer Widerstandskraft gegen Gewerkschaften. Auch die deutsche Arbeitgeberseite besaß umfangreiche Streikentschädigungsfonds, aus denen Produktionausfälle betroffener Unternehmen bezahlt und dadurch Streiks überstanden oder Aussperrungen finanziert wurden.

Der Arbeitskampf war in Deutschland schon vor 1914 auch stärker von modernen Methoden der Verhandlung zwischen Gewerkschaften und Arbeitnehmerorgansationen geprägt. Man focht Arbeitskonflikte nicht mehr sofort mit Streiks aus, die für beide Seiten teuer zu stehen kommen konnten. Zwei von drei Arbeitskonflikten endeten in den letzten Jahren vor 1914 schon im Kompromiß, wenn auch für die Mehrzahl der deutschen Arbeitnehmer noch nicht in Tarifverträgen. In den Augen von Carl Legien, dem Vorsitzenden der sozialistischen Gewerkschaften, erreichten die Gewerkschaften «ihren Zweck wohl noch mehr durch die Lohnbewegungen, die nicht zu einer Arbeitseinstellung führen, als durch die Streiks.»[3] Diese Verhandlungen ohne Streik, aber mit der ernstzunehmenden Drohung eines Streiks, haben früher oder später in allen europäischen Ländern zugenommen. Deutschland gehörte darin wahrscheinlich zur europäischen Vorhut, wobei allerdings Vergleiche wegen unterschiedlicher Streikauffassungen sehr schwierig sind.

Die Arbeitskämpfe in Frankreich vor 1914 kann man ebenfalls noch als traditioneller ansehen. Vor allem die Organisation spielte auf beiden Seiten des Arbeitskonflikts damals noch nicht die Rolle wie in Deutschland. Die Gewerkschaften gewannen trotz allen Wachstums keinen großen Anteil der Arbeiter als Mitglieder. Sie waren trotz der wachsenden Bedeutung des CGT seit 1895 auch weiterhin deutlich weniger zentralisiert. Lokale Gewerkschaftsorganisation, Arbeiterbörsen, Streikkomitees behielten in Frankreich ein erheblich größeres Gewicht als in Deutschland. Das liberalere französische Arbeitsrecht sah zudem das Streik- und gewerkschaftliche Organisationsrecht schon damals eher als ein Recht des individuellen Arbeiters, nicht als rechtliche Sicherung der Gewerkschaften, und schwächte damit ebenfalls tendenziell die Organisationen. Auch die Arbeitgeberorganisationen blieben weit hinter ihre deutschen Gegenbeispielen zurück. Ein beträchtlicher Teil der französischen «patrons» weigerte sich gänzlich, Arbeitgeberorgansationen beizutreten. Dachverbände der Arbeitgeber, die die Arbeitskämpfe für die Arbeitgeberseite koordinierten, gab es vor 1914 überhaupt nicht. Aus all diesen Gründen sah auch die Form der Arbeitskämpfe in Frankreich anders aus als in Deutschland. Tarifverhandlungen vor Streiks hatten noch nicht einmal das in Deutschland erreichte, bescheidene Gewicht. Streiks blieben in Frankreich vor 1914 weit spontaner, wurden noch weit stärker als in Deutschland von lokalen Streikkomitees und weit weniger von Gewerkschaftsfunktionären geleitet, besaßen auch noch weit stärker die für spontane, wenig geplante, oft erfolglose Streiks typischen Formen der kurzen, lokal begrenzten Arbeitskämpfe mit relativ wenig Streikenden. Sicher ist es sehr schwer zu sagen, ob die französischen Gewerkschaften in diesen traditionelleren Arbeitskampfformen wirklich auch in einer schwächeren Position waren. Aber von den heutigen westeuropäischen Formen waren die Methoden der Arbeitskämpfe vor 1914 in Frankreich noch erheblich weiter entfernt als in Deutschland.

Schließlich kann man drittens die sozialistische Arbeiterbewegung in Deutschland als fortschrittlicher ansehen, weil sie stärker als ihre französische Schwesterbewegung in der Industriearbeiterschaft verankert und verwurzelt war. Wenigstens bis in die Weimarer Republik hinein stützte sich die deutsche Arbeiterbewegung in hohem Maß auf ein stark bindendes Milieu nicht nur aus Partei- und Gewerkschaftsmitgliedschaften, sondern auch aus einem dichten Netz von Arbeiterbildungs- und Freizeitvereinen, von Hilfskassen und Unterstützungsvereinen, darüber hinaus aber auch aus nachbarschaftlichen Alltagsbeziehungen von Arbeitern. Verstärkt wurde diese Bindung freilich auch dadurch, daß Angestellte und Kleinbürgertum sich nicht nur in ihren Berufs- und Interessenverbänden von den Arbeitergewerkschaften absetzten, sondern auch in den Alltagsbeziehungen mit dem Arbeitermilieu oft nichts zu tun haben wollten. Sicher mißversteht man dieses soziale Netzwerk des sozialdemokratischen und gewerkschaftlichen Milieus, wenn man es nur als Arbeiterbewegungskultur sieht, die von der Sozialdemokratie und den Gewerkschaften ausschließlich zum Zweck politischer Mobilisierung aufgebaut und einem unpolitischen Arbeiteralltag übergestülpt wurde. Dieses Milieu entstand vielmehr auch als solidarisches Hilfsnetzwerk in materieller Not. Sicher zeigte es schon vor 1914 mit der verbesserten staatlichen sozialen Sicherung in Deutschland erste Risse. Trotzdem blieb es die entscheidende soziale Basis für die deutsche Sozialdemokratie und die Gewerkschaften. Es sicherte ihnen vor 1914 nicht nur ein kontinuierliches Wachstum, sondern bestätigte sie vorläufig auch noch in ihrer Theorie, wonach mit fortschreitender Industrialisierung die Arbeiter unaufhaltsam die Mehrheit der Arbeitenden und damit auch die entscheidende politische Kraft der Zukunft bilden würden.

Ein solches geschlossenes, sozialistisches und gewerkschaftliches Industriearbeitermilieu entwickelte sich in Frankreich weniger. Die soziale Basis, auf der die französischen Sozialisten aufbauten, bestand nicht nur aus Industriearbeitern, sondern in starkem Maß auch aus Kleinbürgertum, aus Landarbeitern und selbst aus kleinen Landwirten. Im Département Loire-et-Cher etwa wurde die sozialistische Partei von Intellektuellen und Kleinunternehmern geleitet. In zentralen Gebieten Mittelfrankreichs wie den Départements Cher und Nièvre stützten Holzfäller, im Süden Frankreichs wie etwa im Département Var kleine Landwirte die sozialistische Partei. Die sozialen Grenzen zur republikanischen Wählerschaft waren fließend und keineswegs so klar gezogen wie zwischen Sozialdemokraten und Linksliberalen in Deutschland. Die SFIO war eine sozialistische Partei, aber keine Arbeiterpartei im deutschen, britischen oder schwedischen Sinn. Zu der damaligen sozialdemokratischen Theorie, nach der die Zukunft des Sozialismus im Wachstum der Industriearbeiterklasse liege, paßte die französische SFIO schlechter.

Auch die Gewerkschaftsbewegung war in Frankreich nicht ausschließlich im Arbeitermilieu verwurzelt. In den Chambres syndicales, den lokalen gewerkschaftlichen Organisationen, waren lange Zeit auch Zwischenmeister und selbst Unternehmer organisiert. In den Produktionsgenossenschaften, die in Frankreich eine weit größere Rolle spielten als in Deutschland und um 1850 rund 50000 Mitglieder besaßen, die allerdings in den letzten Jahrzehnten vor 1914 nur noch teilweise den Gewerkschaften nahestanden, waren keineswegs nur Industriearbeiter, sondern auch kleine Meister. Die Gewerkschaften der Eisenbahnangestellten und der kaufmännischen Angestellten arbeiteten mit dem sozialistischen CGT eng zusammen. Die Gewerkschaftsbewegung war daher in Frankreich mehr als nur eine Kampforganisation der Industriearbeiterklasse.

Hinter der tieferen und ausschließlicheren Bindung der deutschen Sozialdemokratie und Gewerkschaftsbewegung im Arbeitermilieu stehen nicht nur politische Gründe wie die größere politische Isolation der Sozialdemokratie, die tiefere Krise des Linksliberalismus, des potentiellen Bündnispartners, die größeren politischen Erfolge des Konservatismus auch unter Angestellten und im Kleinbürgertum. Der proletarischere Charakter der deutschen Arbeiterbewegung resultiert auch aus einem anderen Industrialisierungsweg, über den wir schon im ersten Kapitel ausführlich sprachen: Der Industriesektor als Ganzes besaß in der deutschen Wirtschaft während der letzten Jahrzehnte vor dem Ersten Weltkrieg ein weit größeres Gewicht und beschäftigte einen weit größeren Teil der arbeitenden Bevölkerung. Großunternehmen besonders in der Schwerindustrie, im Maschinenbau, in der Elektroindustrie und teilweise auch in der chemischen Industrie entwickelten sich in Deutschland in beindruckenderen Dimensionen. Der Abstand zwischen Arbeitern und

Unternehmern war dort besonders groß, die Befehlshierarchie besonders ausgebaut und unumgänglich, die Stärke der Arbeitgeber im Arbeitskampf nicht selten erdrückend, die Klassenlage oft eindeutiger. Aus allen diesen Gründen konnten sich dicht verflochtene, auch als Notnetz dienende, reine Arbeitermilieus in der deutschen Gesellschaft leichter entwickeln. Sie führten sicher nicht automatisch zu dem sozialdemokratischen und gewerkschaftlichen Arbeitermilieu, waren aber doch eine wichtige Voraussetzung dafür.

Der französische Industrialisierungsweg, den man keineswegs einfach als wirtschaftliche Rückständigkeit mißverstehen sollte, schuf weit weniger günstige Voraussetzungen für die Entstehung von dichten politischen Arbeitermilieus. Zur Erinnerung: 1906 gab es in Frankreich nur knapp dreieinhalb Millionen Gewerbe- und Industriearbeiter bei rund zwanzig Millionen Erwerbstätigen, in Deutschland hingegen achteinhalb Millionen bei rund achtundzwanzig Millionen Erwerbstätigen. Reine Industriestädte wie in Deutschland, England, Belgien waren in Frankreich nicht nur seltener, sondern auch kleiner. Die bedeutendsten unter ihnen, Roubaix oder St.Etienne, gehörten weder zu den bedeutenden französischen Städten noch zu den bedeutenden Industriestandorten. Industrieregionen von der Dimension des Ruhrgebiets oder der Midlands fehlten in Frankreich. Arbeiter lebten daher in Frankreich nicht so ausschließlich mit Arbeitern zusammen.

Hinter der größeren Geschlossenheit des sozialdemokratischen und gewerkschaftlichen Arbeitermilieus stand in Deutschland aber auch eine geringere Attraktivität des bürgerlichen Modells. Sicher verbürgerlichte die deutsche Gesellschaft im 19.Jahrhundert in ähnlicher Weise wie die französische Gesellschaft mit ähnlich starken Auswirkungen auch auf die Arbeiter: Das Ancien régime verfiel in beiden Ländern. Marktwirtschaftliche Prinzipien und Privatbesitz, bürgerliche Umgangs- und Gesellschaftsformen wie Vereine, Museen, Konzerte, Opern, Theater, Galerien, Zoos, bürgerliche Bildungsideale, bürgerliche Leistungs- und Verdienstprinzipien, bürgerliches Recht hatten sich am Ende des 19.Jahrhunderts in Deutschland genauso durchgesetzt wie in Frankreich. Wir sprachen schon davon. Aber bestimmte Wertvorstellungen, die man besonders im Bürgertum des 19.Jahrhunderts finden konnte, Besitz als Lebensmittelpunkt und Lebensgarantie, wirtschaftliche Unabhängigkeit als Ausdruck persönlicher Autonomie, lebenslange Bindung an die Familie und der Kult der Intimfamilie, Raffinement und die soziale Distinktion im Essen, in der Kleidung, im sozialen Umgang galten in der französischen Gesellschaft, auch unter französischen Arbeitern, mehr als in Deutschland, wo solche besitzbürgerlichen Leitbilder in einem weit härteren Konkurrenzkampf teils mit aristokratischen sozialen Modellen, teils aber auch mit deutlich anderen Leitbildern und Wertvorstellungen der Bildungselite, der Beamten, der neuen Manager standen.

All das sind gewichtige Argumente für einen Vorsprung und eine größere Modernität der deutschen Arbeiterbewegung, aber auch der Arbeitgeberorganisation und des Arbeitskonflikts im ganzen. Sie sind hier zum Teil pointierter und schärfer vorgetragen worden, als in der Literatur üblich. Vielleicht überzeugen sie sogar manchen mehr als die Gegenargumente. Trotzdem sind sie einseitig und übersehen wichtige Seiten, in denen französische Arbeiterbewegung und französischer Arbeitskonflikt keineswegs rückständiger, sondern eben anders, teilweise sogar entwickelter waren als die Arbeiterbewegung jenseits des Rheins.

Erstens und vor allem anderen hat die französische Arbeiterbewegung trotz ihres weit schwächeren organisatorischen Apparates keineswegs weniger mobilisiert. Es sieht so aus, als ob die nichtorganisierten Protestformen wie langsames Arbeiten, Abwesenheit vom Arbeitsplatz, Sabotage usw. in Frankreich genauso häufig eingesetzt wurden wie in Deutschland. Präziser sind unsere Kenntnisse über die Mobilisierung der französischen Arbeiter in Streiks. Ab der Jahrhundertwende waren in beiden Ländern die Zahlen fast identisch: in Frankreich wie in Deutschland streikten im Durchschnitt jährlich etwas über 200000 Arbeiter. Während der deutschen Streikhöhepunkte 1905 und 1912 beteiligten sich besonders wegen Bergarbeiterstreiks an die 400000 Arbeiter an Streiks, im französischen Streikhöhepunkt 1906 ebenfalls wegen eines Bergarbeiterstreiks sogar weit über 450000 Arbeiter. Im Grunde waren diese Zahlen in Frankreich sogar weit beeindruckender und für die Arbeitgeberseite beängstigender als in Deutschland, denn dahinter stand eine fast nur halb so große Zahl von Industriearbeitern. Offensichtlich waren die französischen Arbeiter daher sogar streikbereiter als die deutschen Arbeiter. Nur wenig anders sieht es mit der Bereitschaft zur gewerkschaftlichen Organisation aus. Sicher konnten die französischen Gewerkschaften 1890 wie 1912 spürbar weniger Mitglieder vorweisen als die deutschen Gewerkschaften. Berücksichtigt man aber auch hier, daß Frankreich gegen 1905 auf fast nur noch die Hälfte der deutschen gewerblichen und industriellen Arbeiter kam, dann haben in Frankreich die Gewerkschaften einen ähnlich großen Teil der Arbeiter als Mitglieder mobilisieren können wie in Deutschland. Rein rechnerisch und bei aller Problematik solcher Zahlen gewannen die Gewerkschaften in Frankreich 1890 2% aller Arbeiter im Gewerbe- und Dienstleistungssektor (gegenüber 4% in Deutschland), 1912 20% gegenüber 22% in Deutschland. Sie blieben damit nur unwesentlich hinter den deutschen Gewerkschaften zurück.

Man kann zweitens auch Zweifel haben, ob die organisatorisch überlegene deutsche Sozialdemokratie am Vorabend des Ersten Weltkriegs wirklich eindeutig größere Wahlerfolge hatte als die französische sozialistische Partei. Ohne Zweifel waren die deutschen Sozialdemokraten bis kurz vor dem Ersten Weltkrieg weit erfolgreicher als die französischen Sozialisten. Die Daten nannten wir soeben. Bei den letzten Vorkriegswahlen im April und Mai 1914 jedoch holte die SFIO immerhin ein Sechstel der Wählerstimmen. Auch damit lag sie noch weit hinter den Sozialdemokraten mit ihrem Anteil von einem Drittel der Wählerstimmen 1912. Berücksichtigt man jedoch das weit schmälere Wählerpotential von städtischen Arbeitern in Frankreich und hält man sich zudem die härtere Konkurrenz vor Augen, die der SFIO durch eine kleinere sozialistische Splitterpartei parteiunabhängiger Sozialisten (die «socialistes indépendants» Millérands) und durch die dem Namen nach sozialistische, tatsächlich aber republikanische «Radikale Sozialistische Partei» entstand, so erscheint das linke Wählerpotential in Frankreich mit rund vierzig Prozent der Wählerstimmen eher größer als in Deutschland. Nicht nur das: Mit diesen Wählerstimmen und mit einer erfolgreichen Stichwahlstrategie gewann die französische Linke 1914 sogar die Mehrheit der Abgeordnetensitze, also Jahre bevor es im deutschen Reichstag unter der Ausnahmesituation des Kriegsendes eine linke Parlamentsmehrheit gab. Frankreich war damit nicht nur das Land, das in seiner Geschichte die für das damalige Europa spektakulärsten sozialistischen Revolutionsereignisse, die Junitage 1848 und die Pariser Commune 1871, erlebt hatte. Es war auch nicht nur das Land sehr umfangreicher sozialistischer Versuche, nichtstaatlicher Gesellschaftsumwandlungen, großer Produktivgenossenschaftsbewegung und großer nichtstaatlicher sozialer Sicherungsinstitutionen, der «secours mutuels». Es war am Vorabend des Ersten Weltkriegs gegenüber Deutschland auch das Land mit einer stärkeren linken Grundströmung.

Drittens kamen die französischen Sozialisten weit früher an die Regierungsmacht als die deutschen Sozialdemokraten und erlebten dadurch auch früher die Spannungen und Konflikte um Regierungsmitarbeit und Fundamentalopposition. Bereits 1898 kam in Frankreich eine Regierungszusammenarbeit zwischen linksliberalen Republikanern und Sozialisten zustande, als Alexandre Millérand, ein rechter Sozialist, in das republikanische Kabinett Waldeck-Rousseau eintrat. Früher als im deutschen Kaiserreich, in Schweden und in Großbritannien, und auch früher als in Süddeutschland (das Frankreich am ehesten ähnelte) gab es damit in Frankreich eine Mitarbeit von führenden Mitgliedern einer sozialistischen Partei an Regierungsentscheidungen. Nach ihrem Erfolg in den Maiwahlen 1914 stellte die Linke in Frankreich sogar den Ministerpräsidenten, Viviani, wie Millérand ein Vertreter der socialistes indépendants. Wiederum um Jahre früher als in Deutschland und nicht unter den außergewöhnlichen Umständen des Kriegsendes gab es damit in Frankreich ein Mitte-Links-Kabinett, freilich noch ohne direkte Regierungsbeteiligung der wichtigsten französischen sozialistischen Partei, der SFIO, und deshalb unter Historikern als früher Fall eines Linksbündnisses umstritten. Nach nur wenigen Monaten Amtszeit wurde es wegen des Kriegsausbruchs 1914 durch eine Allparteienregierung ersetzt. Insgesamt bahnte sich aber damit in Frankreich doch früher als in Deutschland eine Bündniskonstellation an, die im späteren Verlauf des zwanzigsten Jahrhunderts der bei weitem verbreitetste und erfolgreichste Weg der europäischen sozialistischen Parteien zur Regierungsmacht werden und damit die Politik in Westeuropa bis heute entscheidend prägen sollte.

Als Folge dieser frühen Regierungsbeteiligungen erlebte die französische Linke auch eine besonders massive Fundamentalopposition gegen solcherlei Bündnisse. Nicht nur die wichtigste französische Gewerkschaft, der 1895 gegründete CGT, sondern auch zwei wichtige Strömungen innerhalb der sozialistischen Partei waren hiervon stark geprägt: die marxistischen Guesdisten, vor der Gründung der SFIO die erfolgreichste sozialistische Splitterpartei, und die Syndikalisten. Neben den socialistes indépendants, die sich 1905 an der Gründung der SFIO nicht beteiligten, trat innerhalb der SFIO nur der Flügel von Jaurès dauerhaft für Regierungsbeteiligungen und für gesellschaftliche Reformen durch den Staat ein. Die überwiegende Mehrheit der französischen Arbeiterbewegung unterschied sich dagegen vor 1914 in ihrer Ablehnung von Regierungsmitarbeit und staatlichen Gesellschaftsreformen scharf von der deutschen Sozialdemokratie.

Über die Gründe für diesen Unterschied zwischen der französischen und deutschen Arbeiterbewegung in der Einstellung zum Staat ist bisher wenig geforscht worden. Es mag auf der einen Seite einen Zusammenhang mit dem recht starken Erfolg der sozialpolitischen Selbsthilfeorganisationen in Frankreich geben, den secours mutuels, neben denen lange Zeit eine staatliche Sozialversicherung unnötig erschien. Wir kommen darauf im nächsten Kapitel zurück. Gleichzeitig war aber die Dritte Republik den Prinzipien der staatlichen Zurückhaltung gegenüber Privatinteressen und der öffentlichen Sparsamkeit so stark verpflichtet, daß für staatliche Sozialversicherungen gegen Altersarmut und Krankheit in der Art des deutschen Nachbarn sehr wenig Interesse bestand. Die syndikalistischen und staatsskeptischen Strömungen der französischen Arbeiterbewegung entsprachen deshalb der politisch modernen Dritten Republik durchaus. Der französischen Arbeiterbewegung fehlten zudem die praktischen Erfahrungen mit staatlichen Sozialversicherungen, mit ihren tatsächlichen Leistungen, aber auch mit den Mitwirkungsmöglichkeiten und Pfründen. Auch in Deutschland hatten die staatlichen Sozialversicherungen erst längere Zeit bestehen müssen, bevor die Sozialdemokratie allmählich zu ihren Befürwortern umschwenkte. Und schließlich versuchte die französische Arbeiterbewegung im Syndikalismus immer auch, ihre

Eigenständigkeit und Autonomie gegenüber der liberalen Verfassung und der bürgerlichen Politik der Dritten Republik zu demonstrieren und zu behaupten.

Viertens schließlich litt die Arbeiterbewegung in Frankreich weniger an den Geburtsfehlern und Schwächen, die sich spätestens in der Revolution von 1918/19 für die deutschen Arbeiterbewegung als verhängnisvoll herausstellen sollten: ein zu großes Vertrauen in den Staat und in staatliche Reformen als Mittel gesellschaftlicher Veränderung, eine zu starke Integration in das politische System und die Gesellschaft des Kaiserreichs, eine zu starke Trennung zwischen Demokraten und Sozialisten und eine zu starke und ausschließliche Bindung an das proletarische Milieu (und die daraus entstehenden Komplikationen und Spaltungserscheinungen bei der für parlamentarische Mehrheiten oft unvermeidlichen Kooperation mit linksliberalen Bündnispartnern), eine Überschätzung der Rolle der Ideologie und Theorie bei gleichzeitiger Unterschätzung der praktischen Politik, ein zu großes Mißtrauen gegenüber spontanen, unorganisierten, nicht gelenkten und kontrollierten Bewegungen, auch wenn sie die eigene Position durchaus hätten stärken können, und eine zu geringe Fähigkeit, Basisbewegungen aufzunehmen und zu integrieren, ein zu passives Warten auf den Verfall des Kaiserreichs und die zu geringe Fähigkeit, in offenen Situationen die eigene Macht voll einzusetzen und dauerhafte gesellschaftliche Weichenstellungen durchzusetzen. Auf eine Formel gebracht sah Jean Jaurès die Schwächen der deutschen Sozialdemokratie darin, «daß ihr unfähig seid zu handeln».[4]

Auch bei der Diskussion über Fortschritte und Rückstände der Arbeiterbewegung und des Arbeitskonflikts in Frankreich und Deutschland steht Argument gegen Argument. Die historische Wirklichkeit wird mit diesem Aufrechnen von Fortschritten und Rückständen der beiden Länder nicht richtig erfaßt. Auch in bezug auf den Arbeitskonflikt gingen Frankreich und Deutschland letztlich gesonderte Wege, die beide Länder im europäischen Rahmen weit voneinander wegführten und es französischen Sozialisten und deutschen Sozialdemokraten schwermachten, einander noch zu verstehen. Diese unterschiedlichen Wege der französischen und deutschen Arbeiterbewegung waren vor allem durch die Unterschiede in Politik und wirtschaftlicher Entwicklung geprägt:

Die französischen Sozialisten bewegten sich in einer der modernsten parlamentarischen Demokratien des damaligen Europa, die ganz im Unterschied zum deutschen Kaiserreich volle Regierungsverantwortlichkeit gegenüber dem Parlament, volle Kontrolle der Armee durch die Regierung, eine klar eingegrenzte Macht der Kirche und noch dazu keinen mächtigen Hof und keine mächtige Aristokratie besaß. Diese Republik schien Sozialisten mehr Regierungschancen zu bieten als andere europäische Staatsformen. Regierungen der Dritten Republik nahmen nicht nur

Sozialisten in das Kabinett auf, sondern trafen auch – wie wir im nächsten Kapitel sehen werden – wichtige sozialpolitische Entscheidungen. Ein beträchtlicher Teil der französischen Sozialisten, allen voran Jean Jaurès, identifizierte sich daher mit ihr und war bereit, sie gegen die klerikale und monarchistische Opposition zu verteidigen. Allerdings haben die starken staatlichen Repressionen gegen die Arbeiterbewegung – Verbot bis 1884, Militäreinsatz bei Streiks, Listen von Sozialistenverhaftungen im Kriegsfall – und der vorherrschende sozialstaatsfeindliche Republikanismus in der französischen Arbeiterbewegung gleichzeitig auch Strömungen bestärkt oder entstehen lassen, die der Dritten Republik ablehnend gegenüberstanden und ausschließlich auf die autonome Stärke und auf die autonomen Institutionen der Arbeiterbewegung statt auf Regierungsbeteiligung und staatliche Reformen bauten. So ambivalent die Reaktion der Dritten Republik auf die Arbeiterbewegung war, so umstritten war auch die Einstellung in der französischen Arbeiterbewegung gegenüber der Republik. Die deutschen Sozialdemokraten hingegen standen einer der modernsten staatlichen Verwaltungen Europas gegenüber, die – wie wir im folgenden Kapitel sehen werden – in den Sozialversicherungen, in ihren Universitäten und Forschungsinstitutionen, in der Stadtplanung, in der Gesundheitspolitik mit an der Spitze Europas marschierte, gleichzeitig aber von einer traditionellen herrschenden Klasse regiert wurde, ein schwaches Parlament, einen starken Hof und ein parlamentarisch wenig kontrolliertes Heer besaß und der Arbeiterbewegung – von liberalen süddeutschen Bundesstaaten abgesehen – keine Mitwirkungsmöglichkeiten zu bieten schien. Die deutsche Sozialdemokratie war daher in ihrer Opposition gegen das Kaiserreich fundamentalistischer, war aber gleichzeitig von den Vorteilen staatlicher Intervention stärker überzeugt und traute ihren eigenen genossenschaftlichen Institutionen weniger zu als die Schwesterpartei jenseits des Rheins.

Daneben verursachte aber auch die wirtschaftliche Entwicklung Diskrepanzen zwischen den Arbeiterbewegungen auf beiden Seiten des Rheins. Das sei nochmals herausgestrichen: Frankreichs für Europa recht ungewöhnlicher Industrialisierungsweg führte zwar nicht – wie manchmal behauptet wird – in den wirtschaftlichen Rückstand, aber doch zu vergleichsweise wenig Industriebeschäftigung, wenig dichten Industriearbeitermilieus, wenig reinen Industriestädten. Die französischen Sozialisten wurden deshalb auch nie so stark wie die deutsche Sozialdemokratie eine reine Arbeiterpartei, sondern blieben sozial offener, organisierten immer auch Landarbeiter, Kleinbürgertum, sogar selbständige Landwirte. Sie hatten daher weit unterschiedlichere Sozialmilieus in sich zu integrieren und blieben auch deshalb lange Zeit in viele kleine Richtungen aufgesplittert, und auch dann, als 1905 die SFIO gegründet worden war, sehr stark von Richtungsunterschieden und Einzelpersönlichkeiten geprägt. Deutschland hingegen war ähnlich wie England ein Musterland kapitalistischer Wirtschaftsentwicklung mit einem raschen Aufbau eines großen Industriesektors, viel Industriearbeitern, vielen reinen Arbeiterstädten, modernen Großunternehmen, in denen die Klassenlage der Industriearbeiter besonders deutlich wurde.

Beide Wege der Arbeiterbewegung ergeben unter ihren jeweiligen Voraussetzungen einen Sinn, der organisationsärmere, weniger zentralisierte, aber stark mobilisierende, weniger in das Arbeitermilieu eingebundene, früher an die Regierungsmacht kommende und von Fundamentalopposition gegen Staatsreformen begleitete, französische Weg ebenso wie der auf große, stark zentralisierte Organisationen setzende, den Arbeitskampf schon stark regulierende, weitgehend auf das Arbeitermilieu begrenzte, auf staatliche Reformen orientierte, vor 1914 in der Politik des deutschen Reiches stark isolierte deutsche Weg der Arbeiterbewegung. Sie haben beide Gesellschaften freilich auch einander erheblich entfremdet und damit eine Entwicklung begonnen, die sicher noch bis in die Gegenwart spürbar ist. Ohne die sehr unterschiedliche Entwicklung des Sozialstaats und seiner Anfänge vor 1914 ist diese Auseinanderentwicklung der beiden Arbeiterbewegungen nicht verständlich. Auf den französischen und deutschen Sozialstaat vor 1914 soll nun eingegangen werden.

Kapitel 5
Die früheren Anfänge des Sozialstaats in Deutschland

Eine fünfte Kluft zwischen der französischen und deutschen Gesellschaft brach vor dem Ersten Weltkrieg in der Anbahnung des modernen Sozial- und Interventionsstaates auf. Sicher waren beide Länder vom heutigen Wohlfahrtstaat noch weit entfernt. Doch in Deutschland waren seine ersten Anfänge während der letzten Jahrzehnte vor dem Ersten Weltkrieg nach allgemeiner Auffassung erheblich wirkungsvoller und deutlicher entwickelt: in der Bildungspolitik, in den Sozialversicherungen, in der Stadtplanung, in der öffentlichen Hygiene- und Gesundheitspolitik. In Frankreich dagegen sieht man den starken politischen Einfluß bürgerlicher Liberalität als massive Bremse beim Eingriff der öffentlichen Bürokratie in die individuellen, wirtschaftlichen wie privaten Freiheitsräume an.

Von diesem französisch-deutschen Unterschied war sicher in der damaligen Wirtschaftspolitik nur wenig zu spüren. Weder in der Zollpolitik oder der auch in Deutschland nicht existenten staatlichen Kontrolle der internationalen Kapitalflüsse, weder in der Aktien- und Bankpolitik noch in der Kartellpolitik, noch auch in der staatlichen Preis- und Investitionskontrolle hielt sich die französische Regierung erheblich stärker zurück oder sah sich massiveren Widerständen wirtschaftsliberaler Unternehmer gegenüber. Die Steuerbelastung, die Subventionen, der Anteil der Staatsausgaben am Sozialprodukt waren nach allem, was wir wissen, in Frankreich keineswegs niedriger als in Deutschland. Doch der Eingriff des Staates in die allgemeinen Lebensbedingungen, in die soziale Sicherung, in die räumliche Entwicklung der Städte, selbst in die Ausbildung gilt in Deutschland als stärker. Dieser Unterschied beschäftigte auch die Zeitgenossen besonders in Frankreich stark. Sie fühlten sich vor die schwere Wahl zwischen einer effizienten Staatsverwaltung gestellt, die freilich auch autoritär war und aus dem französischen Blickwinkel oft zu sehr auf Untertanenmentalitäten aufbaute, oder einer liberalen Verwaltung, die zwar Freiheitsräume sicherte, aber in die Rückständigkeit führen konnte. Von allen Gräben zwischen Frankreich und Deutschland dürfte dieser Unterschied den Zeitgenossen sogar am klarsten vor Augen geführt haben, daß sich die beiden Gesellschaften um 1900 immer fremder und unverständlicher wurden. Trotzdem soll auch in diesem Kapitel wieder überlegt werden, ob die verbreitete Ansicht von den kräftigeren und älteren Sozialstaatswurzeln in Deutschland vor 1914 richtig ist oder ob sich die Anfänge des französischen Sozialstaats wiederum nicht später und zögernder, sondern nur in anderer Form und unter anderen Voraussetzungen entwickelten.

Zwei Vorbemerkungen: Gleichgültig, wie man die Anfänge des französischen Sozialstaats sieht, ob als Rückstand hinter Deutschland oder als anderen Weg – für uns heute ist dieser Unterschied ungewohnt. Heute ist eher Frankreich das Land des starken, hochzentralisierten, massiv planerischen Staates, während die Bundesrepublik eher für marktwirtschaftliche Ideen, dezentrale Macht der Länder und Kommunen, Staatsskeptizismus und Bürokratieaversionen steht. Diese völlige Umkehr der französisch-deutschen Unterschiede, auf die wir im zehnten Kapitel zurückkommen, verstellt uns heute das Verständnis für die Situation um 1900. Um so wichtiger ist es, diesen Unterschied in Erinnerung zu rufen.

Die zweite Vorbemerkung: Auch hier sollte man freilich die europäischen Gemeinsamkeiten nicht übersehen, in deren Rahmen auch die damaligen französisch-deutschen Unterschiede blieben. Überall in Europa setzte in den letzten Jahrzehnten vor dem Ersten Weltkrieg eine massivere Staatsintervention in Politikbereichen ein, die wir heute mit Wohlfahrtsstaat umschreiben: Überall in Europa fielen erste gesetzgeberische Entscheidungen in der Sozialpolitik und in der Einrichtung staatlich verwalteter oder subventionierter Sozialversicherungen. Sicher waren die Zielsetzungen, die Wirkungsbereiche und auch die politischen Trägergruppen dieser Gesetzgebungen überall in Europa noch weit vom modernen Wohlfahrtsstaat entfernt. Im Unterschied zu außereuropäischen Industrieländern wurden aber doch überall in Europa erste Grundlagen gelegt. Überdies fing überall in Europa der Bildungssektor zu wachsen an. Die Analphabetenrate sank spürbar. Auch der Hochschulsektor begann damals und nicht erst in den 1950er Jahren mit seinem säkularen Wachstum. Überall in Europa trat schließlich die Entwicklung der Stadtplanung in eine neue Phase: Die Hygienisierung der Stadt und der Gesundheitsvorsprung des Stadtlebens vor dem Landleben begann sich durchzusetzen; die weiträumige Stadtplanung, die kommunale und staatliche Planung von administrativen, kulturellen und verkehrstechnischen Zentren, die funktionale Gliederung der Stadt nach Verwaltungs-, Gewerbe-, Wohn-, Erholungsgebieten, aber auch die soziale Segregation nach Stadtteilen, setzte in den Vorkriegsjahren ein. Wo nicht schon praktische Entscheidungen fielen, wurden zumindest die Konzepte für die spätere Stadtpolitik des zwanzigsten Jahrhunderts entwickelt. Überall in Europa waren daher die Jahrzehnte vor dem Ersten Weltkrieg eine Schlüsselphase für intellektuelle Konzepte, für Experimente und für erste Erfahrungen in der Vorbereitung des späteren wohlfahrtsstaatlichen Interventionsstaats. In diesen Rahmen gehören auch die französisch-deutschen Unterschiede.

Darüber hinaus sind Frankreich und Deutschland um 1900 sicher keine extremen Kontrastfälle auf diesem Gebiet. Die eigentlichen Gegensätze zu

Deutschland waren Länder wie Großbritannien, die Schweiz und die Niederlande, alles Musterbeispiele schwacher staatlicher Bürokratien und geringen Staatsinterventionismus. Verglichen mit diesen europäischen Ländern erschien die Tradition staatlicher Bürokratien in Frankreich und Deutschland, zusammen mit Schweden und Österreich vergleichbar stark. Trotzdem haben sich zwischen Frankreich und Deutschland vor dem Ersten Weltkrieg tiefgreifende Unterschiede in der Vorgeschichte des modernen Wohlfahrtstaats aufgetan. Vor allem in drei Bereichen erschien der deutsche Staat damals moderner: in der Bildungs- und Forschungspolitik, in der Sozialpolitik und in der Stadtplanung. Sie werden nacheinander behandelt:

Bildungspolitik und staatliche Ausbildung

Schon den Zeitgenossen erschien der deutsche Interventionsstaat besonders in der Bildungspolitik deutlich überlegen. Dieser deutsche Bildungsvorsprung gehörte zum festen Themenkanon der zahlreichen französischen Deutschlandbücher des späten 19. und frühen 20. Jahrhunderts. Sie berichteten regelmäßig in ausführlichen Kapiteln über die deutschen Volksschulen, die in Frankreich im Ruch standen, entscheidend zum Sieg Preußens 1870/71 über Napoleon III. beigetragen zu haben. Vor allem aber beschäftigten sie sich eingehend mit den Universitäten und technischen Hochschulen. Diese Berichte waren keineswegs unkritisch. Sie schilderten oft irritiert die nationalistischen, aber auch die antisemitischen Strömungen an deutschen Schulen und Universitäten, das ausschweifende, ungewohnt wenig arbeitsame deutsche Studentenleben, den exotischen Ausschluß der Frauen vom Studium in Deutschland. Sie sahen auch keineswegs alle Formen des deutschen Bildungssytems als besser an. «Heute tendiert man eigentlich überall zu Spezialhochschulen für einzelne Fächer,» schrieb Henri Didon verwundert 1884 in einem viel gelesenen Bericht nach einer Rundreise durch deutsche Universitäten, «...nur in Deutschland nicht.»[1] Trotz solcher Vorbehalte wurde vieles an deutschen Schulen und Hochschulen als Modell für Frankreich präsentiert. Gleichgültig, ob es ihnen eher um Verständigung oder eher um Revanche an Deutschland ging, sahen diese Deutschlandbücher fast immer nur Vorsprünge der deutschen, kaum einmal der französischen Ausbildung. Paul Digeon sprach deshalb sogar von der «crise allemande de la pensée française», von dem Krisengefühl, das der Vergleich mit der deutschen Ausbildung vor 1914 unter Franzosen entstehen ließ.

Diesem zeitgenössischen Urteil folgte auch ein Großteil der vergleichenden Nachkriegsforschung. Tatsächlich spricht vieles für einen klaren Vorsprung der deutschen Bildungspolitik am Vorabend des Ersten Weltkriegs und für einen tiefen Graben zwischen den beiden Ländern.

Zunächst und vor allem gilt, daß es nur in Deutschland Universitäten im vollen Sinn gab, in Frankreich hingegen bis fast zum Ende des 19. Jahrhunderts nur Spezialhochschulen für einzelne Fachrichtungen. Wirkliche Universitäten, in denen die meisten Wissenschaftsdisziplinen in einer einzigen Institution zusammengefaßt waren, besaßen in Deutschland eine längere Tradition und hatten sich um 1900 aus mehreren Gründen als die überlegene Organisationsform für wissenschaftliche Forschung erwiesen: Sie erleichterten und förderten interdisziplinäre Zusammenarbeit und verhinderten das Vertrocknen eines Faches in engen, ausschließlichen Fachdiskussionen; sie waren ein ausgezeichnetes Instrument zur Ausbildung von wissenschaftlichem Nachwuchs, da Ausbildung und Forschung nicht institutionell getrennt waren und da der Wissenschaftler das vorherrschende Erziehungsziel war; sie garantierten recht viel Autonomie der Wissenschaft gegenüber staatlichen Eingriffen, aber auch gegenüber dem Druck von seiten der Wirtschaft und den Berufsorganisationen von Akademikern, schließlich auch – das vergißt man leicht – gegenüber beherrschenden Schulen, da das dezentrale deutsche Universitätssystem neuen Forschungsansätzen und Disziplinen zumindest an der Peripherie mehr Spielraum bot. Sicher schützte diese Organisationsform die deutsche Wissenschaft nach der NS-Machtergreifung nicht vor massiven Partei- und Staatseingriffen und damit auch nicht vor dem rapiden Niedergang. Aber unter den anderen Bedingungen der Vorkriegszeit entfaltete sie ihre Stärken. «Die deutsche Universität», schrieb ein französischer Student 1895 nach einem längeren Studienaufenthalt in Deutschland über die deutschen Professoren und Studenten, «macht ihnen irgendwie die Beziehungen der verschiedenen Fächer untereinander immer wieder klar und zwingt sie zu einer größeren Weite des Denkens. Ohne Zweifel übertreibt man in Frankreich die Vorteile dieser Organisationsform... Aber trotzdem stimmt es, daß sich zwischen benachbarten Fächern fruchtbare Verbindungen entwickeln. Die Philologie-, Jura- und Geschichtsstudenten hören oft die berühmtesten Vorlesungen in Philosophie, in den Literaturwissenschaften, in politischer Ökonomie.»[2]

Günstig für die Leistungsfähigkeit der Wissenschaft war in Deutschland auch die gute finanzielle Ausstattung der Hochschulen. Die deutschen Bundesstaaten waren zu hohen Ausgaben für den Hochschulsektor bereit. Allein Preußen gab auch noch um 1910 für seine Hochschulen erheblich mehr aus als Frankreich. Dabei war Preußen keineswegs führend in Deutschland. Andere Bundesstaaten wie etwa Baden waren, gemessen an ihrer Größe, noch erheblich ausgabefreudiger.

In Frankreich dagegen gab es bis fast zum Ende des 19. Jahrhunderts ausschließlich Spezialhochschulen. Teils wurden, wie an den grandes écoles, Verwaltungsbeamte, Ingenieure oder Naturwissenschaftler, teils, wie an den «facultés» vor allem Rechtsanwälte, Ärzte und ebenfalls Naturwissenschaftler ausgebildet. Die grandes écoles, die in der Prestigehierarchie der französischen Hochschulen an der Spitze standen, waren nicht so sehr am Leitbild des theoretisierenden Wissenschaftlers orientiert. Ihr Hauptziel war eher die Ausbildung von Praktikern, auch von Verwaltungsbeamten und Managern, die sich rhetorisch gut und überzeugend präsentierten, flexibel und vielseitig waren, sich rasch in neue Probleme einarbeiteten, den Kern eines Problems schnell verstanden und daher vielseitig einsetzbare Generalisten waren: weit entfernt vom deutschen Bildungsziel des Grundlagenforschers oder des Spezialisten, der in seinem Fach gründlich ausgebildet war und dort den neuesten Stand der Forschung gut kannte. Sicher haben sich in Frankreich im Anschluß an das deutsche Modell im späten 19. Jahrhundert auch Universitäten wie vor allem die Sorbonne entwickelt. Diese Organisationsform hatte aber vor dem Ersten Weltkrieg sicher noch nicht das gleiche Gewicht wie in Deutschland und verfolgte auch nicht ganz das gleiche Ausbildungsziel. «Was mir auf den [deutschen] Universitäten am meisten aufgefallen ist,» soll ein französischer Hochschullehrer gesagt haben, «das ist die unglaubliche Spezialisierung der Gelehrten, besonders der Philologen. Sie treiben es wirklich zu weit... Und doch macht das die Überlegenheit der deutschen Gelehrsamkeit aus.»[3]

Die deutschen Hochschulen gelten nicht nur in der Forschung, sondern in manchen Hinsichten auch in der Ausbildung als leistungsfähiger. Als besonders klar wird der Vorsprung Deutschlands oft in den Fächern angesehen, die für die Wirtschaft wichtig waren. Eine ganze Reihe bekannter Wirtschaftshistoriker hat diese größere Modernität der deutschen Hochschulen herausgestrichen, auch wenn in Frankreich seit den 1890er Jahren große Anstrengungen gemacht wurden, den Rückstand aufzuholen und Fachhochschulen für Chemie, Elektrotechnik, Präzisionsmechanik aufzubauen. Selbst noch am Vorabend des Ersten Weltkriegs war die Zahl der Hochschulabsolventen in den Ingenieurwissenschaften, in den Naturwissenschaften, in der Betriebswirtschaft zusammengenommen in Deutschland absolut und relativ mit mindestens 22 000 Studenten tatsächlich immer noch erheblich größer als in Frankreich mit rund 12 000 Studenten. In Deutschland lehrten um 1910 mindestens 2000 Lehrkräfte in diesen Fächern, in Frankreich rund 1 300. Die intensiven Anstrengungen vor allem der kleineren Bundesstaaten des deutschen Reichs holten in diesen Fächern einen spürbaren Vorsprung Deutschlands heraus. Die deutsche Wirtschaft konnte dadurch nicht nur auf ein weit größeres Reservoir von hoch qualifizierten Arbeitskräften in technischen und in administrativen Unternehmensbereichen zurückgreifen, sondern baute auch auf einer weit größeren Zahl von technischen Neuentwicklungen und Erfindungen auf als die französische. Schließlich galt auch die Unternehmerausbildung in Deutschland als moderner: Deutsche Unternehmer waren häufiger als französische Spezialisten in ihrer Branche. Auch aus diesem Grund haben sich die damaligen Wachstumsindustrien, die Elektroindustrie, die chemische Industrie, die Maschinenbauindustrie in Deutschland rascher entwickelt als in Frankreich. Es gab auch ein überlegenes System der Berufsausbildung für Facharbeiter. Das sogenannte duale System, das eine praktische Betriebsausbildung mit einer generellen und fachlichen Ausbildung in staatlichen Berufschulen verband, begann sich in den letzten Jahren vor dem Ersten Weltkrieg in Deutschland zu entwickeln. In Frankreich gab es ein solches System der Berufsausbildung erheblich seltener; die Wirtschaft konnte daher auf keinen so großen Stamm von Facharbeitern zurückgreifen.[4]

Schließlich galt nicht ganz zu Unrecht die Volksschule in Deutschland als leistungsfähiger. Sicher wird man an dem verbreiteten zeitgenössischen Argument zweifeln können, der preußische Volksschullehrer und sein besserer Unterricht habe Preußen zum Sieg über Frankreich verholfen, und sich vor allem auch fragen, ob man Schulerfolge an solchen Siegen messen will. Aber bei der Bekämpfung des Analphabetismus waren die deutschen Volksschulen etwas erfolgreicher. Die allgemeine Schulpflicht wurde in Frankreich viel später als in Deutschland eingeführt. Während sie in Preußen zumindest nominell seit 1763 existierte, wurde sie in Frankreich erst in der Dritten Republik 1882 Gesetz. Wichtiger noch: die tatsächliche Beseitigung des Analphabetismus erfolgte in Frankreich eine Generation später als in Deutschland. Noch in den 1880er Jahren war in Frankreich mehr als jeder zehnte Rekrut und ungefähr jede fünfte heiratende Frau nicht in der Lage, den primitivsten Schreibtest, die eigene Unterschrift, zu leisten. Die Ausbildung der Volksschullehrer scheint an den deutschen Lehrerseminaren darüber hinaus ein höheres Niveau gehabt zu haben als an den französischen écoles normales primaires in den Departements; auch der Inhalt des Volksschulunterrichts stand nach den Beobachtungen von französischen und deutschen Zeitgenossen in Deutschland im allgemeinen und ungeachtet der enormen innerdeutschen Unterschiede auf einem höheren Niveau als in Frankreich außerhalb von Paris.[5]

Im ganzen spricht daher eher noch mehr für einen Vorsprung der deutschen Bildungspolitik, als es die zeitgenössische französische Diskussion annahm. Die Unterschiede, zu denen man auch die deutsche Mittelschule rechnen könnte, waren am Ende des 19. Jahrhunderts zudem wohl besonders scharf. Weder in der ersten Hälfte des 19. Jahrhunderts noch im späten 20. Jahrhundert lagen die französische und die deutsche Ausbildung so weit auseinander. Trotzdem ist die Sichtweise eines einseitigen deutschen Vorsprungs zu simpel, zwingen mehrere Gründe zu einem vorsichtigeren Urteil:

Am überraschendsten ist vielleicht, daß die französischen Hochschulen in ihrer wissenschaftlichen Leistungsfähigkeit um 1900 im allgemeinen nicht oder nicht mehr weit hinter den deutschen Hochschulen zurückstanden. Trotz der niedrigeren Staatsausgaben war der Stab an Wissenschaftlern in Frankreich, auf die Gesamtheit der Disziplinen bezogen, keineswegs kleiner. In Deutschland arbeiteten am Vorabend des Ersten Weltkriegs an den Universitäten, technischen Hochschulen und Fachhochschulen 5461 Lehrende (ordentliche und außerordentliche Professoren, Dozenten und Assistenten), im bevölkerungsschwächeren Frankreich dagegen an den facultés und an anderen Institutionen des enseignement supérieur 5209 Lehrende, also ein fast ebenso großer Lehrkörper. Sicher gab es auch außerhalb der Hochschulen wichtige Forscher und Forschungsinstitute; der Lehrkörper an Universitäten vermittelt nur eine Minimalvorstellung des Forschungspotentials. Das gilt aber für Frankreich mit seinen bedeutsamen Museen, Hospitälern, außeruniversitären Institutionen ebenso wie für Deutschland. Mit erheblich weniger Aufwand scheint daher Frankreich ein ähnlich großes Forscherpotential wie Deutschland finanziert zu haben. Auch mit größeren Bibliotheken, einer wichtigen anderen Voraussetzung für wissenschaftliche Forschung, war Frankreich damals nicht spürbar schlechter ausgestattet als Deutschland. Frankreich besaß sogar erheblich mehr große Bibliotheken als Preußen; es ist nur den massiven Bibliotheksinvestitionen der kleineren deutschen Bundesstaaten zu verdanken, daß Deutschland nicht weit hinter Frankreich herhinkte. Schließlich gab die französische Wissenschaft in ihren Spitzenleistungen am Vorabend des Ersten Weltkriegs sicher kein erheblich schlechteres Bild ab als die deutsche Wissenschaft. Nobelpreise in Naturwissenschaften und Medizin jedenfalls fielen an französische Wissenschaftler nicht erheblich seltener als an deutsche Kollegen. Mit acht Preisen neben den elf Preisen, die an Deutsche gingen, war Frankreich das zweiterfolgreichste Land vor 1914.

Weiter blieben die Ausbildungskapazitäten der französischen Sekundarschulen und Universitäten im allgemeinen nicht hinter den deutschen Schulen und Hochschulen zurück. Besonders Fritz Ringer hat gezeigt, daß die Unterschiede zwischen Frankreich und Deutschland in der Zahl der Abiturienten, Studenten und Hochschulabsolventen nicht sehr groß waren und sehr häufig überschätzt wurden. Ein fast identischer Anteil der jeweiligen Altersgruppen machte in Deutschland das Abitur und in Frankreich das baccalauréat: In beiden Ländern waren es um 1910 leicht über 1%. Auch der Anteil der Studenten an den entsprechenden Altersgruppen war am Vorabend des Ersten Weltkriegs sehr ähnlich und berechtigt in keiner Weise dazu, von einem deutschen Modernitätsvorsprung zu sprechen. Man kann sogar noch weiter gehen: In all diesen Hinsichten waren sich am Vorabend des Ersten Weltkriegs kaum zwei andere europäische Länder so ähnlich wie Deutschland und Frankreich. Sicher lag die *absolute* Zahl der Abiturienten und der Studenten in Deutschland höher. Aber das hatte ausschließlich damit zu tun, daß die Bevölkerung in Deutschland größer und das Studium länger war. Relativ zur Größe des Landes gab es einen Vorsprung Deutschlands nicht. Selbst in den Fächern, in denen primär für die Wirtschaft ausgebildet wurde, hinkten die Ausbildungskapazitäten der französischen Hochschulen nicht überall hinter den deutschen Hochschulen her. Sicher waren die Studentenzahlen in den Ingenieurwissenschaften in Deutschland weit höher: Aber in den Naturwissenschaften und in den Vorläufern der Betriebswirtschaft, an den Handelshochschulen, gab es in den beiden Ländern am Vorabend des Ersten Weltkriegs gemessen an der Bevölkerungsgröße wahrscheinlich ungefähr gleichviel Studenten. An den französischen facultés des sciences studierten 1913 fast 6000 Studenten Naturwissenschaften, an einigen der grandes écoles eine schwer schätzbare, beträchtliche weitere Zahl. An den deutschen Universitäten studierten im gleichen Jahr etwas über 7000 Studenten, zusammen mit den TH-Studenten dieser Fächer relativ kaum mehr als in Frankreich. An den französischen Fachhochschulen für Wirtschaftswissenschaften gab es 1911 knapp 2000 Studenten und etwas über 500 Lehrende. An den preußischen Handelshochschulen etwas über 1300 Studenten und knapp 100 etatisierte Lehrende. Selbst wenn die anderen deutschen Bundesstaaten in diesem Fach genau so viel Ausbildungskapazitäten boten, waren damit die deutschen Ausbildungskapazitäten relativ immer noch nicht größer als in Frankreich. Auch aus den Ausbildungsinhalten läßt sich kein klarer Nachteil für die französische Wirtschaft erkennen: Zwar scheinen die Handelshochschulen in Deutschland praxisorientierter und innovativer gewesen zu sein; umgekehrt gelten aber die Naturwissenschaften im damaligen Frankreich als anwendungsorientierter und weniger einem praxisfernen Wissenschaftsideal verpflichtet. Die französischen Ausbildungskapazitäten könnten zudem dem besonderen Weg der französischen Industrialisierung gefolgt sein, der im ersten Kapitel diskutiert wurde: Frankreichs industrialisierende Wirtschaft stützte sich weniger stark als Deutschland auf den Aufbau von Produktionsmittelgüterindustrien und benötigte daher weniger Ingenieure. Sie entwickelte sich in der chemischen Industrie und in der Nahrungsmittelindustrie ähnlich stark wie in Deutschland, war in der Konsumgüterproduktion sogar stärker und benötigte daher ähnlich viele Naturwissenschaftler und Kaufleute. Die französischen Ausbildungskapazitäten könnten daher den Bedürfnissen der französischen Wirtschaft durchaus besser entsprochen haben als die manchmal als überlegen angesehenen deutschen Verhältnisse.

Fritz Ringer und Peter Lundgreen haben in überzeugender Weise die Grenzen des Siegeszugs der Technik und der Naturwissenschaften im deutschen Bildungssystem aufgezeigt. Moderne naturwissenschaftliche und technische Ausbildungsinhalte hatten es in Deutschland schwer, sich an Sekundarschulen und Hochschulen durchzusetzen und voll anerkannt zu werden. Die Ausbildung in «Realien», in Naturwissenschaft und modernen Sprachen blieb in Deutschland am Vorabend des Ersten Weltkriegs gegenüber dem prestigereicheren klassischen Gymnasialunterricht abgewertet und berechtigte lange Zeit nur zum Besuch der als minderwertig geltenden Technischen Hochschule, nicht zum Besuch der Universitäten. Nach Ringer standen hinter diesem verzögerten Einzug moderner Fächer in die Oberschulen auch soziale Trennlinien. Die Gymnasien und Universitäten wurden relativ stark von Kindern der Bildungselite, der freien Berufe, der höheren Beamten und Professoren besucht, die ihr altes, durch die Industrialisierung bedrohtes soziales Prestige zu schützen versuchten. Die Realgymnasien, Realoberschulen und Technischen Hochschulen wurden dagegen eher von Unternehmerkindern besucht, die mit klassischer Ausbildung wenig anfangen konnten, sich aber einer Schule und Hochschule gegenübersahen, in dem die Fächer, die sie brauchten, wenig Ansehen besaßen. Diesen Prestigerückstand moderner, für die Verwaltung und Wirtschaft nötigen Ausbildungsfächer gab es in Frankreich nicht. Obwohl es auch dort heftige Konflikte um klassische oder moderne Unterrichtsfächer an den Oberschulen – den lycées – gab, war am Vorabend des Ersten Weltkriegs die Entscheidung längst gefallen. Vor allem schloß Unterricht in modernen Fächern nicht den Zugang zu den Hochschulen, gerade auch nicht zu den prestigereichen grandes écoles, aus, bei denen nur der Erfolg im Concours (der Zulassungsprüfung) zählte. Wie Ringer zeigt, war daher an den grandes écoles auch die Mischung zwischen traditionellem Bildungs- und modernem Wirtschaftsbürgertum viel stärker. Das traditionelle Bildungsbürgertum schottete sich gegenüber der modernen industriellen Welt nicht so rigide ab. Nicht der deutsche, sondern der französische Oberschul- und Universitätsunterricht erschien in dieser Hinsicht moderner.

Einen ganz anderen, aber weiteren wichtigen Vorsprung besaß Frankreich um 1900 in der Ausbildung von Frauen. Sie waren schon seit der frühen Dritten Republik, seit 1886, zum Universitätsstudium zugelassen. Um 1900 studierten in Frankreich schon über 800 Französinnen an den Universitäten, davon rund 300 in den typischen Frauenfächern der philosophischen Fakultät, aber auch knapp 200 in der medizinischen Fakultät und schon über 50 in der naturwissenschaftlichen Fakultät. An der Hochschule für Gymnasiallehrerinnen, der école normale supérieure in Sèvres, gab es 1910 72 Studentinnen. An den Volksschullehrerseminaren war damals sogar schon die Mehrheit der Studenten weiblich. «In den reicheren Klassen», schrieb 1882 erstaunt ein deutscher Beobachter über die junge französische Frau, «erhalten sie eine sehr ausgiebige wissenschaftliche und künstlerische Ausbildung. Es gehört sogar zum guten Ton, daß eine junge Frau eine Lehrerinnenprüfung ablegt.»[6] In Preußen dagegen waren zu dieser Zeit Frauen noch überhaupt nicht zum Studium zugelassen. Auch in den liberaleren Bundesstaaten wie Baden gab es im Verhältnis deutlich weniger Studentinnen als in Frankreich.

Als 1908 dieser künstliche Rückstau des Bildungsbedarfs für Frauen endlich auch in Deutschland aufgegeben wurde, gab es sehr rasch gleich viel deutsche wie französische Studentinnen. Aber der Studentinnen*anteil* blieb in Deutschland auch am Vorabend des ersten Weltkriegs niedriger als in Frankreich. Auch an den Lehrerseminaren blieb der Vormarsch der Frauen zumindest in Preußen weit hinter Frankreich zurück. Eine Frauenmehrheit unter den Studenten war noch unvorstellbar. Um 1900 war nur jeder zwölfte Student eine Frau. Bis zum Ersten Weltkrieg änderte sich daran ganz im Unterschied zu Frankreich nichts.

Dieser Vorsprung der französischen Ausbildung um 1900 zählte um so mehr, als die Französinnen nicht nur bessere Ausbildungschancen, sondern im Bildungssektor auch bessere Berufschancen besaßen als deutsche Frauen. Schon am Vorabend des Ersten Weltkriegs war der Volksschullehrerberuf in Frankreich auf dem Weg, eine Domäne der Frauen zu werden. Schon um 1910 waren an öffentlichen Schulen 52% der Volksschullehrer weiblich, an den meist katholischen Privatschulen sogar 77%. Auch an den Lehrerseminaren lehrten mehrheitlich Frauen. Selbst 24% aller Sekundarschullehrer waren 1913 weiblich. Zumindest Preußen stand dahinter weit zurück. Unter den Volksschullehrern war 1910 nur eine Minderheit von einem Fünftel weiblich, an den Lehrerseminaren sogar nur ein Sechzehntel, an den staatlichen oder kommunalen höheren Schulen ein Sechstel; nur an den höheren Mädchenschulen waren Frauen mit 60% in der Mehrheit. Sicher war auch Frankreich von der Gleichberechtigung der Frauen im Bildungssektor noch weit entfernt, in der Berufswirklichkeit ebenso wie im öffentlichen Diskurs. Aber ein erster großer Schritt war in Frankreich schon getan, während die Bildungspolitiker im beherrschenden deutschen Bundesstaat noch zauderten und oft auch bremsten.

Schließlich hinkten auch die französischen *Volksschulen* nicht in jeder Hinsicht hinter den deutschen Volksschulen her. In der Ausstattung mit Finanzen, mit Gebäuden und mit Lehrern standen die französischen Volksschulen ganz im Gegenteil besser da. Der französischen Regierung waren die Volksschulen offensichtlich höhere Ausgaben wert als der preußischen Regierung. Der französische Staat gab 1902 156 Millionen francs (126 Mill. Reichsmark), d.h. knapp 30 francs (24 RM) pro Schüler und 1911 222 Millionen francs (178 Mill. RM), d.h. knapp 40 francs (31 RM) pro Schüler aus. Der preußische Staat, mit dem wir Frankreich wiederum der Einfachheit halber vergleichen, gab dagegen 1902 nur 93 Millionen Reichsmark, d.h. 16 RM pro Schüler und 1911 ebenfalls nur rund 170 Millionen Reichsmark, d.h. 26 RM pro Schüler aus. Sicher darf man die zentralstaatlichen Ausgaben für die Volksschulen nicht überschätzen. Die preußischen Volksschulen stützten sich daneben zu einem erheblichen Teil auf kommunale, kirchliche, patronale und andere Finanzen. Das gilt im Prinzip aber auch für Frankreich, auch wenn im einzelnen die nichtstaatlichen Finanzquellen anders aussahen. Mindestens ebenso klar war deshalb der Vorsprung Frankreichs im Lehrerpersonal. Obwohl es in Frankreich um die Jahrhundertwende gleich viel Schüler, am Vorabend des Ersten Weltkriegs sogar weniger Schüler als in Preußen gab, leistete sich Frankreich mehr Lehrer. 1901 wie 1911 gab es dort etwas über 150000 Volksschullehrer (36 Schüler pro Lehrer), in Preußen dagegen 1900 nur rund 123000 (46 Schüler pro Lehrer) und 1911 ebenfalls nur rund 151000 Lehrer (43 Schüler pro Lehrer).

Hinter dieser besseren Ausstattung der Volksschulen in Frankreich stehen klare politische Ziele: Der laizistische, republikanisch gesinnte Volksschullehrer war eine der wichtigsten Säulen der Dritten Republik. Er wurde seit den Schulreformen Jules Ferrys in den 1880er Jahren gezielt, massiv und letztlich auch erfolgreich gegen die klerikale Republikopposition und gegen die Kontrolle der Schule durch die katholische Kirche eingesetzt und war zentral für die Stabilisierung der Dritten Republik. Sicher wurden fast zur gleichen Zeit mit den Stiehlschen Erlassen auch die preußischen Volksschulen massiv zur politischen Stabilisierung benutzt. Im Unterschied zu Preußen blieb es aber in Frankreich nicht bei einer bloßen Schulplanreform. Auch die Ausstattung der Volksschulen wurde erheblich verbessert.

Insgesamt war somit die Bildungspolitik und die staatliche Ausbildung in Frankreich nicht einfach rückständiger als in Deutschland, sondern ging – sicher stark angeregt und angestoßen durch die deutschen Bildungserfolge – ihren anderen Weg. Dieser Weg war ohne Zweifel schon in der längeren Geschichte der Bildungsinstitutionen selbst vorgezeichnet, in denen sich Frankreich von Deutschland stark unterschied. In Frankreich überwogen in der Hochschulausbildung schon seit Napoleon I. die Spezialhochschulen, in Deutschland dagegen die Universitäten. In Frankreich gab es eine starke Tradition privater, meist kirchlicher Schulen; in Deutschland fehlte sie fast ganz. Darüber hinaus dürften aber die schon behandelten gesonderten Wege in der Industrialisierung, im Liberalismus, auch in der Familie die staatliche Bildungspolitik dieser beiden Länder weit auseinandergetrieben haben. Das starke Gewicht der Produktionsgüterindustrien und der Großunternehmen im deutschen Industrialisierungsweg hat die Nachfrage nach Ingenieuren und nach Managementkenntnissen in Deutschland viel stärker werden lassen als in Frankreich und erklärt möglicherweise die größeren deutschen Ausbildungskapazitäten in diesen Domänen. Das große Gewicht konsumnaher Industrien im französischen Industrialisierungsweg könnte dazu geführt haben, daß die französischen Ausbildungskapazitäten in den Vorläufern der Betriebswirtschaftslehre, im «enseignement commercial», aber auch in den angewandten Naturwissenschaften ähnlich groß waren wie in Deutschland. Mehr noch dürfte die größere politische Stärke des Liberalismus in Frankreich zu Unterschieden gegenüber der deutschen Ausbildung geführt haben. Das Prinzip der öffentlichen Sparsamkeit, das gerade von französischen Liberalen in den Haushaltsdebatten massiv vertreten wurde, könnte die geringeren Hochschulinvestitionen in Frankreich erklären. Die große Zurückhaltung der Liberalen beim Zwang gegen den einzelnen Bürger und gegen das Bürgertum könnte die Durchsetzung von Ausbildungssystemen wie dem dualen System in Frankreich gebremst haben, da es mit massiven Eingriffen in die Sphäre handwerklicher Kleinunternehmer verbunden war; sie schob auch die Einführung der Schulpflicht hinaus, die ja Zwang gegenüber der elterlichen Verfügungsgewalt in der Kindererziehung bedeuten konnte. Gleichzeitig waren die Volksschulen und die Volksschullehrer aber auch eine tragende Säule der Dritten Republik und ihrer antiklerikalen Gesinnung. Daraus könnte sich erklären, warum die staatlichen französischen Volksschulen andererseits mit Finanzen und Lehrern erheblich besser ausgestattet waren als die deutschen Volksschulen. Schließlich war in der französischen Familie – wie im zweiten Kapitel gezeigt wurde – das Leitbild einer berufsaktiven Frau stärker vertreten als in Deutschland. Die Zulassung von Frauen zum Studium traf deshalb in der französischen Gesellschaft auf weniger Widerstand.

Aus allen diesen Gründen versteht man die französisch-deutschen Ausbildungsunterschiede um 1900 nicht richtig, wenn man sie nur als Vorsprung des deutschen Bildungssystems ansieht. Frankreich und Deutschland gingen auch in der Ausbildung ihre eigenen Wege. Neben den besonderen Traditionen der französischen und deutschen Bildungssysteme waren es vor allem auch die unterschiedlichen Wege Frankreichs und Deutschlands in der Industrialisierung, im bürgerlichen Liberalismus, in der Familie, die die Ausbildung in beiden Ländern stark prägten und beide Gesellschaften um 1900 auch hierin weit auseinandertrieben.

Sozialpolitik

Sehr groß war am Vorabend des Ersten Weltkriegs der Unterschied zwischen Frankreich und Deutschland auch in einem anderen Schwerpunkt damaliger Staatsintervention, in der Sozialpolitik. Diesen Unterschied haben schon einige Zeitgenossen gesehen. Vor allem aber beeindruckt er die Historiker von heute. Ähnlich wie bei der Industrialisierung, der Familie, dem Bürgertum, der Bildungspolitik drängt sich freilich auch in diesen sozialpolitischen Unterschieden die Frage auf, ob man hierin vor allem einen Vorsprung Deutschlands sehen soll; ob Deutschland durch die Pionierleistung der Bismarckschen Sozialpolitik in diesem Politikfeld eine jahrzehntelange Überlegenheit über Frankreich gewann; ob es gleichsam die Spuren zog, in denen die liberale, staatsskeptische Dritte französische Republik besonders zögernd und spät folgte – später jedenfalls als Österreich, Ungarn, die skandinavischen Länder, Großbritannien, wo das Bismarcksche Modell schon erheblich früher ein Echo fand. Oder ob man den Graben zwischen Frankreich und Deutschland in der Sozialpolitik auf diese Weise zu einfach sieht; ob auch dieser französisch-deutsche Unterschied nicht nur ein Problem von Modernität und Rückständigkeit, von verspäteter Übernahme einer säkularen deutschen Innovation durch Frankreich war; ob die deutsche Sozialpolitik eher die Lösung für ein Problem war, das Frankreich in seinem allmählicheren Eintritt in die industrielle Gesellschaft in diesem Ausmaß gar nicht kannte; ob die französische Sozialpolitik daher vor anderen Voraussetzungen stand und auch einen eigenen Weg ging.

Am Vorabend des Ersten Weltkriegs sah der Vorsprung Deutschlands in der Sozialversicherungsgesetzgebung tatsächlich eklatant aus. Das Deutsche Reich besaß in den drei klassischen Sozialversicherungsbereichen, in der Krankenversicherung, der Unfallversicherung und der Rentenversicherung, ein für damalige Verhältnisse weit ausgebautes obligatorisches Versicherungssystem. Für Arbeiter und Angestellte gab es in Deutschland staatliche Sozialversicherungen gegen jede Art von Krankheit, gegen die Folgen von Unfällen am Arbeitsplatz und gegen die Gefahr der Verarmung im Alter, gegen die die Familie kein wirksamer Schutz mehr war. Das Deutsche Reich hatte allerdings etwas von seinem Pioniervorsprung der 1880er Jahre verloren, denn staatliche Sozialversicherungen waren seitdem in einer ganzen Reihe anderer europäischer Länder in wenigstens zwei der drei klassischen Versicherungszweige entstanden. Auch Frankreich hatte besonders in den letzten Jahren vor dem Ersten Weltkrieg deutlich aufgeholt. 1910 war eine obligatorische staatliche Rentenversicherung geschaffen worden, die die *freiwillige* und kaum genutzte staatliche Rentenversicherung von 1850 ablöste. Sie war in mancher Hinsicht für die Betroffenen sogar vorteilhafter als die deutsche Rentenversicherung. Die Renten sollten schon ab dem 60. Lebensjahr und nicht erst ab dem 70. Lebensjahr wie in Deutschland ausbezahlt werden. Die staatliche Grundrente, auf der die beitragsabhängige Altersversorgung aufbaute, betrug 100 ffrs. (80 Reichsmark) und war damit erheblich höher als in Deutschland (50 Reichsmark). Eine ständische Trennung zwischen Angestellten und Arbeitern gab es in der französischen Altersversorgung nicht. Vor allem war die französische Rentenversicherung eine Volksversicherung für alle Bürger, nicht nur eine Arbeiterversicherung. Trotzdem war diese staatliche Altersversorgung am Vorabend des Ersten Weltkriegs noch viel zu neu und stieß unter französischen Arbeitern auch auf zu viel Desinteresse, um breite Wirkungen zu haben.

In anderen staatlichen Versicherungszweigen war der Abstand zwischen Deutschland und Frankreich am Vorabend des Ersten Weltkriegs weit größer. Gegen Krankheitskosten gab es in Frankreich keinerlei staatliche Versicherung. Was Unfälle betraf, so hatte die französische Regierung zwar 1898 die prinzipielle Haftung der Arbeitgeber für Arbeitsunfälle eingeführt und zudem eine staatliche Unfallversicherung, die «caisse nationale d'assurance contre les accidents», eingerichtet. Aber die Arbeitgeber waren nicht gezwungen, ihren Betrieb gegen Arbeitsunfälle zu versichern. Wenn sie sich versichern wollten, konnten sie dies zudem auch bei nichtstaatlichen Versicherungen der Arbeitgeberverbände tun. Erst 1946 – also mehr als ein halbes Jahrhundert nach Deutschland – wurde auch in Frankreich die obligatorische Unfallversicherung eingeführt.

Dieser Vorsprung der deutschen Sozialversicherungen stand nicht nur auf dem Papier. Er war nicht nur ein Unterschied der Gesetze, sondern auch in der tatsächlichen sozialen Sicherung durch den Staat. In Deutschland war schon damals ein beträchtlicher Teil der erwerbstätigen Bevölkerung durch staatliche Sozialversicherungen abgesichert, rund die Hälfte durch die Krankenversicherung und durch die Rentenversicherung und sogar die überwiegende Mehrzahl durch die Berufsunfallversicherung. Das waren am Vorabend des Ersten Weltkriegs sicher keine europäischen Spitzenwerte mehr. Vor allem in Großbritannien und Schweden war damals die staatliche soziale Sicherung schon ähnlich stark verbreitet. Aber gegenüber Frankreich war der Abstand ohne Zweifel enorm. Nach den Berechnungen von Jens Alber war dort 1910 nur rund jeder Fünfte in Unfallversicherungen und in Krankenversicherungen und sogar nur ungefähr jeder Zehnte in Rentenversicherungen. Niemals danach waren die beiden Länder in der staatlichen sozialen Sicherung so weit voneinander entfernt.

Auch in den finanziellen Leistungen war der Vorsprung der deutschen Sozialversicherungen gegenüber den französischen Versicherungen beeindruckend. Sicher gehörten auch die deutschen Sozialversicherungen noch einer anderen Epoche an als die heutige staatliche soziale Sicherung. Die Altersrenten waren noch keine Renten im heutigen Sinn, von denen man leben konnte. Sie waren nur als Familienzuschüsse gedacht, «mäßig, gering meinethalben, aber doch so, daß» – wie Bismarck sich ausdrückte – den alten Arbeiter «die Schwiegermutter des Sohnes nicht aus dem Haus drängt, er einen Zuschuß hat».[7] Die Altersrenten wurden zudem erst ab dem siebzigsten Lebensjahr ausbezahlt, das die meisten sowieso nicht erreichten. Die Folgen von Berufsunfällen wurden nur etwas gelindert, keineswegs kompensiert wie heute, und dies auch nur, wenn Unfälle zur totalen Erwerbsunfähigkeit führten. Hinterbliebenenrenten waren ursprünglich gar nicht vorgesehen und blieben bis 1914 (und auch in der Zwischenkriegszeit) völlig unzureichend. Die Krankenkassen kamen zwar für die rein medizinischen Kosten auf, sicherten aber kaum gegen Lohnausfall ab. Die Krankheitskosten der Familienangehörigen waren ursprünglich gar nicht abgedeckt und wurden trotz faktisch zunehmender Leistungen auch nie Versicherungspflicht. Von moderner, wohlfahrtsstaatlicher Sicherung waren daher die deutschen Sozialversicherungen vor 1914 noch weit entfernt. Trotzdem waren sie vor allem bei kürzeren Krankheiten eine wichtige Hilfe und haben wohl auch die Altersarmut in Deutschland etwas gelindert. Die Sozialversicherungen haben um 1910 in Deutschland etwa dreiviertel Milliarden Mark an die Versicherten ausbezahlt. Schon vor dem Ersten Weltkrieg war das Alter, in dem Sozialversicherte in Rente gingen, in Deutschland unter sechzig Jahre gesunken und damit recht niedrig.

In Frankreich dagegen gaben die staatlichen Sozialversicherungen am Vorabend des Ersten Weltkriegs nur Bruchteile der deutschen Leistungen aus. Die obligatorische Altersversicherung, die erst 1910 eingerichtet worden war, war noch in den allerersten Anfängen. Sie zahlte 1911 nur rund 3 Millionen ffrs. an rund 10 000 Rentner aus. Auch die freiwillige staatliche Altersversicherung, die schon seit 1850 bestand und danach mehrfach reformiert wurde, blieb in ihren finanziellen Leistungen weit hinter den deutschen Sozialversicherungen zurück. Sie zahlte 1911 rund 24 Millionen ffrs. (also rund 20 Millionen Reichsmark) aus, gegenüber den 200 Millionen der deutschen Rentenversicherungen. Das Durchschnittsalter beim Eintritt in die Rente lag unter Sozialversicherten in Frankreich 1913 über 60 Jahren und damit deutlich höher als in Deutschland. Auch in den Leistungen der staatlichen Sozialversicherungen war daher der Abstand nie mehr so eklatant wie vor 1914.

Schließlich war die sozialstaatliche Intervention in Deutschland auch jenseits des engeren Bereichs der Sozialversicherungen weit stärker als in Frankreich. Die deutschen Verwaltungen im Reich, in den Bundesstaaten und in den Kommunen gaben am Vorabend des Ersten Weltkriegs weit höhere Summen für Sozialleistungen aus als die französische Verwaltung. Nach Berechnungen von Jürgen Kohl lagen in Deutschland 1913 die öffentlichen Ausgaben für Sozialleistungen im engeren Sinn und für öffentliche Gesundheitsdienste in Deutschland bei 1.666 Milliarden Reichsmark. Dabei sind die Sozialversicherungen nicht einmal enthalten. In Frankreich hingegen gab die öffentliche Zentralverwaltung nur einen Bruchteil davon, nur 171 Millionen ffrs. (137 Millionen Reichsmark) für Sozial- und Gesundheitsleistungen aus. Sicher überblicken wir derzeit noch nicht im einzelnen, wohin diese Sozialausgaben gingen, wem sie zugute kamen und ob sie in Frankreich vielleicht kostensparender und effizienter ausgegeben oder auf nichtstaatliche Institutionen verlagert wurden. Mit großer Wahrscheinlichkeit waren zudem die Sozialausgaben in Frankreich deutlich höher: In diesen Summen fehlen noch die französischen Communen und Departements, die ebenfalls wichtige Aufgaben der sozialen Sicherung wahrnahmen. Allerdings konnten diese im ganzen nur rund eineinhalb Milliarden ffrs. (rund eineinviertel Milliarden Reichsmark) ausgeben, von denen sicher nur ein kleinerer Teil für Sozial- und Gesundheitsdienste zur Verfügung stand. Auch einschließlich der Sozialleistungen der französischen Communes und Departments können die Sozial- und Gesundheitsausgaben Frankreichs somit keinesfalls das deutsche Volumen erreicht haben. «Im Vergleich zu Berlin, wo die Armenverwaltung dabei ungleich reichere Unterstützung gewährt» schrieb um 1880 ein Deutscher, der lange Zeit in Frankreich gelebt hatte und die Sozialausgaben von unten, aus der lokalen Sicht kennengelernt hatte, «herrscht in Paris weit größere Armuth.»[8]

Die deutsche Öffentlichkeit unterstützte sozialstaatliche Intervention vor 1914 auch schon weit stärker als die französische. Zwei Unterschiede fallen dabei besonders stark auf. In den Sozial- und Wirtschaftswissenschaften Deutschlands gab es schon in den 1870er Jahren, also schon vor der Einführung der Sozialgesetzgebung, eine breite Strömung, die Staatsintervention befürwortete und die sich vor allem im Verein für Sozialpolitik sammelte. In Frankreich existierte nichts Vergleichbares. Weder die Liberalen in der Nachfolge Baptiste Says noch die katholischen Sozialreformer wie etwa LePlay befürworteten Staatsintervention so massiv. Erst in den 1880er Jahren entstanden staatinterventionistische Strömungen unter den französischen Ökonomen um die Zeitschrift Revue d'économie politique und nach der Jahrhundertwende vor allem im musée social Jules Siegfrieds. Sie erreichten aber in der breiteren Öffentlichkeit und in der Politik nie das Gewicht der Kathedersozialisten. Der zweite wichtige Unterschied: Auch in der französischen Arbeiterbewegung fanden interventionsstaatliche Vorstellungen gegenüber den vorherrschend syndikalistischen Richtungen wenig Echo, und Sozialisten wie Jaurès oder Millérand blieben in ihrer Unterstützung sozialstaatlicher Intervention in der Minderheit.

Zeitgenössische Beobachter haben sich aus diesen Gründen manchmal enthusiastisch über die deutschen Sozialversicherungen geäußert, auch wenn sie die Motivationen der Bismarckschen Sozialpolitik nicht teilten. So gehörten in den Augen des Professors an der Sorbonne und Deutschlandkenners Henri Lichtenberger die Sozialversicherungen zu den Leistungen des Deutschen Reiches, für die «es wohl am meisten Bewunderung verdiente... Der gewaltige Aufschwung, den die sozialen Versicherungseinrichtungen genommen haben, zeigt uns einen dauernden Fortschritt der Solidaritätsidee... Und so haben die Deutschen das Recht, auf den zurückgelegten Weg mit Stolz zurückzublicken und der Zukunft mit einigem Optimismus entgegenzusehen.»[9] Umgekehrt beurteilten deutsche Zeitgenossen die französische Sozialpolitik sehr negativ: «Für die Regelung der Arbeiterverhältnisse» schrieb um 1880 ein Deutscher, der lange Zeit in Frankreich gelebt hatte, «hat seit einem Jahrhundert noch keine Regierung [in Frankreich] guten Willen bethätigt. Bei jeder Umwälzung, 1830 wie 1848 und selbst bei der Commune, forderten die Arbeiter, welche dabei ihre Haut zu Markte getragen, die Festsetzung der Arbeitszeit, die Ausschließung der Frauen und Kinder aus den Werkstätten, die Regelung des Lehrlingswesens, die Aufstellung von einem Mindest-Taglohn, Altersversorgung, Einsetzung von gewerblichen Schiedsgerichten u.s.w. Jedesmal wurde ihnen alles versprochen, und niemals wurde das Versprechen gehalten. In den gesetzgebenden Versammlungen wußten jedesmal die zungenfertigen Arbeiterfreunde in den lebhaftesten Farben das Gefährliche solcher Einrichtungen zu schildern.»[10]

Trotzdem würde man den Graben zwischen Frankreich und Deutschland in der staatlichen sozialen Sicherung wieder mißverstehen, wenn man ihn nur einfach als Vorsprung Deutschlands und Rückstand Frankreichs interpretierte. Es ist keineswegs ausgemacht, daß der deutsche Weg aus der historischen Rückschau immer der günstigere war. Man versteht allerdings die unterschiedlichen Wege der beiden Länder nur dann, wenn man nicht nur die staatlichen Sozialversicherungen im engeren Sinn, sondern auch die dahinterstehenden politischen Strategien, die anderen Felder staatlicher Sozialpolitik, die anderen Formen kollektiver sozialer Sicherung und die gesellschaftlichen Krisen- und Zwangsituationen, aus denen die modernen Sozialversicherungen entstanden, in beiden Ländern miteinander vergleicht. Die staatlichen Sozialversicherungen waren nur die Spitze des Eisbergs einer breiteren gesellschaftlichen Krise und ihrer vielfältigen staatlichen und nichtstaatlichen Lösungen.

Gegen einen simplen Modernitätsvorsprung der deutschen Sozialversicherungen spricht erstens die politische Strategie, aus der heraus sie entstanden waren: die Strategie Bismarcks, die entstehende sozialistische Arbeiterbewegung mit einer Verbindung aus polizeistaatlicher Repression und staatlicher sozialer Sicherung zu bekämpfen und zu beseitigen. Dieser enge politische Zusammenhang von staatlicher Sozialpolitik und Repression der Arbeiterbewegung verschwand aus der deutschen Regierungspolitik vor 1914 nicht, nahm nach Bismarcks Sturz nur andere Formen an: Der «neue» Kurs in der Sozialpolitik ab 1890 unter Wilhelm II. und seinem Handelsminister Berlepsch, der vor allem Verbesserungen im Arbeitsschutz brachte, war verbunden mit wiederholten, freilich erfolglosen Gesetzesansätzen zur polizeistaatlichen Bekämpfung der Arbeiterbewegung. Nach der Jahrhundertwende blieb die Reform der Sozialversicherung, die Einrichtung einer Angestelltenversicherung (1911) und die Verabschiedung der Reichsversicherungsordnung (1911) begleitet von einer kontinuierlichen politischen Repression der sozialistischen Arbeiterbewegung durch die Rechtsprechung, die Verwaltungspraxis und die Polizei. Diese Strategie vermochte nicht zu verhindern, daß die Sozialdemokratie schon längst vor dem Ersten Weltkrieg die größte Wählerpartei wurde. Der augenscheinliche Mißerfolg brachte jedoch die deutschen Regierungen nicht von dieser Strategie ab. Sicher löste sich in der Vorstellung der deutschen Bevölkerung die Sozialversicherung allmählich aus dem Dunstkreis dieser Strategie. Unter dem Einfluß bürgerlicher Reformer, vor allem der Kathedersozialisten, und der Sozialdemokratie verloren die Sozialversicherungen nach und nach den Ruch des Unterdrückungsinstruments gegen die Arbeiterbewegung. Trotzdem fehlte zumindest auf Seiten der Reichsregierungen vor dem Ersten Weltkrieg jeglicher Ansatz einer modernen, zukunftsweisenden politischen Verankerung, wie es sie damals vor allem in der schwedischen und englischen Sozialpolitik gab: Die politische Koalition aus Sozialisten, Liberalen und Konservativen, die im Europa der Zwischenkriegszeit und vor allem der Nachkriegszeit den Aufbau des modernen Wohlfahrtsstaats tragen sollte, zeichnete sich in diesen Ländern schon vor dem Ersten Weltkrieg ab. Im Deutschen Reich dagegen wurden die sozialpolitischen Regierungsentscheidungen noch nicht auf solche Koalitionen gestützt.

Zu den Ländern, in denen eine solche zukunftsträchtige Strategie und politische Koalition im Entstehen begriffen war, gehörte vor dem Ersten Weltkrieg auch Frankreich. Es war sicher nicht eines der herausragenden europäischen Beispiele. Aber immerhin wurde hier etwa die Entscheidung über die obligatorische Altersversicherung 1910 im Parlament von einer Koalition aus Republikanern um Léon Bourgeois und Sozialisten um Jean Jaurès, aber auch aus unabhängigen Sozialisten und Ministern wie Millérand und Viviani getragen. Sie setzten sich nicht nur gegen konservative, sondern auch gegen eine massive liberale und sozialistische Opposition im Parlament durch.

Der sozialpolitische Modernitätsvorsprung Deutschlands gegenüber Frankreich am Vorabend des Ersten Weltkriegs sieht zudem auch dann erheblich weniger beeindruckend aus, wenn man nicht nur die staatlichen Sozialversicherungen, sondern auch Arbeitsschutz und Arbeitskonfliktregelungen einbezieht. In diesen Bereichen der Sozialpolitik war Frankreich keineswegs so eindeutig Nachzügler, sondern sogar eher eher weiter und moderner als Deutschland. Schon am Anfang des 19. Jahrhunderts war mit den «Conseils des Prud'hommes» durch Napoleon eine Institution für die Schlichtung von Arbeitskonflikten geschaffen worden. Sie besaß zwar für Konfliktschlichtung von Streiks faktisch nur wenig

Bedeutung, aber spätere Schlichtungsinstitutionen nicht nur in Frankreich haben sich an ihr orientieren können. Aus der Rückschau der Jahrhundertwende erschienen sie Gustav Schmoller, einem der bedeutendsten bürgerlichen Reformer des Kaiserreichs, als ein Modell. Seit 1892 gab es darüber hinaus in Frankreich eine gesetzlich geregelte, staatliche Schlichtung nicht nur von individuellen Arbeitsstreitigkeiten, sondern auch von Arbeitskämpfen. Friedensrichter oder auch staatliche Instanzen konnten von den Konfliktparteien als Schlichtungsinstanz angerufen werden. Diese gesetzliche Schlichtung stand nicht nur auf dem Papier. Nach Berechnungen von Heinz-Gerhard Haupt wurde zwischen 1893 und 1908 in fast einem Viertel, zwischen 1910 und 1913 immer noch in knapp einem Sechstel aller Streiks diese Schlichtungsform meist von Arbeitern genutzt. Dabei handelte es sich nicht um eine Schlichtung, die tief in die Autonomie der Tarifpartner eingriff: Sie war gütlich und nicht zwingend und hatte damit nicht die Nachteile der späteren staatlichen Schlichtung der Weimarer Republik, in der nichtschlichtbare Sozialkonflikte sehr schnell zu Staatskrisen zu werden drohten. Vor dem Ersten Weltkrieg war Frankreich im damaligen Europa eines der wenigen europäischen Länder, das solche staatlichen Schlichtungsregelungen besaß, die auch angenommen und genutzt wurden. In Deutschland gab es sie nicht.

In der staatlichen Regelung der Arbeitszeit hatte Frankreich das Deutsche Reich nicht nur eingeholt, sondern in mancher Hinsicht überholt. Schon 1848 hatte die französische Regierung einen allgemeinen Maximalarbeitstag (damals von 12 Stunden) eingeführt und damit eine für das damalige Europa noch außergewöhnliche Entscheidung getroffen. Auch dieser Beschluß blieb weitgehend deklamatorisch. Sowohl im Zweiten Kaiserreich Napoleons III. als auch noch in der Dritten Republik, ab 1871, wurde er durch Ausnahmeregelungen weitgehend durchlöchert. Aber auch er hat eine Richtung markiert, an die später wieder angeknüpft werden konnte. Weiter war Frankreich dann auch am Vorabend des Ersten Weltkriegs. Das gilt besonders für Vorschriften zur Arbeitszeit von Frauen und Heranwachsenden. Kinderarbeit war nicht nur in Deutschland, sondern auch in Frankreich seit den frühen 1890er Jahren bis zum 13. Lebensjahr verboten. Jugendliche unter 16 Jahren durften in Frankreich seit 1892 nicht mehr als 10 Stunden, Jugendliche zwischen 16 und 18 Jahren nicht mehr als 11 Stunden, seit 1904 nicht mehr als 10 Stunden am Tag arbeiten. In Deutschland gab es für Jugendliche überhaupt keine Maximalarbeitszeitregelungen. Nur Nachtarbeit war – wie auch in Frankreich – untersagt. Frauenarbeit durfte in Frankreich generell nicht mehr als 11 Stunden am Tag, seit 1904 nicht mehr als 10 Stunden am Tag dauern. In Deutschland hingegen gab es auch für Frauen keine Maximalarbeitszeit, sondern nur – wie auch in Frankreich – Nachtarbeitsverbot. Generelle Sonntagsruhe für alle Arbeiter war zwar nur in

Deutschland vorgeschrieben. Dafür gab es aber in Frankreich mit seinem anderen Verständnis von Sonntagsarbeit den gesetzlichen wöchentlichen Ruhetag, der für Frauen und Kinder auch in Frankreich auf dem Sonntag liegen mußte. Frankreich war darüber hinaus der Einführung des generellen Maximalarbeitstags für alle Arbeitnehmer am Vorabend des Ersten Weltkriegs erheblich näher als Deutschland. Seit 1904 gab es den 10stündigen Maximalarbeitstag für Männer in Betrieben, in denen sie zusammen mit Frauen und Jugendlichen arbeiteten. Um 1910 war das die Mehrheit der französischen Unternehmen. Sicher sind das alles nur staatliche Regelungen, die nicht immer eingehalten wurden. Immerhin belegen sie eine klare Stoßrichtung der französischen Sozialpolitik.

Vergleicht man die staatliche Sozialpolitik in ihrer ganzen Breite und nicht nur die staatlichen Sozialversicherungen, so scheint daher Frankreich nicht einfach zurückgeblieben zu sein: Das deutsche Kaiserreich ging eher den Weg des Aufbaus von riesigen, zentralisierten, obligatorischen, staatlichen Sozialversicherungen, die für Unternehmer und Staat kostenintensiv waren, den Arbeitern keine Wahl ihrer sozialen Sicherung ließen und von denen Bismarck ursprünglich ein Abstoppen der Arbeiterbewegung, ja sogar eine korporatistische Organisation von Unternehmern und Arbeitern erwartete. Frankreich hingegen zog eine Sozialpolitik vor, die den Staat und die Unternehmer finanziell weit weniger kostete, den Arbeitern mehr Wahl in ihrer sozialen Sicherung beließ und die nur dort in die Dispositionsräume der Unternehmer schärfer als in Deutschland eingriff, wo die Volksgesundheit und der familiäre Zusammenhalt durch überlange Arbeitszeit gefährdet war.

Der Modernitätsvorsprung Deutschlands und der Rückstand Frankreichs schrumpft weiter, wenn man versucht, die gesamte gemeinnützige und nicht nur die staatliche soziale Sicherung in beiden Ländern zu vergleichen. Frankreich besaß vor dem Ersten Weltkrieg ein stark ausgebautes Netz von gemeinnützigen Institutionen sozialer Sicherung. Es bestand teils aus staatlichen Versicherungen ohne jeglichen Zwang zum Beitritt wie die 1850 eingerichtete «caisse nationale des retraites» für die freiwillige Rentenversicherung oder die 1898 gegründete «caisse nationale d'assurance en cas d'accidents» für die freiwillige Berufsunfallversicherung. Teils umfaßte es völlig autonome, nichtstaatliche Institutionen, vor allem die 1910 rund 19000 «sociétés du secours mutuel». Dieses Netz sozialer Sicherung stand am Vorabend des Ersten Weltkriegs in seiner Leistungsfähigkeit keineswegs generell hinter den staatlichen Sicherungen in Deutschland zurück.

Ein paar Erläuterungen zu den nichtstaatlichen gemeinnützigen Sozialversicherungen: Ganz ähnlich wie in anderen europäischen Ländern entstand die obligatorische staatliche Sozialversicherung sowohl in Frankreich als auch in Deutschland nicht im luftleeren Raum. Sie war nicht die einzige Antwort auf die Verschärfung individueller Lebenskrisen durch die Industrialisierung. Überall in Europa hatten sich schon vor der Einführung staatlicher Sozialversicherungen ganze Netze von gemeinnütziger, nichtstaatlicher sozialer Sicherung entwickelt: Sie waren teils von den Gemeinden organisiert, teils von den Unternehmern in Form betrieblicher Sozialversicherungen, teils von den Betroffenen selbst in Form von genossenschaftlichen, nicht gewinnorientierten Sozialversicherungen eingerichtet worden. Diese nichtstaatlichen Netze waren keineswegs Randerscheinungen. So waren in Deutschland in den 1870er Jahren – also vor der Einführung der staatlichen Sozialgesetzgebung – rund zwei Millionen Arbeiter Mitglieder in Hilfskassen, meist Sterbekassen: eine große Zahl bei rund vier Millionen Industriearbeitern. In Frankreich besaßen in den 1870er Jahren die rund 6000 «sociétés du secours mutuel» rund 800000 Mitglieder, am Vorabend des Ersten Weltkriegs die über 18000 «sociétés» rund dreieinhalb Millionen Mitglieder. Auch für Frankreich mit knapp 5 Millionen nichtlandwirtschaftlichen Arbeitern war das viel.

Ganz ohne Zweifel besaßen diese nichtstaatlichen Sozialversicherungen in ihrer genossenschaftlichen Form handfeste Vorteile in Bereichen, die auch in der heutigen Wohlfahrtstaatsdiskussion im Mittelpunkt stehen: die Verwaltungskosten, die die heutigen Sozialbürokratien so stark belasten, waren gering, da diese Organisationen meist klein waren und in hohem Maß ehrenamtlich verwaltet wurden; sie konnten zu hohem Kostenbewußtsein der Klienten führen, weil Abgabe und Verwendung der Beiträge direkt sichtbar war und oft auch direkt zusammenhingen. Sie waren weiterhin überschaubar und nicht in der Gefahr, Verwaltung und Klienten aus Gründen bürokratischer Unübersichtlichkeit wechselseitig zu entfremden; die Klienten besaßen einen weit größeren Einfluß, manchmal sogar die Entscheidungsmacht; diese genossenschaftlichen Formen sozialer Sicherung waren schließlich ohne Zweifel eine wichtige Basis für die Gewerkschafts- und Arbeiterbewegung und hatten auch deshalb harte Gegner.

Sie besaßen allerdings auch einschneidende Schwächen, die ihren Untergang zum Teil erklären: Sie wurden überwiegend von der gelernten Arbeiterelite eingerichtet; ungelernte Arbeiter, ausländische Arbeiter oder Frauen fanden viel weniger Zugang zu diesen Organisationsformen und blieben daher sozial oft ungesichert. Sie waren oft zu klein, um Risiken wirklich zu verteilen und effizient zu sichern. Lokale Epidemien oder arbeitsbedingte Krankheiten konnten sie finanziell abstürzen lassen. Drängende soziale Probleme wie Altersarmut oder Arbeitslosigkeit wurden von ihnen nicht oder nicht gut genug abgesichert; sie waren darin den staatlichen Sozialversicherungen unterlegen. Da sie sehr eng mit der Arbeiterbewegung verflochten waren oder – wenn sie kommunal oder paritätisch waren – der Arbeitskampf manchmal direkt in ihnen ausgetragen wurde, waren sie aus politischen Gründen nicht selten lahmgelegt, fielen als soziale Sicherungsinstrumente aus oder stellten ihre Klienten vor schwierige Prioritätenkonflikte zwischen Linderung individueller Krisen und Stärkung der Arbeiterbewegung. Weiterhin ließen sich mit diesen vielen kleinen Hilfskassen volkswirtschaftliche Zielsetzungen wie Einkommensumverteilung oder Transfer von Kapital in andere Bereiche des Sozialstaats – etwa Kapital von Sozialversicherungen in den Wohnungsbau – schwer verfolgen. Besonders in Phasen raschen wirtschaftlichen Wachstums und großer finanzieller Spielräume des Staates hatten sie einen weiteren Nachteil: Die Staatsfinanzen wurden nicht für soziale Sicherung eingesetzt; diese Form der nichtstaatlichen sozialen Sicherung baute ausschließlich auf Beiträgen der Betroffenen auf.

Wir haben dies etwas ausführlicher behandelt, um deutlich zu machen, daß es bei der Bewertung staatlicher Sozialversicherungen am Vorabend des Ersten Weltkriegs nicht darum geht, ob es überhaupt Sicherung für Industriearbeiter gegen Krankheit, Betriebsunfälle, Altersversorgung gab, sondern *wie* die soziale Sicherung organisiert oder umorganisiert wurde – obligatorisch oder freiwillig, staatlich oder nichtstaatlich, mit finanziellen Leistungen des Staates oder ausschließlich mit privaten Beiträgen. Frankreich ging darin einen anderen Weg als Deutschland und nutzte stärker die nichtstaatliche gemeinnützige oder staatliche, aber freiwillige Versicherung. Die Leistungen, die dieses französische Versicherungssystem vor 1914 erbrachte, waren keineswegs generell schwächer.

Besonders klar zeigt sich das bei der Unfallversicherung. Die deutsche Unfallversicherung zahlte 1914 223 Mio. Mark an Entschädigung und Renten aus. Das war selbst gegenüber der Situation um die Jahrhundertwende eine Verdoppelung und damit ein beeindruckender Fortschritt. Aber auch die französische «caisse nationale d'assurances en cas d'accidents» und die privaten Arbeiterunfallversicherungen zahlten 1911 insgesamt eine Summe von rund 128 Millionen ffrs. (104 Millionen Mark) aus (vgl. Tabelle 1). Berücksichtigt man, daß die Zahl der Arbeitnehmer in Frankreich nur halb so groß war, so erscheint das finanzielle Leistungsvolumen der privaten und staatlich unterstützten Unfallversicherung in Frankreich nur wenig hinter den «moderneren» deutschen Unfallversicherungen zurückgestanden zu haben.

Auch in den Altersrenten gab es zumindest bis um die Jahrhundertwende keinen eindeutigen deutschen Vorsprung. Die finanziellen Leistungen der französischen «sociétés du secours mutuel» und vor allem der freiwilligen und ausschließlich aus Arbeitnehmerbeiträgen finanzierten «caisse nationale des retraites» waren bis in die neunziger Jahre hinein erheblich höher als die der obligatorischen staatlichen Versicherungen in Deutschland. Um die Jahrhundertwende waren sie gemessen an der Arbeiterbevölkerung immer noch ungefähr gleich hoch (vgl. Tabelle 1).

Tab. 1: *Finanzielle Leistungen und Mitglieder der deutschen obligatorischen staatlichen Sozialversicherungen und der französischen freiwilligen Sozialversicherungen im Vergleich (in Mark bzw. ffrs.)*

Jahr	Renten		Arbeitsunfälle		Krankheiten		Mitglieder	
	Deutschland (Mark) (1)	Frankreich[a] (ffrs.) (2)	Deutschland (Mark) (3)	Frankreich (ffrs.) (4)	Deutschland (Mark) (5)	Frankreich (ffrs.) (6)	Deutschland[b] (Mill.) (7)	Frankreich[c] (Mill.) (8)
1890	15	32	39	...	84	21	6.6	1.2
1895	41	38	68	...	105	24	7.2	1.3
1900	81	41	101	44	158	31	9.5	1.7
1905	137	50	176	60	232	38	11.2	2.5
1910	164	62	228	128	320	54	13.1	3.6

Umrechnung: 1 ffr. = 0.81 Mark

[a] Ohne sociétés approuvées de secours mutuel. Vgl. Anmerkung zur Tabelle 1
[b] Mitglieder der staatlichen Krankenversicherungen.
[c] Nur Mitglieder der sociétés du secours mutuel. Aus diesem Mitgliedervergleich kann man nur Schlüsse auf die Krankenversicherung ziehen, die für Frankreich besonders ungünstig sind. Für den Vergleich der Rentenversicherungen müßte man neben den «mutuel» auch die «caisse nationale des retraites» berücksichtigen, für die Mitgliederstatistiken nicht vorliegen.

Anmerkungen zu Tabelle 1: Spalte 1: Rentenversicherungen: Deutschland: Staatliche Rentenversicherung; nur Renten ohne Verwaltungskosten (G.A. Ritter, Sozialversicherung in Deutschland und England, München 1983, S. 175); Frankreich, caisse nationale des retraites und sociétés libres de secours mutuel; für die sociétés approuvées de secours mutuel sind die Rentenzahlungen nur in einer größeren Ausgabenrubrik mitenthalten, nicht extra ausgeworfen. Aus der Zahl der Rentenempfänger, die angegeben ist, und der Durchschnittsrente der caisse nationale de retraite kann man die Renten der sociétés libres grob schätzen: 1890: 55 Mill. ffrs.; 1895: 62 Mill. ffrs; 1900: 63 Mill. ffrs.; 1905; 70 Mill. ffrs., 1910: 76 Mill. ffrs. (Statistique générale de la France. Annuaire statistique 32.1912, S. 121, 125); Unfallversicherungen: Deutschland: Staatliche Unfallversicherungen, sämtliche Ausgaben (Ritter, Sozialversicherungen, S. 173); Frankreich: sociétés d'assurance contre les accidents, sämtliche Ausgaben (Annuaire statistique 32.1912, S. 131 ; Krankenversicherungen: Deutschland: Staatliche Krankenversicherungen, Bar- und Sachleistungen (Ritter, Sozialversicherungen, S. 171); Frankreich: sociétés de secours mutuel, frais médicaux et pharmaceutique, frais funéraires (kleine Summen), secours aux malades et enfants, in letzterer Rubrik allerdings auch die oben bei Rentenversicherung erwähnten Renten enthalten (Annuaire statistique 32.1912, S. 121–123).

Auch die französische Durchschnittsrente war spürbar höher als die deutsche: 1891 lag sie bei umgerechnet 145 Mark im Vergleich zu den 123 Mark der Deutschen. Erst nach der Jahrhundertwende fielen die Leistungen dieser freiwilligen französischen Rentenversicherungen hinter die obligatorischen deutschen Rentenversicherungen zurück. Letztere zahlten 1910 Renten in Höhe von 164 Millionen Mark aus, die «secours mutuels» und die «caisse nationale des retraites pour la vieillesse» 1910 – also vor der Ingangsetzung der obligatorischen staatlichen Altersversicherungen – Renten in Höhe von 62 Millionen francs (50 Millionen Mark). Selbst gemessen an der nur halb so großen Zahl von Arbeitern und an dem niedrigeren französischen Preisniveau war das ein spürbarer Rückgang (vgl. Tabelle 1). Auch die Durchschnittsrente entwickelte sich in Deutschland günstiger als in Frankreich. Sie lag 1914 bei 168 Mark gegenüber umgerechnet nur noch 107 Mark (1910) in Frankreich. Dieses Zurückfallen Frankreichs mag auch bei der Einführung einer obligatorischen Rentenversicherung 1910 eine Rolle gespielt haben.

Schon immer größer war dagegen der Leistungsabstand in der Krankenversicherung. Die deutschen staatlichen Krankenversicherungen hatten nicht nur viel mehr Mitglieder, sondern zahlten schon 1890 mit 84 Millionen Mark auch gemessen an der Arbeiterbevölkerung ein Mehrfaches der französischen «sociétés du secours mutuel» aus, die 1890 nur finanzielle Leistungen von umgerechnet 17 Millionen Mark aufbrachten (vgl. Tabelle 1). Trotz dieses Rückstands war auch in Frankreich ein nicht unerheblicher und vor allem rasch wachsender Teil der Arbeiter gegen Krankheitskosten abgesichert. Um 1890 war grob jeder fünfte, um 1914 grob jeder zweite bis dritte französische Arbeiter außerhalb der Landwirtschaft Mitglied eines «secours mutuel». Dadurch mag selbst in der Krankenversicherung die Forderung nach einer staatlichen Versicherung gedämpft worden sein. Insgesamt gab es zumindest bis zur Jahrhundertwende wenig Grund, das französische System der sozialen Sicherung pauschal für veraltet zu halten und es durch das «modernere» deutsche System der staatlichen Sozialversicherung zu ersetzen. Erst am Vorabend des Ersten Weltkriegs, als die deutschen Sozialversicherungen auf Touren gekommen waren, leisteten sie überwiegend mehr. Aber auch dann wird der Abstand überschätzt, wenn man nur den Vergleich mit der staatlichen oder sogar nur mit den obligatorischen Sozialversicherungen zieht.[11]

Schließlich erscheint der deutsche Modernitätsvorsprung in den staatlichen Sozialversicherungen auch deshalb nicht so beeindruckend, weil diese Versicherungen eine Antwort auf besonders geartete soziale und politische Zwänge in *Deutschland* waren und für die wesentlich andere französische Situation kein eindeutig nachahmenswertes Modell abgaben. Anders ausgedrückt: Die staatlichen Sozialversicherungen entwickelten sich in Deutschland auch deshalb früher und rascher, weil sie dringender nötig waren. Während der Einführung der staatlichen Sozialversicherungen lebte man in Deutschland erheblich schlechter und bedrohter als in Frankreich – gleichgültig, ob man die Ursachen in Engpässen infolge der deutschen industriellen Revolution, im raschen deutschen Bevölkerungswachstum oder in der seit Jahrhunderten größeren Armut der meisten deutschen Regionen im Vergleich zu Frankreich sieht. Am eindringlichsten führt das die Lebenserwartung vor Augen, die wir schon mehrfach erwähnten und an die wir nochmals erinnern: Ein neugeborener Junge hatte im neugegründeten Deutschen Reich eine durchschnittliche Lebenserwartung von 36 Jahren, in Frankreich von 41 Jahren. Ein neugeborenes Mädchen konnte in Deutschland auf 39 Jahre hoffen, in Frankreich dagegen auf 43 Jahre. Damit war Frankreich keineswegs in einer Sondersituation. In anderen Ländern des inneren, industrialisierten Europa war die Lebenserwartung eher noch höher. Weder in Großbritannien noch in Belgien, der Schweiz oder in Schweden starb man in den 1870er und/oder den 1880er Jahren so früh und so häufig wie in Deutschland. Besonders deutlich waren die Unterschiede, wie zuvor schon erwähnt, in der Säuglingssterblichkeit und in der Übersterblichkeit der Frauen. Wenn daher in der Entstehungszeit der staatlichen deutschen Sozialversicherungen ein Land eine bessere medizinische Versorgung durch leistungsfähige Krankenkassen und eine Verlängerung des Lebens durch leistungsfähige Rentenversicherungen brauchte, so war das eher Deutschland als Frankreich.

Nicht nur das. Auch für zeitgenössische Politiker sprach in Deutschland mehr für die Einführung einer Arbeiterversicherung als in Frankreich. In den 1880er Jahren wuchs – wir wiesen schon mehrfach darauf hin – die Zahl der Industriearbeiter in Deutschland rascher und in ganz anderen Größenordnungen, gab es mehr Industriestädte und ein dichteres Industriearbeitermilieu als in Frankreich. Dieser Unterschied hat sich bis zum Ersten Weltkrieg immer mehr verschärft. Wichtiger noch war der besonders frühe Beginn der Arbeiterbewegung in Deutschland, die stärker als in Frankreich Politikern Anlaß zur Furcht vor gesellschaftlichen Umwälzungen geben und sie nicht nur zu politischen Repressionen, sondern auch zu vorbeugenden Sozialreformen motivieren konnte. Sicher erklären sich allein daraus noch nicht die Unterschiede der Sozialpolitik in Frankreich und Deutschland vor 1914. Sie haben ohne Zweifel auch viel mit Unterschieden in der Stärke des Liberalismus, im Verständnis staatlicher Intervention auch in den zeitgenössischen Sozial- und Wirtschaftswissenschaften, in den politischen Parteirichtungen, die an der Sozialgesetzgebung beteiligt waren, nicht zuletzt mit der Person Bismarcks, der die deutschen Sozialversicherungen durchsetzte, zu tun.

Gegen einen massiven deutschen Vorsprung spricht letztendlich auch das Urteil der Zeitgenossen: In der französischen sozialpolitischen Diskussion waren die deutschen staatlichen Sozialversicherungen *kein* beherrschendes Modell. Während sie in England immerhin stark diskutiert, wenn auch nicht nachgeahmt wurden, blieben sie in der französischen Öffentlichkeit erstaunlich wenig beachtet. In den zahlreichen zeitgenössischen französischen Deutschlandbüchern wurden zwar immer wieder das deutsche Bildungssystem, die deutschen Stadtverwaltungen, das deutsche Industriewachstum und die deutschen Industrieunternehmen,

Die früheren Anfänge des Sozialstaats in Deutschland

aber selten die staatlichen deutschen Sozialversicherungen als Vorbild diskutiert.

Insgesamt waren ohne Zweifel am Vorabend des Ersten Weltkriegs die Gräben zwischen Frankreich und Deutschland in der staatlichen sozialen Sicherung tiefer als jemals danach und wahrscheinlich auch tiefer als in der Zeit davor, als noch kommunale, betriebliche und genossenschaftliche soziale Sicherung vorherrschte. In Deutschland waren die obligatorischen staatlichen Sozialversicherungen nicht nur weit älter, sondern am Vorabend des Ersten Weltkriegs auch weit umfassender und leistungsfähiger als in Frankreich geworden: In der Krankenversicherung, der Unfallversicherung und der Rentenversicherung waren schon in den 1880er Jahren zentralisierte und für den Versichertenkreis obligatorische staatliche Versicherungsträger aufgebaut worden. In Frankreich hingegen gab es im Kranken- und Unfallbereich vor dem Ersten Weltkrieg überhaupt keine obligatorischen staatlichen Versicherungen, für die Altersversorgung erst 1910 ein erstes Gesetz. Mehr noch: Die deutschen staatlichen Sozialversicherungen hatten am Vorabend des Ersten Weltkriegs ein hohes Maß an Wirksamkeit erreicht. Sie erfaßten je nach Versicherungszweig wenigstens rund die Hälfte der Erwerbstätigen und gaben rund drei Viertel Milliarden Mark für Leistungen aus. Was immer an obligatorischen staatlichen Versicherungen in Frankreich existierte, sicherte selbst im höchstentwickelten Zweig nicht mehr als ein Fünftel der Erwerbsbevölkerung ab und erreichte nur einen kleinen Bruchteil der finanziellen Leistungen der deutschen Sozialversicherungen.

Trotzdem greift man daneben, wenn man diesen Unterschied nur als einen Rückstand Frankreichs und als Modernitätsvorsprung Deutschlands ansieht. Die deutschen Sozialversicherungen waren schon deshalb nicht einfach moderner, weil sie als Teil einer politischen Strategie entstanden, die die beginnende Arbeiterbewegung mit Mitteln der Repression und staatlichen sozialen Sicherung zu beseitigen suchte und dabei sicher keine zukunftsweisende, moderne Idee für das Verhältnis zwischen Staat und Arbeiterschaft war. Die deutschen Sozialversicherungen hatten sich ohne Zweifel am Vorabend des Ersten Weltkriegs aus dieser politischen Strategie weitgehend herausgelöst und dem modernen Sozialstaatskonzept angenähert. Trotzdem erklärt sich der damalige Vorsprung Deutschlands zu einem guten Teil aus jener Strategie. Erheblich wichtiger ist, daß in Frankreich andere Bereiche der sozialen Sicherung weiter entwickelt waren als in Deutschland: der Arbeitsschutz und die Schlichtung von Arbeitskämpfen waren in Frankreich gesetzlich stärker geregelt. Vergleicht man die Sozialpolitik im Ganzen in den beiden Ländern, erscheint der Vorsprung Deutschlands, wie all die genannten Argumente belegen, nicht mehr so eindeutig. Noch wichtiger: Die nichtobligatorischen Sozialversicherungen – teils genossenschaftlich organisierte «mutuel», teils staatliche, aber freiwillige Kassen – waren in Frankreich bis um die Jahrhundertwende meist ähnlich leistungsfähig wie die staatlichen Zwangsversicherungen in Deutschland. Schließlich waren auch die sozialen und politischen Zwänge zur Einführung staatlicher sozialer Sicherung in Frankreich weniger drängend: Die Krise der Lebenssituation der städtischen Industriearbeiter war in Frankreich weniger scharf. Die Arbeiterbewegung war zudem in Frankreich weniger massiv organisiert, hatte weniger Mitglieder und trat auch kulturell weit weniger geballt und dicht auf als in Deutschland. Für französische Politiker gab es daher auch weniger Anlaß, aus Furcht vor einer dramatisch wachsenden sozialistischen Arbeiterbewegung vorstaatliche, oft gewerkschaftlich bestimmte soziale Sicherungen abzulösen und durch staatliche Zwangsversicherungen zu ersetzen.

In der längeren Sicht trug nicht nur der deutsche Weg, sondern auch der französische zur Entstehung des gegenwärtigen europäischen Wohlfahrtsstaats bei: Die deutsche Sozialpolitik entwickelte vor allem die zentralisierten, landesweiten, staatlichen Zwangsversicherungen, die sich im Laufe des zwanzigsten Jahrhunderts fast überall in Europa durchsetzten. Die französische Sozialpolitik hingegen verließ früher als die deutsche die Idee der traditionellen Arbeiterversicherung und ging schon vor 1914 zur allgemeinen Volksversicherung für alle Bürger über, die sich heute ebenfalls fast überall in Europa durchgesetzt hat. In der französischen Sozialpolitik zeichnete sich zudem im Unterschied zu Deutschland schon vor 1914 jene breite politische Koalition aus Konservativen, Liberalen und Sozialisten ab, ohne die der moderne europäische Wohlfahrtsstaat nicht entstanden wäre. Schließlich mündeten die stärkeren genossenschaftlichen Traditionen sozialer Sicherung nach dem Zweiten Weltkrieg in Frankreich in eine stärkeren Mitbeteiligung der Klienten an der «sécurité sociale». Beide Wege, der französische wie der deutsche, sind in der heutigen Form des Sozialstaats wiederzufinden. In der kürzeren Sicht vom Vorabend des Ersten Weltkriegs allerdings haben diese unterschiedlichen Wege ganz sicher dazu geführt, daß beide Gesellschaften auch in der Sozialpolitik Schwierigkeiten hatten, einander zu verstehen.

Stadtplanung

Starke Unterschiede zwischen Frankreich und Deutschland bestanden am Vorabend des Ersten Weltkriegs schließlich in einem dritten Feld öffentlicher Intervention, in der Stadtplanung. Sicher hat in diesem Bereich die französische Regierung im 19. Jahrhundert Vorbildliches und Vieldiskutiertes geleistet. Dazu gehört vor allem der völlige Umbau von Paris durch Haussmann, der heute noch Paris zu einem der größten Freilichtmuseen der Stadtplanung des 19. Jahrhunderts macht. Trotzdem galten Stadtverwaltung und Stadtplanung in deutschen Städten am Vorabend des Ersten Weltkriegs schon unter den Zeitgenossen als moderner und zukunftsweisender. Französische Reisende in Deutschland haben die Modernität der deutschen Städte bewundert und erzählen darüber in oft enthusiastischen Kapiteln ihrer Reiseberichte. So schrieb Victor Cambon, ein französischer Ingenieur, 1909 nach einem Deutschlandbesuch über Berlin: «Was für eine ärgerliche Stadt Berlin vor weniger als 30 Jahren war! Alle Straßen und Häuser waren gleich und eine Straße sah aus wie das ausgetrocknete Bett eines Sturzbaches. Heute hat sich alles geändert: Jedes Haus sieht anders aus als sein Nachbarhaus, und die gepflasterten oder geteerten Straßen sind eben wie Billardbretter. Früher gab es nicht ein einziges großes Kaufhaus. Heute wimmelt es von ihnen. Das Kaufhaus «Louvre» und «Bon Marché» könnten im Kaufhaus Wertheim tanzen. Die Sauberkeit der Straßen ist sprichwörtlich.» Über das Tempo des Baus von städtischen Anlagen war er begeistert und schrieb über Hannover: «Noch 1902 sah man in einem Vorort ein unbebautes Gelände von 20 ha, halb Sumpf, halb militärisches Übungsgelände. Schon 1905 lag an der Stelle des Sumpfs ein wunderbarer schattiger Park. Man hatte nicht nur Seen gegraben, Hügel aufgeworfen, Brücken gebaut, Blumenbeete angelegt, junge Bäumchen gepflanzt. Man hatte sogar aus den Wäldern in der Nähe 50 Jahre alte Bäume geholt, sie zu Hunderten wieder eingepflanzt und perfekt anwachsen lassen.»[12] Ähnlich bewundernd äußerten sich andere damalige Deutschlandbesucher aus Frankreich.[13] Diesem Urteil sind auch die Historiker gefolgt. Antony Sutcliffe, der den wichtigsten Vergleich europäischer Stadtplanung vor 1914 geschrieben hat, hält die deutsche Stadtplanung und Stadtverwaltung in den letzten Jahrzehnten vor 1914 eindeutig für kompetenter und effizienter. Auch die meisten anderen Historiker sehen das so.

Als Grund für diesen deutschen Vorsprung wird nicht nur der massivere Problemdruck angesehen, der auf die deutschen Kommunalverwaltungen durch die raschere deutsche Bevölkerungs- und Industrieexpansion zukam. Kommunalpolitik besaß zudem für das Bürgertum in Deutschland einen weit größeren politischen Reiz als in Frankreich. Angesichts der empfindlichen Schranken seiner Macht im Staat und angesichts des Verfalls des bürgerlichen Liberalismus im Reichstag und in bundestaatlichen Parlamenten blieb dem Bürgertum in Deutschland im Unterschied zu Frankreich nur noch die Kommunalpolitik als Bastion ungeteilter bürgerlicher politischer Vorherrschaft. Der Teil des deutschen Bildungsbürgertums, der sich für soziale Reformen einsetzte, suchte sich dafür neben der gerade behandelten Sozialpolitik auch besonders die Kommunalverwaltungen als Betätigungsfeld aus. Die Kommunalpolitik erschien in Deutschland allerdings auch erfolgversprechender. Trotz starker Zentralstaatstendenzen in den einzelnen deutschen Bundesstaaten hatten sich in Deutschland als Ganzem städtische Autonomien und kommunale Kompetenzen stärker erhalten als in Frankreich.

Wie steht es mit diesem deutschen Vorsprung gegenüber Frankreich? Stellt auch er sich, ähnlich wie schon in den vorhergehenden Kapiteln der deutsche Vorsprung in der Industrialisierung, in der Kernfamilie, in der Ausbildung, in der Sozialpolitik, bei näherem Hinsehen nur als ein anderer Weg heraus, der keineswegs in jeder Hinsicht vorteilhafter war und vor allem auf französische Verhältnisse nur schwer übertragbar gewesen wäre? Wiederum wird das Argument vom deutschen Vorsprung in seinen Einzelheiten vorgetragen, um es verständlicher werden zu lassen, und danach diskutiert, wie weit es trägt.

Erstens und vor allem war die kommunale Stadtplanung in Deutschland erheblich weiter entwickelt als in Frankreich. Sicher war sie auch in Deutschland noch weit entfernt von der Planung und dem kommunalen Bau ganzer Stadtviertel oder gar ganzer Trabantenstädte wie in der Zwischenkriegszeit bzw. in den 1950er und 1960er Jahren. Wir kommen darauf im elften Kapitel zurück. Aber im damaligen europäischen Rahmen war die deutsche Stadtplanung ungewöhnlich weit. Sie stützte sich dabei auf die allgemein größeren Kompetenzen und Eingriffsrechte der Städte auch in anderen kommunalen Politikfeldern. Schon während der ersten Hälfte des 19. Jahrhunderts wurden die generellen Kompetenzen der Kommunalverwaltungen in Preußen, aber auch in anderen deutschen Bundestaaten, in verschiedenen Reformen des Kommunalrechts zunehmend gestärkt – speziell in der Stadtplanung besonders seit den späten 1860er und den 1870er Jahren. Die wichtigsten Eingriffsmöglichkeiten lagen dabei in der kommunalen Festlegung der Fluchtlinien bei der Anlage neuer Straßen und in den feuer- und hygienepolizeilichen Eingriffsmöglichkeiten in Straßenbreite, in Geschoßhöhe, Gebäudeabstände und Hofausmaße bei Neubauten, in begrenzterem Ausmaß auch in der Enteignung besonders zum Bau von Verkehrsanlagen. Ein entschiedener Vorteil des deutschen Kommunalrechts bestand vor allem darin, daß die Kosten für Stadtplanungen nicht von der städtischen Verwaltung, sondern von den Grundeigentümern aufgebracht werden mußten. Im Unterschied zu Frankreich bezahlten sie die Kosten für den Straßenbau, die Einrichtungen von Frischwasser- und Abwasseranlagen. Die Stadtplanungskompetenzen konnten daher in Deutschland unabhängig davon genutzt werden, ob eine Gemeinde finanzstark oder verschuldet war. Einsetzend mit dem sächsischen allgemeinen Baugesetz wurden seit der Jahrhundertwende diese kommunalen Eingriffsmöglichkeiten der Städte vor allem außerhalb Preußens noch erheblich ausgeweitet: Stadtverwaltungen konnten nun massiver als zuvor Flächen für Parks, für andere öffentliche Nutzungen reservieren, für bestimmte öffentliche Zwecke Land enteignen oder kaufen und auch stärker als bisher bestimmen, welche Stadtteile als Wohngebiete ausgewiesen waren und wo sich Gewerbe und Industrie ansiedeln konnten. Sicher gewann dadurch der einzelne Stadtbürger in Deutschland nicht mehr Einfluß auf die Stadtplanung als der französische Nachbar, da die städtischen Verwaltungen zumindest in Preußen durch die Schwächung der Kommunalparlamente und durch das kommunale Drei-Klassen-Wahlrecht eher gegen Bürgereingriffe als gegen Staatseingriffe abgeschirmt wurden. Aber die Chancen zu einer Planung der räumlichen Erweiterung der deutschen Städte waren damit erheblich besser geworden als in Frankreich.

Wichtiger noch: Die Stadtplanungskompetenzen wurden in der deutschen Öffentlichkeit entschiedener gefordert und von den Stadtverwaltungen massiver genutzt. Rascher als in Frankreich entstanden in Deutschland starke und öffentlichkeitswirksame sozialreformerische pressure groups, die die Weiterentwicklung der Stadtplanung und der städtischen Kompetenzen propagierten: Dazu gehörte neben dem Verein für öffentliche Gesundheitspflege und dem Verband deutscher Architekten- und Ingenieurvereine vor allem auch der einflußreiche Verein für Sozialpolitik. Neben einzelnen Stadtplanern, Hochschullehrern und Intellektuellen waren sie ein entscheidender Motor für den Vorsprung der deutschen Stadtplanung. In Deutschland gab es nun auch Fachleute und eine Fachöffentlichkeit für Stadtplanung. Öffentliche Ausschreibungen für die Planung von Straßenzügen – am spektakulärsten für den Bau von Ringstraßen an Stelle der geschleiften Fortifikationen – trugen die kommunalen Entscheidungen in die Öffentlichkeit. Eine umfangreiche Literatur über Stadtplanung entstand schon vor dem Ersten Weltkrieg. Viele Städte übergaben die Stadtplanung an Spezialisten und richteten eigene Stadtplanungsabteilungen ein. Ausgebildet vor allem an den Technischen Hochschulen entwickelte sich in Deutschland schon vor dem Ersten Weltkrieg der Beruf des professionellen Stadtplaners. Stadtplanung und Städtebau wurden zu einem der Glanzpunkte der Kommunalpolitik.

Schon allein die Planungskompetenzen der französischen Städte blieben dagegen weit zurück: Die Einflußmöglichkeiten der französischen Stadtverwaltungen auf den Neubau von Häusern, auf Geschoßhöhe, Straßenbreite und Häuserabstände blieben bis zum Vorabend des Ersten Weltkriegs erheblich geringer als in Deutschland. Noch heute ist die Pariser Banlieue der Vorkriegszeit ein eindringlicher Beleg dafür. Vor allem aber errangen die französischen Städte nie die Macht, über die Straßenführung bei Stadterweiterungen autonom und unabhängig von den Terrainbesitzern zu entscheiden. Für Stadterweiterungen mußten sie vielmehr entweder die Grundbesitzer zur Hinnahme von Bauregelungen mühsam überreden oder das Terrain enteignen bzw. kaufen. Damit wurde die Planung neuer Stadtteile in Frankreich viel stärker als in Deutschland eine Frage der Finanzkraft der Gemeinden oder des Staats. Sie führte außerdem oft in schwierige und langwierige Streitigkeiten mit den Grundeigentümern, deren Rechte durch Gesetz und Gerichte in Frankreich erheblich besser geschützt waren als in Deutschland. Auch in der goldenen Zeit der französischen Stadtplanung des 19. Jahrhunderts, den 1850er und 1860er Jahren, wurden Stadterweiterungen daher mit wenigen Ausnahmen privaten Entwicklungsgesellschaften überlassen. Der Umbau der Innenstädte, die eigentliche Leistung des damaligen französischen Städtebaus vor allem in Paris, Lyon und Marseille konnte ebenfalls nur in enger Zusammenarbeit mit den Grundeigentümern oder in schwierigen Rechtsstreitigkeiten durchgesetzt werden. Der Großteil des in der Ära Haussmann umgebauten Pariser Terrains blieb daher in privater Hand, und der innere Stadtumbau kostete allein in Paris Riesensummen.

Auch der gesellschaftliche Druck zugunsten von mehr Stadtplanung blieb in Frankreich schwächer. Gesellschaftliche Organisationen wie die «Société du Nouveau Paris» (1903) und die «Association des Cités-Jardin de France» (1903) blieben in ihren Zielen enger auf den innerstädtischen Umbau der Hauptstadt in der Tradition Haussmanns oder auf die Einrichtung öffentlicher Parks beschränkt und hatten selbst dabei nur begrenzt Erfolg. Das «musée social» Jules Siegfrieds in Paris, das wichtigste und politisch weit gewichtigere intellektuelle Zentrum, mobilisierte besonders ab 1908 die Öffentlichkeit massiv für ein französisches Stadtplanungsgesetz, scheiterte aber damit vor dem Ersten Weltkrieg ebenfalls. Erst nach den für den Osten und Norden Frankreichs verheerenden Schäden des Ersten Weltkriegs kam 1919 ein solches Gesetz zustande, allerdings ohne so intensiv genutzt zu werden wie die Bausgesetzgebung in Deutschland oder auch in Großbritannien.

Diese größeren Kompetenzen haben viele deutsche Stadtverwaltungen auch zielgerichtet genutzt. Die Stadtplanungen besonders von Frankfurt, von Berlin, von Hamburg waren am Vorabend des Ersten Weltkriegs Musterbeispiele aktiver und erfolgreichen Städtebaus. Die größeren städtischen Kompetenzen und die größere Öffentlichkeitsresonanz der Stadtplanung wurden in Deutschland vor allem zum Bau zahlreicher neuer Stadtviertel eingesetzt und dafür auch dringend benötigt. Im Unterschied zu Frankreich blieb in Deutschland die Stadtplanung nicht auf die Hauptstadt beschränkt. Auch Provinzstädte gaben wichtige, manchmal sogar wichtigere Beispiele ab.

In Frankreich hingegen blieb besonders die Stadterweiterung ein stadtplanerisches Stiefkind. Von wenigen Beipielen in der Provinz abgesehen, wie Lille oder Le Havre während der Bürgermeisterzeit des Elsässers Jules Siegfried, hatte Frankreich keinerlei attraktive Vorstadtplanung vorzuweisen, die an englische, amerikanische oder deutsche Beipiele herankam. Die Banlieue der Hauptstadt Paris war sogar ein Negativbeispiel für schlechte Verkehrsanbindung, unzureichende Frischwasserversorgung und Abwasserentsorgung, für mangelhafte Straßenführung und Bauregulierung. «Auf dem Gebiet der Stadtverbesserung sind unsere französischen Städte in eine unglaublich tiefe Apathie versunken... In der Royal Academy (in London, H.K.) gibt es fünfzehn Räume vollgepackt mit Zeichnungen und Plänen zur Stadtverbesserung... Fünfzehn Räume! Von diesen fünfzehn Räumen sind sechseinhalb deutsch, eineinhalb französisch – oder besser gesagt Pariserisch.»[14]

Es wäre nicht richtig, diesen Vorsprung Deutschlands nur als einen Vorsprung in der öffentlichen Intervention anzusehen. Auch dort, wo städtische Versorgungsleistungen vor 1914 überwiegend auf privatwirtschaftliche Initiative (wenn auch nicht unbedingt in privatwirtschaftlicher Form) zurückgingen, war die Entwicklung in Deutschland zum Teil rascher. Das zeigte sich besonders in den um 1900 modernsten städtischen Dienstleistungen. Die Elektrizitätsversorgung, die vor dem Ersten Weltkrieg meist auf die Städte beschränkt war, blieb in französischen Städten meist chaotisch. Eine Vielzahl kleiner, miteinander konkurrierender Energieversorgungsunternehmen produzierte eine Vielzahl von Stromarten. Selbst innerhalb des gleichen Bezirks von Paris konnte man deshalb oft nicht die gleichen Elektrogeräte und -maschinen verwenden. Erst 1907 gelang es, wenigstens in Paris die Stromversorgung zu vereinheitlichen. In Berlin dagegen setzten die Elektrounternehmen weit früher einheitliche Stromarten und damit eine effiziente Stromversorgung durch. Ähnlich das Telefonnetz, das vor dem Ersten Weltkrieg aus technischen Gründen ebenfalls meist noch weitgehend auf die Städte beschränkt blieb. Auch damit waren die deutschen Großstädte oft früher und besser versorgt als die französischen.

Im ganzen ist auch dieser Vorsprung Deutschlands gegenüber Frankreich beeindruckend und überzeugend. Sicher haben Zeitgenossen und Historiker nicht unrecht, wenn sie ihn so stark herausstreichen. Trotzdem stellt sich auch hier die Frage, ob man damit der damaligen französischen Situation wirklich gerecht wird und ob nicht das andere Wachstum und die andere Entwicklung der französischen Städte auch zu einem anderen Bedarf an Stadtplanung und Stadtverwaltung als in Deutschland führte. Es könnte durchaus sein, daß der deutsche Vorsprung aus dem Blickwinkel der anderen Seite des Rheins gar kein so eindeutiger Vorteil war, weil es für das deutsche Modell in Frankreich keine rechte Verwendung gab. Auch dafür gibt es eine ganze Reihe von Gründen.

Zunächst war am Vorabend des Ersten Weltkriegs das Stadtwachstum in Frankreich weit langsamer. Damit fiel – ähnlich wie im Europa unserer Gegenwart – einer der wesentlichen Zwänge zur Stadtplanung in Form von Stadterweiterungsplanung weg. Wir sind auf dieses geringere Stadtwachstum in Frankreich schon im ersten Kapitel eingegangen: Zwischen

1870 und 1914 entwickelte sich Deutschland von einer überwiegend ländlichen Nation zu einem Land, in dem die Stadtbewohner vorherrschten. Frankreich dagegen blieb überwiegend ländlich. Die Großstädte nahmen zwischen 1876 und 1911 von nur 9 auf nur 16 zu. Paris wuchs nur um die Hälfte seiner Einwohner. Der Ausbau der Städte war daher in Frankreich ein weit schwächerer Stimulus für Stadtplanung als in Deutschland, auch schwächer als in den meisten anderen europäischen Ländern. Vor allem bei der Stadterweiterung, bei der Anlage neuer Straßenzüge und neuer Stadtviertel, blieb daher die Stadtplanung in Frankreich zurück. Wenn es Stadtplanung in Frankreich gab, konzentrierte sie sich weitgehend auf die Innenstädte und auf ihren architektonischen, sanitären und verkehrsmäßigen Umbau. Mit der Planung von Vorstädten und Außenbezirken beschäftigte sie sich selten. Was dabei als Rückstand Frankreichs in der Stadtplanung erscheint, ist daher eher ein Unterschied im Planungsbedarf als in der Planungsinitiative.

Außerdem entwickelte sich die Stadtplanung in Frankreich in einem anderen historischen Rhythmus als in Deutschland. Der Vergleich Frankreich-Deutschland fällt gerade am Vorabend des Erstens Weltkriegs und für Frankreich besonders ungünstig aus. In den letzten beiden Jahrzehnten vor dem Ersten Weltkrieg kam die Stadtplanung in Deutschland außergewöhnlich rasch voran, während sie in Frankreich in dieser Zeit ungewöhnlich stark stagnierte. Nur wenige Jahrzehnte davor war es genau umgekehrt gewesen. In den 1850er und 1860er Jahren war Frankreich und vor allem Paris das europäische Modell der Stadtplanung. Der Umbau von Paris durch Haussmann, die Anlage breiter Wohn- und Geschäftsboulevards, der Bau einer großen Zahl eleganter Stadtwohnungen für eine großbürgerliche und adlige Klientel vor allem in den neuen Stadtvierteln des westlichen und nordwestlichen Paris, die Errichtung repräsentativer Bauten wie der Börse, des Rathauses, der Austellungsgebäude des Grand Palais und des Petit Palais, der Oper, der Markthallen, der Kaufhäuser «Bon Marché», «La Belle Jardinière», «Printemps», der neuen Bahnhöfe, der Markthalle «les halles», der städtischen Krankenhäuser begründete einen allgemein anerkannten großen Vorsprung der französischen Stadtplanung während des Zweiten Empire. Es ist nur bezeichnend für Frankreich mit seinem niedrigen Bevölkerungs- und Stadtwachstum, daß die Haussmannsche Planung ebenso Stadtumbau wie Stadtausbau war. Deutschland dagegen war damals stadtplanerisch eher Provinz gewesen. Victor Cambons anfangs zitierte Klage über die miserablen Zustände im Berlin der 1880er Jahre mag überzeichnet sein. Sie spiegelt aber das geringe internationale Ansehen der damaligen deutschen Stadtplanung wider. Es ist durchaus möglich, daß Frankreich sehr lange von dieser

Pionierolle der 1850er und 1860er Jahre zehrte und sich auch deshalb gegenüber neuen Stadtplanungsideen langsamer öffnete als andere Länder.

Die Stadtverwaltungen standen zudem in Frankreich zumindest in zwei zentralen Feldern der Kommunalpolitik – in der Gesundheitsvorsorge und der Wohnungsversorgung – während der akuten Krisenzeit der europäischen Städte in den 1870er und 1880er Jahren nicht ganz so harten Problemen gegenüber wie in Deutschland und waren vielleicht auch deshalb etwas weniger zu Eingriffen gezwungen. Sicher waren auch in französischen Städten die sanitären Probleme drängend und daher ein wichtiges Thema öffentlicher Diskussionen und kommunaler Politik. Wir kommen gleich darauf zurück. Aber im ganzen scheinen die Gesundheitsgefahren zumindest im großstädtischen Frankreich etwas geringer gewesen zu sein als im großstädtischen Deutschland. Um 1890 lagen die Sterberaten in den französischen Städten zwar bei 2.8%, aber in den französischen Großstädten bei 2.4%, in Paris nur bei 2.0%. In Preußen (auf das wir uns wiederum der Einfachheit halber beschränken) hätten die Sterberaten eigentlich erheblich niedriger sein müssen, da die Geburtenraten höher und daher die Bevölkerung jünger war. Tatsächlich aber waren sie zumindest in preußischen Großstädten höher als in französischen und weisen damit auf ungünstigere Lebenserwartungen im preußischen Großstadtleben hin. Sie standen 1890 in allen preußischen Städten zwar bei 2.3%, in preußischen Großstädten aber bei 2.6%, in Berlin bei 2.5%. Auch die Probleme des Wohnungsmarkts sahen in französischen Städten weniger drängend aus als in deutschen Städten.

Schließlich konnten umgekehrt auch die französischen Städte wichtige Leistungen vorweisen, die man nicht unterschätzen sollte. In einer ganzen Reihe von kommunalen Politikfeldern waren die französischen Städte in der zweiten Hälfte des 19. Jahrhunderts den deutschen Städten ebenbürtig oder zumindest Vorreiter und Vorbilder gewesen. Bis in die siebziger Jahre hinein war zumindest Paris im Bau der Abwasserentsorgung erheblich aktiver. Noch am Ende des 19. Jahrhunderts wurde in deutschen Konversationslexika Paris als die Stadt präsentiert, die auf dem Kontinent am frühesten – schon in den 1850er Jahren – ein ausgedehntes Kanalisationssystem baute, längst bevor ihr in Deutschland nach Hamburg, Frankfurt, Danzig, in den 1870er Jahren auch Berlin folgten. Noch in den neunziger Jahren war in Paris die öffentliche Straßenbeleuchtung, der die Stadt den Ruf als «ville des lumière» verdankte, weit stärker ausgebaut, die städtische Produktion an Trinkwasser weit umfangreicher, die städtischen Krankenhäuser mit weit mehr Betten ausgestattet, die Lebensmittelversorgung über städtische Markthallen und Schlachthöfe weit imposanter als in Berlin, obwohl Berlins Bevölkerung in ähnliche Größenordnungen hineingewachsen war. Um 1914 war auch in einem damals modernen Bereich des öffentlichen Verkehrssystems, dem U-Bahnbau, Paris zumindest in der Innenstadt weiter als Berlin. Die früher begonnene «métropolitain» in Paris besaß damals schon eine Streckenlänge von über 90 km, die U-Bahn in Berlin dagegen nur knapp 40 km. Sicher gibt ein solcher Hauptstadtvergleich besonders in zwei so unterschiedlich zentralisierten Ländern kein richtiges Bild von den Leistungen aller Städte der beiden Länder. Ein Indikator, der auch die Sicht der Zeitgenossen stark beeinflußte, ist er allerdings schon. Es wird zudem oft übersehen, daß trotz der starken Zentralisierung Frankreichs die französischen städtischen Finanzen im ganzen keineswegs ein geringeres Gewicht hatten als in Deutschland. Sie lagen, gemessen am Sozialprodukt, im internationalen Vergleich mit Großbritannien und den Vereinigten Staaten sogar besonders nahe bei den deutschen Städten.

Die schwächeren Planungskompetenzen und Interventionsrechte der französischen Städte haben auch mit der Stärke des französischen Liberalismus und der politischen Macht der französischen Bourgeoisie zu tun. Das mag aus der Sicht der deutschen Geschichte paradox klingen, da gerade die Kommunalverwaltungen in Deutschland mit Recht oft als ein Refugium des Liberalismus und als eine Machtbastion des Bürgertums angesehen werden. Die französische Bourgeoisie hatte jedoch für ein solches Machtrefugium keinen Bedarf, da sie die Macht im Zentralstaat weitgehend allein besaß und nicht mit dem Adel teilen mußte. Es gab deshalb für die französische Bougeoisie keinen Zwang, aus allgemeinen politischen Gründen die Kompetenzen der Stadtverwaltungen auszuweiten. Im Gegenteil: Eine Ausweitung der Planungskompetenzen der Städte war im liberalen Frankreich politisch schon deshalb kaum durchsetzbar, weil damit unvermeidlich die Rechte von Haus- und Grundstücksbesitzern eingeschränkt worden wären und damit die französische Regierung gegen die Interessen ihrer eigenen Klientel gehandelt hätte. Starke kommunale Kompetenzen widersprachen auch grundsätzlich dem liberalen Staatsskeptizismus und dem Prinzip von der Nichtantastbarkeit der Privatsphäre des Bürgers.

Lokale oder regionale Politik in der Provinz konnte auch zu leicht zum Träger antirepublikanischer, klerikaler oder monarchistischer Tendenzen werden; Stadtpolitik in Paris umgekehrt sozialistische Tendenzen stärken. Das Trauma der Commune lag nur wenige Jahrzehnte zurück. Die Regierungen der Dritten Republik haben daher weder die Kommunalverwaltungen in der Provinz gefördert noch die ungewöhnlich schwache Stellung des Bürgermeisters von Paris geändert. Schließlich blieb Frankreich bis zum Ersten Weltkrieg eine überwiegend ländliche Nation, und die französischen Regierungen stützten sich auch in der Dritten Republik in starkem Maß auf ländliche liberale Notablen, die für großstädtische Probleme und Interessen nicht immer Verständnis aufbrachten. Auch aus diesem Grund war in der Deputiertenkammer oder im Senat bis zum Vorabend des Ersten Weltkriegs keine Mehrheit für ein modernes Stadtplanungsgesetz zu gewinnen. Auch in der Stadtplanung wirkt es nach alledem oberflächlich und kurzatmig, wenn man die Unterschiede zwischen Frankreich und Deutschland um 1900 nur als deutschen Vorsprung und französischen Rückstand sehen will. Auch diese französisch-deutschen Unterschiede versteht man wohl richtiger, wenn man sie als unterschiedliche Wege sieht. Der Stadtplanung in Deutschland kam sicher zugute, daß bürgerliche Sozialreformströmungen, die im stetigen Niedergang des deutschen Liberalismus und nach der Bismarckschen Sozialgesetzgebung auf der Regierungsebene nur wenig Einfluß und Erfolge erhoffen konnten, sich besonders stark in der städtischen Politik engagierten. Es war wichtig für die deutsche Stadtplanung, daß sie darüber hinaus in der städtischen Gesellschaft auf relativ wenig Skeptizismus gegen öffentliche Interventionen stieß und daher nicht nur im Städtebau im engeren Sinn, sondern auch auch in der Hygienisierung der Städte, in der Versorgung mit Schulen, in der Verkehrspolitik viel Spielraum und Vertrauenskredit besaß. Ähnlich wie andere eher nördliche Länder Europas war die Stadtplanung in Deutschland zudem stark von einer langen Tradition des Stadtskeptizismus, der Abneigung gegen innerstädtisches Leben, des Hanges zum Landleben oder wenigstens zum Vorstadtleben im «Grünen» geprägt. Aus allen diesen Gründen entwickelte Deutschland eine Stadtplanung vor allem für Stadtexpansionen, wie sie auch im übrigen Westeuropa bis in die 1970er Jahre wichtig bleiben sollte. Die stadtplanerische Hauptzielrichtung und oft auch Hauptleistung bestand dabei in der Schaffung von neuen urbanen Boulevards am Rand der alten Städte, von neuen Wohnzonen, im gelungenen Fall auch von Parkzonen, von Villenvierteln, in Ansätzen auch von Gartenstädten und separaten Gewerbezonen, die sich allesamt in Ringen um die alten Stadtkerne und Altstädte legten. Deutschland vertrat darin eine ähnliche Grundrichtung wie die Stadtplanung in holländischen, englischen und amerikanischen Städten, allerdings mit einer stärkeren interventionsstaatlichen Komponente.

Frankreich besaß dagegen, ähnlich wie andere eher südliche europäische Länder, eine lange aristokratische und bürgerliche Tradition innerstädtischer Lebensweisen und zumindest in der Saison eine Vorliebe für urbane Kultur. In Frankreich hatte zudem auch in der Stadtplanung der Schutz des Privateigentums einen sehr hohen Rang. Planung wurde daher in enger Kooperation mit privaten Interessen und in starkem Maß mit privaten Finanzierungsinstrumenten betrieben. Aus diesem Grund und auch wegen des weit geringeren Stadtwachstums entwickelte Frankreich eine Stadtplanung, die sich vor allem mit dem architektonischen, sanitären und kommerziellen Umbau der Innenstädte befaßte und an den Vorstädten und den neuen Rändern der Städte wenig Interesse hatte. Ihre hauptsächliche Leistung war der Umbau von Paris durch Haussmann. Sie war auch am Vorabend des Ersten Weltkriegs noch von diesem Modell geprägt.

Wiederum sind uns heute *beide* Wege nicht unvertraut: Den deutschen Weg der Stadtplanung und der Stadtexpansion kennen wir in vielen Hinsichten aus der französischen wie auch deutschen Vergangenheit der fünfziger und sechziger Jahre. Gleichzeitig prägt eine der Grundvoraussetzungen der damaligen französischen Stadtplanung, das langsame Stadtwachstum, unsere eigene europäische Gegenwart immer stärker und führt zu einer Verlagerung von der Stadterweiterung zur Stadtsanierung. Wir können uns daher zwar in die gesellschaftliche Entfremdung zwischen Frankreich und Deutschland um 1900 zurückversetzen und sie uns vergegenwärtigen. Aber ihre Grundlage hat sie in der Gegenwart verloren, weil die sozialen und politischen Voraussetzungen für Stadtplanung heute in beiden Gesellschaften nicht mehr so diametral entgegengesetzt sind.

Das im einzelnen zu zeigen, wird allerdings die Aufgabe des zweiten Teils dieses Buches sein, der sich mit den Entwicklungen seit dem Zweiten Weltkrieg befassen wird. Davor werden wir kurz auf die französisch-deutschen Gesellschaftsunterschiede in der Zwischenkriegszeit eingehen.

Kapitel 6
Zwischenbilanz und Ausblick auf die Zwischenkriegszeit

Unmittelbar vor dem Ersten Weltkrieg blickten Frankreich und Deutschland auf Jahrzehnte der gesellschaftlichen Auseinanderentwicklung zurück. Sicher blieben beide Gesellschaften durch europäische Gemeinsamkeiten in vielfacher Hinsicht verbunden, nicht nur durch die gemeinsamen mittelalterlichen und frühneuzeitlichen Ursprünge des modernen Staates, des Individualismus, der Familie, der Unternehmens- und Stadtautonomie, der Unabhängigkeit der Universitäten und der Wissenschaft. Auch jüngere, oft übersehene europäische Gemeinsamkeiten des Bürgertums und der bürgerlichen Liberalität, der Arbeiterschaft und des Sozialismus, der Beamten und des beginnenden Sozialstaats, der gesellschaftlichen Geltung von Bildung und der Intellektuellen, der Freizeit und der Lebenslaufplanung, der familiären Werte und Normen, des Stadtlebens und der Stadt-Land-Gegensätze verbanden beide Gesellschaften.

Diese Gemeinsamkeiten erschienen jedoch in den Jahrzehnten vor 1914 recht oft verwaschen, an den Rand gedrängt und von der nationalen Sonderentwicklung überlagert. Auch zwischen französischer und deutscher Gesellschaft überwogen die Unterschiede. Den wichtigsten, auch unter den Zeitgenossen am stärksten diskutierten Auseinanderentwicklungen gingen wir im ersten Teil nach. Hier nochmals die Hauptpunkte.

Frankreichs Entwicklungsweg unterschied sich nicht nur politisch, sondern auch wirtschaftlich und gesellschaftlich erheblich vom deutschen Weg. Wirtschaftlich war Frankreich zwar in seiner Leistungsfähigkeit in den beiden letzten Jahrzehnten vor dem Ersten Weltkrieg nicht schwächer als Deutschland: das jährliche Wachstum des Sozialprodukts pro Kopf war ähnlich. Aber die Wirtschaft, die diese Leistung zustandebrachte, sah in Frankreich wesentlich anders aus. Sie stützte sich stärker auf die Nachfrage aus einem kaufkräftigen Binnenmarkt, war stärker auf Konsumgüterproduktion, weniger auf Produktionsgüter ausgerichtet, bestand auch häufiger aus Mittel- und weniger aus Großbetrieben, wurde ausschließlicher von Eigentümern und noch selten von Managern geleitet. Frankreich brachte dieses Wirtschaftswachstum mit erstaunlich begrenztem wirtschaftlichen und gesellschaftlichen Wandel zustande, mit langsamen Veränderungen der Erwerbstruktur, mit wenig räumlicher Mobilität und bescheidenem Stadtwachstum. Für Krisen, die rascher sozialer Wandel vor allem dann auslösen kann, wenn er neuartig ist, gab es auch deshalb in Frankreich weniger Anzeichen.

Frankreichs Entwicklungsweg ist auch von einer besonders gearteten Familiengeschichte gekennzeichnet. Die Geburtenraten waren für das damalige Europa außergewöhnlich niedrig, die Familien daher weniger groß, die Elternphase machte einen kürzeren Teil des Lebens aus. Vielleicht war deshalb auch die Kinder- und Müttersterblichkeit geringer als in Deutschland. Auch das familiäre Zusammenleben trug besondere Züge: Nach dem Urteil vieler Zeitgenossen war es in Frankreich auf der einen Seite intensiver als in Deutschland, war die Bindung an die Familie und die lebenslange Sicherheit durch die Familie stärker, der junge Erwachsene in seinen Heirats- und Berufsentscheidungen von der Herkunftsfamilie abhängiger, die Drei-Generationen-Familie in einem Haushalt noch verbreiteter als in Deutschland. Das hat meist wenig Ähnlichkeit mit der heutigen Situation. Gleichzeitig war die Fürsorge der Eltern für ihre Kinder in Frankreich gründlicher und geplanter, die Stellung der Ehepartner zueinander gleichrangiger, auch die Ehefrauen waren erheblich häufiger berufsaktiv als in Deutschland, was der heutigen Situation wiederum nähersteht.

Zum französischen Weg, zur früheren Durchsetzung einer parlamentarischen Republik, zum langsameren Tempo der wirtschaftlichen Entwicklung, traditionell großem materiellen Reichtum und zu einer früh entwickelten Gesellschaft ländlicher und städtischer Notabeln gehörte auch ein politisches mächtigeres und in sich geschlosseneres Bürgertum. Seine Machtansprüche und seine gesellschaftliche Ausstrahlung wurden kaum mehr, wie noch in Deutschland, durch den Adel eingeschränkt, auch nicht mehr von einem monarchischen Staat mit beruflichen Zwangsorganisationen, mit Titeln und Orden kontrolliert und reguliert. Das Bürgertum in Frankreich sah sich auch nicht so sehr wie in Deutschland von einem massiven und rasch wachsenden Arbeitermilieu bedroht, sondern konnte sich eher auf den Polstern einer breiten kleinbürgerlichen Mittelschicht gesichert fühlen.

Der besondere französische Sozialkonflikt hängt eng damit zusammen: Die Arbeiterbewegung in Frankreich konnte zwar für Streiks große Arbeitermassen mobilisieren, war aber wenig durchorganisiert und baute nicht auf einem geschlossenen Arbeitermilieu auf. Gegenüber Angestellten, Landarbeitern, gegenüber dem Kleinbürgertum, selbst gegenüber Landwirten hielt sie sich relativ offen. Sie war eher eine sozialistische Bewegung als eine Arbeiterpartei. Sie arbeitete mit den linksliberalen Republikanern kontinuierlich zusammen und war Teil einer breiteren Linken, die insgesamt in der Dritten Republik vor 1914 mehr Stimmen gewann als vergleichbare Parteien im Deutschen Kaiserreich.

Der französische Weg der langsamen wirtschaftlichen Entwicklung und seine geringeren sozialen Schattenseiten, das mächtigere, gesellschaftlich geschlossenere Bürgertum und die organisationsschwache, aber mobilisierungsstarke Arbeiterbewegung prägen schließlich auch die französischen Anfänge des Sozialstaats: eine staatliche Sozialpolitik, die vor allem den Arbeitsschutz verbessern wollte, in der sozialen Sicherung dagegen noch stark auf nichtstaatlichen oder zumindest freiwilligen Sozialversicherungen aufbaute; eine Bildungspolitik, die mehr Chancen für Frauen bot, gleichzeitig aber an öffentlichen Bildungsausgaben sparte und nur dort ausgabefreudig war, wo es wie bei den Volksschulen um die politischen Grundlagen der Dritten Republik ging; eine Stadtplanung, die eher Innenstadtausbau mit großer Rücksicht auf Grundeigentümer und weniger Stadterweiterung mit vergleichsweise großen kommunalpolitischen Kompetenzen war. Die Anfänge des französischen Sozialstaats waren daher zögernder, stießen im Bürgertum wie in der Arbeiterbewegung auf mehr Staatsskepsis, standen freilich auch nicht so sehr unter dem Zwang tatsächlicher oder befürchteter gesellschaftlicher Probleme, die in anderen europäischen Ländern durch raschen sozialen Wandel hervorgerufen wurden.

Ganz anders dagegen vor 1914 der deutsche Entwicklungsweg: Deutschland, ein vergleichsweise armes Land mit raschem Bevölkerungswachstum, setzte auf einen raschen Ausbau der Industrie, besonders auch der Produktionsgüterindustrie, auf massiven Export auf den Weltmarkt, auf große Unternehmen, in denen schon vor 1914 Manager eine wichtige Rolle spielten. Als Folge davon wandelte sich die deutsche Gesellschaft ebenfalls rasch. Die Industriebeschäftigung wurde schon vor 1914 zum größten Erwerbssektor, die Land-Stadt-Wanderung erreichte ihren Höhepunkt, die Städte, besonders die Industriestädte, wuchsen kaum anderswo in Europa so schnell. Engpässe und Krisen entstanden dadurch vor allem in der Wohnungsversorgung, in den Schulen, anfangs auch in der medizinischen Versorgung und der Lebenserwartung. Das rasche Tempo der wirtschaftlichen Entwicklung warf auch Schatten.

Auch die Familie entwickelte sich in Deutschland anders als in Frankreich: hohe Geburtenraten, große Kinderzahlen und eine lange Elternphase im Lebenszyklus, hohe Säuglings- und Müttersterblichkeiten waren die Regel, aber auch ein anderes Familienleben. Der Ehemann hatte eine patriarchalischere Position inne, die Ehefrauen lebten stärker in der Rolle der Hausfrau und waren seltener berufstätig. Die oft überforderten Eltern konnten weniger gründlich für ihre vielen Kinder sorgen; diese lösten sich daher als junge Erwachsene stärker von der Familie und waren auch in ihren Heirats- und Berufsentscheidungen unabhängiger.

Zum deutschen Entwicklungsweg gehörte weiter auch jenes politisch weniger mächtige, gesellschaftlich weniger geschlossene Bürgertum. Es teilte im Kaiserreich – gekennzeichnet durch einen starken Hof, eine starke Armee und ein schwaches Parlament – die Macht und den Zugang zu den Spitzenpositionen in der Regierungspolitik, in der Armee und in der staatlichen Verwaltung weiterhin mit dem Adel. Seine gesellschaftliche Geschlossenheit wurde auch vom monarchischen Staat, von staatlichen, beruflichen Zwangsorganisationen, von der staatlichen Titel- und Ordenspolitik geschwächt, auch indirekt vom massiven deutschen Staatsinterventionismus, der zum Aufbau oft sehr spezialisierter und miteinander rivalisierender Interessenverbände führte. Stärker als in Frankreich fand die Ausstrahlungskraft bürgerlicher Werte ihre Grenzen auch in der rasch anwachsenden Industriearbeiterschaft und in der massiv organisierten Arbeiterbewegung.

Deutschland hatte gleichzeitig eine der am stärksten organisierten Arbeiterbewegungen Europas. Sie baute auf einer rasch wachsenden Arbeiterschaft und einem ungewöhnlich dichten Arbeitermilieu auf, erlebte und zog freilich scharfe soziale Trennlinien gegenüber Angestellten und dem Kleinbürgertum und sah sich auch mit sehr schlagkräftigen Arbeitgeberorganisationen konfrontiert. Die Arbeiterbewegung besaß in Deutschland mehr Anhänger und Wähler als in Frankreich, war aber politisch stärker isoliert und ausgegrenzt als die französische, konnte sich nur selten auf eine eingespielte Zusammenarbeit mit Linksliberalen stützen und war daher vor 1914 erheblich weiter von der Regierungsübernahme entfernt.

Die Anfänge des Sozialstaats erscheinen, damit zusammenhängend, besonders intensiv: Die deutsche Sozialpolitik bot zwar weniger Arbeitsschutz als in Frankreich, aber dafür einen besonders frühen Aufbau von kostenintensiven, obligatorischen, zentralen staatlichen Sozialversicherungen, die die eigenständige soziale Sicherung der Gewerkschaften, der Kommunen, der Unternehmen nach und nach an den Rand drängten; die deutsche Bildungspolitik entschied sich für massive Staatsausgaben in Forschung und in den Hochschulen, besonders auch in den Bereichen, die für die Wirtschaft, und hier vor allem für die Produktionsgüterindustrie, wichtig waren. Gleichzeitig fällt ein ungewöhnliches Desinteresse an den Bildungschancen von Frauen und ein ungewöhnlich langes Hinauszögern der Zulassung von Frauen an die Hochschulen auf. Vergleichsweise massive Staats- und vor allem Kommunaleingriffe gab es schließlich auch in der Stadtplanung, vor allem in der Stadterweiterung, dem Bau neuer Wohn-, Erholungs- und Industrieviertel für die rasch wachsenden Städte. Die insgesamt frühen Anfänge des Sozialstaats können als logische Reaktion auf die massiven negativen Folgen des rascheren sozialen Wandels gesehen werden.

Das sind sicher nicht alle Unterschiede, die Frankreich und Deutschland einander vor 1914 gesellschaftlich immer fremder erscheinen ließen. Weitere tiefgreifende Gegensätze kamen hinzu. Mangels Raum soll nur noch kurz auf zwei fundamentale Unterschiede eingegangen werden.

Der Militarismus war zwar vor 1914 in beiden Ländern zu finden, nahm aber grundlegend unterschiedliche Entwicklungen. Ein gründlicher

Zwischenbilanz und Ausblick auf die Zwischenkriegszeit 143

Vergleich steht freilich noch aus. Der deutsche Militarismus war nicht nur eine Folge der fehlenden politischen Kontrolle der Armee und des Überwucherns militärischer Denkweisen in der Regierungspolitik. Er bezog seine verhängnisvolle Stärke auch aus der Militarisierung der deutschen Gesellschaft, besonders des Bürgertums, aus der überstarken Geltung militärischer vor bürgerlichen Rängen und Werten wie der wirtschaftlichen und kulturellen Leistung, der Bildung, der individuellen Freiräume, der Menschen- und Bürgerrechte. Der französische Militarismus hingegen war Teil des französischen Republikanismus. Zu dem Enthusiasmus für die Menschenrechte, für Erziehung und Zivilisation, für die französische Nation, den französischen Staat gehörte auch der Enthusiasmus für die republikanische Armee, vor allem vor der Dreyfusaffaire. In Frankreich drangen gleichzeitig militärische Werte weit weniger in das gesellschaftliche Zusammenleben ein, besaßen Offiziere und Offizierspatente nicht das hohe gesellschaftliche Prestige, prägten Armeeangehörige auch nicht wie in Deutschland das öffentliche Leben. Nicht nur französischen Deutschlandreisenden fiel dieser Unterschied massiv auf.[1] Auch deutsche Reisende in Frankreich registrierten die Unterschiede: «Die französischen Offiziere sind in bezug auf ihr Standesbewußtsein von den österreichischen und deutschen ... unendlich verschieden. Sosehr der Franzose auf ein eindrucksvolles Auftreten hält, so ist ihm doch der Ehrgeiz nach der Uniform fremd. Bei uns wären in den Städten die Promenaden, Kaffeehäuser, Theater, Konzertsäle ohne die eleganten Bilder schneidiger Offiziere undenkbar. In Paris begegnet man ihnen nur ausnahmsweise ... Es kommt nicht selten vor, daß die Frauen von Offizieren Inhaberinnen von Geschäften sind, und niemand findet es auffallend, wenn der Herr Leutnant nach seinen Dienststunden das Schwert mit der Feder des Kaufmanns vertauscht. ... Ein bürgerlicher, demokratischer Zug charakterisiert also die französischen Offiziere.»[2]

Weit schärfer als heute waren zwischen Frankreich und dem Deutschland vor 1914 auch die Unterschiede von Kirche und Religion. Dem katholischen Frankreich stand ein Deutschland gegenüber, das weit stärker als die Bundesrepublik und auch das vereinigte Deutschland vom Protestantismus bestimmt war. Das Deutsche Reich gehörte zwar neben der Schweiz, den Niederlanden zu den wenigen mehrkonfessionellen Staaten Europas, aber nur eine klare Minderheit, nur ein starkes Drittel der damaligen Deutschen, waren Katholiken. Der Katholizismus verband beide Länder weit weniger als etwa nach dem Zweiten Weltkrieg. Darüber hinaus gab es zwischen den jeweils vorherrschenden Kirchen eine ganze Reihe fundamentaler Unterschiede, die sich nicht einfach als Unterschiede zwischen Katholizismus und Protestantismus verstehen lassen: Beide lagen damals in ihrem Verhältnis zum Staat besonders weit auseinander: In Frankreich war die Trennung zwischen Staat und Kirche insbesondere nach dem Kirchengesetz von 1905 besonders scharf, schärfer als in den meisten anderen rein katholischen Ländern Europas. Umgekehrt war die Bindung zwischen Protestantismus und Staat in Deutschland besonders eng. Sie bestand nicht nur an der Spitze der Hierarchie, im traditionellen Doppelamt des preußischen Monarchen als Throninhaber und oberster Kirchenherr. Die protestantische Kirche orientierte sich zunehmend am staatlichen Modell, wurde immer mehr Amtskirche. Gesellschaftlich verflochten sich die Pfarrer in ihrer sozialen Herkunft, in ihren Heiratsmustern, in ihren sozialen Kontakten mit den Staatsbeamten immer enger. Der Pfarrerberuf und das Berufsverständnis der Pfarrer wurden im Verlauf des 19. Jahrhunderts auch immer beamtenähnlicher. Die nonkonformistischen Kirchen, die staatsunabhängiger gewesen wären, spielten in Deutschland eine weit geringere Rolle als in anderen protestantischen Ländern Europas.

Gleichzeitig waren auch die antikirchlichen Strömungen in Frankreich und Deutschland grundsätzlich verschieden. Wir erwähnten das schon. Der französische Antiklerikalismus war während der Dritten Republik eine gleichsam offiziöse republikanische Strömung, die das liberale Bürgertum und die Arbeiterbewegung verband und gegen ein Milieu gerichtet war, das ebenfalls bürgerlich wie proletarisch war. Der französische Antiklerikalismus blickte auf eine weit größere Erfolgsgeschichte als der deutsche zurück. Besonders während und unmittelbar nach der französischen Revolution war die katholische Kirche mit dem Verlust ihrer Ämter und Besitztümer aus dem Ancien régime in eine tiefe Krise geraten und gesellschaftlich an den Rand gedrängt worden. In Deutschland dagegen waren antikirchliche Bewegungen im protestantischen Bürgertum weit schwächer und weniger radikal, trieben die protestantische Kirche nie in eine so tiefe Krise wie sie die französische katholischen Kirche erlebt hatte. Antikirchliche Bewegungen verbanden sich in Deutschland weit stärker mit der Arbeiterbewegung und zogen deshalb schärfer als in Frankreich auch eine soziale Trennlinie. Schließlich ließ die Erneuerung der katholischen Kirche in Frankreich aus der Krise heraus weitere Unterschiede entstehen. Zu dieser Erneuerung gehörte nicht nur eine Massenbewegung der Laien, die es auch in der deutschen protestantischen Kirche gab und aus der die evangelischen Kirchentage entstanden. Auch ein weitverzweigtes, ausgebautes katholisches Schulsystem, ein breites Netz von Institutionen der Sozial- und Gesundheitsfürsorge, eine enge Verflechtung zwischen Kirche und Arbeitermilieu waren Teil dieser Erneuerung. All das findet man in der deutschen evangelischen Kirche weit weniger. Vor 1914 waren sich insgesamt die katholische Kirche Frankreichs und die protestantische Kirche Deutschlands nicht nur einfach deshalb fremd, weil sie unterschiedliche Konfessionen waren. Sie lagen auch in ihrem Verhältnis zum Staat, zum Bürgertum und zur Arbeiterschaft besonders weit auseinander.

Was die Franzosen und Deutschen somit trennte, läßt sich nur schwer in das Schema von Rückständigkeit und Fortschrittlichkeit pressen. In allen diesen Unterschieden sind die französische wie die deutsche Gesellschaft vielmehr eigentümlich ambivalent. Jede der beiden besaß gleichzeitig rückständige und fortgeschrittene Züge. Wir haben das im einzelnen eingehend zu zeigen versucht. Die Entfremdung zwischen beiden Ländern besteht deshalb nicht im Zurückfallen einer der beiden Gesellschaften hinter der rascheren Entwicklung der anderen, sondern in weit auseinanderlaufenden Wegen.

Wie lange dauerte dieser Zustand? Ändert sich das Bild von der gesellschaftlichen französisch-deutschen Entfremdung grundlegend, wenn man um 1914 den Blick nicht zurück, sondern nach vorne in die Zeit nach dem Ersten Weltkrieg wendet? Die meisten gesellschaftlichen Unterschiede blieben in der Zwischenkriegszeit im Kern erhalten. Der Sturz der Hohenzollernmonarchie und die Begründung der Weimarer Republik brachte die französische und die deutsche Gesellschaft einander nicht spürbar näher, und die Machtübernahme durch die Nationalsozialisten verschärfte die französisch-deutschen Gegensätze sogar noch weiter. Die französische Gesellschaft der Zwischenkriegszeit stagnierte zu sehr, die deutsche Gesellschaft entwickelte sich zu hektisch, als daß sich Annäherungen zwischen Frankreich und Deutschland hätten anbahnen können. Die Gesellschaft jenseits des Rheins erschien Franzosen und Deutschen deshalb in der Zwischenkriegszeit nicht vertrauter.

Sicher gab es vereinzelte Annäherungen. Die Kontraste zwischen französischem und deutschem Bürgertum blieben nach 1918/19 nicht die gleichen. Die Abschaffung der Monarchie und des Hofes in Deutschland beraubte den Adel einer seiner wichtigsten Machtbastionen. Seine Präsenz ging daher während der Weimarer Republik nicht nur in den Kabinetten, sondern auch in den Spitzenämtern der Verwaltung und der Armee, sogar in den industriellen Großunternehmen etwas zurück und verstärkte gleichzeitig die Chancen Bürgerlicher. Die vielfältigen Orden und Titel, mit denen die Monarchie das Bürgertum an sich zu binden versuchte, machten allmählich anderen Ehrentiteln wie Ehrendoktor-, Senatoren- und Konsultiteln Platz, die man auch in anderen Republiken finden konnte. Die Armee der Weimarer Republik war in der Öffentlichkeit weit weniger präsent als die Armee des Kaiserreichs. Die Weimarer Republik war eine Glanzzeit des politisch engagierten Intellektuellen und ähnelte darin weit mehr als das Kaiserreich der Dritten Republik Frankreichs auch schon vor 1914. All das sind aber nur Anzeichen für die langsame Auflösung der gesellschaftlichen Basis der abgeschafften Hohenzollernmonarchie, nicht gleichzeitig auch gesellschaftliche Zeichen für einen neuen, breiten republikanisch-bürgerlichen Konsens, wie er die Dritte französische Republik vor 1914 und zumindest auch noch in den 1920er Jahren bezeichnete. Es war der entscheidende Geburtsfehler der Weimarer Republik, daß dieser Konsens in Deutschland im Bürgertum (und nicht nur dort) 1918/19 nicht vorhanden war und auch während der Ersten deutschen Republik nicht entstand. Es blieb daher nach 1918/19 bei einer französisch-deutschen Annäherung der Verfassungen. Von einer grundsätzlicheren Annäherung in den politischen und gesellschaftlichen Einstellungen der Bevölkerungs- und Bürgertumsmehrheit zur Republik kann man in der Zwischenkriegszeit noch nicht sprechen.

Auch manche demographischen Unterschiede zwischen Frankreich und Deutschland schwächten sich auf den ersten Blick ab. Der spektakulärste und am meisten diskutierte Unterschied, der Kontrast zwischen den extrem niedrigen französischen und den ungewöhnlich hohen deutschen Geburten- und Fruchtbarkeitsraten, ging zurück und verschwand in den späten 1920er und frühen 1930er Jahren sogar für ein paar Jahre völlig. Das hatte Folgen: Das Bevölkerungswachstum war in Deutschland in der Zwischenkriegszeit nicht mehr rascher als in Frankreich. Die räumliche Wanderung und das Wachstum der Städte gingen in Deutschland deutlich zurück und trennten die beiden Länder weit weniger voneinander als in der Vorkriegszeit. Auch von von dem Rückstand Deutschlands in der Lebenserwartung, einer anderen Folge raschen Bevölkerungswachstums, blieb nichts mehr übrig. Selbst Deutschlands höhere Kindersterblichkeit und höhere Sterblichkeit der Frauen im kritischen Alter waren in der Zwischenkriegszeit fast ganz verschwunden.

Trotzdem wurden sich Frankreich und Deutschland auch in der demographischen Entwicklung nicht wirklich ähnlich. Sieht man genau hin, so veränderten sich die Zahlen vielmehr rasch und irritierend: Die Fruchtbarkeitsraten waren noch in den früheren 1920er Jahren in Deutschland höher, glichen sich während der Weltwirtschaftskrise erstmals seit langem an, waren in den späteren dreißiger Jahren in Deutschland wieder höher, drehten sich am Ende des Zweiten Weltkriegs schließlich völlig um und waren erstmals in Frankreich höher. Auch in der Lebenserwartung gingen die Entwicklungen völlig auseinander. Nach einer scheinbaren Ähnlichkeit in der frühen Zwischenkriegszeit verschärften sich die Unterschiede mehr und mehr, allerdings im umgekehrten Sinn als vor 1914: Nun lebten die Deutschen länger als die Franzosen, Männer ebenso wie Frauen. In der Zwischenkriegszeit gingen die demographischen Uhren in Frankreich immer noch anders als in Deutschland.

Die wesentlichsten Unterschiede der Vorkriegszeit blieben in der Zwischenkriegszeit ohnehin im Kern bestehen: In der wirtschaftlichen Entwicklung gingen Frankreich und Deutschland weiterhin getrennte Wege. Zwar waren die wirtschaftlichen Wachstumsraten wie schon in den bei-

Zwischenbilanz und Ausblick auf die Zwischenkriegszeit   147

den letzten Jahrzehnten vor 1914 in beiden Ländern ähnlich. Aber Deutschland blieb weiterhin stärker ein Exportland, war stärker produktionsgüterorientiert, hatte einen wesentlich umfangreicheren Industriesektor, einen schmäleren Dienstleistungssektor, besaß erheblich größere Unternehmen.

Auch die Sozialkonflikte sahen in Frankreich während der Zwischenkriegszeit ganz anders aus als in Deutschland, freilich jetzt in einem anderen Sinn als in der Vorkriegszeit: Deutschland erlebte während der 1920er Jahre die streik- und aussperrungsreichste Zeit seiner Geschichte. Nie mehr davor oder danach haben in Deutschland so viele Arbeiter gestreikt und gingen so viele Arbeitsstunden durch Streiks oder Aussperrungen verloren. Frankreich dagegen erlebte deutlich weniger Streiks. Nur während der Weltwirtschaftskrise ähnelte sich die Streikentwicklung in beiden Ländern für wenige Jahre. Deutschlands Gewerkschaften stützten sich bis zur ihrer Zerschlagung auf eine der organisationsfreudigsten Arbeiterklassen Europas. Die deutsche Arbeiterbewegungskultur, das engmaschige Netz vielfältiger Arbeitervereine, erlebte in der Weimarer Republik einen Höhepunkt. In Frankreich dagegen blieben die Gewerkschaften organisatorisch relativ schwach. Die Organisationsneigung der französischen Arbeiter blieb weit hinter dem europäischen Durchschnitt zurück. Tarifverträge breiteten sich in Deutschland nach 1918/19 mit dem Basiskompromiß zwischen Gewerkschaften und Arbeitgebern rapide aus und erfaßten eine Mehrheit der Arbeitnehmer. In Frankreich dagegen blieben sie weiterhin äußerst selten, auch während ihres kurzlebigen Aufschwungs in der Volksfrontzeit. Schon vor 1933 verstärkten sich daher die französisch-deutschen Unterschiede im Sozialkonflikt eher noch weiter. Mit der Zerschlagung der Gewerkschaften durch das NS-Regime wurde aus diesem Unterschied ein Fundamentalgegensatz zwischen nationalsozialistischen Zwangsgewerkschaften ohne offene Arbeitskonflikte und demokratischen Arbeitskämpfen in Frankreich. Französischer und deutscher Sozialkonflikt sperrten sich nun dem Vergleich.

Auf dem Gebiet der Sozialstaatsintervention schließlich fielen in der Zwischenkriegszeit keine grundsätzlich neuen Entscheidungen, die zu einer Annäherung beider Gesellschaften hätten führen können. Das gilt für alle drei Bereiche, denen wir für die Zeit vor 1914 nachgegangen sind: für die Sozialpolitik ebenso wie für die Bildungspolitik und die Stadtplanung. In der französischen Sozialpolitik verstärkten sich zwar mit den Sozialversicherungsreformen der späten 1920er Jahre, mit denen eine Neuordnung der Kranken- und Rentenversicherung versucht wurde, die sozialstaatlichen Tendenzen. Diese Neuordnungsversuche griffen jedoch kaum. Der Anteil der Erwerbstätigen, die durch staatliche Sozialversicherungen abgesichert wurden, nahm nur allmählich zu. Der Abstand zur europäischen Sozialstaatsvorhut, zu Großbritannien, Schweden und

Deutschland, wurde nicht kleiner. Eine durchgreifende Reform sollte noch bis zum Ende des Zweiten Weltkriegs auf sich warten lassen. Trotz außergewöhnlicher wirtschaftlicher und politischer Schwierigkeiten wurde dagegen der Sozialstaat in der Weimarer Republik schrittweise ausgebaut. Die finanziellen Leistungen der Renten- und Krankenversicherungen wurden verbessert, die Arbeitslosenversicherung eingerichtet, die Sozialfürsorge modernisiert, die Ansprüche auf soziale Sicherung stärker dem heutigen wohlfahrtsstaatlichen Verständnis angenähert. Der Abstand zwischen deutschem und französischem Sozialstaat vergrößerte sich damit eher noch. Mit der nationalsozialistischen Umfunktionierung der Sozialversicherungen, der rassistischen und politischen Diskriminierung von Versicherten, dem Einsatz der Versicherungskapitalien für die Rüstung wurden die französisch-deutschen Gegensätze fundamental. Deutschland schied aus der europäischen Sozialstaatsvorhut aus. Wohnungsbau, Wohnungsbaupolitik und Stadtplanung blieben in Frankreich eher im Schatten der Regierungspolitik. Reformversuche der staatlichen Wohnungspolitik am Ende der 1920er Jahre blieben ohne erkennbaren Erfolg. Auch in diesem Bereich des Wohlfahrtsstaates stellte erst die Vierte und Fünfte Republik neue Weichen. Die Weimarer Republik unternahm dagegen im Unterschied zum Kaiserreich große Anstrengungen zur finanziellen staatlichen Förderung, zur Reform und Modernisierung des Wohnungsbaus und der Stadtviertelplanung. Wohnungsbau wurde erstmals wirklich Teil wohlfahrtsstaatlicher Politik. Spürbare Annäherungen gab es auch nicht in der Bildungspolitik und der Ausbildung.

Im ganzen haben sich beide Gesellschaften während der Zwischenkriegszeit, die hier nur kurz gestreift werden konnte, sicher verändert, die deutsche Gesellschaft wohl mehr als die französische. Gleichzeitig bekamen einige französisch-deutsche Unterschiede einen anderen Inhalt; Rückständigkeiten und Vorsprünge verteilten sich neu. In mancher Hinsicht gab es sogar überraschende, aber immer nur kurzfristige Annäherungen. Trotzdem blieben die Gegensätze zwischen beiden Gesellschaften tief. Sie waren sich so fremd wie vor 1914 und wurden sich nach 1933 fremder als je zuvor.

Teil II:
Der Blick zurück um 1980
Die Annäherung

Setzte sich diese Auseinanderentwicklung der französischen und deutschen Gesellschaft, die sich im ersten Teil dieses Buches über die Zeit vor 1914 aufdrängte, auch nach dem Zweiten Weltkrieg fort? Wurden solche schwer veränderbaren gesellschaftlichen Gegensätze durch die enge außenpolitische Zusammenarbeit beider Länder seit der Ära Adenauer nur verdeckt und verborgen? Sind es letztlich diese gesellschaftlichen Gegensätze und der wechselseitige Eindruck der Fremdartigkeit, die gleichsam wie Urgestein in den achtziger Jahren wieder hervorbrachen und eine französische Deutschlandkennerin wie Brigitte Sauzay von den «rätselhaften Deutschen», aber auch einen intimen Frankreichkenner wie Rudolf von Thadden vom «Auseinanderlaufen der öffentlichen Meinungen» in Frankreich und in der Bundesrepublik sprechen ließen?[1] Oder drehte sich die französisch-deutsche Gesellschaftsgeschichte um? Haben sich beide Gesellschaften in der längeren Sicht angenähert? Hat seit dem Zweiten Weltkrieg die Gemeinsamkeit stabiler Demokratien auf beiden Seiten des Rheins, die enge wirtschaftliche Verflechtung und politische Zusammenarbeit beider Länder, die starke Ähnlichkeit der wirtschaftlichen und gesellschaftlichen Modelle, die Erfahrung zahlloser Reisen und Austauschprogramme über den Rhein hinweg die alten Gegensätze abgeschliffen und die alte Auseinanderentwicklung gebrochen? Hat die gesellschaftliche Annäherung vielleicht sogar ein Fundament für eine politische Annäherung gelegt? Erscheinen angesichts neuer, dauerhafter gesellschaftlicher Annäherung zwischen Frankreich und der Bundesrepublik die jüngsten politischen Entfremdungserfahrungen nur als ein Zwischentief, als eine ungefährliche Taschenausgabe früherer Fremdheit? Hat die Vertrautheit zwischen Deutschen und Franzosen seit ungefähr der Mitte der siebziger Jahre, die wir einleitend erwähnten, auch mit dieser gesellschaftlichen Annäherung zu tun?[2]

Gesellschaftliche Kontraste und Annäherungen seit 1945 werden die Kernthemen dieses und aller folgenden Kapitel des zweiten Buchteils sein. Stärker noch als vor 1914 führen diese neuen Fragen in eine Meinungsgrauzone, in einen Bereich diffuser öffentlicher Meinung – um nicht zu sagen öffentlicher Nichtmeinung –, in ein nicht tabuisiertes, aber doch fast undiskutiertes Thema hinein. Um so wichtiger ist es, sowohl das Für als auch das Wider durchzugehen und über weiterbestehende Kontraste und neue Auseinanderentwicklungen ebenso zu informieren wie über Annäherungen. Ich werde deshalb in den folgenden Kapiteln immer zuerst vortragen, was für ein Weiterbestehen von Gegensätzen zwischen beiden Gesellschaften spricht, und danach anführen, worin sich beide Gesellschaften angenähert haben.

Kapitel 7
Deutsches Wirtschaftswunder und französische wirtschaftliche Modernisierung: die wirtschaftlichen und gesellschaftlichen Auswirkungen

Ähnlich wie im ersten Teil wird auch dieser zweite über die Zeit nach 1945 mit den *wirtschaftlichen* und den mit der Wirtschaft eng zusammenhängenden *sozialen* Kontrasten und Annäherungen beginnen. Dabei werden die wirtschaftliche Schlüsselperiode der letzten Jahrzehnte, das Wirtschaftswunder, die Prosperitätsphase der 1950er und 1960er Jahre eine besondere Rolle spielen. Gerade zu diesem Vergleich der Wirtschaft und Sozialstruktur Frankreichs und der Bundesrepublik seit 1945 stehen sich eigentlich völlig unvereinbare, aber selten wirklich aufeinanderprallende und ausdiskutierte Meinungen gegenüber. Ein so guter Kenner beider Länder wie Alfred Grosser sprach erstmals in den 1970er Jahren von wachsender wirtschaftlicher und gesellschaftlicher Annäherung beider: «Die wirtschaftlichen Interdependenzen sind erheblich stärker geworden. Die Umwandlung der französischen Gesellschaft – immer weniger bäuerlich oder gar ländlich, immer industrieller, immer offener für die Außenwelt – macht sie der deutschen immer ähnlicher. Diese ihrerseits hat sich psychologisch ‹normalisiert›.»[3] Umgekehrt sind oft gerade die wirtschaftlichen Unterschiede zwischen Frankreich und der Bundesrepublik scharf herausgestrichen worden. In bestimmten Meinungsspektren Frankreichs wurde zeitweise sogar von einem «modèle allemand» gesprochen.

Der erste, ganz neue und in seiner Zeit wohl auffälligste Unterschied liegt im deutschen Wirtschaftswunder begründet. Besonders in den 1950er Jahren lagen die wirtschaftlichen Wachstumsraten der Bundesrepublik weit über dem französischen Niveau. Zwischen 1950 und 1960 wuchs die Wirtschaft der Bundesrepublik jährlich im Durchschnitt um 7%, in Spitzenjahren sogar um 11% (1955). Frankreich dagegen kam damals nur auf durchschnittliche Wachstumsraten von 5%. Sie waren zwar für die französische Geschichte einmalig, blieben aber doch deutlich niedriger als in der Bundesrepublik. Sicher überstieg das französische Wirtschaftswachstum das bundesrepublikanische in den 1960er Jahren. Aber in der längeren Perspektive – in der Gesamtzeit wirtschaftlicher Prosperität von 1950 bis 1973 – lagen die durchschnittlichen wirtschaftlichen Wachstumsraten per capita in der Bundesrepublik mit 5.0% doch deutlich höher als in Frankreich mit 4.1%. In diesen Wachstumsunterschieden kann man sogar eine neue Auseinanderentwicklung beider Länder sehen. In den früheren großen Prosperitätsphasen, im Wirtschaftsboom der 1850er und 1860er Jahre und im Wirtschaftsboom der letzten beiden Jahrzehnte vor dem Ersten Weltkrieg, waren die Wachstumsraten per capita in beiden Ländern nach den gegenwärtigen wirtschaftshistorischen Schätzungen noch fast identisch gewesen. Daß das Wirtschaftswunder in der Bundesrepublik ein größeres «Wunder» war, war deshalb nicht nur ein zentraler und folgenreicher, sondern auch historisch neuer Unterschied.

Ebenfalls bekannt und damals gleichfalls neu war die ganz unterschiedliche Umorientierung der wirtschaftlichen Intervention des Staates nach dem Zweiten Weltkrieg. Dazu ein kurzer Blick zurück in die Zeit vor 1914: Vor dem Ersten Weltkrieg waren die wirtschaftlichen Eingriffe des Staates in Frankreich und Deutschland nicht erkennbar verschieden gewesen. Sicher lagen Frankreich und Deutschland in der Entwicklung des Sozialstaates weit auseinander. Wir haben das ausführlich diskutiert und werden auf die Entwicklung seit dem Zweiten Weltkrieg ebenso ausführlich zurückkommen. Aber in den eher wirtschaftlichen Eingriffen, in der Schutzzollpolitik, in der staatlichen Kontrolle der Arbeitsmigration, in der Kontrolle der internationalen Kapitalflüsse, in der Aktien- und Bankenaufsicht, in der Verkehrspolitik und dem Aufbau eines staatlichen und kommunalen Verkehrssystems, in der Kartellpolitik, in der Handwerker- und Einzelhandelspolitik, im Ausmaß der Steuerquote und der Staatsausgaben unterschieden sich beide Länder nicht grundlegend, auch wenn die deutsche Regierung in einigen Hinsichten – etwa der Kontrolle der ausländischen Arbeitskräfte aus Osteuropa, in der Handwerkerausbildung, in der Verstaatlichung der Eisenbahnen und Kanäle – stärker oder früher intervenierte. Es gibt wenig vergleichende Untersuchungen dazu, aber bisher auch keinen Grund, auf diesem Gebiet von scharfen Kontrasten zwischen beiden Ländern vor 1914 zu sprechen.

Um so überraschender ist, daß nach dem Zweiten Weltkrieg neue und scharfe Kontraste entstanden und in Frankreich ein massiver Trend zur Verstärkung der Staatsintervention, vor allem zur Planification, in der Bundesrepublik hingegen ein starker Trend zum Abbau der Staatseingriffe, zur Liberalisierung der Wirtschaft, einsetzte. Dies hat viel mit der ganz unterschiedlichen Betroffenheit der beiden Länder durch den Zweiten Weltkrieg und das NS-Regime zu tun und mit den unterschiedlichen Schlüssen, die die Regierungen daraus zogen.

Frankreich erlebte sich als wirtschaftlich rückständiges und zurückfallendes Land schon während der dreißiger Jahre in der Krise der Dritten Republik, vor allem aber im traumatischen Schock der Besatzung durch das NS-Deutschland und in der ungleichen Kriegsallianz mit den wirtschaftlich übermächtigen USA. Die Mehrheit der französischen Nachkriegspolitiker zog daraus den Schluß, daß Frankreich seinen wirtschaftlichen Rückstand gegenüber den USA und den anderen europäischen

Industrieländern nur durch eine massive staatliche Modernisierungspolitik wieder aufholen konnte. Gegen den «langsamen und gleichmäßigen Verfall unserer Wirtschaft» gab es 1945 für Jean Monnet, eine der treibenden Persönlichkeiten der Planification der Nachkriegszeit, nur «die Modernisierung Frankreichs,... die Mobilisierung aller materiellen und menschlichen Resourcen», den Bruch mit den liberalen Traditionen, den «Kampf gegen das Sich-Gehen-Lassen..., die Haltung, die die Franzosen unbewußt im Wettlauf um den technischen Fortschritt seit Beginn des Jahrhunderts eingenommen hatten.»[4] In einem tiefgreifenden Bruch mit den meist eher liberalen wirtschaftspolitischen Traditionen entschied sich daher die französische Regierung schon 1947 für eine bis in die Details gehende Planung von Agrarproduktion, von Baugewerbe und von Grundstoffindustrien. Sie wurde zum bekanntesten Beispiel staatlicher Wirtschaftsplanung in Westeuropa und schuf eine neue Tradition der Staatsintervention in Frankreich, die in veränderter und abgeschwächter Form bis heute besteht. Diese Entscheidung für eine Wirtschaftsplanung fiel kurz nach der Nationalisierung von ca. 170 großen Unternehmen der Energieversorgung, der Automobilindustrie, des Banken- und Versicherungssektors – mit insgesamt etwa 10% des französischen Sozialprodukts eine starke Ausweitung der wirtschaftlichen Entscheidungs- und Planungskompetenzen der französischen Verwaltung. Deshalb wurde die französische Planification oft in die Nähe der osteuropäischen Staatswirtschaft gerückt. Gerade auch für den Vergleich mit der staatlichen Wirtschaftspolitik der Bundesrepublik ergibt sich jedoch daraus ein falsches Bild. Die französische Wirtschaftsplanung war nicht viel mehr als eine Art detaillierte, mittelfristige, gesamtwirtschaftliche Marktprognose, die Unternehmern und Gewerkschaften Wachstumsziele und Wachstumsmöglichkeiten anbot, ohne sie unter massiven Zwang zu setzen und vor allem ohne Befehlshierarchien aufzubauen. Wenn die französische Planification in der Forschung nicht für völlig wirkungslos gehalten wird, dann wird ihr höchstens die Erzeugung einer optimistischen Grundstimmung zugute gehalten, besonders unmittelbar nach 1945, sowie außerdem der Abbau der Expansionsangst und des «Malthusianismus» der französischen Unternehmer, anfänglich starke staatliche Investitionshilfen und längerfristig eine gewisse Stabilisierung der Investitionszyklen, auch eine Konsensbildung zwischen Unternehmern, Gewerkschaften und staatlicher Bürokratie. Die französische staatliche Wirtschaftsplanung war das Äußerste und vor allem auch Spektakulärste an staatlicher Planung, was es in den westeuropäischen Wirtschaften mit unternehmerischer Entscheidungsautonomie gab.

Hiervon waren die Grundtendenzen der westdeutschen Wirtschaftspolitik besonders nach der Gründung der Bundesrepublik weit entfernt. Sicher gab es in der unmittelbaren Nachkriegszeit nicht nur in der westdeutschen Öffentlichkeit, in der Sozialdemokratie ebenso wie in der CDU, starke planungsfreundliche Tendenzen, sondern auch in der wirtschaftspolitischen Praxis der Alliierten Verwaltungen rigide staatliche Preis-, Lohn-, Güter- und Investitionskontrollen. Aber schon 1948 – also ein Jahr nach dem Start des ersten französischen Plans – gelang es der neoliberalen Richtung um Ludwig Erhard, im Bizonenrat mit Billigung der Alliierten nicht nur die Währungsreform, sondern auch Regelungen zur Liberalisierung der westdeutschen Wirtschaftspolitik, vor allem die Freigabe der Konsumgüterpreise und den Abbau des Lohnstopps, durchzusetzen. Das war nur ein erster Schritt in der Politik der Beseitigung von staatlicher Marktkontrolle, die nach der Gründung der Bundesrepublik mit der Freigabe der Grundstoffpreise, der Wohnungsbewirtschaftung und der Mietbindung fortgesetzt wurde. An Verstaatlichungen wie in Frankreich dachten in den alliierten Wirtschaftsverwaltungen nur wenige und in der Regierung der neugegründeten Bundesrepublik niemand. Auch ein staatlicher Wirtschaftsplan wie in Frankreich wurde von der Regierung der Bundesrepublik abgelehnt oder – als unter den Bedingungen des Koreakriegs Rohstoffplanung nötig wurde – den Wirtschaftsverbänden überlassen. Sicher hat dieser Unterschied zwischen Frankreich und der Bundesrepublik viel mit dem Umstand zu tun, daß die französische Regierung schon 1945 souverän entscheiden konnte, als noch überall in Europa staatliche Planungsideen im Aufschwung waren und liberale Wirtschaftspolitik stark diskreditiert war, während umgekehrt die Regierung der Bundesrepublik erst startete, als die europäische öffentliche Meinung schon umschlug. Darüber hinaus waren aber auch unterschiedliche historische Erfahrungen im Spiel. Staatliche Planung ließ sich in der Bundesrepublik viel leichter als in Frankreich politisch tabuisieren, da sie sich in der Vorstellung vieler Deutscher mit den rigiden Staatseingriffen des nationalsozialistischen Regimes und mit der Staatswirtschaft der neu entstandenen DDR, aber auch mit der Bewirtschaftungspolitik der alliierten Besatzung verband. Ob die Liberalisierungspolitik das höhere wirtschaftliche Wachstum der Bundesrepublik und umgekehrt die französische Planification das niedrigere Wachstum in Frankreich erklärt, ist höchst umstritten. Auf jeden Fall aber entstanden seit etwa 1947/48 in der wirtschaftspolitischen Grundorientierung neue Gegensätze zwischen der Bundesrepublik und Frankreich. In dieser Schärfe gab es sie in der Wirtschaftspolitik der beiden Länder vor dem Ersten Weltkrieg noch nicht.

Ein weiterer Unterschied zwischen der Wirtschaft und Gesellschaft Frankreichs und der Bundesrepublik seit 1945 wird von französischen Historikern sehr oft in Zusammenhang mit dieser Modernisierungspolitik der französischen Regierung gebracht: ein abrupter wirtschaftlicher und sozialer Umbruch, der nicht nur für die an langsamen Wandel gewohnte französische Geschichte völlig überraschend kam, sondern auch weit dramatischer war als in der Bundesrepublik. Seit der Industrialisierung um die Mitte des 19. Jahrhunderts war immer Deutschland das Land der rascheren wirtschaftlichen und sozialen Veränderungen gewesen. Nun drehte sich die Geschichte um: Frankreich wurde das Land der schnelleren Veränderungen. Allerdings blieb dies besonders in der Bundesrepublik fast unbeachtet. Die Deutschen sahen das Frankreich der fünfziger und sechziger Jahre oft noch durch die idyllische Brille Friedrich Sieburgs und seines «Gotts in Frankreich». Deshalb hierzu mehr.

Das deutsche Wirtschaftswunder war in vieler Hinsicht eine zweite Blüte, die Wiederholung eines Erfolgs, der vor allem auf Schwerindustrie, chemischer Industrie, Elektroindustrie, auf intensivem Export beruhte. Nicht umsonst sprachen die Zeitgenossen deshalb oft von *Wieder*aufbau, die Wirtschaftshistoriker von *Re*konstruktion oder von der *Rück*kehr zum Wachstumspfad in der Bundesrepublik. Die französische Wirtschaft hingegen durchlebte eine tiefgreifende Umstellung, auch einen bisher ungewohnten Erfolg. Die Zeitgenossen ebenso wie die Wirtschaftshistoriker haben und hatten dafür den Begriff *Modernisierung*. Dieser tiefere Einschnitt in der französischen Wirtschaftsentwicklung seit dem Zweiten Weltkrieg zeigte sich in vielerlei Hinsicht. Einige grundlegende Unterschiede seien hier genannt: Der technische Fortschritt machte einen Sprung wie nie zuvor in der französischen Geschichte. Dies hängt zum Teil an den Investitionen, die ebenfalls höher als je zuvor waren, allerdings nicht rascher stiegen als in der Bundesrepublik. Stärker noch hängt der rasche technische Fortschritts an einem Wandel der Arbeitskräfte, die besser ausgebildet waren, eine günstigere Altersstruktur besaßen und weit eher als früher bereit waren, unproduktive Arbeit aufzugeben und mobil zu werden. Qualifikation, Altersstruktur und Mobilität der Arbeitskräfte verbesserten sich in Frankreich rascher als in der Bundesrepublik. Auch das Ende des «malthusianischen» Unternehmers, die größere Bereitschaft der französischen Unternehmer zur Übernahme moderner Produktions- und Managementmethoden, spielte eine wichtige Rolle. Die französische Wirtschaft erlebte ein bisher unbekanntes Ausmaß von Unternehmenszusammenschlüssen. Gleichzeitig ging der Einfluß von Unternehmerfamilien in den Spitzenunternehmen stark zurück. Manager und ihre oft expansivere Einstellung zum Unternehmenswachstum bekamen ein bisher in der französischen Wirtschaft unbekanntes Gewicht. Vor allem aber öffnete Frankreich sich besonders gegenüber dem europäischen Markt so stark wie nie zuvor und exportierte auch erheblich mehr als bisher. Und es wandelte sich der französische Export einschneidend; statt Nahrungsmitteln und Halbfertigfabrikaten herrschten jetzt Industrieprodukte vor. In all diesen Hinsichten bedeutete die Zeit seit dem Zweiten Weltkrieg für die Wirtschaftsgeschichte Frankreichs einen einzigartig tiefen Bruch.

Ähnlich tief waren die Unterschiede zwischen Frankreich und der Bundesrepublik in den *gesellschaftlichen* Wandlungen, die mit diesem raschen wirtschaftlichen Umbruch eng zusammenhingen. Auch hier veränderte sich Frankreich seit dem zweiten Weltkrieg weit mehr – oder besser gesagt: noch weit mehr – als die Bundesrepublik. Das gilt vor allem für die Beschäftigung, für die soziale Schichtung, für die Verstädterung und Migration, aber auch für die Qualifikation der Arbeitskräfte.

Der Wandel der Beschäftigungstruktur verlief in Frankreich wesentlich abrupter: Die Bundesrepublik war in ihren Anfängen um 1950 längst ein Industrieland. Zwei Fünftel der Bevölkerung arbeiteten in der Industrie, damals schon fast doppelt so viele Menschen wie in der Landwirtschaft. Mehr als die Hälfte des Sozialprodukts kam aus der industriellen Produktion, nur ein Zehntel aus der Landwirtschaft. Zumindest bis um 1970 änderte sich daran nichts Grundsätzliches. Auch wenn die Agrarbeschäftigung erstmals in der deutschen Geschichte nicht nur relativ, sondern auch absolut schrumpfte, blieb die Wirtschaft der Bundesrepublik um 1970 genauso von der Industrie bestimmt wie schon um 1950. Anders in Frankreich: Um 1950 war es immer noch ein stark agrarisches Land, in dem bald zwei Fünftel der Erwerbstätigen noch in der Landwirtschaft und nicht sehr viel mehr als ein Viertel in der Industrie arbeiteten. Nur zwanzig Jahre später hatte Frankreich einen großen Sprung in Richtung Industriewirtschaft getan: Nur noch 12% Franzosen fanden in der Landwirtschaft Arbeit. In der Industrie arbeiteten dagegen rund dreimal soviele Franzosen. Dieses Tempo des Strukturwandels kam nicht nur für die französische Geschichte völlig überraschend, nachdem die Agrarbeschäftigung seit 1880, also fast siebzig Jahre, bei einem Niveau von knapp 40% stehengeblieben war. Auch im Vergleich zu Deutschland war dieses Tempo rasch, denn Frankreich hatte damit die Agrarbeschäftigung in knapp dreißig Jahren in einem Umfang reduziert, zu dem Deutschland rund sechzig Jahre gebraucht hatte.

Die soziale Schichtung veränderte sich entsprechend: Noch unmittelbar nach dem Zweiten Weltkrieg war Frankreich eine ungewöhnlich stark kleinbürgerlich und bäuerlich geprägte Gesellschaft. Jeder vierte Franzose war damals Einzelhändler, Gastwirt, handwerklicher Kleinunternehmer, Fuhrunternehmer oder Landwirt. Diese Schicht war in Frankreich sogar etwas breiter als die Industriearbeiterklasse. Ihr Lebensstil prägte deshalb die französische Gesellschaft noch stark. Für die französische Politik spielte sie eine wichtige Pufferrolle. Knapp dreißig Jahre später – also Mitte der siebziger Jahre – gehörte nur noch etwa jeder siebte Franzose zu dieser kleinbürgerlichen Schicht. Neben den rasch zunehmenden Industriearbeitern und -angestellten, die inzwischen dreimal so zahlreich geworden waren wie das Kleinbürgertum, spielte es nur noch eine Randrolle. Für Frankreich war das ein historisch einmalig tiefer

Einschnitt. In der Bundesrepublik hingegen veränderte sich die soziale Schichtung vor allem in den fünfziger Jahren langsamer. Das Kleinbürgertum schrumpfte weniger rasch; der Arbeiteranteil blieb ungefähr gleich. Auch die Lohn- und Gehaltsempfänger insgesamt nahmen in der Industrie langsamer, in den Dienstleistungssektoren nicht schneller zu als in Frankreich.

Ähnlich die Verstädterung: Mehr als die Hälfte der Franzosen lebten unmittelbar nach dem Krieg noch auf dem Land oder in kleinen ländlichen Städten. Nur für einen kleinen Teil der Franzosen, für etwa ein Sechstel, gehörte das Großstadtleben zur Alltagserfahrung. Für diese Großstädter war das ländliche Frankreich – la France profonde – oft der eigentliche Kern des Landes. «Wenn es ein Paradies gibt», schrieb eine Pariserin, die nur wenige Jahre davor einen Teil ihrer Kindheit auf dem Land verbracht hatte, «dann war es für mich dieses von der Hitze verbrannte, arme und ganz eigenartige Dorf, das Land um Poitou.»[5] Schon in den siebziger Jahren war dieses ländliche Frankreich durch den raschen wirtschaftlichen Wandel so stark zurückgedrängt wie nie zuvor in der französischen Geschichte – nach einer Land-Stadt-Wanderung, wie es sie in Frankreich in diesem Ausmaß nie zuvor gegeben hatte. Mitte der siebziger Jahre lebten nur noch zwei von fünf Franzosen auf dem Land; schon fast ein Drittel war Großstädter. Wichtiger noch: Das Leben auf dem Land veränderte sich dramatisch. Aus Bauerndörfern wurden in großen Teilen Frankreichs Touristengemeinden, verlassene Dörfer, Zweitwohnungsorte, Industriedörfer oder einfach städtische Vororte, die in der Zeit vor dem Automobil für Pendler noch zu abgelegen waren. Eine jahrtausendealte ländliche und bäuerliche Lebensform ging zu Ende. Schon unmittelbar nach dem Zweiten Weltkrieg war dagegen die Gesellschaft der Bundesrepublik bereits weit städtischer als die französische Gesellschaft. Ein Drittel lebte in Großstädten, nur noch zwei von fünf Einwohnern auf dem Land und in kleinen Landstädten. Die Zeit intensivster räumlicher Wanderungen, auch Land-Stadt-Wanderungen, hatte in Deutschland schon in den 1860er Jahren eingesetzt und endete mit dem Ersten Weltkrieg. Von politischer Flucht und Vertreibung abgesehen, war die Land-Stadt-Wanderung nun bei weitem nicht mehr so spektakulär. Auch in der Verstädterung machte daher die Bundesrepublik keinen so fundamentalen Wandel durch wie das Nachkriegsfrankreich.

Auf dem Gebiet der Ausbildung machten beide Länder – und auch hier deutlicher noch Frankreich – eine Entwicklung durch, die in ihrer historischen Bedeutung nur mit der Beseitigung des Analphabetismus zu vergleichen ist. Noch unmittelbar nach dem Zweiten Weltkrieg waren die meisten Jugendlichen, die in den Arbeitsmarkt eintraten, Volksschulabgänger; allenfalls hatten junge Männer in der Bundesrepublik zusätzlich noch eine Lehre. Das Ende dieser mehr als ein Jahrhundert alten Elementarschulgesellschaft kam in zwei Schüben: Schon um 1960, während des raschen Industriewachstums, waren reine Volksschulabgänger gegenüber Fachschulabsolventen in der Minderzahl, auch die jungen Frauen hatten weit überwiegend eine kaufmännische oder gewerbliche Lehre. In Frankreich war die Veränderung dabei einschneidender, da eine zusätzliche Berufsausbildung unmittelbar nach dem Krieg noch weniger vorkam. In einem zweiten Schub während der sechziger und siebziger Jahre – als der Dienstleistungssektor rasch anwuchs – sank die Volksschule zur Ausbildungsstätte für eine benachteiligte Minderheit ab, die Sekundarschule wurde zur Normalschule. Gleichzeitig expandierten Fachhochschul- und Hochschulabschlüsse in beiden Ländern in einem Ausmaß, das selbst um 1960 noch schwer vorstellbar gewesen war. Rund ein Fünftel der jungen Männer und Frauen ging um 1980 in der Bundesrepublik mit diesem Abschluß auf den Arbeitsmarkt. Frankreich lag mit rund 30% Hochschulabsolventen sogar noch deutlich höher. Dieser dramatischere Bildungsumbruch in Frankreich ist übrigens ebenso markant wie wenig bekannt. Während Frankreich noch um 1950 eher hinter der Bundesrepublik herzuhinken schien, scheint es heute im Trend der Bildungsentwicklung eher vor ihr zu liegen.

Das ist noch nicht alles, was sich in der französischen Gesellschaft rascher und dramatischer wandelte als in der Bundesrepublik. Wir haben hier nur die Wirtschaft und die von der Wirtschaft unmittelbar beeinflußten Gesellschaftstrukturen erwähnt und werden auf den Wandel der Familie, der Oberschicht, des Sozialkonflikts und des Interventionstaates in beiden Ländern in den folgenden Kapiteln zurückkommen. Schon dieser erste, noch sehr eng umgrenzte Blick zeigt jedoch ein überraschend dynamisches Frankreich.

Ein weiterer Unterschied zwischen Frankreich und der Bundesrepublik mag nach all dem auf den ersten Blick paradox erscheinen: Aber trotz der größeren Dynamik der französischen Wirtschafts- und Gesellschaftsentwicklung verschwanden die alten Unterschiede zwischen französischem und deutschem Industrialisierungsweg nach 1945 nicht völlig. Auch noch 1980 war die deutsche Wirtschaft exportorientierter und nahm auf der Weltrangliste der westlichen Exporteure den zweiten Platz hinter den USA, Frankreich hingegen nur den fünften Platz hinter Großbritannien ein. Auch noch 1980 war der Agrarsektor in Frankreich etwas gewichtiger, produzierte einen größeren Teil des Sozialprodukts und bot etwas mehr Erwerbstätigen Arbeit und Einkommen als die deutsche Landwirtschaft. Umgekehrt spielte auch 1980 der Industriesektor in der deutschen Wirtschaft eine größere Rolle als in der französischen, erbrachte einen größeren Teil des Sozialprodukts und beschäftigte mehr Erwerbstätige. In sich waren die Industrien auf beiden Seiten des Rheins immer noch verschieden. Auch noch 1980 war die bundesrepublikanische

Wirtschaft stärker auf die Herstellung von Produktionsgütern orientiert. Auch noch 1980 schlug das besonders im Export durch: Die Hälfte des deutschen Exports bestand 1980 aus Produktionsgütern, dagegen immer noch nur ein Drittel des französischen Exports. Umgekehrt bestand nur rund ein Zehntel des deutschen Exports aus Rohmaterialien und Lebensmitteln, dagegen immer noch rund ein Drittel des französischen Exports. Auch noch 1986 waren die Spitzenunternehmen der Bundesrepublik größer: 21 deutsche Unternehmen, aber nur 5 französische Unternehmen standen auf der Liste der hundert kapitalstärksten Unternehmen Europas. Acht private Industrieunternehmen in der Bundesrepublik hatten mehr als 100000 Beschäftigte, aber nur ein französisches Industrieunternehmen. Fünf private Banken in der Bundesrepublik hatten ein Kapital von über einer Million £, aber nur eine private Bank in Frankreich. Diese Liste ließe sich verlängern. In den Anlageinvestitionen, in der Elektrizitätsproduktion ebenso wie im Binnengüterverkehr, auch in der Ausbildung von Industriepersonal waren um 1980 die französisch-deutschen Unterschiede des Jahrhundertanfangs keineswegs völlig verschwunden.

Die öffentliche Diskussion über die Wirtschaft des Nachbarlandes, die sicher in Frankreich stärker war und ist, drehte sich vor allem um diese Gegensätze. Sie sind wirtschaftliche Realitäten, die auch die Zusammenarbeit zwischen beiden Ländern innerhalb der Europäischen Gemeinschaft oft prägten und nicht selten zu Interessengegensätzen führten. Trotzdem ist diese Sicht einseitig. Sie übersieht eine ganze Reihe von massiven französisch-deutschen Annäherungen seit 1945, die dazu führten, daß zwischen dem Vorabend des Ersten Weltkriegs und der Gegenwart inzwischen Welten liegen.

Erstens und vor allem sollte man das deutsche Wirtschaftswunder nicht überschätzen. Es hat keineswegs zu einer wirtschaftlichen Auseinanderentwicklung der beiden Länder geführt, sondern im Gegenteil den wirtschaftlichen Rückstand der Bundesrepublik im Sozialprodukt per capita abgebaut und damit die Leistungsfähigkeit beider Wirtschaften so dauerhaft ähnlich werden lassen wie schon lange nicht mehr in der Geschichte. Noch um 1950 lag das französische Sozialprodukt per capita mit 1 693 US Dollar um fast ein Viertel höher als das bundesrepublikanische von 1 374 US Dollar – eine Folge vor allem der schwereren deutschen Wachstumsstörungen der Zwischenkriegszeit, aber auch der Zerstörungen des Zweiten Weltkriegs. Schon um 1960 dagegen lagen beide Wirtschaften fast gleichauf. In Frankreich wie in der Bundesrepublik war das Pro-Kopf-Produkt auf rund 2 500 US Dollar gestiegen. Der Vorsprung, den nun die Bundesrepublik besaß, war minimal.

Das deutsche Wirtschaftswunder war nur für rund zehn Jahre größer und glanzvoller als die Entwicklung in Frankreich. Nur zwischen 1950 und 1959 lagen die wirtschaftlichen Wachstumraten per capita in der

Bundesrepublik nachweisbar und spürbar höher. Nur für diese kurze Zeit ist es verständlich, daß immer von einem deutschen Wirtschaftswunder, aber nie von einem miracle économique français gesprochen wird. Es ist erstaunlich wenig bekannt, daß sich danach die wirtschaftlichen Wachstumraten der beiden Länder nicht nur sehr viel ähnlicher wurden, sondern sogar umkehrten. Für fast zwei Jahrzehnte, von 1961 bis 1978, war die französische Wirtschaft erfolgreicher. Allerdings handelt es sich sicher nicht um große Unterschiede. Im Gesamtzeitraum zwischen 1960 und 1985 lag nach den Berechnungen der OECD das reale jährliche Wirtschaftswachstum per capita in Frankreich bei 3.8%, in der Bundesrepublik mit 3.2% nur wenig niedriger. Auch noch um 1980 war dadurch das Sozialprodukt beider Länder fast identisch. Der leichte Vorsprung, den die bundesrepublikanische Wirtschaft 1960 besessen hatte, war wieder eingeebnet. Erst seit 1982 fiel das französische Wirtschaftswachstum spürbar hinter dem der Bundesrepublik zurück. Bisher ist freilich diese Zeit neuer scharfer Unterschiede noch viel zu kurz, um daraus längerfristige Schlüsse zu ziehen.

Insgesamt haben damit die letzten vierzig Jahre wirtschaftlichen Wachstums eine historisch einzigartig starke und dauerhafte Ähnlichkeit der wirtschaftlichen Produktivität und des Wohlstands erbracht – anfangs durch ein dramatisches Aufholen im Wirtschaftswunder der Bundesrepublik und dann seit etwa 1960 durch eine außergewöhnliche französisch-deutsche Ähnlichkeit sowohl im Ausmaß als auch im Zuwachs der Produktivität und der durchschnittlichen Pro-Kopf-Einkommen. Bei zwei Ländern, die sich in der langen historischen Sicht so unterschiedlich entwickelten, kann man kaum noch mehr Ähnlichkeiten erwarten.

Hinter dieser Annäherung des französischen und deutschen Wirtschaftswachstums stehen zweitens eine breitere Annäherung der Wirtschaftstruktur beider Länder und ein Zusammenlaufen der einst auseinanderlaufenden Wege der Industrialisierung. Die alten, scharfen Unterschiede der Industrialisierungszeit, die wir im ersten Kapitel kennenlernten, verschwanden zwar nicht, gingen aber massiv zurück und blieben nur noch milde Reminiszenzen der alten Kontraste. Das gilt für die stärkere Exportorientierung der deutschen Wirtschaft ebenso wie für ihre Konzentration auf Produktionsgüter, für die stärkere Nutzung der economies of scale durch deutsche Großunternehmen ebenso wie für den ländlichen Charakter der deutschen Industrie.

Beginnen wir mit der Exportorientierung: Die deutsche Wirtschaft blieb zwar bis heute deutlich exportorientierter, aber der Vorsprung schrumpfte seit dem Zweiten Weltkrieg spürbar, da sich die französische Wirtschaft besonders nach 1960 in einem scharfen Bruch mit ihrer traditionellen Binnenmarktorientierung nach außen öffnete und internationalisierte. Noch 1950 hatte die deutsche Wirtschaft 21% ihrer gesamtwirtschaftlichen Leistungen exportiert, Frankreich dagegen nur 12%. 1980 hingegen exportierte die Bundesrepublik 27% ihres Sozialprodukts, Frankreich immerhin 22%. Besonders in den 1970er Jahren wuchs der französische Export schneller als der bundesrepublikanische. Auch die scharfen Unterschiede der Exportstruktur gingen zurück: Die Industrieprodukte im französischen Güterexport hatten besonders stark zugenommen. Aus zwei fundamental verschiedenen Wegen der außenwirtschaftlichen Beziehungen vor 1914 waren damit graduelle Unterschiede geworden, wie sie zwischen vielen Industrieländern bestanden und bestehen.

Ähnlich die Branchenstruktur: In der wichtigsten Wachstumsindustrie seit 1945, dem Automobilbau, spielte Frankreich eine ganz andere Rolle als in den Wachstumsindustrien der Industrialisierungszeit vor 1914: Während es in der Eisen- und Stahlindustrie, in der Elektroindustrie, in der chemischen Industrie der Vorkriegszeit von Deutschland wirtschaftlich oft überflügelt wurde, hielt es im Automobilbau seit 1945 mit. Besonders in den siebziger Jahren holten die französischen Autoproduzenten gegenüber ihren bundesrepublikanischen Konkurrenten auf: Um 1980 waren Frankreich und die Bundesrepublik mit Abstand die wichtigsten europäischen Automobilländer. Auch die einst scharfen Unterschiede in der Produktionsgüterindustrie gingen zurück. Die Beschäftigungsanteile in dieser Branche unterschieden sich um 1980 sogar nur noch geringfügig: Schon 45% der Industriebeschäftigten arbeiten in Frankreich in der Produktionsgüterindustrie, in der Bundesrepublik auch nicht mehr als 49%. Gleichzeitig stieg auch die Verwendung von Investitionsgütern in Frankreich in den 1960er und 1970er Jahren stärker an als in der Bundesrepublik. 1980 lagen daher die Bruttoanlageinvestitionen in Produktionsgütern per capita in Frankreich nur noch um etwas mehr als ein Zehntel unter denen der Bundesrepublik. Auch hier waren aus fundamental unterschiedlichen Wegen der wirtschaftlichen Entwicklung graduelle Unterschiede geworden. Schließlich verschwand mit der europäischen Stahlkrise auch der wohl spektakulärste aller französisch-deutschen Wirtschaftsunterschiede: der deutsche Vorsprung in der schwerindustriellen Produktion, an dem noch in der Nachkriegszeit wirtschaftlicher Fortschritt gemessen worden war. Um 1980 war die Beschäftigung in der Hüttenindustrie in beiden Ländern kaum noch verschieden – 6% der bundesdeutschen und 4% der französischen Arbeitnehmer. Ein Schulbuchkontrast zwischen beiden Ländern ging damit zu Ende.

Auch in der Wirtschaftspolitik kamen sich Frankreich und die Bundesrepublik in der langen Sicht näher. Nach einer Zeit schärfster Gegensätze zwischen französischer «planification» und bundesdeutscher sozialer Marktwirtschaft in der unmittelbaren Nachkriegszeit änderte sich die Wirtschaftspolitik in beiden Ländern grundlegend. Mit dem Erfolg der

Modernisierung der Wirtschaft milderten sich auf der französischen Seite des Rheins die dirigistischen Elemente der Wirtschaftspolitik allmählich ab und näherten sich schrittweise der bundesdeutschen Wirtschaftspolitik an. Nach ersten Anzeichen schon während der Vierten Republik waren der Plan Rueff am Beginn der Fünften Republik und die Umschwünge der französischen Wirtschaftspolitik während der ersten Präsidentschaft Mitterrand in den frühen achtziger Jahren die wichtigsten Schritte. Umgekehrt nahmen Eingriffe des Staates in die Wirtschaft in der Bundesrepublik kontinuierlich zu. Am spektakulärsten war die von Keynes geprägte Wirtschaftspolitik Schillers während den späten sechziger Jahren. Auch der Anteil der Steuern und der staatlichen Ausgaben am Sozialprodukt beider Länder näherte sich in den sechziger und siebziger Jahren mehr und mehr an. Selbst im westeuropäischen Vergleich lagen beide Länder seit damals relativ nahe beieinander. Massiv verstärkt wurde diese Entwicklung zweifelsohne durch die gemeinsame Mitgliedschaft in der Europäischen Gemeinschaft. Sie zwang zunehmend zu einer Koordinierung der französischen und bundesdeutschen Wirtschaftspolitik. Vor allem aber wurden wichtige Bereiche der Wirtschaftspolitik nicht mehr in Paris und Bonn, sondern in Brüssel entschieden.

Eine wichtige und weitgreifende Ursache für diese wirtschaftliche Annäherung findet man im Rückgang der scharfen französisch-deutschen Kontraste im Bevölkerungswachstum. Rekapitulieren wir: Vor 1914 waren in keinem anderen westeuropäischen Land Geburtenraten und Bevölkerungswachstum so niedrig wie in Frankreich und so hoch wie in Deutschland. Dieser scharfe demographische Kontrast verhalf der deutschen Wirtschaft zu einem enormen Arbeitskräftereservoir und war ein wesentlicher Grund dafür, daß die deutsche Wirtschaft vor 1914 in ganz andere Dimensionen hineinwuchs als die französische. Während um die Mitte des 19. Jahrhunderts die Gesamtleistungen der französischen und deutschen Wirtschaft noch ungefähr gleich gewesen waren, stieg die deutsche Wirtschaftsleistung bis zum Vorabend des Ersten Weltkriegs auf fast das Doppelte der französischen – nicht weil die deutsche Wirtschaft produktiver geworden wäre, sondern weil sie über weit mehr Erwerbstätige verfügte.

Dieser wichtige demographische Faktor drehte sich nach 1945 ins Gegenteil um. Das nach 1949 neu entstandene deutsche Nachbarland Frankreichs, die Bundesrepublik, blieb trotz großer Zuwanderungsströme von Flüchtlingen und DDR-Abwanderern bevölkerungsmäßig ungefähr in der gleichen Größenordnung wie Frankreich und besaß nicht mehr um zwei Drittel mehr Menschen wie einst das Deutsche Reich am Vorabend des Ersten Weltkriegs. Wenn Frankreich 1947 nur rund 40 Millionen Einwohner statt der 46 Millionen Einwohner der Bundesrepublik, und 1985 nur 55 statt der 61 Millionen in der Bundesrepublik hatte, so war das nicht mehr mit den früheren Größenunterschieden zwischen 40 Millionen Franzosen und 67 Millionen Deutschen vergleichbar. Mehr noch: Die Geburtenraten in Frankreich waren seit dem Ende des Zweiten Weltkriegs nicht mehr wie einst weit niedriger, sondern in den späten vierziger und fünfziger Jahren deutlich höher, in den sechziger Jahren gleich hoch und seit ungefähr 1970 wieder deutlich höher als in der Bundesrepublik. Auch die Zuwanderung von Deutschen bzw. Franzosen aus der DDR bzw. Algerien und von Ausländern aus anderen europäischen Ländern hielt sich in beiden Ländern ungefähr die Waage. In der Entwicklung der Erwerbsbevölkerung standen die Zeichen seit dem Zweiten Weltkrieg somit ganz eindeutig und ganz massiv auf Annäherung. Aus diesem Grund blieb die Gesamtleistung der beiden Wirtschaften seit dem Zweiten Weltkrieg auch recht ähnlich. Selbst um 1960, als die bundesrepublikanische Wirtschaft nach dem Wirtschaftswunder einen Vorsprung herausgeholt hatte, produzierte sie nur um 19% und nicht mehr wie 1913 um 81% mehr als die französische Wirtschaft. Frankreich und dieses Deutschland, also die Bundesrepublik, waren erstmals seit langem wieder Wirtschaften derselben Größenordnung. Auch wenn die Vereinigung Deutschlands neue Ungleichgewichte schaffen wird: Die Unterschiede zu Frankreich sind 1990 in der Bevölkerungsgröße und in der Wirtschaftsleistung weit geringer als um 1913.

Fast noch schärfer und klarer war schließlich die Annäherung derjenigen Sozialstrukturen, die unmittelbar mit wirtschaftlichen Veränderungen zusammenhängen: der Beschäftigungstruktur, der sozialen Schichtung und der Konsumgewohnheiten. Nicht nur verglichen mit dem Jahrhundertanfang, sondern auch mit der unmittelbaren Nachkriegszeit sind erstaunliche Parallelen entstanden. Die weit größere Dynamik des sozialen Wandels in Frankreich hat entscheidend dazu beigetragen.

Noch um 1950 waren die Kontraste zwischen Frankreich und der Bundesrepublik in der Beschäftigung äußerst scharf. Frankreich war – wir wiesen darauf hin – immer noch ein stark agrarisch geprägtes Land, die Bundesrepublik hingegen schon ein industrialisiertes Land. Um 1980 war dieser Kontrast fast ganz verschwunden. Der Anteil der Agrarbeschäftigten war sehr ähnlich geworden: 9% in Frankreich gegenüber 6% in der Bundesrepublik. Die Industriebeschäftigung hatte sich zwar sicher nicht völlig angeglichen, unterschied sich aber doch mit 44% in der Bundesrepublik gegenüber 36% in Frankreich weit weniger als 1950. All dies war noch deutlicher in der Frauenarbeit. Vor dem Ersten Weltkrieg war sie – wie im dritten Kapitel diskutiert – in Frankreich noch weit üblicher gewesen als im damaligen Deutschen Reich. Schon um 1950 lagen beide Länder recht nahe beieinander. 1980 war von Frauenarbeit war in beiden Ländern fast gleich häufig, 34% in Frankreich und 32% in der Bundesrepublik. Insgesamt hatten sich die wirklich scharfen Beschäftigungskontraste in Europa anderswohin verlagert. Im europäischen Spektrum waren Frankreich und die Bundesrepublik recht ähnliche Länder geworden.

Die soziale Schichtung, die hier nur sehr grob verfolgt werden kann, glich sich ebenfalls an: Schon in den siebziger Jahren gehörte nur noch etwa jeder siebte Franzose zur kleinbürgerlichen Schicht, die Frankreich gesellschaftlich und politisch so stark geprägt hatte. Neben den rasch zunehmenden Industriearbeitern und -angestellten, die inzwischen dreimal so zahlreich geworden waren wie das Kleinbürgertum, spielte diese Schicht sozial und politisch nur noch eine Randrolle. In der Bundesrepublik hingegen gingen die kleinbürgerlichen Schichten während des Booms erheblich langsamer von 15% auf 10% zurück. Dadurch ähnelten sich am Ende des Booms beide Gesellschaften in einer dreißig Jahre zuvor noch kaum vorstellbaren Weise: 14% meist kleine Selbständige in Frankreich und 10% meist kleine Selbständige in Bundesrepublik, außerhalb der Landwirtschaft sogar nur 8% Selbständige in Frankreich und 7% Selbständige in der Bundesrepublik. Deutliche, freilich weniger weitreichende Annäherungen auch in der Entwicklung der Arbeitnehmer: Sowohl in der Industrie als auch im Dienstleistungssektor stieg der Anteil der Arbeitnehmer in Frankreich so rasch wie selten zuvor. 1946 arbeitete noch jeweils nur knapp ein Viertel aller französischen Erwerbstätigen als Arbeitnehmer in der Industrie bzw. im Dienstleistungssektor, 1975 dagegen schon fast ein Drittel in der Industrie, sogar mehr als zwei Fünftel im Dienstleistungssektor. Frankreich hatte damit während des Booms einen fundamentalen Entwicklungsschritt gemacht, den die Bundesrepublik am Anfang des Booms schon hinter sich hatte. Beide Entwicklungen, die Annäherung des Kleinbürgertums und der Arbeitnehmer, waren jedoch nur Teile einer grundsätzlicheren Wandlung der sozialen Schichtung, auf die in späteren Kapiteln zurückzukommen sein wird: der Auflösung einer Gesellschaft, die vom Bürgertum, vom Arbeiterproletariat und von den Bauern geprägt gewesen war – einer Gesellschaft, die im 19. Jahrhundert in Frankreich und Deutschland in sehr unterschiedlicher Weise entstand und die nun in beiden Ländern in ähnlicher Weise verfiel.

Schließlich haben sich auch die Konsumstile in Frankreich und der Bundesrepublik stark und rasch angenähert. Obwohl sich die durchschnittlichen Pro-Kopf-Einkommen und das Wohlstandsniveau Frankreichs und der Bundesrepublik ab etwa der Mitte der 1950er Jahre kaum noch unterschieden, liefen Lebensführung und Konsumstile damals weiterhin spürbar auseinander. Der französische Lebenstil war stärker an sozialen Kontakten und gleichzeitig an der Bewahrung der individuellen Sphäre, der Lebenstil in der Bundesrepublik stärker an hoher materieller Qualität des innerhäuslichen Lebens orientiert. Die Franzosen wußten es am Anfang des Booms offensichtlich noch mit ihrer Lebensführung zu vereinbaren, daß sie in kleinen, mit Bad, Innentoilette und Frischwasser schlecht ausgestatteten Wohnungen lebten. Noch 1960 hatten nur 41% der französischen, aber 64% der deutschen Wohnungen Innentoiletten, nur 29% der französischen, aber 51% der deutschen Wohnungen Bad oder Dusche, um 1950 sogar nur 37% der französischen, aber 79% der deutschen Wohnungen fließend Wasser. Die deutschen Wohnungen waren größer und jüngeren Datums. Ähnlich bei der Haushaltstechnik, für die allerdings erst um 1970 Statistiken vorliegen: Nur 7% französische, aber 30% der deutschen Haushalte hatten eine Tiefkühltruhe, nur 69% der französischen, aber 79% der deutschen Haushalte eine Waschmaschine. Die Franzosen besaßen freilich dafür umgekehrt andere Formen der Wohnungsqualität und weit mehr Wohnsicherheit: Auch nach dem Zweiten Weltkrieg war das Leben im eigenen Heim in Frankreich noch weit verbreiteter als in der Bundesrepublik. Selbst um 1965 waren 43% der Franzosen, aber nur 34% der Bundesdeutschen Besitzer, nicht nur Mieter ihrer Wohnung. In kaum einem anderen westeuropäischen Land ging ein so geringer Teil des Einkommens in die Miete wie in Frankreich. Franzosen waren damit weniger als die Bundesdeutschen den Unsicherheiten der Mietersituation ausgesetzt. Gleichzeitig hatte ein neues langlebiges Konsumgut in der französischen Lebensführung höhere Priorität als in der Bundesrepublik: Nirgendwo sonst in Westeuropa außer Großbritannien gab es eine so hohe Autodichte wie in Frankreich. Sie war 1948 rund sechsmal so hoch wie in der Bundesrepublik und auch um 1955 noch mehr als doppelt so hoch. Deutlich üppiger war die französische Lebensführung auch im Essen und Trinken. Nirgends sonst in Westeuropa wurde am Anfang des Booms ein so großer Teil des Einkommens für Essen und Trinken ausgegeben wie in Frankreich. Selbst noch um 1960 war der Alkohol- und dabei vor allem der Weinkonsum in Frankreich fast zweieinhalbmal so hoch wie in der Bundesrepublik und lag einsam an westeuropäischer Spitze. Gleichzeitig war Anfang der fünfziger Jahre die Sparquote in Frankreich zwar für westeuropäische Verhältnisse sicher nicht niedrig, aber doch nur etwa halb so hoch wie in der Bundesrepublik.

Diese französisch-deutschen Kontraste in den Konsumstilen gingen in den vergangenen Jahrzehnten spürbar zurück. Die großen Kontraste des Wohnens milderten sich in einem ungewöhnlichen Wohnungsbauboom ab, der vor allem für Frankreich einen ganz unbekannten Durchbruch zu staatlichen Wohnungsbauprogrammen, zu Stadterweiterungsplanungen und zu Gründungen von ganzen Vorstädten bedeutete. Die Wohnungsgröße näherte sich in beiden Ländern stark an: Nicht nur in der Bundesrepublik, sondern auch in Frankreich waren Mitte der siebziger Jahre Drei- bis Vierzimmerwohnungen am häufigsten. Auch in Frankreich waren nun die fast alle Wohnungen frischwasserversorgt, hatten Innentoilette und Bad. Umgekehrt lebte man in der Bundesrepublik am Ende des Booms fast ebenso häufig wie in Frankreich im Eigenheim. Das Mietshauswohnen ging zurück. Die Zahl der Haus- und Wohnungsbesitzer stieg von rund einem Viertel auf über fast die Hälfte und glich sich damit dem französischen Hausbesitzeranteil deutlich an. Starke Annäherungen auch in den Konsumgewohnheiten: Langlebige Konsumgüter wie Autos, Fernsehapparate, Kühlschränke, wurden in Frankreich und der Bundesrepublik ähnlich häufig gekauft. Französisches und bundesdeutsches Sparverhalten glichen sich im Verlauf des Booms ebenfalls stark an. Die alten Gegensätze in den Ausgaben für Essen und Trinken gingen fast ganz zurück. 1983 gaben Franzosen und Bundesdeutsche ihr Haushaltsbudget in fast identischer Weise aus: Für Essen und Trinken die Franzosen 21%, die Deutschen 19%, für Kleidung die Franzosen 8%, die Deutschen 8%, für Möbel und Haushaltsgegenstände die Franzosen 9%, die Deutschen 9%, für Freizeit, Kultur und Weiterbildung die Franzosen über 6%, die Deutschen knapp 8%. Die Kontraste im Alkoholverbrauch gingen ebenfalls stark zurück. Innerhalb Westeuropas gab es auch hier weit krassere Unterschiede als zwischen Frankreich und der Bundesrepublik. Selbst der Wein verlor etwas an Wert als Barometer für französisch-deutsche Lebensstilkontraste. Der Weinkonsum sank in Frankreich, stieg in der Bundesrepublik stark an. Das ähnliche Erscheinungsbild der Warenhäuser und Supermärkte in Frankreich und der Bundesrepublik ebenso wie anderswo in Westeuropa trügt nicht: Neben aller regionaler und nationaler Vielfalt zeichnete sich in Frankreich und der Bundesrepublik mehr und mehr eine ähnliche, westeuropäische Lebensführung ab.

Die französische und bundesrepublikanische Öffentlichkeit diskutierte nach dem Zweiten Weltkrieg die Wirtschaft und die Gesellschaftsstruktur beider Länder vor allem in ihren Unterschieden. Sie tut das bis heute. Ohne Zweifel geht diese Diskussion nicht an den historischen Realitäten beider Länder vorbei, denn die alten Gegensätze der Wirtschafts- und Sozialstruktur konnten während der vier Jahrzehnte seit dem Zweiten Weltkrieg nicht völlig verschwinden. Trotzdem werden dabei zwei andere, ebenso wichtige französisch-deutsche Realitäten übersehen: Erstens vergißt man dabei völlig das Faktum, daß die Wirtschafts- und Sozialstruktur in Frankreich nach dem Zweiten Weltkrieg dynamischer war und sich rascher wandelte als in der Bundesrepublik. Die Industrie wuchs rascher, die Exportorientierung verstärkte sich schneller, die Großunternehmen expandierten dramatischer, auch das Wirtschaftswachstum war über fast zwei Jahrzehnte hinweg in Frankreich höher als in der Bundesrepublik. Ähnlich die Gesellschaftsstruktur: Die Beschäftigung veränderte sich weit rapider, vor allem schrumpfte der französische Agrarsektor außerordentlich schnell. Die soziale Schichtung wandelte sich schneller. Besonders die Bauern und das städtische Kleinbürgertum verloren in kurzer Zeit ihre prägende Stärke. Die Ausbildung der Bevölkerung veränderte sich rascher. Berufsanfänger ohne jegliche Berufsausbildung gingen in Frankreich rascher zurück, Hochschulabsolventen nahmen umgekehrt rascher zu. Die Konsumstruktur veränderte sich rascher. Diese größere Dynamik der Wirtschafts- und Gesellschaftstruktur Frankreichs blieb auf beiden Seiten des Rheins eigentümlich unbekannt. Aus diesem Grund wird auch eine zweite Realität, die tiefgreifenden Annäherungen und Angleichungen beider Gesellschaften, sehr oft unterschätzt oder sogar übersehen. Was immer auch in der Nachkriegszeit an wirtschaftlichen Unterschieden erhalten blieb, waren wegen des rascheren wirtschaftlichen und sozialen Wandels in Frankreich keine Kontraste mehr, sondern nur noch graduelle Unterschiede. Die einst weit auseinanderlaufenden Industrialisierungswege Frankreichs und Deutschlands haben sich zu Variationen des gleichen europäischen Weges zurückgebildet. Im europäischen Rahmen nehmen sich die französisch-deutschen Unterschiede meist nur noch recht bescheiden aus. Auch wenn eine völlige wirtschaftliche und gesellschaftliche Angleichung beider Länder weder möglich noch wünschenswert ist, fragt man sich daher manchmal, ob die öffentliche Meinung nicht oft beim Stand von 1950 oder gar von 1914 stehenblieb und sich erst noch der neuen Realitäten und Annäherungen zwischen Frankreich und der Bundesrepublik bewußt werden muß. Das gilt freilich für die Wirtschaft und für die Sozialstruktur in besonders starkem Maß, viel weniger dagegen für die französisch-deutschen Unterschiede in der Familie, in der Oberschicht, im Sozialkonflikt und im Interventionstaat. Wir werden uns zuerst die französisch-deutschen Unterschiede auch in diesen Gesellschaftsbereichen ansehen, bevor wir zu einem abschließenden Urteil kommen.

Kapitel 8

Die Familie: Neue französisch-deutsche Unterschiede und europäische Annäherungen

Das Familienleben des Nachbars jenseits des Rheins ist in der öffentlichen Meinung Frankreichs wie der Bundesrepublik eine der großen Unbekannten. Während es über die Wirtschaft, über Eß- und Trinkgewohnheiten, über den Wohnstil, über die Einstellung zur Umwelt, über den Schulunterricht und über die Elitehochschulen, über Streiks und Gewerkschaften im jeweils anderen Land viele entschiedene Meinungen gibt, besteht über familiäre Unterschiede zwischen Frankreich und der Bundesrepublik gleichsam ein schwarzes Meinungsloch. Die alten französischen Vorurteile von der Häuslichkeit und Hausbackenheit der deutschen Ehefrau und der Abgeschirmtheit der deutschen Familie sind ebenso aus der öffentlichen Meinung verschwunden wie die alten deutschen Vorurteile von der Eleganz und Mutterkälte der französischen Frau und der Unhäuslichkeit des französischen Vaters.

Was verbirgt sich hinter diesem wechselseitigen Desinteresse? Blieben die unterschiedlichen Entwicklungswege der französischen und deutschen Familie aus der Zeit vor 1914 erhalten, so wie sie im zweiten Kapitel vorgeführt wurden? Waren Familiengröße und familiärer Lebenszyklus weiterhin anders? Blieb die Großfamilie in Frankreich wichtiger, die Fürsorge der Franzosen für ihre Kinder intensiver, die französische Frau innerhalb der Familie gleichberechtigter und gleichzeitig durch ihren Beruf unabhängiger? Blieb die deutsche Familie stärker auf die Kernfamilie konzentriert, gab sie gleichzeitig den jungen erwachsenen Nachkommen mehr Entscheidungsspielraum und band sie weniger lebenslang? Blieb vor allem, ähnlich wie schon vor 1914, offen, ob die französische oder die deutsche Familie moderner war? Wurde deshalb von Franzosen wie Deutschen immer wieder die amerikanische oder schwedische, aber kaum einmal die Familie jenseits des Rheins als Modell diskutiert, nachgeahmt oder verworfen?

Oder wurden die Familien in Frankreich und der Bundesrepublik seit 1945 ähnlicher, weil sie den gleichen europaweiten Tendenzen tiefgreifenden Wandels unterworfen waren, dessen historische Bedeutung vielfach noch gar nicht abschätzbar ist: dem Rückgang der Familiengröße, dem Bedeutungsschwund der Elternphase im Lebenszyklus, der Verlängerung und Aufwertung der Jugendphase und des nachelterlichen Alters, der neuen Vielfalt von normalen Lebensläufen – neben der Heirat das informelle Zusammenleben junger, vorelterlicher Paare, aber auch alter, nachelterlicher Paare, neben der Zweielternfamilie auch die erzwungene oder freiwillige Einelternfamilie, neben der einen Elternphase auch die Wiederholung der Elternphase nach Scheidung und Wiederverheiratung, neben der lebenslangen Elternbeziehung auch wechselnde Elternbeziehungen ebenfalls durch Scheidung, neben der Kernfamilie auch die freiwillige Kinderlosigkeit? Wurden auch in der Entwicklung der Familie ältere Unterschiede von einem grundsätzlichen sozialen Wandel überdeckt und abgelöst?

Sicher gab es auch in der Familiengeschichte seit dem Zweiten Weltkrieg eine ganze Reihe von Unterschieden zwischen Frankreich und der Bundesrepublik. Sie waren teils alt, teils entstanden sie erst. Trotzdem würde man auch hier nur einen Teil der historischen Realität erfassen, bliebe man bei diesen Unterschieden stehen. «Die Züge [der französischen Jugend]», schrieb etwa ein französischer Beobachter um 1960, «finden wir bei der deutschen Jugend mit einer solchen Genauigkeit wieder, daß die beiden Bilder, von weitem betrachtet, uns beinahe gleich erscheinen.»[1] Auch beim französischen und deutschen Familienleben werden wir deshalb Auseinanderentwicklungen und Annäherungen gegeneinander abwägen müssen. Wir beginnen wiederum mit den Unterschieden und kommen danach auf die Ähnlichkeiten und Annäherungen zu sprechen.

Ein erster, neuer, vielfach noch übersehener, aber schon unmittelbar nach dem Zweiten Weltkrieg entstandener wichtiger Unterschied ist demographisch. Wir haben ihn schon erwähnt. Während für rund anderthalb Jahrhunderte – vom Anfang des 19. Jahrhunderts bis zum Zweiten Weltkrieg – Frankreich das europäische Land mit der niedrigsten Geburtenrate war und weit hinter den hohen deutschen Geburtenraten herhinkte, drehte sich dieser französisch-deutsche Unterschied am Ende des Zweiten Weltkriegs um. Frankreichs Geburtenraten überstiegen von 1943 an die Geburtenraten Deutschlands bzw. der Bundesrepublik und blieben mit einer kurzen Unterbrechung während der sechziger Jahre bis heute spürbar höher. Diese Entwicklung sollte man nicht mißverstehen. In der langen Sicht gingen auch in Frankreich die Geburtenraten genauso wie in der Bundesrepublik weiterhin zurück. Sie sanken aber in Frankreich seit dem Beginn des 19. Jahrhunderts in langen Wellen relativ *stetig und langsam* und waren in der jüngsten Gegenwart ungefähr halb so hoch wie hundertsiebzig Jahre davor. In der Bundesrepublik hingegen fielen die Geburtenraten dramatisch und in erratischen Entwicklungsbrüchen. In der jüngsten Vergangenheit – in den späten siebziger Jahren – waren die Geburtenraten nur noch rund ein Viertel so hoch wie nur achtzig Jahre davor. Der neue französisch-deutsche Unterschied in den Geburtenraten wird meist eher unterschätzt. Er hat ungefähr die Ausmaße wie am Vorabend des Ersten Weltkriegs, als die Debatte über den deutschen Bevölkerungsüberschuß in Frankreich heftig war. Damals war die Geburtenrate in Deutschland um rund die Hälfte höher als die französische, heute ist die französische um die Hälfte höher als die bundesdeutsche. Wenn man so will, sind die Unterschiede sogar noch schärfer geworden. Vor 1914 waren die Übergänge zwischen den benachbarten französischen und deutschen Regionen oft gleitend. Heute hingegen finden sich die französisch-deutschen Kontraste in voller Schärfe auch zwischen benachbarten Grenzregionen. Auch im Rahmen der westeuropäischen Gesellschaften liegen Frankreich und die Bundesrepublik in der jüngsten Vergangenheit seit etwa 1970 weit auseinander. Frankreichs Geburtenraten gehören seitdem zu den höchsten in Westeuropa und waren um 1980 fast so hoch wie in Spanien, Portugal und Griechenland. Nur die irischen Geburtenraten übertrafen sie noch. Die Geburtenraten der Bundesrepublik wurden umgekehrt um 1980 von keinem anderen westeuropäischen Land unterboten.

Mit den Geburtenraten fielen auch die Familiengrößen in den beiden Ländern immer stärker auseinander. Schon aus den in den fünfziger Jahren geschlossenen Ehen gingen in der Bundesrepublik weniger Kinder hervor, nur aus jeder sechsten Ehe vier Kinder und mehr, in Frankreich hingegen noch aus jeder vierten Ehe vier Kinder und mehr. Noch schärfer war der französisch-deutsche Kontrast in den um 1975 geschlossenen Ehen. Nur noch jede vierzehnte bundesdeutsche Ehe hatte – so schätzt man – vier Kinder und mehr, in Frankreich hingegen 1981 jede sechste. Auch die Idealvorstellungen von der Familiengröße sahen in der Bundesrepublik um 1980 deutlich anders aus als in Frankreich. Die weitaus meisten Bundesdeutschen hielten ähnlich wie die meisten anderen Westeuropäer immer noch die Zwei-Kinder-Familie für ideal. Im verbleibenden andersdenkenden Rest hatten in der Bundesrepublik die Ein-Kind-Familie und das kinderlose Ehepaar schon fast ebensoviele Anhänger wie die Drei-Kinder-Familie. Ganz anders in Frankreich. Für fast die Hälfte der Franzosen war immer noch die Drei-Kinder-Familie die ideale Familiengröße. Die Anhänger der Zwei-Kinder-Familie waren nicht häufiger, sondern nur ungefähr gleich zahlreich. Die Ein-Kinder-Familie oder das kinderlose Ehepaar fand Frankreich so gut wie niemand ideal.

Dieser neue französisch-deutsche Unterschied in den Geburtenraten und der Familiengröße ist nur ein Anzeichen für tiefergehende Kontraste in der Organisation des Familienlebens und den familären Wertvorstellungen vor allem während der Elternphase. Allerdings ist es nicht leicht, Einzelheiten aufzuspüren, da es kaum vergleichende Untersuchungen gibt und da sicher darüber hinaus in beiden Ländern das Familienleben auch nach dem Zweiten Weltkrieg je nach sozialer Schicht, nach Region und nach Generation sehr unterschiedlich aussah. (Auf die Besonderheiten der bürgerlichen Familie und ihrer Ablösung kommen wir im nächsten Kapitel zurück.) Global von französischem und deutschem Fami-

Die Familie

lienleben zu sprechen, ist deshalb sicher eine grobe, wenn auch unvermeidbare Vereinfachung. Trotzdem sind schon auf dieser allgemeinen Ebene eine ganze Reihe Feststellungen zu treffen.

Während der 1950er Jahre scheint in Frankreich die individuelle Privatsphäre innerhalb der Familie wenig entwickelt gewesen zu sein. Das Zusammenwohnen der ganzen Familie in einem oder höchstens zwei Räumen, die gleichzeitig Küche, Wohnraum, Bad (man erinnere sich nur an die Filmidylle der morgendlichen Rasur mit dem Rasierspiegel am Küchenfensterkreuz), manchmal sogar auch Schlafraum darstellten, die fehlenden Rückzugsmöglichkeiten beim Schlafen, beim Waschen, beim Lesen und Briefeschreiben, bei den Schularbeiten, beim Besuch von Freunden, die Flucht davor in die Öffentlichkeit der Straße, der oft noch getrennten Frauen- und Männergesellschaften, der Jugendgruppen, war in der Nachkriegszeit in der französischen Gesellschaft immer noch stark verbreitet. Die Wohnungen in Frankreich waren um 1950 auch deutlich kleiner: Sie hatten am häufigsten ein oder zwei Räume, in der Bundesrepublik hingegen zwei bis drei Räume. Sicher lebten die Westdeutschen während der unmittelbaren Nachkriegsjahre wegen der Kriegszerstörungen und wegen der Flüchtlingsströme ebenfalls beengt; nicht selten sogar zwei Familien in einer Wohnung. Die Zahl der Personen pro Raum lag um 1950 sogar höher als in Frankreich. In der Bundesrepublik war das jedoch ein vorübergehender Zustand, der vor dem Zweiten Weltkrieg wenig bekannt gewesen war und sich mit dem enormen Aufschwung des Wohnungsbaus seit den 1950er Jahren auch wieder rasch besserte. Um 1960 wohnte man in der Bundesrepublik schon wieder weniger dicht aufeinander als in Frankreich.

Ein weiterer Unterschied hielt sich länger: Auch noch um 1980 war ähnlich wie auch schon vor 1914 in Frankreich die Bindung an die Herkunftsfamilie und an die weitere Verwandtschaft stärker als in der Bundesrepublik. In jüngsten europaweiten Umfragen wurde dies immer deutlich. Gleichgültig, ob nach den Beziehungen von Jugendlichen und jungen Erwachsenen zu ihren Eltern, nach den Beziehungen zwischen Enkeln und Großeltern, nach der Bedeutung von Kindern für eine glückliche Ehe gefragt wurde, immer erscheinen die familiären Beziehungen in Frankreich enger oder die Wünsche nach engen familiären Beziehungen größer als in der Bundesrepublik. Zumindest bei der Beaufsichtigung von Kindern werden aus Wünschen Fakten: Die französischen Eltern stützten sich auch um 1980 immer noch sehr stark auf die Mithilfe der weiteren Familie, der Großeltern oder anderer Verwandter. 1982 wurden zwei von fünf Kleinkindern unter drei Jahren in Frankreich von Mitgliedern der weiteren Familie beaufsichtigt; damit wurden Familienmitglieder ebenso häufig für die Beaufsichtigung von Kleinkindern eingesetzt wie Tagesmütter und Nachbarinnen, weit häufiger als Kinderkrippen.

Auch die Autorität der Eltern gegenüber den Kindern wird in Frankreich anders gesehen als in der Bundesrepublik. Was manchen französischen Besuchern der fünfziger Jahre in der Bundesrepublik auffiel, «das völlige Fehlen der schulischen und familiären Erziehung und Disziplin»,[2] blieb, wenn auch oft anders bewertet, als Unterschied erhalten. Auch noch um 1980 hielt eine Mehrheit von Franzosen, aber nur eine Minderheit von Deutschen die elterlichen Erziehungsmethoden für nicht autoritär genug. Umgekehrt glaubte fast die Hälfte der Deutschen, aber nur ein Viertel der Franzosen, daß Eltern zu wenig auf die Ansichten der Kinder eingingen. Höflichkeit und Sauberkeit, Loyalität, Selbstlosigkeit spielten unter den elterlichen Erziehungszielen in Frankreich immer noch eine spürbar größere Rolle als in der Bundesrepublik. Diese Meinungen sagen sicher nicht allzu viel über die Alltagsrealität in den französischen und deutschen Familien aus. Es sieht aber doch ganz so aus, als ob sich die stärkeren Wünsche nach Familienbindung in Frankreich auch noch 1980 mit autoritäreren Vorstellungen von Erziehung verbanden.

Freilich sollte man dabei nicht übersehen, daß die französische Familie in der Kindererziehung tiefergehende und dramatischere Funktionsverluste erlebte als die deutsche. Innerhalb von nur einer Generation wandelte sich die französische Familieneinstellung zur Kindererziehung völlig: Während noch vor dem Zweiten Weltkrieg die Kinder bis zum Schulalter überwiegend in der Familie lebten, wurden um 1982 neun von zehn französischen Kindern schon ab drei Jahren in die école maternelle gegeben. Von einer Generation zur anderen setzte sich unter französischen Eltern die Auffassung durch, daß Kinder möglichst früh unter ihresgleichen leben sollten. Die bundesrepublikanischen Eltern zögern bis heute diesen Lebenseinschnitt eher hinaus. Aus dem gleichen Grund gab ein rasch wachsender Teil der französischen Eltern ihre Kinder während der Ferien in die weitverbreiteten «colonies de vacances», in der Bundesrepublik dagegen wurden nach dem Zweiten Weltkrieg die Ferien zu der Zeit intensivsten Zusammenlebens in der Kernfamilie. Feriencamps blieben weit seltener. Vielleicht spielen dabei auch die traumatischen Erfahrungen mit nationalsozialistischer Indoktrination in Jugendorganisationen und Jugendlagern mit. Schließlich leben die französischen Kinder auch einen wachsenden Teil ihres Schultages in der Schule und unter ihresgleichen. In der Bundesrepublik verkürzte sich dagegen der Schultag und die Schulwoche eher. Die Kinder verleben eher noch mehr Zeit in der Familie. Dieser Funktionsverlust und die Funktionsentlastung der französischen Familie führte daher zu neuen französisch-deutschen Unterschieden im Familienleben, die es so vor dem Zweiten Weltkrieg noch nicht gab.

Anders als in der Bundesrepublik scheint noch um 1980 in Frankreich auch das Zusammenspiel der Eltern gewesen zu sein. Hier erinnert die

Situation immer noch stark an die Zeit vor 1914. Dabei mag es für bundesdeutsche Leser paradox erscheinen, daß sich die autoritärere Elternvorstellung in Frankreich nahtlos mit mehr Gleichheit zwischen den Ehepartnern verband, und zwar sowohl in den Idealbildern von der ehelichen Zusammenarbeit als auch im Ehealltag. Vorstellungen von gleicher Aufgabenverteilung zwischen Mann und Frau in den Familien fanden um 1980 unter Franzosen – unter Männern wie unter Frauen – ein weit positiveres Echo als in der Bundesrepublik. Sicher war auch in Frankreich keine Mehrheit dafür. Aber die Bundesrepublik war neben Luxemburg das westeuropäische Land mit den weitaus meisten Gleichheitsskeptikern. Auch in den achtziger Jahren blieben die Befürworter in der Bundesrepublik unverändert eine kleine Minderheit von einem Viertel, unter Frauen wie unter Männern. Frankreich dagegen gehörte zu den Ländern mit den meisten Befürwortern, die ähnlich wie anderswo in Westeuropa fast die Hälfte der Befragten ausmachten. Männer und – zurückhaltender – auch Frauen gaben in Frankreich häufiger intensive Mitarbeit des Ehemanns im Haushalt an. Vor allem unterschied sich in beiden Ländern auch noch um 1980 die Art der Hausarbeit, die von Männern erwartet wurde: Kochen, Putzen, Kinderaufsicht, Windelwechseln, Bügeln wurde zwar auch in Frankreich nur von einer Minderheit, aber doch spürbar häufiger genannt als in der Bundesrepublik. In den Idealvorstellungen, aber teilweise auch im Bild vom Ehealltag waren Männer und Frauen in Frankreich ein ganzes Stück gleichberechtigter als in der Bundesrepublik.

Schließlich bieten staatliche, kirchliche und kommerzielle Institutionen in Frankreich den Familien erheblich mehr oder günstigere Dienstleistungen an als in der Bundesrepubik und entlasten Eltern stärker als in der Bundesrepublik. Staatliche und kirchliche Krippen und Kindergärten waren um 1980 in Frankreich weit zahlreicher: 1980 gab es bald zweieinhalb Millionen Krippen-, Kindergarten- und Vorschulplätze, in der Bundesrepublik nicht einmal eineinhalb Millionen. Ganztagsschulen, aus denen die Kinder erst am Nachmittag nach Hause kommen, wurden in der Nachkriegszeit in Frankreich zur Regel. Die französischen Eltern haben dadurch nur am späten Nachmittag und am Abend für ihre Kinder da zu sein, nicht schon am Mittag, wie meist die Mütter in der Bundesrepublik. Wegen der flexibleren Ladenschlußzeiten ist gleichzeitig der alltägliche Einkaufszeitdruck für französische Eltern geringer. Sie beklagen sich deshalb auch erheblich weniger über Zeitdruck bei der Kinderaufsicht. «Meine Kolleginnen in Frankreich... schütteln nur die Köpfe über die Probleme berufstätiger Mütter in der Bundesrepublik. Für sie ist es selbstverständlich, daß Eltern und Kinder morgens gemeinsam das Haus verlassen, am Nachmittag gemeinsam nach Hause kommen. Mittagessen gibt es in der Schule, die Hausaufgaben sind gemacht. Das leidige Dauerthema belastet also den häuslichen Frieden nicht. Alle haben zusammen Feierabend.»[3] Schließlich ist die Elternphase in Frankreich möglicherweise auch kürzer als in der Bundesrepublik, vor allem in der wachsenden Zahl von Familien mit Sekundar- und Hochschülern, also einem knappen Drittel der französischen Familien (um 1980). Das baccalauréat wird in Frankreich ein Jahr früher abgeschlossen als das deutsche Abitur, der Hochschulabschluß im Durchschnitt um einige Jahre früher als in der Bundesrepublik erreicht. Die Gesamtzeit, in der Kinder mit dieser Ausbildung ihre Eltern in wechselnder Weise brauchen, ist daher in Frankreich im Durchschnitt um mehrere Jahre kürzer. Vor allem die finanzielle Belastung durch das Studium der Kinder dürfte aus allen diesen Gründen in Frankreich trotz größerer Kinderzahlen eher früher enden als in der Bundesrepublik. Die alltägliche Organisation der Familie ist daher für die Eltern in Frankreich etwas einfacher als in der Bundesrepublik.

Ein weiterer Unterschied zwischen französischer und deutscher Familie hängt damit eng zusammen. Er entstand nicht neu, sondern war schon vor 1914 vorhanden: In Frankreich gab es auch um 1980 etwas mehr Berufstätigkeit von Ehefrauen und Müttern als in der Bundesrepublik. Nach dem Zweiten Weltkrieg ist das allerdings erstaunlicher. Die höheren französischen Geburtenraten seit 1945 ließen eher erwarten, daß sich die Ehefrauen in Frankreich stärker aus dem Arbeitsmarkt zurückzögen und auf die Hausfrauen- und Mutterrolle konzentrierten. Ganz ohne Zweifel aber war das Gegenteil der Fall. Sicher war die Frauenarbeit insgesamt in beiden Ländern sehr ähnlich, unter den Ehefrauen aber bestanden immer noch beträchtliche Unterschiede. Um 1950 waren in Frankreich 42% aller verheirateten Frauen berufstätig gewesen, in der Bundesrepublik nur 25%. Um 1980 arbeiteten in Frankreich 48% der Ehefrauen im Beruf, in der Bundesrepublik 41%. Auch die beruflichen Lebensläufe von Frauen sahen daher in Frankreich anders aus als in der Bundesrepublik. Vor dem Heiratsalter arbeiteten um 1975 die weitaus meisten Frauen, in beiden Ländern ein fast identischer Anteil von etwas über zwei Dritteln. Ab dem Heiratsalter dagegen fielen die beiden Länder auseinander: In Frankreich waren auch in höherem Alter mehr als die Hälfte der Frauen berufstätig, in der Bundesrepublik dagegen weniger als die Hälfte. Weiterhin gab es auch noch um 1980, ähnlich wie schon vor dem Ersten Weltkrieg, unter Frauen in Frankreich etwas häufiger Chefinnen oder Selbständige als in der Bundesrepublik. In bestimmten Branchen wie der Hotellerie, den Apotheken, dem Detailhandel, den paramedizinischen Berufen, den Friseursalons waren sogar rund die Hälfte aller Chefs Frauen. Auch wenn um 1980 nur noch ein sehr kleiner Teil der Erwerbstätigen in solche Position kam, blieb das soziale Modell der «patronne» in Frankreich doch immer noch etwas wichtiger.

Es sieht ganz so aus, als ob Frauenarbeit ganz generell auch noch um 1980 in Frankreich viel eher als normal angesehen wurde als in der Bundesrepublik. Franzosen – Frauen und Männer – glaubten häufiger, daß Frauen in bisher männlichen Berufen ihren Mann stehen. Ein viel höherer Teil der Franzosen reagierte positiv, wenn man um 1980 fragte, ob Frauen Busfahrer, Chirurg, Rechtsanwalt werden sollten. Die Franzosen trauten dabei Frauen erheblich mehr, die Bundesdeutschen erheblich weniger zu als die Westeuropäer im Durchschnitt. Französinnen, die nur Hausfrau und Mutter waren, wollten weit häufiger berufstätig werden als Deutsche, obwohl sie mit ihrer Hausfrauenrolle nicht unzufriedener waren. Vielleicht erklärt sich daraus auch das Paradox, daß französische Frauen die berufliche Gleichberechtigung der Geschlechter weit stärker unterstützten als deutsche Frauen, gleichzeitig aber weniger bereit waren, sich in Frauenbewegungen zu organisieren. Die längere französische Tradition selbstverständlicher und normaler Berufstätigkeit von Frauen nicht nur vor der Heirat, sondern über das ganze Leben hinweg und auch als Ehefrau, scheint hier bis heute ihre Spuren hinterlassen zu haben.

Man wird daraus sicher nicht ohne weiteres folgern können, daß diese andere Einstellung der französischen Gesellschaft zur berufstätigen Frau auch die Wirklichkeit der Frauenarbeit anders aussehen ließ. So waren im Vergleich zu den Männern die französischen Frauen in den siebziger und achziger Jahren eher noch stärker von der Arbeitslosigkeit getroffen als deutsche Frauen. Auch in Frankreich sah eine Mehrheit von Frauen und Männern um 1980 eine starke Diskriminierung von Frauen in der Bezahlung, in der Arbeitsplatzsicherheit, in der Vielfalt der Berufschancen, in den Aufstiegsmöglichkeiten. Aber die Klagen über Ungleichheit zwischen den Geschlechtern waren unter Franzosen doch erheblich weniger häufig als unter Bundesdeutschen. Darüber hinaus gab es auch um 1980 in Frankreich eine ganze Reihe von Anzeichen für bessere Berufschancen von Frauen. Die Verdienstunterschiede waren in den 1970er Jahren zumindest in der Industrie in Frankreich tatsächlich spürbar weniger groß. Die Zugangschancen für Frauen an Universitäten erschienen in Frankreich ebenfalls günstiger: Studentinnen waren um 1980 an französischen Hochschulen fast gleich häufig wie Studenten und nicht wie in der Bundesrepublik ein ganzes Stück seltener. Wichtiger noch: In einer ganzen Reihe von akademischen Berufen wie Arzt, Rechtsanwalt, Gymnasiallehrer, Hochschullehrer war der Frauenanteil in Frankreich um 1980 spürbar höher. Auch dieser Unterschied, den es schon vor 1914 gab, scheint sich erhalten zu haben. Die Berufe, in denen Französinnen bessere Chancen hatten als deutsche Frauen, hatten sich allerdings seit dem Jahrhundertanfang grundlegend verändert.

Wahrscheinlich läßt sich eher aus solchen Alltagserfahrungen als aus ideologischen Unterschieden erklären, warum es schließlich einen vierten wichtigen Unterschied zwischen Frankreich und der Bundesrepublik gab: Die faktische Familienpolitik sah in Frankreich auch noch 1980 erheblich anders aus. Zugespitzt formuliert: Es sieht nicht so aus, als ob um 1980 die Wünsche und Idealvorstellungen französischer und deutscher Eltern weit auseinanderlagen. Es scheinen eher die unterschiedlichen praktischen Ergebnisse der Familienpolitik gewesen zu sein, die das alltägliche Familienleben in Frankreich und der Bundesrepublik so verschieden gestalteten.

Alle diese Unterschiede im alltäglichen Familienleben, zu denen man sich noch erheblich genauere und vor allem historisch detailliertere Untersuchungen wünschte, sind sicher ebenso wichtig wie unbekannt. Sie haben wohl auch zu manchen Schwierigkeiten im alltäglichen Brückenschlag zwischen beiden Ländern geführt. Gerade weil sie so unbekannt sind und die Motive für fremdartig erscheinendes Verhalten im Dunkeln bleiben, können sie auch Grund für neue Fehl- und Vorurteile sein. Trotzdem sollte man diese Unterschiede nicht verabsolutieren und überschätzen. Vergleicht man die Unterschiede des Familienlebens nach dem Zweiten Weltkrieg mit dem, was französische und deutsche Familien vor 1914 trennte, so sind eine ganze Reihe von Annäherungen und teilweise sogar Angleichungen unübersehbar. Auch wenn man die Beziehung beider Gesellschaften nicht nur mit rosaroter Brille sieht, kommt man daran nicht vorbei.

Vor allem anderen löste sich ein wichtiger alter Unterschied zwischen französischem und deutschem Familienhaushalt völlig auf. Nur zur Erinnerung: Vor 1914 herrschte in Deutschland, aber auch im Norden Frankreichs eine Form des Familienhaushalts vor, der von dem englischen Demographen Peter Laslett als europäische Familie bezeichnet wurde: ein Haushalt, in dem die Eltern in spätem, aber ähnlichem Alter geheiratet hatten und nur Eltern und Kinder, nicht weitere Verwandte zusammenwohnten. Im Süden und Südwesten Frankreichs war dagegen ein anderer, eher südeuropäischer Haushaltstyp verbreitet: Die Eltern hatten erheblich früher geheiratet. Die Altersabstände zwischen Männern und Frauen waren oft recht groß. Im Haushalt lebten nicht nur Eltern und Kinder, sondern oft auch Großeltern oder andere Verwandte. Von diesen Unterschieden des Familienhaushalts war schon unmittelbar nach dem Zweiten Weltkrieg kaum mehr etwas und um 1980 nichts mehr zu entdecken: Das Heiratsalter in Frankreich und der Bundesrepublik glich sich immer mehr an und war um 1980 fast identisch. In französischen Haushalten genauso wie in deutschen Haushalten lebten so gut wie überall nur noch Eltern und Kinder zusammen. Die einstigen Unterschiede waren wie in den meisten anderen Ländern Westeuropas einem gemeinsamen europäischen Familienhaushalt gewichen.

Zweitens sind sich die familiären Lebenszyklen, die vor dem Ersten Weltkrieg in Frankreich und Deutschland noch weit auseinanderlagen, in vielfacher Hinsicht ähnlicher geworden. Die Menarche junger Mädchen, vor dem Ersten Weltkrieg in Frankreich noch im Durchschnitt um zwei Jahre früher als in Deutschland, setzte um 1980 zu fast identischem Zeitpunkt ein. Das Heiratsalter, das vor dem Ersten Weltkrieg in Frankreich bei Männern wie Frauen um ein paar Jahre früher lag als in Deutschland, näherte sich seit dem Zweiten Weltkrieg bei ersten Ehen immer mehr an. Sicher entwickelte sich die Phase der intensiven Elternzeit mit Kleinkindern in den vergangenen Jahrzehnten eher auseinander: Sie dauerte für die Mehrheit der französischen Eltern um 1980 im allgemeinen wohl etwas länger als für deutsche Eltern, da die Familien in Frankreich mehr Kinder hatten. Der Unterschied blieb aber im Vergleich zu der Zeit vor 1914 doch schmal. Deutsche Eltern überlebten zudem nun genauso wie die französischen Eltern in der Regel die Elternphase und hatten eine lange Zeit nachelterlichen Ehelebens.

Besonders seit dem Umbruch der 1960er Jahre waren diese Stationen von der Heirat über die Elternzeit, die Nachelternzeit, die Großelternzeit und das Alter bis zum Tod nicht mehr unbedingt der erwünschte oder praktizierte Lebenslauf. Scheidungen, Einelternfamilien, Kinderlosigkeit von Ehen verdrängten diesen Lebenszyklus aus seiner beherrschenden Normalität und führten zu einer neuen Vielfalt von Lebensläufen. In der langen Sicht entstanden aber auch daraus keine neuen französisch-deutschen Unterschiede, sondern eher Annäherungen. Um das deutlich zu machen, nochmals der Blick zurück. Vor dem Ersten Weltkrieg waren die französisch-deutschen Unterschiede im Lebenszyklus noch groß gewesen. Es war vor allem der Tod gewesen, der die erwünschten Lebenszyklen schon in der Kindheit und Jugend, aber auch in der Elternzeit abbrechen konnte. Schon 1950 spielten solche Unterschiede zwischen Frankreich und der Bundesrepublik kaum noch eine Rolle und gingen bis um 1980 weiter zurück. Was dagegen in den vergangenen zwei Jahrzehnten an neuen Lebensläufen entstand, war in Frankreich und der Bundesrepublik sehr ähnlich. Die modernen Unterbrechungen im Zusammenleben von Eltern und Kindern, die Trennungen der Eltern und Wiederverheiratung mit anderen Partnern, nahmen in Frankreich und der Bundesrepublik in ähnlicher Weise zu. Nicht nur um 1950, als Kriegs- und Gefangenschaftsfolgen die Scheidungsraten in der Bundesrepublik immer noch hochtrieben, sondern auch noch in normaleren Zeiten um 1960 waren Scheidungen in der Bundesrepublik noch weit häufiger. Um 1980 dagegen konnte man in den Scheidungsraten und in der Bewertung der Scheidung keinen Unterschied mehr zwischen den beiden Ländern entdecken. Auch die Familienformen änderten sich in sehr ähnlicher Weise. Die Ein-Eltern-Familie war um 1980 in Frankreich mit 10% vertreten, in der Bundesrepublik 1985 mit 17% aller Familien mit Kindern. In Frankreich wie in der Bundesrepublik überwogen dabei die reinen Mutterfamilien ohne Vater bei weitem. Weiter entstand in beiden Ländern eine neue Form des Ehepaars ohne Kinder, manchmal auch mit Kindern: die Probierehe oder einfach das Zusammenleben eines unverheirateten Paares in einem Haushalt. Schließlich nahmen in Frankreich wie in der Bundesrepublik auch die neuen Verschiebungen des familiären Rhythmus in Richtung auf ältere Eltern zu. In beiden Ländern entstand ein neuer Typ der «Erstmutter» über dreißig, der vor 1914 noch schwer vorstellbar gewesen war und der nun aufkam, weil Frauen sich zuerst in ihrem Beruf etablieren und dann erst Mütter werden wollten.

Die Vorstellungen der Franzosen und Bundesdeutschen vom Zusammenleben in der Familie, vom Zusammenspiel der Ehepartner, von der Kindererziehung waren keineswegs immer fundamental verschieden. In Frankreich wie in der Bundesrepublik stand auch noch um 1980 eine Mehrheit der völligen Gleichheit von Mann und Frau in der Familie skeptisch gegenüber. In Frankreich wie in der Bundesrepublik halfen Männer nur gelegentlich oder gar nicht im Haushalt. In Frankreich wie in der Bundesrepublik hatte die Mehrheit die gleichen Vorstellungen davon, wo die männliche Mithilfe im Haushalt endete. Auch in den Vorstellungen von einer glücklichen Ehe waren sich die Mehrheiten auf beiden Seiten des Rheins fast immer einig. Zutrauen, sexuelle Befriedigung, Achtung voreinander, Verständnis füreinander wurden vor allem für wichtig gehalten. Gleichheit der Religion, der Herkunft und der politischen Ansichten der Ehepartner, gute Wohnsituation und gutes Einkommen sah in Frankreich wie in der Bundesrepublik nur eine Minderheit als wesentlich für eine gute Ehe an. Nur in der Rolle, die Kinder, gemeinsame Interessen der Ehepartner und Verwandte im Haushalt für eine glückliche Ehe spielten, waren die Meinungsmehrheiten in Frankreich und der Bundesrepublik verschieden. Franzosen hielten sie für wichtiger. Starke Ähnlichkeiten dagegen auch in der Kindererziehung: Ehrlichkeit wurde von den weitaus meisten als wichtiges Ziel bezeichnet. Weder in Frankreich noch in der Bundesrepublik fanden sich für andere Erziehungsziele Mehrheiten, weder für gutes Benehmen noch Loyalität, Selbstbeherrschung, Gehorsam, Arbeitseinsatz, Sparsamkeit, Ausdauer, Religiosität, Selbstlosigkeit, Fantasie oder Führungsfähigkeiten. Exakt gleich viele Franzosen und Deutsche – jeweils die Hälfte – glaubten nicht, daß die Kirche bei Problemen der Familie helfen könne. Eine exakt gleiche Minderheit – jeweils ein Drittel – baute auf die Kirche. Nur in drei Erziehungszielen gab es unterschiedliche französische und bundesdeutsche Mehrheiten: Toleranz und Höflichkeit hielten mehr Franzosen, Verantwortungsgefühl dagegen mehr Bundesdeutsche für wichtig in der Kindererziehung.

Schließlich sollte man auch die Unterschiede zwischen Frankreich und der Bundesrepublik in der Berufstätigkeit der Frau nicht überschätzen. In

Die Familie 179

vieler Hinsicht entwickelte sich die Frauenarbeit in Frankreich und der Bundesrepublik ähnlich. Im globalen Anteil berufstätiger Frauen war um 1980 kein anderes westeuropäisches Land der Bundesrepublik so ähnlich geworden wie Frankreich. Selbst andere Industrieländer wie Belgien, Großbritannien, Schweden oder Italien unterschieden sich darin von der Bundesrepublik stärker, teilweise sogar viel stärker. In der Bundesrepublik und Frankreich waren 1980 38% der Erwerbstätigen Frauen, in Italien dagegen nur 30%, auch in Belgien nur 36%, in Großbritannien umgekehrt 40%, in Schweden sogar 46%. Auch im Lebenslauf der Berufstätigkeit unterschieden sich Frankreich und die Bundesrepublik nur begrenzt. Frauen arbeiteten im Elternalter in Frankreich sicher etwas häufiger. Aber auch darin stand zumindest innerhalb der Europäischen Gemeinschaft um 1975 kein anderes Land der Bundesrepublik so nahe wie Frankreich. In den Beneluxländern und in Italien fiel im Elternalter die Berufstätigkeit der Frauen viel stärker ab als in der Bundesrepublik. In Dänemark und Großbritannien war sie umgekehrt weit höher als in Frankreich. Das gleiche gilt für den Strukturwandel der Frauenarbeit: Der starke Rückgang der Frauenarbeit in der Landwirtschaft, in der Industrie und im Kleinhandel und die starke Zunahme im Dienstleistungssektor, in den Angestelltenberufen und in den akademischen Berufen sah in Frankreich und in der Bundesrepublik ähnlich aus. Die alten Traditionen der berufsaktiveren Frau in Frankreich waren sicher nicht völlig verschwunden. Aber im Vergleich zu anderen westeuropäischen Ländern waren sie oft nicht viel mehr als eine historische Reminiszenz. Länder, in denen man aus neuen Formen weiblicher Berufstätigkeit lernen konnte, suchte man um 1980 besser anderswo in Westeuropa.

Auch in der Ungleichheit zwischen Männern und Frauen im Beruf unterschied sich Frankreich nicht dramatisch von der Bundesrepublik. Der Lohnrückstand der Frauen war ohne Zweifel in der Bundesrepublik krasser. Aber auch dafür gab selbst in Westeuropa extremere Beispiele. In Dänemark und Schweden, aber auch in Italien war er weit geringer als in Frankreich, in Griechenland und Irland, aber auch in Großbritannien dagegen größer als in der Bundesrepublik. Frankreich wie die Bundesrepublik lagen dem europäischen Durchschnitt somit recht nahe. In einem anderen zentralen Aspekt der Berufstätigkeit waren zudem die Frauen in der Bundesrepublik nicht schlechter dran als in Frankreich: Unter den Arbeitslosen waren um 1980 in Frankreich eher noch mehr Frauen als in der Bundesrepublik. Auch die Bildungschancen wurden in Frankreich und der Bundesrepublik in vieler Hinsicht ähnlicher. In den Schulen unterschieden sie sich um 1980 überhaupt nicht mehr. An den Hochschulen gingen sie zurück. Ärztinnen, Ingenieurinnen, höhere Beamtinnen gab es um 1980 in Frankreich nicht mehr erheblich häufiger als in der Bundesrepublik.

Ganz sicher lagen die französischen und deutschen Mentalitäten auch um 1980 weiter auseinander als die Berufswirklichkeiten. Nicht nur in der Familienpolitik und den politischen Familienideologien spiegelte sich das wider. Auch die französisch-deutschen Unterschiede in den Einstellungen der Durchschnittsbürger zur Berufstätigkeit der Frau und zur Gleichbehandlung von Frauen im Beruf gehörten – wie schon erwähnt – um 1980 zu den schärfsten, die sich in Westeuropa überhaupt finden ließen. Immerhin scheinen sich in der allerjüngsten Vergangenheit auch in der Bundesrepublik die Einstellungen zur beruflichen Gleichstellung der Frauen gewandelt zu haben und von den Einstellungen in Frankreich etwas weniger zu unterscheiden.

Insgesamt gab es in den letzten dreißig oder vierzig Jahren in der Familiengeschichte beiderseits des Rheins weder eindeutige Modernitätsvorsprünge noch völlige Angleichungen. Von einem klaren französischen oder gar deutschen Modernitätsvorsprung zu sprechen, ist schon deshalb kaum möglich, weil die Unterschiede auf beiden Seiten des Rheins zu ambivalent sind. Hier nur die bundesrepublikanische Sicht: Sicher erscheint dem deutschen Betrachter manches an der französischen Familie moderner, vor allem die stärkere Berufstätigkeit der Frau, manche besseren Berufschancen für Frauen, die größere Normalität weiblicher Berufstätigkeit im Verständnis der französischen Frauen und Männer, auch die ausgeglichenere Rollenverteilung in der Ehe und schließlich die besseren privaten und öffentlichen Dienstleistungen für Familien mit Kindern. Manches andere mag in der französchen Familie dagegen traditioneller erscheinen: die stärkere Bindung an die Herkunftsfamilie, der größere Wunsch nach elterlicher Autorität, die weit kürzeren Tageszeiten für das Familienleben, die massivere Geburtenförderung in der französischen Familienpolitik, möglicherweise auch der stärkere wirtschaftliche Zwang zu zwei Gehältern und damit auch zur unfreiwilligen Berufstätigkeit der Ehefrau. So nachahmenswert einzelne Aspekte des französischen Familienlebens erscheinen mögen, ein Modell wurde die französische Familie als Ganzes wahrscheinlich deshalb für die Bundesrepublik nie, weil sie zu sehr moderne und traditionell erscheinende Züge mischte. Wieder wird man auch in der Zeit nach dem Zweiten Weltkrieg besser von zwei verschiedenen Wegen der Familiengeschichte als von einem Vorsprung eines der beiden Länder vor dem anderen sprechen. Eine uniforme europäische Familie, in der sich die französische und deutsche Familie wie ein Ei dem anderen gleichen, entstand bisher nicht und muß auch nicht sein.

Trotzdem hat es im Vergleich zum Jahrhundertanfang spürbare Annäherungen gegeben. Die Drei-Generationen-Familie, die in ländlichen Gegenden Frankreichs vor dem Ersten Weltkrieg nicht selten war, in Deutschland dagegen fast ganz fehlte, findet sich heute in bundesrepublikanischen wie in französischen Haushalten kaum mehr. Das Heiratsalter, das vor dem Ersten Weltkrieg besonders für Französinnen erheblich niedriger lag als für deutsche Frauen, ist inzwischen fast völlig identisch geworden. Die Lebenszyklen, vor 1914 noch recht verschieden, unterschieden sich zwar auch noch 1980 nach Klassen, Regionen, aber nicht mehr erkennbar zwischen den beiden Ländern insgesamt. Das gilt gerade auch für die neuen familiären Lebensformen der vergangenen zwanzig Jahre. Weder in den Scheidungsraten noch in der Ein-Eltern-Ehe sind spürbare Unterschiede zwischen den beiden Ländern zu erkennen. Schließlich erschienen auch die Abweichungen in der Frauenarbeit und in den Berufschancen für Frauen um 1980 nicht mehr erheblich: Unter den Ländern Westeuropas gab es um 1980 weit schärfere Unterschiede. Sicher blieben in der Einstellung zur Berufstätigkeit der Frau und zur Rollenverteilung zwischen den Ehepartnern Frankreich und die Bundesrepublik auch im westeuropäischen Rahmen Kontrastländer, was vor allem dem bundesrepublikanischen Betrachter zu denken gibt. Im ganzen aber sind sich die Familien in Frankreich und der Bundesrepublik um 1980 weit ähnlicher und die Gräben zwischen den beiden Ländern weit flacher geworden als vor dem Ersten Weltkrieg. Nicht nur die nationalistischen Ideologien eines «deutschen» und eines «französischen» Familienlebens sind vergangen. Auch das Familienleben selbst hat viel von seinen Unterschieden verloren.

Kapitel 9

Französische und deutsche obere Schichten nach 1945

Über die französischen oberen Schichten hat man weit über Frankreich hinaus eine Meinung. Die ENA, die Académie française, die in den Elitehochschulen gewirkten Seilschaften an der Spitze der französischen Politik, Verwaltung und Wirtschaft, den französischen Kult der feinen Unterschiede in den Restaurants, der Kleidung, den Ferienorten kennt man häufig auch außerhalb Frankreichs, nicht zuletzt durch Pierre Bourdieus Buch über die «feinen Unterschiede». Von den bundesrepublikanischen oberen Schichten weiß man dagegen selbst in der Bundesrepublik viel weniger. Sie bleiben blasser, die spektakulären Institutionen und Lebensstile fehlen. «Die Klasse, die man früher Großbürgertum nannte,» sagte Günter Grass in einem Gespräch in Paris 1988, «existiert bei uns nicht mehr. Sie ist nach dem Ersten Weltkrieg verschwunden, in ihrer Substanz getroffen von der Inflation und danach vom Nationalsozialismus.» Françoise Giroud, seine Gesprächspartnerin, eine Intellektuelle der liberalen Mitte, sagte pointiert dagegen: «In Frankreich gibt es die traditionelle Großbourgeoisie immer noch.»[1]

Ist das so? Blieb in Frankreich auch in der zweiten Hälfte des 20. Jahrhunderts eine «bourgeoisie» erhalten, die sich weiterhin nicht nur auf Hochschulausbildung, sondern vor allem auf eine hohe Konzentration von Besitz als Produktionsmittel, aber auch als Familienabsicherung stützte; die in sich besonders stark verflochten und damit besonders einheitlich war; die sich durch Lebensstile, Wertvorstellungen und Institutionen oft noch aus dem 19. Jahrhundert vom Rest der Gesellschaft besonders scharf abhob und abheben wollte; und die schließlich ihre Lebensweisen als soziales Modell in der Öffentlichkeit besonders stark zelebrierte und gleichzeitig den politischen Strukturwandlungen der Nachkriegszeit, dem modernen Wohlfahrtsstaat und dem umfassenden Kompromiß mit den Gewerkschaften besonders fremd und skeptisch gegenüberstand? Kehrte sich damit die einstige Modernität des französischen Bürgertums, über die wir im dritten Kapitel sprachen – seine starke innere soziale Verflechtung, die Austrahlung seiner Lebensweisen und seines Liberalismus, seine weder von Hof noch von Adel eingeschränkte politische Dominanz – in der jüngsten Geschichte in Rückschrittlichkeit um?

Waren dagegen die traditionellen Züge des deutschen Bürgertums in den Wirtschaftskrisen der Zwischenkriegszeit, im NS-Regime, in der Westverlagerung des inneren Schwerpunkts Deutschlands nach 1945 verschwunden? Hatte sich mit dem Ende der politischen Dominanz der

Aristokratie, mit dem Ende des preußischen Staates, seiner Titel-, Ordens- und Ständepolitik, mit dem Zusammenbruch des NS-Regimes und damit dem Ende der Option für nichtdemokratische Staatsformen das deutsche Bürgertum ruckartig modernisiert? Entstand mit der Bundesrepublik erstmals auf deutschem Boden eine rein bürgerliche Gesellschaft, in der sich die oberen Schichten nicht nur auf die Seite der demokratischen Verfassung schlugen, sondern auch zu einer Funktionselite wurden, die vorwiegend auf individueller Leistung und politischen Apparaten aufbaute? Hoben sich dabei trotz des Weiterbestehens grundsätzlicher Sozialkonflikte die Wertvorstellungen und Lebensweisen der oberen Schichten in einer breiten Massenkultur weniger als zuvor von der übrigen Gesellschaft ab – vor allem auch weniger als in Frankreich? Verfiel gleichzeitig das deutsche Bürgertums stärker als in Frankreich in unterschiedliche Berufsmilieus mit unterschiedlichen Lebensweisen und Wertvorstellungen? Entstand hier ein neuer, tiefer Graben auch für die Verständigung zwischen beiden Ländern, da in diesen Schichten beiderseits des Rheins Meinung gemacht, Politik entschieden und auch für die französisch-deutsche Annäherung wichtige Weichen gestellt werden?

Oder setzten sich seit 1945 nach einer historisch sehr unterschiedlichen Auflösung des Bürgertums in den französischen und bundesrepublikanischen oberen Schichten – und damit sind im folgenden immer die oberen 3-5% der Gesellschaft, die Unternehmer und Manager, die freien Berufe, die höheren Beamten angesprochen[2] – letztlich doch immer mehr die Gemeinsamkeiten, vielleicht sogar gemeinsame europäische Tendenzen durch? Ging in Frankreich ebenso wie in der Bundesrepublik das alte, klassenbewußte, auf Besitz ruhende Bürgertum seinem Ende zu und entstanden neue obere Schichten? Sind diese bisher auch deshalb als Ganzes noch namenlos, weil sie sich in ihren Lebensweisen und Wertvorstellungen unter sich weit schärfer unterscheiden als die Berufsgruppen des früheren Bürgertums und deshalb nach außen auch weit weniger einheitlich wirken? Liegt in dieser Ablösung *auch* des französischen Bürgertums der Grund, warum die neuesten sozialhistorischen Arbeiten auch zur französischen Geschichte seit 1945 den Ausdruck «bourgeoisie» für die oberen Schichten meist haben fallenlassen oder sogar von der «Sklerose» und dem «Schwanengesang» des französischen Bürgertums sprechen[3]?

Für beide Positionen, für massive Unterschiede zwischen immer noch großbürgerlichen französischen und funktionaler anmutenden deutschen oberen Schichten ebenso wie für wachsende gemeinsame Tendenzen gibt es gute Argumente. Wir werden ähnlich wie im vorhergehenden Kapitel beide Sichtweisen vortragen, mit den Argumenten für massive Unterschiede beginnen, dann mit den Argumenten für Gemeinsamkeiten fortfahren und am Ende eine Bilanz und Abwägung vornehmen. Dabei werden wir uns in diesem Kapitel auf soziale Ungleichheiten und soziale

Trennlinien konzentrieren. Auf den Sozialkonflikt und auf die Rolle des Staates kommen wir in den nächsten Kapiteln zurück.

Schon in der Sprache drängt sich der Kontrast zwischen französischen und deutschen oberen Schichten massiv auf. Während sich die Ausdrücke für Arbeiter, Bauern, Angestellte, Kleinbürgertum meist leicht übersetzen lassen, sind die Worte für die oberen Schichten ganz verschieden. Dabei markiert die französische Sprache soziale Trennlinien der oberen Schichten nach unten fast immer schärfer als die deutsche Sprache. Ein paar Schlüsselbeispiele: Das französische Wort «bourgeois» markiert eindeutig die oberen sozialen Schichten. Im Deutschen dagegen ist das Wort «bürgerlich» ambivalent, bezieht sich manchmal ebenfalls nur auf das Bürgertum, manchmal aber auch ganz allgemein auf den Staatsbürger, für den es im Französischen das Wort «citoyen» gibt. Das französische Wort «patron» streicht (ähnlich wie das seltene deutsche Wort Patron) vor allem die Befehlsgewalt, die Chefstellung des Betriebsleiters gegenüber dem Personal heraus. Im Deutschen dagegen hat man für «patron» zwei Worte: auf der einen Seite den Ausdruck «Arbeitgeber», der ebenfalls die Cheffunktion heraushebt – allerdings nüchterner, weniger mit Anklängen an den kirchlichen Schutzpatron, von dem das französische Wort ursprünglich abgeleitet wurde; auf der anderen Seite aber den viel üblicheren Ausdruck «Unternehmer», der kaum soziale Trennlinien markiert, sondern primär auf die strategischen Entscheidungen des Unternehmensleiters abstellt. Ein drittes Beispiel: der Ausdruck «grands corps», für den es im Deutschen überhaupt kein Wort gibt und der einige besonders prestigereiche Gruppen der staatlichen Spitzenbeamten, etwa der Diplomatie meint. Auch mit dem Wort «grands corps» werden soziale Trennlinien nach unten hervorgehoben.[4] Sicher gibt es auch im Deutschen viele Ausdrücke für soziale Hierarchien. Wenn es um die Oberschicht geht, bietet die französische Sprache jedoch mehr.

Auch in der sozialwissenschaftlichen Wahrnehmung standen die oberen Schichten, die classes supérieures, in Frankreich seit dem Zweiten Weltkrieg weit mehr im Zentrum als in der Bundesrepublik. Einen deutschen Bourdieu über die feinen Unterschiede gibt es nicht. Das prägt leider dann und wann auch dieses Kapitel. Die französische Sozialstatistik versucht die französischen oberen Schichten so genau wie möglich zu beschreiben. Die vielverkauften «Données sociales» des INSEE, des französischen statistischen Amtes, sind voll von Informationen über die Einkommen, die Vermögen, die Familie, die Gesundheit, die Lebensweisen und die kulturellen Praktiken der französischen oberen Schichten. Die deutsche Sozialstatistik dagegen schweigt sich über die bundesrepublikanischen oberen Schichten fast völlig aus. Ihre Kategorien wie «Selbständige» oder «Angestellte» sind viel zu grob und passen zur Beobachtung der oberen Schichten wie eine Axt zum Hummeressen.[5]

Diese Besonderheit der französischen Sprache und Gesellschaftsbeobachtung besteht nicht von ungefähr. In einer ganzen Reihe von Hinsichten hoben sich auch in der gesellschaftlichen Wirklichkeit die oberen Schichten in Frankreich erheblich schärfer von der übrigen Gesellschaft ab als in der Bundesrepublik. Die materiellen Ungleichheiten blieben in Frankreich erheblich größer, das Nadelöhr zum Aufstieg in die oberen Schichten war in Frankreich eher noch enger. Stärker als in der Bundesrepublik gab und gibt es in Frankreich einen Kult des Luxus, ein Zelebrieren der sozialen Unterschiede im Lebenstil, eine beeindruckende Massivität der feinen und feinsten Restaurants, Hotels, Geschäfte, Clubs, Stadtviertel, Ferienorte, die allerdings nicht immer von der französischen Oberschicht benutzt werden. Ähnlich wie das französische Bürgertum vor 1914 waren diese Schichten auch in jüngster Vergangenheit in sich geschlossener und dichter verflochten und in der Öffentlichkeit weit präsenter. Das sind, knapp skizziert, die Kernunterschiede zwischen französischen und deutschen oberen Schichten. Im folgenden einige Einzelheiten und Erklärungen dafür:

Der materielle Abstand zwischen den oberen Schichten und dem Rest der Gesellschaft war und blieb in Frankreich nach 1945 spürbar größer als in der Bundesrepublik. An die Spitzenverdiener, d.h. an die obersten zehn Prozent aller Einkommensempfänger, ging in Frankreich zumindest noch in den fünfziger und sechziger Jahren ein spürbar höherer Anteil des Volkseinkommens; noch schärfer waren die französisch-deutschen Unterschiede in den Abständen zwischen Spitzengehältern und Niedriglohnklassen in der Wirtschaft. Der Einkommensanteil der hohen Gehälter, der höchsten zehn Prozent der Lohn- und Gehaltseinkommen, war in Frankreich in den fünfziger, sechziger und frühen siebziger Jahren ungefähr viermal so hoch wie der Anteil der Niedriglohnklassen, d.h. der untersten zehn Prozent der Einkommen; in der Bundesrepublik war er dagegen nur rund zweimal so hoch. Die französischen Verhältnisse waren für Industrieländer offensichtlich außergewöhnlich. Die amerikanischen und britischen Lohn- und Gehaltsabstände ähnelten den deutschen jedenfalls sehr viel mehr. Der Lohndruck durch die rasche Freisetzung des ländlichen französischen Arbeitskräftereservoirs in den fünfziger und sechziger Jahren trug sicher entscheidend zu diesen Einkommensdisparitäten bei und war auch in anderen europäischen Ländern in anderen Epochen eine wesentliche wirtschaftliche Voraussetzung für die Blütezeit großbürgerlicher Einkommensabstände und Lebensweisen gewesen.

Dieser größere materielle Abstand zwischen französischen oberen Schichten und übriger französischer Gesellschaft wurde auch nicht durch günstige Aufstiegschancen wieder ausgeglichen. Alles, was wir bisher dazu wissen, deutet nicht in diese Richtung: Aufstiegskarrieren aus mittleren Berufspositionen in die höheren und Spitzenberufe kamen in den sechziger Jahren, für die eine vergleichende Untersuchung vorliegt, in Frankreich eher seltener vor als in der Bundesrepublik. Der familiäre Hintergrund der Unternehmer, der Spitzenbeamten, der Politiker war in Frankreich in den vergangenen Jahrzehnten eher noch geschlossener als in der Bundesrepublik. In Frankreich kamen die Spitzenunternehmer ebenso wie die Spitzenbeamten, also die Angehörigen der «grands corps» wie der «inspection des finances», der «cour des comptes», des «conseil d'état» um 1970 zu neunzig Prozent aus den oberen Schichten. In der Bundesrepublik waren die Aufsteiger aus anderen sozialen Milieus sicher nicht in der Überzahl, aber doch etwas häufiger. Eine Diskussion über die soziale Abschließung der Unternehmer gibt es nur in Frankreich, nicht in der Bundesrepublik. Anzeichen zu einer leichten sozialen Öffnung der oberen Schichten gab es in Frankreich, aber genauso auch sonst in Europa auch in der Bundesrepublik. Stärker als in der Bundesrepublik gelang es zudem den französischen höheren Schichten, auch ihre eigenen Nachkommen in den prestigereichen und besser bezahlten Positionen unterzubringen.

In den Lebensweisen hoben sich die französischen oberen Schichten in der Zeit nach dem Zweiten Weltkrieg ebenfalls immer noch deutlich von der übrigen Gesellschaft ab. Ihr Abstand war sicher nicht riesig, aber wahrscheinlich doch größer als in der Bundesrepublik.

Das war und ist besonders deutlich für den Lebenszyklus und die Familienbindung, die in der französischen Oberschicht weiterhin, wie schon im 19. Jahrhundert, anders aussahen als im Rest der französischen Gesellschaft. Die Lebensphase der Jugend und der jungen, familienungebundenen Erwachsenenzeit dauerte in den oberen Schichten spürbar länger. Die Elternphase begann später und endete trotzdem in früherem Alter, da die Oberschichtkinder den elterlichen Haushalt besonders früh verließen. Auch bei den Oberschichttöchtern und -söhnen der sechziger und siebziger Jahre zeichnete sich dieser Lebenszyklus wieder ab. Gleichzeitig blieb die Familienbindung in den oberen Schichten auffallend eng. Einelternfamilien, vom Vater nicht anerkannte illegitime Kinder, Scheidungen waren besonders selten. Die Großfamilie war weiterhin nicht nur bevorzugtes Freizeit- und Ferienmilieu, sondern half auch besonders massiv in den Bildungs- und Berufskarrieren mit einem ausgefeilten System von Statuserhaltungsstrategien für die Nachkommenschaft.

Im Lebensstil blieben ebenfalls einige wichtige Besonderheiten der französischen Bourgeoisie erhalten. Auf diese Weise wurden oft klare soziale Trennlinien nach unten gezogen. Das Essen, eine der Achsen des französischen gesellschaftlichen Lebens, sah in den oberen Schichten anders aus als in der übrigen Gesellschaft: Der abendliche Restaurantbesuch war nicht nur häufiger, teurer und verschlang trotz aller Spesen einen etwas größeren Teil des Familienbudgets als in den anderen sozialen Schichten.

Auch die drei bis vier wöchentlichen Privateinladungen nach Hause gingen weit über das hinaus, was in anderen Schichten üblich war. Im Wohnstil und in den kulturellen Praktiken hoben sich die französischen oberen Schichten ebenfalls immer noch deutlich ab. Zumindest in der unmittelbaren Nachkriegszeit konnte eine individuelle Privatssphäre innerhalb der Familie nur in den großen, mehrzimmrigen Wohnungen des Bürgertums entstehen. Nur dort konnten sich Eltern und Kinder in ihre eigenen Räume zurückziehen und innerhalb des Familienhaushalts für sich sein. Für die Masse der Bevölkerung gab es das nicht. Das Ferienhaus war weiterhin in den oberen Schichten nicht nur häufiger. Es blieb auch der von Generation zu Generation weitergereichte Familienbesitz, die «Maison familiale», in der sich ganze Familienclans, nicht nur wie in der Bundesrepublik die Kleinfamilien mit ihren Freunden trafen. In französischen Oberschichtinterieurs fand sich die klassische Dichtung und das Geschichtswerk, das Piano und das Schachspiel, fanden sich Originalgemälde und -stiche, auf Versteigerungen und Flohmärkten gekaufte Möbel und Gegenstände immer noch häufiger als in anderen sozialen Schichten. Im wohl probatesten Mittel zur sozialen Grenzziehung, der Heirat, erhielt sich die französische Bourgeoisie ebenfalls ihre Distanz von der übrigen Gesellschaft. Im Gesamtzeitraum seit dem Zweiten Weltkrieg heiratete rund die Hälfte der Oberschichttöchter wieder in die oberen Schichten. Besonders scharf war diese Trennlinie, wenn die Oberschichttöchter selbst Hochschulabsolventinnen und danach berufstätig waren. Auch in den frühen achtziger Jahren waren fast zwei Drittel der Frauen in leitenden Positionen auch mit Männer in leitenden Position verheiratet.

Noch in den 1950er Jahren gaben Umfragen auch in der Bundesrepublik Impressionen von scharfen Unterschieden zwischen oberen Schichten und der übrigen Gesellschaft etwa im Eigenheimbesitz, in der Vorsorge durch Lebensversicherungen, in der Zeitungslektüre und im Besitz eines Fernsehgeräts, im Bücherbesitz, in den Umgangsformen und im öffentlichen Auftreten der Frauen, im Geschmack bei der Architektur und Inneneinrichtung. In den 1970er Jahren sind solche Unterschiede sehr viel seltener geworden. Weder im bevorzugten Ferienland noch in der Länge der Ferien oder der Art der Ferienreise (eigener Wagen, Flugzeug, Bahn), weder in den Vorlieben für Sportarten, für Hobbys wie Filmen oder für bestimmte Medien wie Fernsehen, Radios oder Zeitungen noch beim Trinkgeldgeben ließen sich starke Besonderheiten der oberen Schichten ausmachen und genausowenig bei großen Haushaltsausgaben oder Spontaneinkäufen, (selbst wenn es um Schmuck oder Kino, Theater, Konzerte, Restaurants geht). Ähnlich im Wohnen: Anders als in Frankreich hoben sich die oberen Schichten weder im Wohngeschmack noch in den Vorstellungen von Wohnqualität, erstaunlicherweise auch nicht im Ferienhausbesitz massiv ab. Selbst Eigenheime oder Lebensversicherungen waren gleichmäßiger verteilt, als man erwarten mag: 42% Eigenheimbesitzer unter leitenden Angestellten und Beamten standen immerhin 34% Eigenheimbesitzer unter gelernten Arbeitern gegenüber. Auch in Familienidealen und im Familienleben zeichnen sich keine auffällig großen Kontraste ab: Weder in der Mutterrolle der Frau noch in der Probierehe dachten in den 1970er Jahren die oberen Schichten erkennbar «bürgerlicher» als die übrige Gesellschaft. Ehefrauen der oberen Schichten arbeiteten wahrscheinlich nicht, wie in Frankreich, seltener und hatten auch nicht mehr Kinder als Frauen anderer Schichten. Durch Heiraten wurden erheblich weniger scharfe Grenzen nach unten gezogen als in Frankreich. Schon um 1970 – also weit früher als in Frankreich – heiratete nur noch ein Viertel der Oberschichttöchter, und selbst unter den standesbewußten höheren Angestellten- und Beamtenfamilien weniger als ein Drittel der Töchter wiederum in die gleiche Schicht. Sicher blieben berufs- und einkommensabhängige Besonderheiten der oberen Schichten erhalten: in der Tageseinteilung, im Telefonbesitz ebenso wie im Aktien- und Wertpapierbesitz, im spontanen Buchkauf, auch in der Vorsorge durch teure Versicherungen. Sicher waren auch noch in den 1970er Jahren die Idealvorstellungen von Ehefrauen und Ehemännern in den oberen Schichten deutlich anders. Aber im ganzen ließen sich die oberen Schichten nur noch in den oft teureren Details, nicht mehr in den allgemeinen Formen des Lebenstils erkennen.

Wie schon am Jahrhundertanfang waren zudem die französischen oberen Schichten in mehrfacher Hinsicht in sich verflochtener und damit als einheitliche Klasse an der Spitze der Gesellschaft stärker sichtbar und erlebbar als in Deutschland. Schon die in den französischen oberen Schichten stärker verbreitete gemeinsame Hochschulausbildung verband, noch viel enger aber die gemeinsame Ausbildung an einigen der grandes écoles, wie der ENA, der école polytechnique oder der Sciences Po, deren Absolventen in verschiedene Berufe der oberen Schichten gingen und die daher lebenslange Loyalitäten über den engeren Beruf hinaus schufen. In der Bundesrepublik gab es dafür überhaupt kein Pendant. Darüber hinaus waren die französischen oberen Schichten auch durch berufliche Mobilität und Heirat enger in sich verflochten. Die «pantouflage», das Wechseln zwischen Spitzenpositionen in der staatlichen Verwaltung und in der Privatwirtschaft, war in Frankreich weit häufiger als in der Bundesrepublik. Der Fall Georges Pompidous, eines «normalien», der den Conseil d'état (grob vergleichbar mit dem deutschen obersten Verwaltungsgericht) verließ, um Bankmanager zu werden, war in Frankreich durchaus üblich, in der Bundesrepublik unvorstellbar. In Frankreich waren Anfang der 1970er Jahre gleich zwölf Spitzenmanager ehemalige Mitglieder des conseil d'état. Auch Angehörige anderer staatlicher «grands corps» übernahmen häufig Managerposten in der Privatwirtschaft. Ganz entscheidend dafür war die Ausbildung von überall einsetzbaren Generalisten in den französischen grandes écoles und nicht von Spezialisten, die nur in ihrem Fach, ihrem Beruf oder ihrem Unternehmen eingesetzt werden konnten und wollten. Auch Heiraten quer durch die oberen Schichten hindurch waren in Frankreich wahrscheinlich üblicher. So heiratete in Frankreich um 1970 jede sechste Unternehmertochter einen höheren Beamten oder Angestellten, in der Bundesrepublik dagegen nur jede zwölfte. Die Heiratsverflechtungen zwischen den wirtschaftlichen und administrativen oberen Schichten verstärkten sich sogar. Auch dadurch waren die französischen oberen Schichten in sich geschlossener und kompakter.

Der Zugang und die Zugehörigkeit zu den oberen Schichten wurden überdies in der französischen Öffentlichkeit weit massiver in Szene gesetzt und zelebriert. Im Vergleich dazu verdeckten und versteckten sich nach 1945 die bundesrepublikanischen oberen Schichten in der Öffentlichkeit geradezu. In Frankreich gab es auch nach dem Zweiten Weltkrieg weiterhin in aller Öffentlichkeit herausgehobene, prestigereiche, völlig ungeniert elitäre, allerdings einer scharfen Auslese unterworfene traditionsreiche Bildungsanstalten, bestimmte Gymnasien und die grandes écoles, an denen um 1950 etwa jeder vierte Student und um 1980 immerhin noch etwa jeder zehnte Student (rund 100000 Studenten) studierte. Es ist auch bezeichnend für den Bekanntheitsgrad dieser Institutionen, daß um sie eine Vielzahl von umgangssprachlichen Kurzbezeichnungen wie «rue d'Ulm», «normalien», «polytechnicien», «énarchiste» entstanden sind.[6] Die Studenten dieser grandes écoles blieben aus der Masse der Studenten klar herausgehoben, tragen sogar teilweise bis heute Uniform und bekommen in manchen grandes écoles kein Stipendium, sondern ein Beamtengehalt, haben weit bessere Arbeitsmarktchancen. Auch die feinen Unterschiede innerhalb der oberen Schichten blieben in Frankreich in einem Maß im öffentlichen Rampenlicht, wie es in der Bundesrepublik undenkbar war. Ein Beispiel sind die Universitäten. In der Bundesrepublik endet die Karriereleiter an den Hochschulen bis heute in der relativ amorphen Masse von vielen tausend Ordinarien. In Frankreich dagegen sind nicht nur die Unterschiede zwischen Pariser Professoren und Provinzprofessoren und innerhalb Paris zwischen Sorbonneprofessoren und anderen viel schärfer. Vor allem führt die Karriereleiter weiter zu immer spektakuläreren Stufen: nach der Universitätsprofessur kommt weiterhin das prestigereiche Collège de France und danach als noch prestigeträchtigere Sprosse die Académie française, die oft auch biologisch dem Himmel schon sehr nahe ist. Ähnlich in der Verwaltung: Die «grands corps» blieben innerhalb der französischen staatlichen Bürokratie die stark herausgehobenen, prestigereichsten und für eine Karriere vielversprechendsten Etappen. Sie entsprechen ungefähr dem deutschen Bundesverwaltungsgericht, dem Bundesrechnungshof, dem Bundesfinanzgericht, den Botschaftern und Gesandten, den Regierungspräsidenten – in der Bundesrepublik keine außerordentlichen Institutionen und Positionen. Selbst in der Kleidung hoben sich die Spitzen des Staates in Frankreich in der Öffentlichkeit für jeden sichtbar schärfer ab als in der Bundesrepublik, wo man Amtskleidung nur noch bei Richtern und kirchlichen Ämtern findet. «Die großen Körperschaften der Republik», schilderte ein Journalist die Amtsübernahme Mitterands 1981, «die Repräsentanten der corps constitués, waren im Quadrat angetreten. (...) Da standen Generale mit dem goldbetreßten roten Képi, die Präfekten in silberbesetzter schwarzer Uniform, die Universitätsrektoren im feierlichen Talar, die hohen Richter im Hermelin und der Generalstaatsanwalt in blutroter Robe, die in Marineblau gekleideten Honoratioren der verschiedenen Stände. (...) Der ganze Vorgang war so unzeitgemäß feierlich, daß Willy Brandt, Ehrengast ins innere Karree aufgenommen, beim Verlassen des Saals grübelnd innehielt. ‹Das ist noch ein Staat!›, entfuhr es ihm.» [7]

Für diesen längeren Fortbestand der französischen «bourgeoisie» gibt es schließlich auch handfeste Erklärungen. Die grundlegenden Faktoren, die für die Auflösung des Bürgertums verantwortlich waren, wirkten in Frankreich langsamer als in der Bundesrepublik. Das französische Bürgertum war eine in sich geschlossenere, austrahlungskräftigere und politisch mächtigere soziale Schicht als das deutsche gewesen und löste sich schon deshalb langsamer ab. Der bürgerliche Besitz blieb in Frankreich von Vermögensaufteilungen in kinderreichen Familien, von Inflationen und von erzwungenem Vermögensverzicht (Flüchtlinge) weit stärker verschont. Das französische Familienunternehmen machte dem modernen Manager in den Großunternehmen langsamer Platz als in der Bundesrepublik. Auch eine wichtige wirtschaftliche Grundlage der scharf nach unten abgeschotteten Lebensweisen des Bürgertums, wie das agrarische Reservoir an billigen Arbeitskräften und Dienstleistungen, blieb in Frankreich dem Bürgertum weit länger erhalten und trocknete erst mit der für Frankreich bis dahin einzigartigen ländlichen Abwanderung und Landflucht der 1950er und 1960er Jahre aus. Der oppositionelle Intellektuelle war in Frankreich fester etabliert als in der Bundesrepublik. Für ihn blieb neben der politischen Kritik an der Regierung die gesellschaftliche Kritik an der Oberschicht Existenzgrundlage. Ihm ist es auch zu verdanken, daß die oberen Schichten in der französischen Öffentlichkeit weit mehr Aufmerksamkeit genießen als in der Bundesrepublik. Schließlich war das französische Bürgertum durch Vichy und durch die Kollaboration mit der deutschen Besatzung weit weniger politisch diskreditiert als das deutsche Bürgertum durch den Nationalsozialismus. Als Folge davon konzentrierte sich das Interesse an den oberen Schichten in der Bundesrepublik besonders stark auf die Kontinuität der Oberschicht vom NS-Regime zur neuen Republik und starb dann immer mehr ab, als die Überlebenden starben. Umgekehrt schien sich in der französischen öffentlichen Meinung die aus den grandes écoles rekrutierte Elite Frankreichs in der erfolgreichen Modernisierung der französischen Wirtschaft und Wirtschaftspolitik nach dem Zweiten Weltkrieg voll bewährt zu haben. Es gab einen breiten, parteienübergreifenden politischen Konsens für die Erhaltung dieser Institutionen, deren Absolventen in allen Parteien von der KPF bis zu den Gaullisten Karriere machten und auch vielfach Intellektuelle wurden.

Alle diese Argumente stützen den Eindruck von tiefgehenden französisch-deutschen Unterschieden und von einem zähen Fortbestand der «bourgeoisie» in Frankreich. Es gibt aber auch gute Argumente für wachsende Gemeinsamkeiten zwischen beiden Ländern vor allem seit den sechziger und siebziger Jahren und für eine allmähliche Ablösung des traditionellen Bürgertums – nicht der oberen Schichten, aber doch der historischen Formation des Bürgertums – auch in Frankreich. Hier die Gegenargumente:

Für massive französisch-deutsche Unterschiede im Besitz – einem Wesenselement des Bürgertums – gibt es keine zweifelsfreien Belege. Sicher ist die Geschichte der Vermögensverteilung der Bundesrepublik schlecht untersucht. Aber zumindest um 1970 waren sich beide Länder auch im europäischen Rahmen in der Vermögensverteilung überraschend ähnlich. In Frankreich ist dies das Ergebnis einer langen allmählichen Abmilderung der hohen Vermögenskonzentration, belegt seit der Jahrhundertwende. Damit fehlt Frankreich was eigentlich zu einer massiveren Fortexistenz des traditionellen Bürgertums gehört hätte. Die Reichen, d.h. das reichste Prozent der Vermögensbesitzer, besaßen in den frühen siebziger Jahren in Frankreich wie in der Bundesrepublik einen sehr ähnlichen Anteil von etwas über einem Viertel der Inlandsvermögen und nahmen dabei eine mittlere Position in Europa ein: In Großbritannien war die Vermögenskonzentration in den Händen der Reichsten spürbar größer, in Schweden dagegen spürbar geringer. Der Anteil der Produktionsgüter am Volksvermögen war in Frankreich keineswegs niedriger als in der Bundesrepublik. Selbst die Rentiers – eine für das Besitzbürgertum typische Lebensweise – gingen nach 1945 auch in Frankreich dramatisch von rund 300000 auf 30000 zurück und waren in den siebziger Jahren wohl fast genauso selten geworden wie in der Bundesrepublik. In der Einkommensverteilung scheinen die Nachkriegsunterschiede ebenfalls zurückgegangen zu sein: International vergleichende Untersuchungen zeigen seit den 1970er Jahren keine tiefgreifenden Unterschiede im Anteil der französischen und deutschen oberen Schichten mehr.

In den Lebensweisen der französischen oberen Schichten schwächten sich die traditionellen großbürgerlichen Züge ebenfalls ab. Möglicherweise verstärkten sich gleichzeitig die Gemeinsamkeiten mit der Bundesrepublik; Vergleiche sind freilich schwer zu ziehen. Die bundesrepublikanischen oberen Schichten sind dafür zu schlecht untersucht. Typisch bürgerliche Eigenarten des französischen Familienleben traten zurück. Besonders die Rolle der Frau wandelte sich dramatisch und entfernte sich in der Alltagswirklichkeit immer weiter vom Modell der reinen, für Kinder, Hauswirtschaft, Familien- und Gesellschaftskontakte verantwortlichen Hausfrau – ein Modell, das im französischen Bürgertum weit stärker ausgeprägt gewesen war als in andern sozialen Schichten. Rituale der einstigen bürgerlichen Hausfrau, wie der wöchentliche Empfang im eigenen Salon, gingen zurück. Umfragen um 1980 zeigen eine ganz andere, neue Wirklichkeit: In keiner anderen sozialen Schicht waren Hausfrauen, die nie berufstätig gewesen waren, so selten wie in den oberen Schichten; in keiner anderen Schicht suchten die Hausfrauen so intensiv nach einer Berufstätigkeit, nirgends lösten sich junge Frauen so früh vom elterlichen Haushalt und studierten so häufig wie in den oberen Schichten. Diese neue Rolle der Frau ist ohne Zweifel widersprüchlich, denn gleichzeitig waren nirgends die Kinderzahlen so hoch, die Mütter, die nicht wieder ins Berufsleben zurückfanden, so häufig; die neuen Formen des Familienlebens wie Einelternfamilien oder Scheidungen so selten wie in den französischen oberen Schichten. Aber diese neuen Widersprüchlichkeiten trennten die französischen oberen Schichten immer mehr von der traditionellen bürgerlichen Familie. Es gibt Hinweise daß sie sich gleichzeitig auch in den bundesdeutschen oberen Schichten wiederfinden lassen.

Im Lebensstil der französischen oberen Schichten setzte sich die allgemeine europäische Entwicklung zu einer klassenüberspringenden Massenkultur und zur Abschwächung besonderer bürgerlicher Lebensstile durch. In der Kleidung fielen oft nur noch dem Kenner die «feinen Unterschiede» auf; sie wurde betont neutral, unauffällig und schloß Kleidungsstücke der Massenkultur wie Jeans nicht aus. Der bürgerliche Wohnstil verlor ein wichtiges Privileg: Individuelle Privatsphäre gab es mit dem Wohnungsbauboom seit den 1950er Jahren mehr und mehr auch in der Wohnung des Durchschnittsfranzosen. In den kulturellen Praktiken gab es zumindest in den siebziger Jahren überraschend selten einen eindeutigen Sonderlebensstil, in dem sich die wirtschaftlichen, administrativen und kulturellen oberen Schichten *gemeinsam* deutlich von den Mittel- und Unterschichten abhoben. Weder im Ferienstil noch in den Lektüre-, Film-, Fernseh-, Radiogewohnheiten, nicht im Besuch von Opern, Theatern, Konzerten, Museen, Kunstausstellungen und nicht im Sport, nicht einmal im grundsätzlichen Engagement in Vereinen und im Auftreten in der Öffentlichkeit verhielten sich die französischen oberen

Schichten als *Ganzes* in der jüngsten Vergangenheit spürbar anders als die übrige Gesellschaft. Nur in den schon erwähnten Aspekten von Lebensweisen blieb ein Rest großbürgerlichen Sonderlebens erhalten. Sicher waren die Angehörigen der oberen Schichten in den Einzelheiten des Konsums auch in der Öffentlichkeit weiterhin klar erkennbar. Sie aßen in besonderen, oft auch teureren Restaurants, trugen teurere Kleidung, saßen in den besseren Rängen der Opern und Konzerte, fuhren teurere, oft deutsche Wagen, lasen andere Zeitungen und Zeitschriften. Aber in den allgemeinen Formen des Lebensstils hoben sich die französischen oberen Schichten wie meist in Europa weit weniger deutlich von der übrigen Gesellschaft ab als noch am Jahrhundertanfang.

Auch in den französischen oberen Schichten gab es jetzt innere soziale Trennlinien, Rivalitäten und Konflikte zwischen Berufsgruppen und Ausbildungsinstitutionen, zwischen regionalen Bindungen und Generationen, in den Karrieren ebenso wie im Lebensstil. Die Heirat innerhalb der oberen Schichten – die Heiraten von Oberschichttöchtern mit Oberschichtehemännern – verlor ihre Anziehungskraft. Die Oberschichtehen stiegen zwar in den fünfziger und sechziger Jahren auf etwa die Hälfte an, fielen aber bis in die frühen achtziger Jahre auf etwa ein Drittel zurück und erreichten damit das bundesrepublikanische Niveau. Im Lebensstil waren – wir erwähnten das – die französischen oberen Schichten ebenfalls schon gespalten. Im musikalischen und literarischen Geschmack, im Vereinsleben und im Sport, in der aktiven kulturellen Freizeitbeschäftigung, in der Zeitungslektüre, in den Radio- und Fernsehgewohnheiten, in der Inneneinrichtung und in der Kleidung lebten Unternehmer unverkennbar anders als leitende Angestellte oder Spitzenbeamte. Zusammengenommen vermittelten sie auch nach außen häufig nicht mehr das Bild eines einheitlichen Oberschichtlebensstils. Die oberen Schichten außerhalb der Wirtschaft hatten nicht selten mehr mit durchschnittlichen Angestellten und Beamten gemeinsam als mit den Unternehmern. Es gab sogar Trennlinien in den französischen oberen Schichten, die in der Bundesrepublik erheblich schwächer oder völlig unbekannt waren. Für die Rivalitäten zwischen den Absolventen unterschiedlicher grandes écoles und zwischen den Angehörigen unterschiedlicher grands corps um die Spitzenpositionen der französischen Politik, Verwaltung und Wirtschaft gab es in der Bundesrepublik überhaupt keine Entsprechung. Auch im Hinblick auf die beiden einflußreichen französischen Oberschichtminoritäten, die Protestanten und die Juden, gab und gibt es in der Bundesrepublik nichts Vergleichbares, da die jüdische Minorität in der Bundesrepublik durch den Genozid des NS-Regimes marginal geworden ist und umgekehrt die deutschen Katholiken in der Bundesrepublik im Unterschied zum Kaiserreich keine Minderheit mehr sind. Die französischen oberen Schichten bieten deshalb in ihrem inneren Zusammenhalt und in ihrem Außenbild keinen fundamentalen, scharfen Kontrast zu den bundesrepublikanischen, sondern sind nur graduell verschieden.

Zusammenfassend kann man sagen, daß es sicher Unterschiede zwischen Frankreich und der Bundesrepublik gab, die auf einen dauerhafteren Fortbestand der «bourgeoisie» in Frankreich hinweisen. Dazu gehören die zumindest bis in die sechziger Jahre ungleichere Einkommensverteilung, die etwas stärkere innere Verflechtung der französischen oberen Schichten, die deutlicheren sozialen Trennlinien nach unten durch Heirat, durch die Diplome der Elitehochschulen und wahrscheinlich auch durch den Lebensstil, schließlich auch durch die massivere Präsentation der oberen Schichten in der französischen Öffentlichkeit. Für diese spätere Ablösung des französischen Bürgertums führten wir eine ganze Reihe Gründe an.

Trotzdem sind auch in Frankreich die Ablösungserscheinungen der «bourgeoisie» unverkennbar. Die Vermögensverteilung sah schon um 1970 in Frankreich nicht anders aus als in der Bundesrepublik und gab keine Hinweise mehr auf ein stabileres französisches Besitzbürgertum. Die Abschließung der französischen oberen Schichten in ihren Heiratskreisen lockerte sich seit den siebziger Jahren spürbar. Die neue Massenkultur setzte sich auch in Frankreich durch. Gleichzeitig entwickelten sich sichtbare innere Gegensätze zwischen den Lebensweisen der einzelnen Berufsmilieus. Das einheitliche Erscheinungsbild der oberen Schichten verblaßte auch in Frankreich. Man kann gar nicht genug betonen, daß sich hier nicht nur das Bürgertum, sondern eine ganze Gesellschaftsform ablöste, zu der auch die Bauern, und die Arbeiterklasse gehörten. All das ist auf der politischen Ebene seit dem Ende der deutschen Besatzung begleitet von der Durchsetzung eines massiven wirtschaftlichen und sozialen Interventionsstaats, der dem bürgerlichen französischen Liberalismus des Jahrhundertanfangs diametral entgegengesetzt ist.

Zwei ganz wesentliche und offensichtliche französisch-deutsche Unterschiede kann man nach allem Abwägen nicht einfach als Fortbestand bürgerlicher Traditionen in Frankreich ansehen. Auf der einen Seite bleibt das größere Interesse der französischen Öffentlichkeit an ihren «classes dominantes». Dieser französisch-deutsche Unterschied dürfte aber eher mit der stärkeren Tradition des oppositionellen Intellektuellen in Frankreich zu tun haben. Sicher entstand der französische Intellektuelle als politischer und gesellschaftlicher Kritiker der Macht des Bürgertums. Aber ganz offensichtlich ist die Fortexistenz des oppositionellen Intellektuellen weder in Frankreich noch anderswo an das Bürgertum gebunden. Auf der anderen Seite blieben in Frankreich die Elitegymnasien und Elitehochschulen, die feineren Hierarchien in der Verwaltung und Wissenschaft, die von außen oft sogar höfisch anmutenden Rituale der hohen Politik erhalten. Aber sie sind eher Instrumentarien des Staates

Französische und deutsche obere Schichten nach 1945   195

zur Auslese einer loyalen und leistungsfähigen administrativen und politischen Elite. Sie wurden ohne Zweifel vom französischen Bürgertum virtuos genutzt, sind aber deshalb nicht einfach bürgerlich. Sie scheinen im Gegenteil die Ablösung des Bürgertums zu überleben. Sollte das erwähnte Zitat von Willy Brandt wirklich stimmen, so hatte er recht zu sagen: «Was für ein Staat», und nicht: «Was für ein Großbürgertum».

Kapitel 10

Arbeitskonflikte und neue soziale Bewegungen: Andere Welten?

In Frankreich wie in der Bundesrepublik löste sich nach dem Zweiten Weltkrieg nicht nur das Bürgertum ab. Dahinter stand in beiden Gesellschaften mehr. Auch andere Schichten wie die Bauern, das Kleinbürgertum, die klassenbewußte und milieugebundene Arbeiterschaft verloren ihre gesellschaftliche Prägekraft. In Frankreich wie in der Bundesrepublik ist dadurch seit dem Zweiten Weltkrieg eine neue Gesellschaft entstanden, für die wir bisher noch keinen griffigen Ausdruck haben. Grundsätzliche soziale Ungleichheiten und Konflikte verschwanden damit sicher nicht, haben sich aber ebenfalls tiefgreifend verändert.

Sind aber dadurch die Sozialkonflikte, die Arbeitskonflikte ebenso wie die sozialen Bewegungen, in Frankreich und der Bundesrepublik auch wirklich ähnlicher geworden? Gab es eine Wende in der Geschichte der Sozialkonflikte, nachdem sich in beiden Länder der alte Gegensatz zwischen Bürgertum und klassenbewußter Arbeiterschaft abgeschwächt, die parlamentarische Demokratie durchgesetzt hatte und die französischen und deutschen Gewerkschaften im Europäischen Gewerkschaftsbund zusammenzuarbeiten begannen? Schlugen die fundamentalen Divergenzen, die wir für die Zeit vor 1914 diskutierten und die sich in der Zwischenkriegszeit eher noch verschärften, nach dem Zweiten Weltkrieg oder vielleicht auch erst nach dem Kalten Krieg in Annäherungen um? Hat das von François Furet postulierte Ende der «exception française», des politischen Sonderwegs Frankreichs, das Ende der tiefen Spaltung der französischen Gesellschaft in zwei politische Lager seit der Französischen Revolution, auch die französischen Besonderheiten in den Sozialkonflikten geschleift? Begannen die einst scharfen französisch-deutschen Unterschiede in gemeinsamen europäischen Sozialkonflikten aufzugehen?[1]

Oder brach sich auch in den Sozialkonflikten die gesellschaftliche Annäherung beider Länder am Granit der französisch-deutschen Gegensätze in der politischen Kultur und den politischen Institutionen? Schlug diese Zählebigkeit der *politischen* Kontraste, die wir in den vorhergehenden Kapiteln in der Wirtschaftsplanung, in den staatlichen Elitehochschulen und der öffentlichen Präsentation der Staatsspitze vorfanden, auch im Sozialkonflikt durch? Sprechen die enormen Unterschiede zwischen französischen und deutschen Gewerkschaften und die großen Verständigungsschwierigkeiten zwischen französischen Sozialisten und deutschen Sozialdemokraten nicht dafür? Entstanden zudem in den achtziger Jahren besonders in den «neuen» sozialen Bewegungen nicht sogar lange nicht mehr bekannte, tiefgehende französisch-deutsche Gegensätze, die in eine neue Epoche der französisch-deutschen Entfremdung führten und die einem intimen Kenner beider Länder wie Alfred Grosser erstmals seit langem wieder Angst vor den «zerstörenden Elementen in den deutsch-französischen Beziehungen» machten?[2]

Wir werden uns wiederum zuerst die Argumente für eine Fortexistenz oder sogar Vertiefung des französisch-deutschen Grabens im Sozialkonflikt ansehen. Danach werden wir die Argumente für die Anfüllung dieses Grabens nach 1945 durchgehen. Solche Argumente *für* französisch-deutsche Gemeinsamkeiten sind in der Forschung zum Sozialkonflikt sehr viel seltener zu hören. Uns liegt deshalb an ihnen besonders viel. Am Ende werden wir eine Bilanz ziehen. Dabei werden wir sowohl die Tarifkonflikte als auch die neuen sozialen Bewegungen berücksichtigen.

Erstes Argument für fundamentale Unterschiede zwischen Frankreich und der Bundesrepublik: Die Gegner im Arbeitskonflikt bauten in der Bundesrepublik wie schon vor dem Ersten Weltkrieg auf weit größeren, effizienteren, mächtigeren Organisationen als in Frankreich auf. Sie schufen damit ganz andere Voraussetzungen für die Austragung des Tarifkonflikts.

Schon die bloßen Mitgliederzahlen stützen dieses Argument. Die bundesrepublikanischen Arbeitnehmer organisierten sich weiterhin erheblich stärker. Unmittelbar nach dem Zweiten Weltkrieg sah es zwar für kurze Zeit so aus, als ob sich dieser Unterschied einebnete. Im allgemeinen Aufschwung der europäischen Gewerkschaftsbewegungen strömten damals auch den französischen Gewerkschaften so viele Mitglieder zu, daß sie sich erstmals im 20. Jahrhundert wieder auf einen ähnlich hohen gewerkschaftlichen Organisationsgrad wie im östlichen Nachbarland stützen konnten. Schon in den fünfziger Jahren jedoch wurde der Abstand zur Bundesrepublik wieder zunehmend größer.

Größer war das Machtpotential der bundesrepublikanischen Gewerkschaften nicht nur, weil sie mehr Mitglieder besaßen. Auch ihre Organisation war in vielfacher Hinsicht straffer und effizienter. Nach dem Zweiten Weltkrieg entstanden in der Bundesrepublik Einheitsgewerkschaften, mit denen die frühere Zersplitterung in sozialistische, liberale und christliche Richtungsgewerkschaften überbrückt und beendet wurde. Nur für Beamte und Angestellte blieben größere Gewerkschaften außerhalb des DGB erhalten. Dadurch wurde der deutsche DGB nach dem britischen TUC die mitgliederstärkste Gewerkschaft in Westeuropa. Diese Einheitsgewerkschaften, die zwischen Weltkriegsende und Kaltem Krieg in den meisten anderen demokratischen Ländern Westeuropas entstanden, stärkten die Verhandlungsmacht im Arbeitskonflikt außerordentlich. Mächtiger waren die deutschen Gewerkschaftsorganisationen auch wegen ihrer außergewöhnlichen Finanzkraft. Sie besaßen nicht nur große Streikfonds, sondern auch umfangreiche Vermögen in den gewerkschaftseigenen Unternehmen. Auch dieser massive finanzielle Rückhalt stützte ihre Position im Arbeitskampf und erlaubte ihnen, streikende Mitglieder auch bei längeren Streiks finanziell zu unterstützen.

In Frankreich dagegen entwickelte sich die Gewerkschaftorganisation in genau umgekehrter Richtung. In der Zwischenkriegszeit war die französische Gewerkschaftsbewegung weniger stark aufgesplittert als seit den 1950er Jahren: Es gab nur drei Richtungen, die eher sozialistische CGT, die 1920/21 davon abgespaltene, den Kommunisten nahestehende CGTU und die christliche CFTC. Während der Volksfrontära entstand 1936 sogar wieder eine einheitliche sozialistische Gewerkschaft, in der die beiden erstgenannten Richtungsgewerkschaften zusammenarbeiteten. Nach der Unterdrückung dieser Einheitsgewerkschaft unter der deutschen Besatzung und unter dem Vichy-Regime entstand im Widerstand die Einheitsgewerkschaft unter anderen politischen Vorzeichen neu. Durch den enormen Mitgliederzuwachs wurde die CGT dann nach dem Zweiten Weltkrieg de facto zur beherrschenden Gewerkschaft, die die anderen Gewerkschaften an den Rand zu drängen schien. Für ein paar Jahre sah es so aus, als ob sich nicht nur in der Bundesrepublik, sondern auch in Frankreich ebenso wie im demokratischen Westeuropa überhaupt eine Einheitsgewerkschaft durchsetzen würde. Aber vor allem während des Kalten Kriegs spaltete sich die französische Gewerkschaftsbewegung dann weiter auf als jemals zuvor: in die stark kommunistisch beeinflußte CGT; die gegen die kommunistische Kontrolle entstehende, eher parteiunabhängige FO; die damals entkonfessionalisierte, inzwischen wieder christliche CFTC; die linksorientierte Gewerkschaft der Lehrenden, die FEN; die arbeitgeberfreundliche Gewerkschaft der leitenden Angestellten, die CGC. Schließlich entstand in den sechziger Jahren aus der CFTC die den Sozialisten nahestehende CFDT. Diese Richtungsgewerkschaften konnten sich selten auf eine gemeinsame Linie im Arbeitskonflikt einigen und schwächten daher die gewerkschaftliche Verhandlungsposition eher. Auch sie sind keine französische Besonderheit. Es gab und gibt Richtungsgewerkschaften in anderen Formen und politischen Ausrichtungen auch anderswo im südlicheren Europa, in Italien, Spanien, Portugal, aber auch in den Niederlanden, Belgien und der Schweiz. Schwächer als in der Bundesrepublik waren die Gewerkschaften in Frankreich aber auch finanziell. In der zweiten Hälfte der siebziger Jahre lag der Etat der CGT bei nur rund 18 Millionen ffrs., der der CFDT, der FEN und der FO bei jeweils nur rund 15 Millionen ffrs.: also nur ein Bruchteil des Etats der deutschen Gewerkschaften. Allein die IG Metall hatte einen Jahresetat von über 300 Millionen DM, alle Industriegewerkschaften zusammen einen Jahresetat von über 12 Milliarden DM. Auch die Streikfonds der französischen Gewerkschaften waren weit schmäler. Sie zahlten deshalb auch weit weniger Unterstützungen an streikende Mitglieder: In normalen Streikjahren wie 1977 und 1978 gab die CFDT 7.2 Millionen ffrs., die FO 0.7 Millionen ffrs., der CGT anscheinend gar nichts für Streikunterstützung aus. Allein die IG Metall gab dagegen 1978, als in beiden Ländern ähnlich viele Arbeitstage pro Beschäftigter durch Streik verloren gingen, über 11 Millionen DM aus. Schließlich war auch der Funktionärsapparat der französischen Gewerkschaften weit kleiner. Die CGT hatte 1977 220 feste Angestellte, die CFDT 1977 160 feste Angestellte, der DGB dagegen 1980 fast 12000 hauptamtliche Funktionäre. In all diesen Punkten bestanden die französisch-deutschen Unterschiede der Vor- und Zwischenkriegszeit nicht nur weiter, sondern verschärften sich nach dem Zweiten Weltkrieg sogar noch.

Nicht nur die Gewerkschaften, sondern auch die Arbeitgeber waren in der Bundesrepublik straffer und schlagkräftiger organisiert. Auch dieser französisch-deutsche Unterschied bestand im Prinzip schon vor 1914. Schon damals gab es in Deutschland auf den Arbeitskonflikt und auf Sozialpolitik spezialisierte Arbeitgeberorganisationen, in Frankreich dagegen nicht. Nach dem Zweiten Weltkrieg entstand in den Westzonen – ganz in dieser deutschen Verbandstradition – neben dem eigentlichen Interessenverband der industriellen Unternehmer, dem Bundesverband der Deutschen Industrie, wieder ein zentralisierter Arbeitgeberverband, die Bundesvereinigung der deutschen Arbeitgeberverbände. Sie umfaßte auch Arbeitgeber außerhalb der Industrie, im Handwerk und im Dienstleistungssektor, konzentrierte sich ganz auf Arbeitskonflikte und Sozialpolitik, koordinierte die Arbeitgeber in Tarifverhandlungen und im Streik und stellte damit ein starkes Gegengewicht gegen die Einheitsgewerkschaften dar. In Frankreich dagegen gab es eine auf den Arbeitskonflikt spezialisierte Organisation der Arbeitgeber überhaupt nicht. Der 1946 neugegründete französische Unternehmerverband, die CNPF, war ähnlich wie seine Vorläufer zumindest bis zur Reform Ende der 1960er Jahre eher eine Koordinationsinstanz als ein schlagkräftiger Spitzenverband. Massives Auftreten in der politischen Öffentlichkeit lag nicht in der Linie der CNPF. Auch nach den 1960er Jahren gehörten Tarifverhandlungen und Arbeitskonflikte nicht zu deren vorrangigen Aufgaben.

Stabiler und solider erschienen die deutschen Gewerkschaften seit dem Zweiten Weltkrieg ähnlich wie schon in der Vorkriegszeit schließlich auch wegen ihrer sozial einheitlicheren Basis. 1972 waren in der Bundesrepublik zwei Drittel der Gewerkschaftsmitglieder Arbeiter. Auch noch 1985 waren es über die Hälfte. Sicher verschwand das frühere deutsche Arbeitermilieu mit seinem intensiven Vereins- und Genossenschaftsleben und seinen starken inneren Alltagsverflechtungen auch in der Bundesrepublik allmählich. Primär Arbeitergewerkschaft zu sein, bedeutete daher nicht mehr so wie früher, auf Milieubindungen aufbauen zu können. Trotzdem behielten die Gewerkschaften in der Bundesrepublik ähnlich wie in anderen Ländern des nördlicheren Europa viel von sozial homogenen, auch noch stark männlich geprägten Arbeitergewerkschaften bei. Sie konnten sich dabei in der bundesrepublikanischen Gesellschaft auch noch 1985 auf einen zwar sinkenden, aber doch weiterhin recht hohen Arbeiteranteil von rund 40% aller Erwerbstätigen stützen.

In Frankreich dagegen waren die Mitglieder der Gewerkschaften auch nach 1945 sozial bunter gemischt. Schon vor 1914 waren die Gewerkschaften in Frankreich viel stärker als in Deutschland auch eine Bewegung der Angestellten, Handwerker und des öffentlichen Dienstes gewesen. Dieser französisch-deutsche Unterschied wurde nach 1945 eher noch schärfer, zum Teil – aber nur zum Teil –, weil der Arbeiteranteil in der französischen Gesellschaft niedriger war und bis 1985 auf rund ein Drittel absank. Nur die CGT war ähnlich wie der deutsche DGB überwiegend eine Arbeitergewerkschaft. In der den Sozialisten nahestehenden CFDT dagegen gab es in den siebziger Jahren nur zu einem Drittel Arbeiter. Die dem traditionellen Industriearbeiter besonders fernstehenden Gewerkschaften, die FO, eine Gewerkschaft des öffentlichen Dienstes, und die FEN, die Gewerkschaft des Bildungssektors, waren in der jüngeren Vergangenheit die Wachstumsmotoren der französischen Gewerkschaftsbewegung. Die CGT schrumpfte dagegen kontinuierlich von über fünf Millionen Mitgliedern in den Jahren 1945–1947 auf weit unter zwei Millionen in den frühen achtziger Jahren. Ohne Zweifel kann man diese soziale Basis der französischen Gewerkschaften, die man auch anderswo in Südeuropa antrifft, als moderner ansehen. Der europaweite Niedergang des Industriesektors und der Arbeiterberufe, der Aufstieg der Angestelltenberufe und des Dienstleistungssektors schlug unter den Gewerkschaftsmitgliedern in Frankreich weit klarer durch als in der Bundesrepublik. Den bundesrepublikanischen Gewerkschaften steht diese Entwicklung wahrscheinlich noch bevor. Vorerst zogen die deutschen Gewerkschaften jedoch aus ihrer sozial immer noch einheitlicheren Basis und ihren geringeren inneren Interessengegensätzen den Vorteil einer größeren Schlagkraft.

Ein zweiter Hinweis auf tiefe und sogar wachsende Unterschiede zwischen französischem und deutschem Arbeitskonflikt schließt daran direkt an: In der Bundesrepublik entschieden seit der Nachkriegszeit die Tarifgegner autonom und unabhängig vom Staat über Arbeitskampfschlichtung und Tarifkompromisse. Sie zogen dabei die Konsequenzen aus der Überbeanspruchung und dem Scheitern des Weimarer Staates in der Arbeitskampfschlichtung. Gleichzeitig waren in der Bundesrepublik beide Seiten so hoch organisiert, daß sie solche Kompromisse auch durchsetzen konnten und sie von der Basis nur selten angefochten und unterlaufen wurden. Neben der Regierung und der Bundesbank wurden daher die Tarifpartner in der Bundesrepublik – ähnlich wie in den skandinavischen Ländern, in den Alpenländern und wie lange Zeit auch in Großbritannnien, aber ganz anders als in Frankreich – zu einem der drei Zentren der Entscheidung über Wirtschaftsentwicklung und Wachstum. In Frankreich dagegen haben die Tarifpartner nach dem Zweiten Weltkrieg nie diese Entscheidungsmacht gewonnen, auch weil sie in Frankreich zur Übernahme der Tarifautonomie weit weniger bereit waren und die Regierungen weit stärker in Tarifauseinandersetzungen eingreifen ließen. Dieser Kernunterschied zwischen französischem und bundesdeutschem Tarifkonflikt spiegelte sich im Tarifvertragssystem ebenso wider wie im Streik, im Verhältnis von Gewerkschaften, Unternehmern und Staat ebenso wie in der betrieblichen Mitbestimmung. Wir gehen auf alle vier Aspekte genauer ein:

Die Tarifvertragssysteme in Frankreich und der Bundesrepublik entwickelten sich seit dem Ende des Zweiten Weltkriegs rasch in gegensätzliche Richtungen. Die Bundesrepublik wurde schon in ihren Anfängen zu einem Musterbeispiel für die Ersetzung von Streikkonflikten durch autonome Tarifverhandlungen zwischen Gewerkschaften und Arbeitgebern. Die Tarifautonomie wurde im Grundgesetz verankert und früh durch Gesetz, Rechtsprechung, vor allem aber durch Vereinbarungen zwischen Gewerkschaften und Arbeitgebern detailliert ausgestaltet und geregelt. Die Tarifverhandlungskommissionen aus Gewerkschafts- und Arbeitgebervertretern, je nach Branchengröße nationale oder regionale Kommissionen, traten regelmäßig nach Ablauf der Tarifverträge zusammen. Für den Fall des Scheiterns der Tarifverhandlungen wurden in den meisten Wirtschaftszweigen feste Schlichtungsregeln vereinbart. Während der Tarifvereinbarungen und während der Schlichtung wurde strikte Friedenspflicht, d.h. Verzicht auf Streiks und Aussperrungen, eingeführt. Ergänzend dazu wurde beides schon 1955 in der herrschenden Rechtsprechung begrenzt: Das Streikrecht wurde nur noch Verbänden, nicht dem einzelnen Arbeitnehmer zugestanden. Spontane Streiks waren daher nicht mehr zulässig. Beamte und Beamtenverbände konnten überhaupt nicht streiken. Streiks und Aussperrungen durften nur noch tariflich regelbare Ziele haben und sich nur an den Tarifgegner wenden. Politische Streiks, die sich an die Regierung richten und sich nicht direkt um Arbeitsbedingungen drehen, wurden in der Bundesrepublik damit unzulässig. Auch die Beziehung zwischen den Tarifkommissionen und den Betriebsräten wurde klar geregelt und die Tarifmacht der Betriebsräte stark eingeschränkt. Letztere konnten nur noch in Details, die in den Tarifverträgen genau festgelegt waren, Vereinbarungen mit der Betriebsleitung treffen. Von jeglicher Beteiligung an Streiks waren sie ausgeschlossen.

In Frankreich dagegen entwickelte sich nach dem Zweiten Weltkrieg eines der schwächsten Tarifvertragssysteme Westeuropas. In der französischen Verfassung der Vierten und der Fünften Republik wurde nicht die Tarifautonomie von Gewerkschaften und Arbeitgeberverbänden, sondern das Streikrecht des individuellen Arbeitnehmers verankert, das in Frankreich auch Beamte (außer Polizisten, Richtern, Militärs) einschloß. Dieses individuelle Streikrecht wurde von Anfang an so interpretiert, daß es anders als in der Bundesrepublik wilde Streiks zuließ, nicht dagegen eine Stärkung der Gewerkschaften durch gesetzliche Vorschriften über Tarifverhandlungen. Auch Aussperrungen durch Arbeitgeber blieben ausgeschlossen. Wichtiger noch: Sowohl Gewerkschaften als auch Arbeitgeber standen in Frankreich Tarifverträgen oft mißtrauisch gegenüber. Die Gewerkschaften fürchteten, zu sehr in das kapitalistische System eingebunden zu werden. Sie waren zudem nicht selten zu schwach und zu zersplittert, um Kompromisse eines Tarifvertrags unter den Arbeitnehmern durchzusetzen. Auch die französischen Arbeitgeber, sehr oft noch Leiter von Familienunternehmen, befürchteten eine Einschränkung ihrer unternehmerischen Handlungsspielräume durch Tarifvereinbarungen. Regel- und routinemäßige Tarifrunden gab es deshalb in Frankreich selten, geschweige denn feste Abmachungen über die Regeln von Verhandlungen und Schlichtung. Gesetzliche Verfahren zur friedlichen Konfliktschlichtung wurden wenig beachtet. Streiks standen nicht am Ende ausgefeilter Verhandlungs- und Schlichtungsrituale, sondern oft am Anfang von Verhandlungen und dienten dazu, die Stärke des Gegners abschätzen zu können. Tarifverträge hatten nicht den Verpflichtungscharakter wie in der Bundesrepublik, sondern oft eher den Charakter von Deklarationen der Arbeitgeber. Sie waren zudem häufiger bloß regionale oder lokale Vereinbarungen, die teilweise dann erst von der Regierung zu allgemein verbindlichen Verträgen erklärt wurden. Was nur immer anders sein konnte, war in Frankreich meist anders.

Aus diesen Gründen unterschieden sich auch die Streiks in Frankreich und der Bundesrepublik seit dem Zweiten Weltkrieg scharf. In Frankreich wurde während der vergangenen vierzig Jahre kontinuierlich um ein Vielfaches mehr gestreikt als in der Bundesrepublik. Tausende von Streiks pro Jahr mit leicht steigender Tendenz in Frankreich standen knapp fünfzig Streiks pro Jahr in der Bundesrepublik gegenüber. Nicht nur das: Die Streiks liefen auch in anderer Form ab. In Frankreich blieben sie während der ganzen Zeit seit dem Zweiten Weltkrieg erheblich kürzer und mobilisierten im Durchschnitt weit weniger Beteiligte. In der Bundesrepublik dagegen blieben sie seltener, konnten aber, wenn sie stattfanden, erheblich länger sein und weit mehr Streikende mobilisieren. Das war sicher nicht nur ein französisch-deutscher Unterschied, sondern ein Graben, der das ganze nördlichere Westeuropa vom Süden trennte.

Arbeitskonflikte und neue soziale Bewegungen: Andere Welten? 203

Hinter diesen französisch-deutschen Gegensätzen in den Streikformen standen teils die Unterschiede in den Organisationspotentialen, über die wir sprachen. Nur die bundesdeutschen Gewerkschaften waren so einheitlich und finanziell so stark, daß sie mit einem großen, beteiligungsstarken Streik drohen und ihn im Ernstfall auch wirklich durchstehen konnten. Teils hatten die anderen Streikformen mit der ganz anderen Situation der Streikenden zu tun. Sie hatten in Frankreich anders als in der Bundesrepublik zwar ein Verfassungsrecht auf Streik, konnten aber im Streikfall mit nur wenig finanzieller Unterstützung für Lohnausfall rechnen. Auch deshalb waren die Streiks kürzer. Die französischen Streiks richteten sich zudem oft eher an die politische Öffentlichkeit und die Regierung, die in Frankreich in Tariffragen mehr zu sagen hatte, oder an konkurrierende Gewerkschaften. Oder sie hatten nur den Zweck, die «patrons» an den Verhandlungstisch zu bringen. Auch dafür genügten oft kurze, regional begrenzte Streiks. Die bundesdeutschen Streiks dagegen fanden erst nach langen, in festen Regeln ablaufenden Verhandlungen statt und wandten sich weit ausschließlicher an die Arbeitgeber, die wegen ihres größeren Organisationspotentials oft nur mit beteiligungstarken und langen Streiks zu beeindrucken waren.

Ganz entscheidend war schließlich die unterschiedliche Rolle der Regierung im Tarifkonflikt. In der Bundesrepublik hielten sich die Regierung und die Verwaltung nach den negativen Erfahrungen der Weimarer Republik aus dem Tarifkonflikt weitgehend heraus, obwohl die Tarifpartner neben der Regierung und der Bundesbank über Wirtschaftswachstum und Geldwertstabilität mitentschieden und deshalb Regierungen immer versucht waren, Tarifverhandlungen zu beeinflussen. Löhne, Arbeitszeit, Urlaubslänge, Vorruhestandspraxis, aber auch Schlichtungsregelungen blieben aber die Domäne der Tarifvereinbarungen. Eingriffsversuche wie die «Konzertierte Aktion» der späten sechziger und siebziger Jahre blieben kurzlebige Episoden. Die Bundesrepublik war damit schon seit ihrer Gründung eines der westeuropäischen Länder mit besonders geringem Staatseinfluß auf Tarifverhandlungen. Gleichzeitig sahen es die Gewerkschaften, ähnlich wie die Arbeitgeberverbände, als ihr Ziel an, über Parteien und Parlamente so viel Einfluß wie möglich auf Regierungsentscheidungen zu nehmen. Die Gewerkschaftsführer gehörten weit überwiegend einer politischen Partei an. Seit der Gründung der Bundesrepublik saßen zwischen zwanzig und dreißig Gewerkschaftsführer im Bundestag und oft frühere Gewerkschaftsführer als Minister im Bundeskabinett.

Genau umgekehrt Frankreich: Die französische Regierung griff in verschiedener Hinsicht massiv in den Tarifkonflikt ein. Sie fällte Entscheidungen, die aus bundesdeutscher Sicht in ureigenste Kompetenzen der Tarifpartner fielen. So beschloß 1950 die französische Regierung Mindestlöhne und dynamisierte sie 1971. 1956 setzte sie einen dreiwöchigen

Jahresurlaub fest und erweiterte ihn 1969 auf vier Wochen. 1982 beschloß sie eine Reduzierung der Arbeitszeit auf 38 Stunden. Im gleichen Jahr verfügte sie einen mehrmonatigen Lohnstopp. Darüber hinaus konnte die Regierung schon seit 1950 Tarifverträge, die nur von einem Teil der Arbeitgeber und Gewerkschaften abgeschlossen worden waren, für einen ganzen Wirtschaftszweig für verbindlich erklären und damit die Organisationsschwäche von Gewerkschaften und Arbeitgebern durch Staatseingriff ausgleichen. Beim Aushandeln solcher Verträge war zudem die Autonomie der Tarifpartner stark eingeschränkt. Ein Beamter der Arbeitsverwaltung leitete die Verhandlungen. Zahlreiche gesetzlich vorgeschriebene Klauseln mußten im Vertrag stehen. Um 1980 wurden rund ein Drittel aller Tarifverträge auf diese Weise allgemein verbindlich. Die französische Regierung versuchte schließlich auch, Regeln für Tarifverhandlungen gesetzlich festzulegen und damit das Fehlen von direkten Vereinbarungen zwischen Arbeitgebern und Arbeitnehmern auszugleichen. Das ist zuletzt mit den Gesetzen Aroux 1982, davor in Gesetzen 1950 und 1971 geschehen. Frankreich gehörte aus allen diesen Gründen zu den westeuropäischen Ländern mit den massivsten Eingriffen der Regierung in die Beziehungen zwischen Arbeitgebern und Arbeitnehmern. Gleichzeitig hielten sich die Gewerkschaften in unterschiedlicher, aber im ganzen doch schärferer Form als in der Bundesrepublik auf Distanz zu den politischen Parteien und Regierungen.

Abgestützt wurde die größere Entscheidungsmacht der Tarifpartner in der Bundesrepublik schon seit ihren Anfängen schließlich auch in der betrieblichen Mitbestimmung. Der deutsche Betriebsrat hatte erheblich mehr Mitentscheidungs- und Vetorechte bei Personal- und Arbeitsplatzentscheidungen des Betriebs als die französischen Vertretungsorgane. Der deutsche Betriebsrat war darüber hinaus auch eine einfachere, für alle Beteiligten leichter verständliche, vielleicht auch deshalb wirkungsvollere Institution als die gleich drei französischen betrieblichen Mitbestimmungsorgane, die aus sehr unterschiedlichen politischen Situationen entstanden waren und die deshalb oft auch eine sehr unterschiedliche politische Aura umgab: die vor allem in der Volksfrontära durchgesetzten Belegschaftsdelegierten (délégués du personel), die nur Beschwerderechte in Lohn- und Arbeitsfragen besaßen; die aus der Allparteienregierung de Gaulles in der unmittelbaren Nachkriegszeit stammenden Betriebsausschüsse (comités d'entreprise), die nur bei betrieblichen Sozialleistungen Mitentscheidungsrechte, sonst in allgemeinen Unternehmensfragen nur Konsultationsrechte bekamen und deren Vorsitz die Unternehmensleitung erhielt; die Gewerkschaftssektionen (sections syndicales), die in der Folge des Mai 1968 entstanden und den Gewerkschaften Aktionsräume innerhalb der Unternehmen sicherten. Gleichzeitig war die Mitbestimmungsidee in der bundesdeutschen Gewerkschaftsbewegung und unter den Arbeitgebern weitgehender akzeptiert. In der französischen Gewerkschaftsbewegung wurde lange Zeit teils dem sowjetischen Planwirtschaftssystem der Vorzug gegeben, teils sah man die «autogestion» der Unternehmen als Hauptziel, die französischen Vertretungsorgane dagegen nur als eine schlechte zweite Wahl an. Obwohl sich die französischen Gewerkschaften an den Betriebswahlen durchaus beteiligten und die Vertretungsorgane nutzten, blieb für sie ein weit schärferer Widerspruch zwischen den ursprünglichen Zielen und der betrieblichen Realität bestehen. Die französischen Arbeitgeber nahmen die betrieblichen Vertretungsorgane nur widerwillig und häufig auch gar nicht hin.

Drittes Argument für große französisch-deutsche Unterschiede in den sozialen Konflikten: Massiv weiter vertieft haben sie sich in den späten 1970er und frühen 1980er Jahren durch das Aufkommen der neuen sozialen Bewegungen, wo die Kontraste zwischen Frankreich und der Bundesrepublik so scharf wie kaum noch zwischen zwei anderen westeuropäischen Ländern aussahen. In der Bundesrepublik verankerten sich neue soziale Bewegungen in den achtziger Jahren organisatorisch und politisch stärker als in jedem anderen europäischen Land. Es entstanden stabile Organisationen, leistungsfähige wissenschaftliche Institute für die Öffentlichkeitsarbeit und schon früh sogar eine grüne Partei, die Abgeordnete in Länderparlamente entsandte. Frankreich dagegen fiel auf diesem Gebiet in den achtziger Jahren nicht nur weit hinter die Bundesrepublik, sondern auch hinter die Niederlande, Italien, die skandinavischen Länder oder Großbritannien zurück. Es gab wenig stabile Organisationen und keine nennenswerten Wahlerfolge der grünen Partei, der «verts». Frankreich und die Bundesrepublik gelten daher als die äußersten westeuropäischen Extreme in der Entwicklung der neuen sozialen Bewegungen. Dafür gibt es mehrere plausible Gründe: Hauptthemen der neuen sozialen Bewegungen stellten sich in Frankreich anders: Abrüstung wurde in Frankreich stärker aus der Perspektive des militärischen Etappenlandes, einer «nationalen» Verteidigung gesehen, war zudem auch vom Trauma der Nachgiebigkeit der Regierung Daladier 1939 gegenüber Hitler beeinflußt. Umweltprobleme erschienen in Frankreich weniger drängend, da die französische Landschaft weit weniger dicht besiedelt und durchindustrialisiert ist und der französische Konsument besonders bei Nahrungsmitteln traditionell kritischer wählt und daher in der Regel auch mit qualitätvolleren Nahrungsmitteln als der deutsche Konsument versorgt wird. Die hochzentralisierte französische Verwaltung und Politik bot weit weniger Resonanzboden für die oft regional konzentrierten neuen sozialen Bewegungen als die deutschen Kommunal- und Länderparlamente; die französischen Bewegungen gewannen daher viel weniger Aufmerksamkeit in der Öffentlichkeit. Die Forderungen wurden zudem in der Entstehungszeit, in den siebziger Jahren, von der damals oppositionellen Linken in Frankreich aufgenommen und aufgesogen; neue soziale Bewegungen entwickelten sich daher nicht so eigenständig in Opposition gegen eine Mitte-Links-Regierung wie in der Bundesrepublik und etablierten sich daher auch kaum organisatorisch. Die Wirtschaftskrise der achziger Jahre traf schließlich Frankreich härter als das Nachbarland und verstärkte wieder das traditionell vorhandene wirtschaftliche Rückständigkeitsgefühl. Wirtschaftliche Modernisierungs- und Wachstumspolitik fand daher auch in der Linken Frankreichs weit mehr Befürworter als in der Bundesrepublik.

Sicher haben sich in kaum einem anderen Bereich die französisch-deutschen Unterschiede nach dem Zweiten Weltkrieg so stark erhalten wie im Arbeitskonflikt oder sich in der jüngsten Vergangenheit sogar noch verschärft wie in den neuen sozialen Bewegungen. Wann immer von neuen französisch-deutschen Entfremdungen gesprochen wird, wird vor allem an diesen Bereich gedacht. Auf den ersten Blick erscheint es deshalb kaum glaubhaft, auch hier Annäherungen zwischen beiden Gesellschaften anführen zu wollen. Trotzdem gibt es sie auch hier. Man sollte sie nicht vorschnell beiseite schieben. Sie sind das besondere Anliegen dieses Kapitels, da sie in der Forschung zu selten angesprochen werden.

Das Organisationspotential im Arbeitskonflikt lief in Frankreich und der Bundesrepublik in der langen Sicht nicht auseinander. Im Gegenteil: Seit dem Zweiten Weltkrieg waren sich Frankreich und die Bundesrepublik in dieser Hinsicht ähnlicher als die späte französische Dritte Republik und die deutsche Weimarer Republik. Die deutsche Gewerkschaftsbewegung gehörte vor der Machtübernahme der Nationalsozialisten zu einer der am stärksten und von außen am glänzendsten organisierten europäischen Arbeiterbewegungen. Sie war ein Modell. Frankreich dagegen war das extreme europäische Gegenteil. In kaum einem anderen europäischen Land war der Organisationsgrad der Arbeitnehmer so niedrig, die Arbeiterkultur im Vereinsleben so wenig ausgebildet, der Apparat der Gewerkschaften so schwach wie in Frankreich. Kaum zwei andere westeuropäische Länder unterschieden sich so scharf wie das Deutschland von Weimar und das Frankreich der späten Dritten Republik. Demgegenüber erscheinen die französisch-deutschen Unterschiede zwischen der Bundesrepublik und dem Frankreich der Vierten und Fünften Republik erheblich milder. Zusammen mit den benachbarten Niederlanden, der Schweiz und auch Portugal gehörten nun Frankreich und die Bundesrepublik zu den westeuropäischen Ländern mit geringem Organisationsgrad der Arbeitnehmer. Im Vergleich zur Zwischenkriegszeit lag der Organisationsgrad der Arbeitnehmer in der Bundesrepublik deutlich niedriger, in Frankreich dagegen deutlich höher. Der Apparat der französischen Gewerkschaften wurde deutlich größer. Die Zusammenarbeit zwischen den Richtungsgewerkschaften nahm besonders nach dem Kalten Krieg in Frankreich während der sechziger und siebziger Jahren deutlich zu. Etwas abgemildert haben sich auch die französisch-deutschen Unterschiede in der Organisation der Arbeitgeber. Seit den späten sechziger Jahren und teilweise als Folge des Schocks im Mai 1968 verstärkten auch die französischen Arbeitgeber ihren Verband. Der Dachverband, die CNPF, und sein Präsident erhielten mehr Kompetenzen. Die bisherige Distanz zu den Medien wurde aufgegeben und eine massive Öffentlichkeitsarbeit aufgebaut. Die Neigung zum «contractualisme», die Chancen für Vereinbarungen mit den Gewerkschaften verstärkten sich in der langen Sicht besonders in den frühen 1960-er Jahren und wieder in den 1980-er Jahren. Ähnlich wurden sich beide Länder in all diesen Punkten sicher nicht. Aber der Graben ist seit den 1960er Jahren etwas weniger tief.

Zweites Argument gegen einen französisch-deutschen Fundamentalkontrast: Auch in der Austragung des Tarifkonflikts gab es eine Reihe wichtiger Annäherungen zwischen Frankreich und der Bundesrepublik. Es sind teils allgemeine westeuropäische Entwicklungen, die sich auch in Frankreich und der Bundesrepublik wiederfinden, teils zielgerichtete politische Entscheidungen für eine Übernahme von Institutionen jenseits des Rheins.

Festzuhalten ist vor allem, daß sich das Tarifvertragssystem in Frankreich in der langen Sicht nur später, nicht grundsätzlich anders entwickelte als in der Bundesrepublik. In der Zwischenkriegszeit sah es tatsächlich noch so aus, als ob beide Länder fundamental gegenläufig handelten. In Deutschland breiteten sich vor allem nach der Revolution von 1918/19 Tarifverträge rasch aus. Ein beträchtlicher Teil der industriellen Arbeitsplätze unterlag schon am Anfang der Weimarer Republik Tarifverträgen. In Frankreich dagegen gab es nach einem kurzlebigen Anstieg der Tarifverträge unmittelbar nach dem Ersten Weltkrieg bis zur Volksfrontära nur verschwindend wenig Tarifverträge für eine kleine Minderheit der Arbeitnehmer. Und der Aufschwung des Tarifvertragssystems während der Volksfrontära gab wiederum nicht Anlaß zu einer französisch-deutschen Annäherung, da er nur kurzlebig war und da vor allem im damaligen NS-Deutschland normale Tarifverhandlungen nicht mehr stattfanden. Geringer dagegen wurde der französisch-deutsche Abstand in der Tarifvertragsentwicklung ab 1950, nachdem in der Bundesrepublik wie in Frankreich der staatliche Lohnstopp eingestellt worden war und Löhne wieder in Tarifvereinbarungen ausgehandelt werden konnten. Auch in Frankreich wurden nun jährlich grob tausend nationale, regionale und lokale Tarifverträge abgeschlossen. Noch etwas kleiner wurde dieser französisch-deutsche Abstand schließlich seit den späten sechziger Jahren. Tarifverträge wurden in Frankreich rasch zahlreicher, und unterstützt durch die Regierung zuletzt in den Gesetzen Aroux milderten sich die Vorbehalte der französischen Gewerkschaften und Arbeitgeber gegenüber Tarifverträgen, gegenüber der «politique contractuelle», erheblich ab. Auch in der Streikentwicklung gibt es Anzeichen für eine Annäherung zwischen Frankreich und der Bundesrepublik. Das gilt wieder besonders für die lange Sicht. In der Zwischenkriegszeit sahen die französischdeutschen Streikkontraste besonders scharf aus. Wir erwähnten das schon. In Frankreich wurden Streiks nach einer kurzen, streikintensiven Periode 1919/1920 deutlich und anhaltend seltener. Streiktage pendelten sich schon damals ungefähr auf das Maß seit 1950 ein. Deutschland dagegen wurde nach dem Ersten Weltkrieg zu einem der streikintensivsten Länder Europas. Zwischen Kriegsende und dem Beginn der Weltwirtschaftskrise gingen fast jedes Jahr weit mehr Arbeitstage als in der gesamten bisherigen Geschichte der Bundesrepublik verloren, vor allem aber auch weit mehr als im französischen Streikhöhepunkt der Zwischenkriegszeit, dem Jahr 1920. Derart scharfe Kontraste gab es nach dem Zweiten Weltkrieg nicht mehr. Sicher wurde nun umgekehrt in Frankreich mehr gestreikt. Aber Frankreich und die Bundesrepublik waren keine europäischen Extremfälle mehr, sondern lagen beide unter dem europäischen Streikdurchschnitt. Italien und Großbritannien waren nun diejenigen unter den größeren Länder, in denen besonders viele Arbeitstage durch Streiks verlorengingen. Darüber hinaus verminderte sich in Frankreich die Zahl der verlorenen Arbeitstage in den späten siebziger und achtziger Jahren weiterhin deutlich. Sicher blieb die Zahl der Streiks bis zur Gegenwart unverändert hoch. Dadurch hielt sich auch das Bild von einem streikintensiven Frankreich in der Öffentlichkeit. Wirtschaftlich entscheidend war jedoch der Rückgang der Streikenden und vor allem der verstreikten Arbeitstage und damit die Annäherung an die Bundesrepublik. In schwächerer Form näherten sich umgekehrt auch die bundesdeutschen Streiks den französischen an, da seit den späten siebziger Jahren die deutschen Gewerkschaften in der Bekämpfung der Arbeitslosigkeit und in der Eindämmung der Folgen raschen technologischen Wandels neue Aufgaben sahen und deshalb spürbar häufiger zum Streik aufriefen.

Schließlich sollte man auch in der Mitbestimmung im Betrieb die französisch-deutschen Parallelitäten und Annäherungen nicht übersehen. In der europäischen Perspektive springen sie ins Auge. Frankreich und die Bundesrepublik gehören ähnlich wie Italien, Niederlande und Belgien zu den europäischen Ländern, in denen unmittelbar nach dem Zweiten Weltkrieg betriebliche Mitbestimmung als gesetzliche Institution eingerichtet wurde und in denen sich nicht wie in Großbritannien oder den USA Betriebsleiter und Gewerkschaften ohne gesetzlich festgelegte Regeln auseinandersetzen müssen. Nicht nur in Frankreich, sondern auch in der Bundesrepublik wurde die Einführung von Betriebsräten von den Gewerkschaften nicht als politischer Durchbruch, sondern als eine Enttäuschung weitergehender Erwartungen auf wirtschaftsdemokratische Reformen angesehen. In Frankreich wie in der Bundesrepublik blieb auch ein Spannungsverhältnis zwischen den betrieblichen Mitbestimmungsorganen und den Gewerkschaften im Betrieb bestehen, zwischen dem comité d'entreprise und den sections syndicales in Frankreich, dem Betriebsrat und den gewerkschaftlichen Vertrauensleuten in der Bundesrepublik. Vor allem aber breiteten sich die betrieblichen Mitbestimmungsorgane auch in Frankreich besonders in den siebziger Jahren sehr rasch aus, nicht nur die 1968 eingeführten sections syndicales, sondern auch die schon viel älteren Betiebsausschüsse (comités d'entreprise), die um 1965 nur in rund einem Drittel der Betriebe, um 1980 dagegen schon in vier von fünf Betrieben arbeiteten. Damit wurde die Mitbestimmung auch in Frankreich Betriebsalltag, auf den sich Betriebsleiter und Gewerkschaften einstellten.

Enger als jemals zuvor begannen die französischen und deutschen Gewerkschaften im Europäischen Gewerkschaftsbund zusammenzuarbeiten. Diese Zusammenarbeit war gerade zwischen den französischen und deutschen Gewerkschaften keineswegs konfliktfrei, vor allem wegen der grundsätzlichen Gegensätze zwischen DGB und CGT, die im Grunde aber den innerfranzösischen Gewerkschaftsgegensätzen gleichen. Sie haben die Entstehung einer Einheitsgewerkschaft auf europäischer Ebene lange hinausgezögert und die Bewegung insgesamt geschwächt, aber am Ende nicht verhindert.

Auch die französisch-deutschen Kontraste in den neuen sozialen Bewegungen waren nicht so scharf, wie es vielfach erscheinen mag. Diese Bewegungen fehlten in Frankreich keineswegs völlig. Vor allem in den späten sechziger und den siebziger Jahren gab es auch in Frankreich breite und in der Öffentlichkeit wirksame soziale Bewegungen: nicht nur den Mai 1968, der in Frankreich weit stärker an die Fundamente von Gesellschaft und Politik ging als die Studentenbewegung in der Bundesrepublik; auch die Regionalbewegungen, wie besonders im Languedoc, in der Bretagne, in der Normandie und im Elsaß, waren in der dezentralen Bundesrepublik nicht ausgeprägt. Sie gaben Anlaß zu einem historisch einmaligen Versuch der Dezentralisierung der französischen Verwaltung. Die französische Umwelt- und Anti-Atomkraftbewegung war in den siebziger Jahren sogar einer der Zündfunken für spätere Initiativen in der Bundesrepublik, führte in der Oberrheinregion auch zu einer engen französisch-deutschen Zusammenarbeit und ging in Frankreich erst in den frühen achtziger Jahren zurück. Die französische Frauenbewegung gehörte zu einer der stärksten in Westeuropa; die französische

Menschenrechtsbewegung wandte sich auch in den achtziger Jahren in zahlreichen Demonstrationen gegen Menschenrechtsverletzungen in aller Welt. Schließlich fand die Drittweltbewegung in Frankreich während der achtziger Jahre ebenfalls ein starkes Echo; sie stützte sich auf Organisationen wie «terres des hommes» oder «médecins du monde». Sicher faßte die Friedensbewegung, die die bundesrepublikanischen sozialen Bewegungen besonders stark prägte, in Frankreich außerhalb der KPF nie recht Fuß. Aber dafür waren die erwähnten Drittweltbewegungen und Menschenrechtsbewegungen stärker als in der Bundesrepublik. Sicher waren die sozialen Bewegungen in Frankreich besonders in den achziger Jahren organisatorisch auch schwächer und haben es lange Zeit nicht zu spürbaren Wahlerfolgen mit einer eigenen Partei gebracht. Aber die Ansichten von Franzosen und Bundesdeutschen lagen weit weniger stark auseinander als es diese Unterschiede der politischen Organisation und Parteibildung vermuten lassen. Nach Meinungsumfragen der achtziger Jahre unterstützte auch in Frankreich die überwiegende Mehrheit der Bevölkerung die Naturschützer. Franzosen waren für Umweltprobleme ähnlich sensibilisiert wie die Bundesdeutschen. Umweltbewegungen fanden in beiden Ländern ähnlichen Widerhall. Antikernkraftbewegungen hatten zwar in Frankreich weniger Sympathisanten, trafen aber auch auf weit weniger scharfe Gegner als in der Bundesrepublik. Von der Gefahr eines neuen Weltkriegs fühlten sich die Franzosen besonders in den frühen achziger Jahren nicht weniger bedroht als die Bundesdeutschen. Forderungen nach Gleichheit von Mann und Frau wurden in Frankreich eher stärker unterstützt als in der Bundesrepublik. Trotz aller Diskrepanzen in den Bewegungshöhepunkten, in den Zielen und in den Organisationsformen waren deshalb diese französisch-deutschen Unterschiede im ganzen zu wenig fundamental und bestehen seit zu kurzer Zeit, als daß man von einer neuen dauerhaften Divergenz zwischen Frankreich und der Bundesrepublik sprechen könnte.

Waren nun also insgesamt die Arbeitskonflikte und die sozialen Bewegungen in der Bundesrepublik tatsächlich so viel moderner und in Frankreich tatsächlich so viel rückständiger, wie es nicht nur bundesdeutsche, sondern vielfach auch französische Autoren sehen? Sicher gab es in der Bundesrepublik Tendenzen, die auch sonst in Westeuropa vorherrschend geworden sind und aus denen nur wenige Länder, darunter auch Frankreich, ausscherten. Dazu gehört das Entstehen von Einheitsgewerkschaften nach dem Zweiten Weltkrieg, die meist schon sehr viel ältere enge Verbindung zwischen Gewerkschaften und Arbeiterparteien, die den Gewerkschaften starken politischen Einfluß auf Parlamente und teils auch auf Regierungen verschaffte, die wachsende Tarifautonomie von Gewerkschaften und Arbeitgeberverbänden gegenüber dem Staat, schließlich auch die Stärke der neuen sozialen Bewegungen, die neuen Themen und neuen Sozialgruppen zu Einfluß in der Öffentlichkeit verhalfen. Alle diese Tendenzen sind in Frankreich tatsächlich schwach ausgeprägt.

Umgekehrt gibt es freilich auch Tendenzen, in denen man Frankreich als weiter entwickelt ansehen kann und angesehen hat: Einheitsgewerkschaftliche Tendenzen entstanden zumindest vorübergehend in Frankreich schon in den dreißiger Jahren und nicht erst in den späten vierziger Jahren wie in der Bundesrepublik. Betriebliche Vertretungsorgane wurden in Frankreich neben den älteren Betriebsdelegierten schon unmittelbar nach Kriegsende 1944/45 und nicht erst Jahre später – wie in der Bundesrepublik die Betriebsräte – eingeführt. Im Niedergang des proletarischen Milieus und im Aufstieg der Dienstleistungsberufe als sozialer Basis der Gewerkschaften ging Frankreich ebenfalls der Bundesrepublik voran, in der diese Entwicklung erst eingesetzt, aber sich bei weitem noch nicht durchgesetzt hat. Auch die Kritik am Korsett der strikten Regeln des Tarifkonflikts in der Bundesrepublik orientierte sich teilweise an Frankreich. Schließlich enstanden bestimmte Richtungen der neuen sozialen Bewegungen in Frankreich früher.

Letzlich aber führt eine solche Diskussion über Modernität und Rückständigkeit in eine Sackgasse. Die alten und neuen sozialen Bewegungen entwickelten sich in beiden Ländern einfach unterschiedlich. Diese Unterschiede sind schwer in das Prokrustesbett von Modernität und Zurückgebliebenheit zu zwängen. Sie lassen sich auch nicht so recht aus der Sozialstruktur oder den Mentalitäten erklären, die nicht so weit auseinanderlagen, sich mit dem Verfall der deutschen Arbeiterbewegungskultur sogar eher annäherten und deshalb nicht zwingend in solche Auseinanderentwicklungen hineinführen konnten. Sie gründeten vor allem auf Unterschieden der politischen Institutionen und Kulturen, die überwiegend unmittelbar nach dem Zweiten Weltkrieg entstanden: auf der gegensätzlichen Rolle der Kommunistischen Partei nach 1945, auf dem hohen Kredit, den die KPF durch ihre Rolle in der résistance in Frankreich bei einem beträchtlichen Teil der Arbeiter und auch Intellektuellen besaß und auf dem umgekehrt geringen Kredit der KPD in der Bundesrepublik nach der stalinistischen Machtübernahme in einem Teil Deutschlands; auf der daraus resultierenden tiefen Spaltung der französischen Gewerkschaftsbewegung über der kommunistisch kontrollierten CGT in Frankreich und der Randbedeutung dieses Weltanschauungskonflikts in den bundesrepublikanischen Gewerkschaften; ebenso stark gründeten die Unterschiede auch auf der massiven Staatsintervention in Frankreich nach 1944 zur Modernisierung des Landes, zu der auch tiefe Staatseingriffe in die Tarifbeziehungen gehörten, und auf dem nach den Erfahrungen der Weimarer Republik und dem NS-Regime stark zurückgenommmen bundesdeutschen Staat – ein Unterschied, der auch die Autonomie der Tarifgegner in der Bundesrepublik stärkte; schließlich auch auf der

Tradition der Staatsskepsis und der individuellen Autonomie gegen den Staat und Organisationen in Frankreich und auf der Tradition der Massenorganisation in Deutschland bzw. der Bundesrepublik. Wer nach fundamentalen Unterschieden zwischen Frankreich und der Bundesrepublik sucht, wird deshalb besonders in den alten und neuen sozialen Bewegungen fündig. Die Unterschiede sind so groß, daß es tatsächlich große Mühe macht, die jeweils andere Seite des Rheins zu verstehen. Erstaunlicherweise sind es teilweise Unterschiede, die erst in der Zeit nach dem Zweiten Weltkrieg, vor allem in den späten vierziger und frühen fünfziger Jahren, entstanden. Bei aller Tiefe der Gräben sollte man trotzdem nicht übersehen, daß es auch Konvergenzen und Brücken gibt, die so in der Vor- und Zwischenkriegszeit noch nicht zu finden waren.

Noch einmal kurz zusammengefaßt die Konvergenzen: In der langen Sicht sind sich beide Länder vor allem in der Mobilisierung von Arbeitnehmern durch Gewerkschaften, in der Ausbreitung von Tarifverträgen, in der Einrichtung von betrieblichen Vertretungsorganen, auch in der politischen Einsicht der Regierung in die Autonomie der Tarifpartner seit dem Zweiten Weltkrieg allmählich weniger unähnlich geworden, als sie es noch in der Zwischenkriegszeit waren. Auch in der Einstellung zu den meisten Themen der neuen sozialen Bewegungen sind sich Franzosen und Bundesdeutsche weit ähnlicher, als es die Auseinanderentwicklung der Organisationen vermuten ließe. Die neue bundesdeutsche Legende von den umwelt- und abrüstungsblinden Franzosen hat mit der Realität der französischen Mentalität wenig zu tun. Die Brücken: In der Gegenwart gibt es ohne Zweifel auf beiden Seiten des Rheins mehr intime Kenner der Tarifbeziehungen und der neuen sozialen Bewegungen im jeweils anderen Land als noch vor dreißig Jahren. Entscheidender noch dürften die Brücken durch gemeinsame Organisationen sein. Sie entstanden in den neuen sozialen Bewegungen, blieben freilich weitgehend informell und regional. Sie entstanden vor allem im Europäischen Gewerkschaftsbund. Er hob sich von den Gewerkschaftsinternationalen der Zwischen- und Nachkriegszeit dadurch ab, daß er die Gewerkschaften nicht nur international koordinierte und untereinander informierte, sondern auch schon durch seine Vorläufer seit den 1950er Jahren direkt an Entscheidungen der Europäischen Gemeinschaft teilnahm und sie beeinflußte. Freilich blieb diese organisatorische Brücke bisher auf den Bereich der gewerkschaftlichen Interessenpolitik beschränkt. Ein europäisches Tarifsystem und eine europäische Mitbestimmung entstand bisher noch nicht.

Ausgerechnet in den Tarifbeziehungen kann aber in der nahen Zukunft die weiterschreitende wirtschaftliche Zusammenarbeit zu einem verstärkten Integrationsdruck führen. Ein europäischer Binnenmarkt ist ohne europaweite Arbeitskonflikte und Tarifvereinbarungen auf die Dauer schwer vorstellbar. Wird diese Integration der Tarifbeziehungen sich aber nicht mit großer Sicherheit an den besonders starken Divergenzen zwischen Frankreich und der Bundesrepublik, aber auch zwischen anderen europäischen Ländern brechen? Das kann, aber muß aus mehreren Gründen nicht so sein: Erstens gab es selbst zwischen zwei so verschiedenen Ländern wie Frankreich und der Bundesrepublik Zeichen der Annäherung in den Tarifbeziehungen. Sie traten meist erst in der jüngsten Vergangenheit auf und könnten daher auch in der nahen Zukunft wirkungsmächtiger bleiben als die schon älteren französisch-deutschen Divergenzen aus der Nachkriegszeit. Zweitens wäre ein europäisches Tarifsystem, das kaum völlig uniform sein könnte und viele nationale Besonderheiten berücksichtigen müßte, gerade wegen seiner inneren Vielfalt eher von Vorteil, weil es dadurch weiteren Entwicklungen gegenüber offener und flexibler bliebe. Die innere Vielfalt war immer eine der europäischen Trumpfkarten in der Innovation und im Wandel von staatlichen und gesellschaftlichen Institutionen. Die deutsche Erfahrung mit der Integration sehr unterschiedlicher preußischer, bayerischer, württembergischer und badischer Gewerkschaftsrichtungen vor 1914 weist ebenfalls eher auf Vorzüge als auf Nachteile innerer Vielfalt hin. Schließlich hat die europäische Integration in ihrer fast vierzigjährigen Geschichte keineswegs immer nur auf Konvergenzen aufgebaut. Trotz aller historischer Divergenzen – französisch-deutscher und europaweiter – ist deshalb das Scheitern eines europäischen Tarifsystems von der Geschichte nicht vorprogrammiert.

Kapitel 11

Der Sozialstaat in Frankreich und in der Bundesrepublik: Traditionelle Unterschiede und europäische Annäherungen

Anders als die französische Oberschicht und die französische Arbeiterbewegung sind die Einrichtungen des französischen Wohlfahrtsstaats in der Bundesrepublik ungewöhnlich unbekannt. Der informierte Bundesbürger weiß in der Regel etwas über den britischen Gesundheitsdienst, über die amerikanischen High Schools und Colleges, über die schwedische und holländische Stadtplanung. Die französische soziale Sicherung, Bildung und Stadtplanung kennt er kaum. Mit der «sécurité sociale», mit den Unterschieden zwischen «écoles publiques» und «écoles libres», mit den HLM weiß er normalerweise nichts anzufangen. Nicht anders umgekehrt der informierte Franzose. Alltagsinstitutionen des deutschen Wohlfahrtsstaats wie die Ortskrankenkasse, die Gesamtschule, den sozialen Wohnungsbau kennt er ebenfalls nicht.

Was steht hinter dieser wechselseitigen Unkenntnis und Nichtbeachtung. Lief die französische und deutsche Entwicklung weiterhin wie in den Anfängen der Sozialstaatspolitik vor dem Ersten Weltkrieg besonders weit auseinander – so wie wir das im fünften Kapitel sahen. Oder hat sich auch in diesem einstigen Paradethema französisch-deutscher Gesellschaftskontraste die Geschichte seit dem Zweiten Weltkrieg umgedreht? Näherten sich auch in der Sozialstaatspolitik französische und bundesrepublikanische Gesellschaft an? Verschwanden die alten Gegensätze zwischen einer staatsskeptischen französischen Sozialpolitik, die auf genossenschaftliche Selbsthilfe und freiwillige Kassen aufbaute, stark an öffentlicher Sparsamkeit orientiert war, und den deutschen Sozialversicherungen, die auf Zwangsmitgliedschaft aufbauten, stark zentralisiert, staatlich und gleichzeitig für den Staat teuer waren? Verloren sich die alten Gegensätze auch in der Wohnungs- und Stadtplanung, die sich in Frankreich auf die Innenstädte und auf Stadtsanierung konzentrierte, private Besitzinteressen besonders schonte, eher staats- und kommunalskeptisch war, dagegen in Deutschland weit kompetenzstärker und besonders in der Stadterweiterung aktiv war? Gaben sich die alten französisch-deutschen Kontraste schließlich auch in der Bildungspolitik, die in Frankreich besonders stark an Elitebildung und Spezialhochschulen mit starker Praxisorientierung ausgerichtet, in der Forschung eher sparsam, in der Elementarerziehung aus politischen Gründen investitions- und ausgabefreudig war, für Frauen günstige Chancen bot und die demgegenüber in Deutschland auf Universitäten mit einem grundlagenorientierten Forschungsideal baute, in der Forschung ausgabenfreudiger war, aber Frauen wenig Chancen bot? Es wäre sicher blauäugig, die starken und bleibenden Unterschiede in der sozialen Sicherung, der Wohnungspolitik und der Ausbildung Frankreichs und der Bundesrepublik seit dem Zweiten Weltkrieg übersehen zu wollen. Französischer und bundesrepublikanischer Sozial- und Wohlfahrtsstaat wurden keineswegs identisch. Nicht einmal in der Sprache kamen sich hier Franzosen und Deutsche nahe. Ausdrücke wie «Sozialstaat» oder «état-providence» lassen sich nur mit Mühe von der einen in die andere Sprache übersetzen. Trotzdem gab es auch im Sozial- und Wohlfahrtsstaat starke Annäherungen. Gerade in den französisch-deutschen Sozialstaatsunterschieden liegen Welten zwischen Gegenwart und Vorkriegszeit. Vor allem von dem alten Fundamentalgegensatz zwischen französischem Staatsskeptizismus und der deutschen Neigung zum Interventionsstaat blieb nicht viel übrig, besonders weil sich der Sozialstaat in Frankreich grundlegend wandelte. Diese neuen Annäherungen und die bleibenden Unterschiede werden wir im folgenden gegeneinander abwägen und dabei wiederum wie in den vorhergehenden Kapiteln zuerst die Unterschiede durchgehen und danach die Annäherungen zwischen beiden Ländern diskutieren. Anders als in der Vorkriegszeit folgen seit 1945 Sozialpolitik, Bildungspolitik, Stadt- und Wohnungsplanung ähnlichen wohlfahrtsstaatlichen Grundintentionen. Wir behandeln deshalb diese drei Politikbereiche auch zusammen.

Beginnen wir mit den Unterschieden. In Frankreich gab es nach der Befreiung von der deutschen Besatzung eine Art Stunde Null des Wohlfahrtsstaates. Vor allem die soziale Sicherung wurde 1945/46 grundlegend reformiert. Das geschah teils noch unter der Allparteienregierung de Gaulles, teils nach seinem Rücktritt in den darauffolgenden Koalitionen aus Sozialisten, Linksrepublikanern und Kommunisten. In dieser Zeit wurde nicht nur der für alle Franzosen obligatorische Charakter der staatlichen Sozialversicherungen und die Ausdehnung der Rentenversicherung auf die gesamte Bevölkerung, sondern auch die organisatorische Vereinheitlichung der Sozialversicherungsträger und die breite Beteiligung der Versicherten an der Verwaltung im Prinzip beschlossen. Die staatliche soziale Sicherung wurde damit sprunghaft modernisiert, auch wenn die Leistungen lange Zeit noch sehr zu wünschen übrig ließen. Gleichzeitig wurde die Bildungreform, vor allem die Verbesserung der Chancengleichheit in der Schulausbildung durch die «école unique», von der ministeriellen Beratungskommission Langevin-Wallon ab 1944 zumindest programmatisch vorbereitet, dann allerdings erst in der Fünften Republik in die Wirklichkeit umgesetzt.

In der Bundesrepublik dagegen gab es eine solche Stunde Null des Wohlfahrtsstaates kaum. Weder eine Exilregierung noch eine breite

Widerstandsbewegung bereitete solche Reformen konzeptionell vor. Die Sozialversicherungen wurden nach Kriegsende rekonstruiert, nicht reformiert. Grundlegende Reformen des Schulsystems blieben auf eine Minderheit von Ländern beschränkt und wurden auch dort meist bald wieder zurückgenommen. Stadtplanung und Wohnungsbau standen unter dem Druck des Wiederaufbaus, nicht unter Reformdruck. Anders als sonst in Westeuropa war die eigentliche Nachkriegszeit in den Westzonen keine Ära wohlfahrtsstaatlicher Innovationen.

Ein zweiter, sehr verzweigter Aspekt: Verschieden blieben französischer und deutscher Wohlfahrtsstaat auch in den Institutionen, die teils schon vor dem Ersten Weltkrieg geschaffen worden waren, teils aber auch erst nach dem Zweiten Weltkrieg entstanden. Weder in der sozialen Sicherung noch in der Bildungspolitik noch in der Stadtplanung und Wohnungspolitik wurden Frankreich und die Bundesrepublik völlig identisch.

Die französisch-deutschen Unterschiede in der sozialen Sicherung waren und sind verwirrend vielfältig, und für deutsche Klienten blieb es auch nach dem Zweiten Weltkrieg oft ebenso schwer, das französische System zu verstehen, wie umgekehrt für französische Klienten das deutsche System. In vielerlei Hinsicht fanden Frankreich und die Bundesrepublik unterschiedliche Lösungen, auch aus historischen Gründen. In der Bundesrepublik blieben die staatlichen Sozialversicherungen immer noch von Gründungsentscheidungen des Kaiserreichs geprägt. Sie zahlten die Kosten des Pioniers. In Frankreich dagegen orientierte sich der fundamentale Umbau der staatlichen sozialen Sicherung, die Einrichtung der heutigen sécurité sociale 1945/46, stärker an moderneren europäischen Entwicklungen, besonders an den Ideen von Beveridge. So entstand eine ganze Reihe von neuen französisch-deutschen Unterschieden, die es vor dem Ersten Weltkrieg noch nicht gab: Die neue französische sécurité sociale war ähnlich wie auch sonst in Westeuropa eine weitgehend einheitliche Organisation der verschiedenen Versicherungszweige. In der Bundesrepublik dagegen gelang es trotz verschiedener Anläufe in der Weimarer Republik, in der frühen Bundesrepublik, auch während des NS-Regimes nicht, die verschiedenen Versicherungszweige, also die Renten-, die Kranken-, die Arbeitslosen- und die Berufsunfallversicherung, in eine einheitliche Organisation zusammenzufassen. Die französische sécurité sociale ließ darüber hinaus den Verwaltungsräten der französischen Orts- und Regionalkassen mehr Autonomie als in der Bundesrepublik. Die Versicherten hatten auch mehr Mitspracherechte: Volle drei Viertel aller Sitze waren den Versicherten, dagegen nur ein Viertel den Arbeitgebern vorbehalten. Diese starken Mitspracherechte waren vor allem Zugeständnisse an die «mutuels», an die nichtstaatlichen genossenschaftlichen Sozialversicherungen. Sie spielten schon vor dem Ersten Weltkrieg in der französischen sozialen Sicherung eine weit größere Rolle als die deutschen Hilfskassen und waren auch noch bei der Entstehung der französischen sécurité sociale 1945/46 eine starke Kraft. In der Bundesrepublik dagegen hatten die Versicherten weniger zu sagen. In den Ortskrankenkassen und in den Berufsgenossenschaften der Unfallversicherung stellten sie nur eine Hälfte, die Arbeitgeber die andere Hälfte der Vertreter. Die französische soziale Sicherung war zudem ähnlich wie anderswo in Westeuropa im Prinzip für die ganze Bevölkerung gleich, auch wenn sie in der Praxis vor allem Staatsbeamte und Angestellte im öffentlichen Dienst – ähnlich wie in der Bundesrepublik – nicht einschloß. Die Ungleichheit der sozialen Sicherung blieb dagegen in der Bundesrepublik in einer wesentlichen Hinsicht einschneidender als in Frankreich. Die aus der wilhelminischen Ära stammende versicherungsrechtliche Trennung zwischen Angestellten und Arbeitern blieb, wenn auch abgeschwächt, wie ein Museumsstück erhalten. Die Finanzierung der sozialen Sicherung divergiert ebenfalls weiterhin: Während im deutschen Sozialversicherungssystem die Finanzierungsformen der Bismarckzeit in etwa beibehalten wurden und weder die Arbeitgeber noch der Staat überwiegende Zahler waren, konnte man in den französischen Finanzierungsformen die politisch linke Prägung der sécurité sociale deutlich erkennen: In Frankreich brachten Arbeitgeber mehr als die Hälfte der sozialen Sicherungskosten auf. Schließlich war zumindest eine wesentliche Zielsetzung der sozialen Sicherung immer noch deutlich anders als in der Bundesrepublik: Die Absicherung der Familie behielt in Frankreich eine weit höhere sozialpolitische Priorität als in der Bundesrepublik. Das blieb nicht nur auf dem Papier stehen. Um 1960 ging mehr als ein Viertel der französischen Sozialversicherungsleistungen in Familienabsicherungen. Auch um 1970 war es trotz des enormen Wachstums der französischen Renten- und Krankenkosten immer noch rund ein Sechstel, in der Bundesrepublik hingegen nur ein Elftel. Auch danach noch stiegen die Sozialleistungen für Familien in Frankreich weiterhin rascher an als in der Bundesrepublik.

Verwirrend verschieden blieben auch die Bildungsinstitutionen, selbst wenn man sie nur in der wohlfahrtsstaatlichen Perspektive von Bildungsversorgung und Chancengleichheit betrachtet. Wenig andere europäische Länder sind in ihrem Bildungssystem von der Bundesrepublik so verschieden, wenig läßt sich bis heute von diesseits des Rheins aus so schwer verstehen wie die französische Schule, Berufsschule und Hochschule. Das beginnt schon in den Kindergärten. Sie sind in Frankreich nicht nur weit zahlreicher, vor allem wenn man die «classes enfantines» in den Grundschulen hinzurechnet. Die Kindergärten werden in Frankreich auch weit stärker als in der Bundesrepublik als Vorbereitung auf die Schule, als Ort kindlichen Lernens, als eine Art vorverlängerte Vorschule verstanden, auch wenn daneben die spezielle Kleinkindpädagogik seit

1945 einen starken Aufschwung nahm. Kein Wunder, daß die Deutschen von «Kindergarten» und die Franzosen von «école maternelle» sprechen. Auch die Grund- und Sekundarschulen unterscheiden sich bis heute. Die Schulpflicht war und ist in Frankreich länger: Sie wurde 1959 von acht auf zehn Jahre erhöht, in der Bundesrepublik dagegen 1955 und dann endgültig 1964 nur von acht auf neun Jahre. Allerdings gibt es umgekehrt in Frankreich keine Berufsschulpflicht wie in der Bundesrepublik für alle Vierzehn- bis Achtzehnjährigen. Das Berufsschulsystem unterscheidet sich ebenfalls grundlegend. Die bundesrepublikanische Kombination von öffentlicher Berufsschule, deren Besuch an einem Tag in der Woche bis zum 18. Lebensjahr Pflicht ist, und einer mehrjährigen Lehre in der Industrie, dem Handel oder dem Handwerk ist in Frankreich weit seltener. Abschlüsse, die der bundesrepublikanischen Lehre entsprechen, sind in Frankreich überwiegend entweder rein schulische Abschlüsse wie das CAP (certificat d'aptitude professionelle), oder rein betriebliche Lehren meist in Kleinbetrieben. Die Lehre war und ist in Frankreich weit weniger angesehen: «Für uns», sagte ein französischer Lehrherr in den siebziger Jahren, «ist das Problem, daß wir nur die bekommen, die in der Schule durchgefallen sind. Sie können nicht schreiben, sie können kaum lesen, sie können nicht rechnen.»[1] In der Bundesrepublik hatten um 1980 selbst unter den leitenden Angestellten eine Mehrheit eine Lehre absolviert. In Frankreich besaß nur eine Minderheit vergleichbare Schulabschlüsse.

Stärker als in der Bundesrepublik wurden in Frankreich darüber hinaus vor allem während der Ära de Gaulle die früheren, scharfen Trennlinien zwischen Volksschule und Gymnasium abgebaut und die «école unique», die einheitliche Ausbildung auch nach der Grundschule, bis zum Ende der Schulpflicht durchgesetzt. Die heftigen Konflikte, die in der Bundesrepublik um die Gesamtschulen entstanden, blieben den Franzosen fremd. Gleichzeitig zogen allerdings die französischen Eltern auch in der einheitlichen Sekundarausbildung subtile soziale Unterschiede: Mit der Wahl eines als schwierig geltenden Faches wurde soziale Exklusivität gewahrt und der Zugang zu den prestigereichen grandes écoles gesichert. Dazu gehörte etwa auch das Fach Deutsch. Weiterhin spielte in den Elementar- und Sekundarschulen auch nach dem Zweiten Weltkrieg die Privatschule in Frankreich eine weit größere Rolle als in der Bundesrepublik. Selbst in den 1970er Jahren ging in Frankreich immer noch jeder siebte französische Elementarschüler und sogar mehr als jeder dritte Sekundarschüler an eine der meist kirchlichen Privatschulen. Private Sekundarschulen gewannen seit der sechziger Jahren sogar Schüler dazu. In der Bundesrepublik besuchte dagegen fast kein Schüler eine private Volksschule und nur etwa jeder zehnte Schüler eine private Sekundarschule. Der Besuch der Privatschulen ging eher noch weiter zurück. Die

Konflikte um die Privatschulen, die sich in Frankreich unter der ersten Präsidentschaft Mitterrands zeitweise zu einer tiefen politischen Krise auszuweiten drohten, blieben dem Bundesbürger fremd. Am meisten aber unterschieden sich die Hochschulen in beiden Ländern. Vor allem für die französischen grandes écoles gibt es in der Bundesrepublik keinerlei Pendant und auch keinerlei bildungspolitische Chance. Obwohl sie meist auf bestimmte Fachrichtungen oder Berufsbereiche – Verwaltungsbeamte, Ingenieure, Chemiker, Spitzenbeamte, Hochschullehrer – spezialisiert sind, haben sie nichts mit einer deutschen Fachhochschule gemein. Das Prestige der grandes écoles liegt oft über den Universitäten; der Leistungsdruck schon beim Zugang zu den grandes écoles ist besonders scharf; gesonderte Ausbildungszweige bereiten auf die Prüfung vor; nach dem Abschluß ist eine Anstellung oft sicher, manchmal beginnt der Beamtenstatus, auch das Gehalt, schon mit der Ausbildung; auch der Corpsgeist der Absolventen und der Zusammenhalt im späteren Leben ist stark ausgeprägt; gleichzeitig sind die grandes écoles keineswegs klein und fein; schon 1948/49 gab es über 30000 Studenten, in den achtziger Jahren 100000. Auch nur annähernd vergleichbare Institutionen gibt es in der Bundesrepublik nicht. Die Universität blieb unangefochten die prestigereichste Hochschule. Der Schritt von der Technischen Hochschule zur Technischen Universität bedeutete deshalb ebenso eine Aufwertung wie die Integration von Fachhochschulen in Universitäten. Die Einrichtung von Elitespezialhochschulen neben den Universitäten findet bis heute in der Bundesrepublik nur in sehr begrenzten Zirkeln Verständnis.

Große Unterschiede gab es schließlich auch im Wohnungsbau und in der Stadtplanung. Schon die Ausgangssituation nach dem Krieg war in beiden Ländern höchst unterschiedlich. Die Bundesrepublik konnte ähnlich wie andere nordeuropäische Länder auf einer längeren Erfahrung erfolgreicher Stadtteilplanung und umfangreichen Massenwohnungsbaus aufbauen. Frankreich dagegen hatte zwar einen der prominentesten europäischen Planungstheoretiker, Le Corbusier, aber nur wenig Erfahrung in der praktischen Planung und dem Bau neuer Stadtviertel. Die unmittelbaren Kriegsfolgen ähnelten sich ebenfalls wenig. Auch Frankreich litt zwar mit rund 2 Millionen zerstörten Wohnungen schwer unter den Kriegsfolgen, war aber doch nicht so massiv zum Wohnungsbau gezwungen wie sein östlicher Nachbar. In der Bundesrepublik erreichte der in starkem Maß staatlich geförderte Wohnungsbau schon in den fünfziger Jahren einen ersten Höhepunkt: Ab Mitte der fünfziger Jahre wurden jährlich weit mehr Wohnungen gebaut als jemals zuvor in Deutschland. Das Frankreich der Vierten Republik war dagegen keine Periode des Aufschwungs für die Stadtplanung. In den verschiedenen «plans» hatte der Wohnungsbau keine sehr hohe Priorität. Erst mit der Fünften Republik, und mit der raschen Expansion der Städte durch die Land-Stadt-

Wanderung entstanden auch in Frankreich umfangreiche staatliche Wohnungsbauprogramme. Dann wurde allerdings in Frankreich ein weit größerer Teil der Wohnungen vom Staat gebaut als in der Bundesrepublik: ein Drittel in Frankreich und fast gar nichts mehr im Nachbarland. Damit hängt zusammen, daß französische und bundesrepublikanische Lebensqualität auch in jenen Bereichen verschieden blieben, in denen der Wohlfahrtsstaat einzugreifen und Verbesserungen zu erreichen versuchte: in der Gesundheitssituation, in der Bildungsversorgung, in der Wohnqualität. Sicher sollte man solche Beobachtungen nicht überstrapazieren: Im einzelnen ist es schwer zu belegen, ob und wie der moderne Sozialstaat, die soziale Sicherung, die Bildungspolitik, die Stadtplanung und Wohnungspolitik auf die Lebensqualität einwirkten und welche exakten französisch-deutschen Unterschiede daraus entstanden. Nachdenklich macht aber auf jeden Fall, daß die Lebensqualität gerade in der Lebenserwartung, in den Bildungschancen und im Wohnen seit dem Zweiten Weltkrieg in den beiden Ländern keineswegs gleichwertig ist und sich in manchen zentralen Aspekten sogar auseinanderentwickelte.

Schon im härtesten aller Indikatoren der Lebensqualität, in der Lebenserwartung, blieben spürbare Unterschiede nicht nur erhalten, sondern entstanden sogar neu. Noch im ersten Jahrzehnt nach dem zweiten Weltkrieg sah es so aus, als ob die Lebenserwartung von Erwachsenen in beiden Ländern immer ähnlicher werden würde. Sie war zumindest um 1950 für zwanzigjährige Frauen und um 1960 für zwanzigjährige Männer in Frankreich und der Bundesrepublik identisch. Aber danach verschärften sich die Unterschiede der Lebenserwartung wieder. Um 1980 war die Lebenserwartung von jungen wie älteren Männern und Frauen in Frankreich um ein bis zwei Jahre länger als in der Bundesrepublik. Im Gegensatz zur Vorkriegszeit stand dahinter nicht mehr die Kindersterblichkeit. Sie war zwar um 1950 in der Bundesrepublik noch weit höher, unterschied sich aber um 1980 kaum noch von Frankreich. Es waren nun Todesarten von *Erwachsenen*, die die Lebenserwartung in Frankreich und der Bundesrepublik mehr und mehr auseinandertrieben. Sicher war es nicht allein der Wohlfahrtsstaat, der Franzosen und Französinnen länger leben ließ. Nur ein paar Hinweise, denen nachgegangen werden müßte: Ohne Zweifel war die Umweltbelastung, die Schadstoffe in der Luft, in Frankreich um und auch vor 1980 geringer als in der Bundesrepublik. Sicher arbeiteten Franzosen zumindest um 1980 erheblich seltener unter dem besonderen Stress, den Schichtarbeit oder Nachtarbeit mit sich brachten. Franzosen klagten noch in den späten 1970er Jahren auch weniger über Erschöpfung in ihrem Beruf als die Bundesdeutschen. Möglicherweise waren auch manche französischen Lebensgewohnheiten gesünder. Aber auch manche wohlfahrtsstaatlichen Leistungen wie etwa die stressentlastenden Dienstleistungen für die Familie waren in Frankreich –

wie wir im 8. Kapitel zu zeigen versuchten – erheblich besser. Nach einer Untersuchung der OECD wurde zudem während der siebziger Jahre und im Beginn der achziger Jahre in Frankreich meist ein etwas größerer Teil des Volkseinkommens für Engpässe in der Gesundheitsversorgung ausgegeben. Es gab in Frankreich zwar absolut und relativ weniger Ärzte, aber ingesamt doch weit mehr Beschäftigte in den Heilberufen. Die Franzosen waren zudem etwas besser gegen Krankheitskosten abgesichert. Auch diese französisch-deutschen Unterschiede des Wohlfahrtsstaats können daher zum längeren Leben der Franzosen beigetragen haben.

Bleibende, manchmal sogar neue Unterschiede gab es auch in der Verteilung der Bildungschancen, die seit 1945 ebenfalls stark durch wohlfahrtsstaatliche Zielsetzungen bestimmt worden sind. Das staatliche und private Bildungsangebot in Frankreich war größer, wuchs nach 1945 sogar rascher als in der Bundesrepublik. Diese französisch-deutschen Unterschiede beschränken sich naturgemäß auf das Alter vor und nach der Schulpflicht. Kindergarten- und Vorschulplätze haben sich in Frankreich zwischen 1948/49 und 1980 mehr als verdoppelt. Um 1980 gab es in der Bundesrepublik unter den fast zweieinhalb Millionen Kindern zwischen zwei und fünf Jahren nur knapp eineinhalb Millionen Kindergartenkinder und Vorschüler, in Frankreich hingegen unter den knapp drei Millionen Kinder dieses Alters rund zweieinhalb Millionen in der école maternelle und in Vorschulen. Folgenreiche Unterschiede auch in der Berufsausbildung: Die Chance eine Lehrstelle im Handwerk oder im Handel zu bekommen, war in der Bundesrepublik weit höher als in Frankreich. So besaßen in den frühen siebziger Jahren mehr als die Hälfte der Deutschen, aber nur ein Fünftel der Franzosen eine abgeschlossene Lehre. Umgekehrt hatten weit mehr Franzosen einen mittleren Schulabschluß, der oft schon auf den Beruf vorbereitete. Stark war der französische Vorsprung wiederum in der Hochschulausbildung: Seit der unmittelbaren Nachkriegszeit war die Zahl der Hochschulstudenten in Frankreich nicht nur ständig höher als in der Bundesrepublik. Die Unterschiede weiteten sich zumindest bis in die siebziger Jahre auch aus. Um 1950 gab es im bevölkerungsschwächeren Frankreich knapp 170000 Studenten, in der Bundesrepublik dagegen nur 150000, um 1975 in Frankreich über 900000 Studenten, in der Bundesrepublik dagegen knapp 740000 Studenten. Um 1980 unterschied sich deshalb das Ausbildungsniveau von Franzosen und Bundesdeutschen erheblich, teilweise sogar mehr als noch 1970: In Frankreich hatten schon fast zwei von drei Ingenieuren und mehr als jeder fünfte leitende Angestellte eine Hochschulausbildung, in der Bundesrepublik dagegen nur jeder sechste Ingenieur und nur jeder zehnte leitende Angestellte. Nicht nur das: Auch die soziale Verteilung des Bildungsangebots war in Frankreich weniger ungleich: Die Zugangschancen für Frauen waren an Hochschulen im ganzen erheblich besser.

In Frankreich waren schon um 1950 rund ein Drittel der Studenten Frauen, um 1980 schon fast die Hälfte. Frankreich war damit um 1980 eines der wenigen europäischen Länder, das Frauen gleiche Chancen beim Hochschulzugang bot wie Männern. Die Bundesrepublik dagegen hinkte eine ganze Generation hinter Frankreich her. Um 1950 war erst jeder sechste Student, um 1970 erst jeder dritte Student eine Frau. Auch in der Versorgung mit Bildung sah daher der Sozialstaat in Frankreich in wichtigen Bereichen leistungsfähiger aus als in der Bundesrepublik.

Spürbare Unterschiede gab es zwischen Frankreich und der Bundesrepublik schließlich auch in der Wohnsituation. Anders als die Gesundheits- und Bildungsversorgung war sie allerdings meist in der Bundesrepublik günstiger. Der Wohnungsbau war in der Bundesrepublik bis in die späten sechziger Jahre erheblich intensiver. Absolut und relativ wurden jährlich in der Bundesrepublik erheblich mehr Wohnungen als in Frankreich gebaut. Der Wohnungsbestand, der allerdings bis in die sechziger Jahre in der Bundesrepublik stärker als in Frankreich hinter dem Bevölkerungsstand herhinkte, war ab den sechziger Jahren – also nach der Überwindung der Kriegszerstörungen und nach der Versorgung der durch Flüchtlingsströme enorm angewachsenen Bevölkerung – günstiger als in Frankreich. Die Mieten stiegen dadurch in der Bundesrepublik erheblich langsamer als in Frankreich – eine für die Bundesrepublik einschneidendere Entwicklung, weil ein erheblich größerer Teil der Bevölkerung nicht Hausbesitzer war, sondern in Miete wohnte. Noch dauerhafter waren die Unterschiede in der Wohnungsqualität: Die Wohnungen in Frankreich waren erheblich älter und schon seit der Zwischenkriegszeit erheblich schlechter ausgestattet. Um die Mitte der sechziger Jahre hatten drei von vier deutschen Wohnungen, aber nur zwei von fünf französischen eine Innentoilette. Zwei von drei deutschen Wohnungen, aber nur jede zweite französische Wohnung hatte ein Bad. Fast zwei von drei deutschen, aber nur zwei von fünf französischen Wohnungen waren groß und hatten vier und mehr Zimmer.

Das sind nur einige Aspekte der Lebensqualität, über die vergleichbare Informationen vorliegen und bei denen wir daher die Entwicklung der französisch-deutschen Unterschiede seit dem Zweiten Weltkrieg beurteilen können. Sicher muß man im einzelnen offenlassen, in welchem Maße diese Unterschiede in der Lebensqualität letztlich auf Sozialstaatsunterschiede zurückgehen, und inwieweit sie auch mit verschiedenen Lebensstilen und Prioritäten von Franzosen und Deutschen zu tun haben. Trotz alledem bleibt als Faktum, daß bis in die jüngste Gegenwart neben bleibenden Unterschieden des Sozialstaats auch bleibende Unterschiede der Lebensstandards stehen und beides miteinander zusammenhängen kann.

Fällt die Entwicklung des Sozialstaats im gesellschaftshistorischen Vergleich Frankreichs und der Bundesrepublik nach 1945 damit wirklich aus dem üblichen Rahmen? Sind die Nachkriegsunterschiede tatsächlich härter geblieben und die Annäherungen zwischen französischer und bundesrepublikanischer Gesellschaft weniger ausgeprägt als in der Wirtschafts- und Sozialstruktur, in der Familie, noch schwächer als im Hinblick auf die oberen Schichten oder gar in den sozialen Konflikten? Ganz ohne Zweifel gibt es auch deutliche und spürbare Annäherungen des französischen und deutschen Sozialstaats. Sie sind meist eingebettet in die generellen sozialstaatlichen Annäherungen der westeuropäischen Gesellschaften, und oft sind sie gerade zwischen Frankreich und der Bundesrepublik besonders ausgeprägt.

Erstens liegen Frankreich und die Bundesrepublik in der grundsätzlichen Rolle des Staates in der Gesellschaft lange nicht mehr so weit auseinander wie noch vor dem Ersten Weltkrieg. Vor allem mit der Aufwertung der Staatsintervention in Frankreich und ihrer neuen Rolle bei der Modernisierung des Landes wurde auch sozialstaatliche Intervention akzeptabler und erwünschter. Die neue wirtschaftliche «planification» und die Einrichtung einer «sécurité sociale» liefen zeitlich parallel.

Eine zweite Ähnlichkeit, die damit eng zusammenhängt: In beiden Ländern wurde der Wohlfahrtsstaat nach dem Zweiten Weltkrieg ebenso wie anderswo in Europa nicht nur von *einem* politischen Lager weiterentwickelt. Der wohlfahrtsstaatliche Konsens griff in beiden Ländern über einzelne politische Parteien und Koalitionen hinaus. Vor dem Ersten Weltkrieg waren die französisch-deutschen Kontraste gerade darin recht scharf gewesen. In Deutschland wurden die ersten Sozialversicherungen von einem konservativen Politiker, Bismarck, durchgesetzt und blieben auch im späteren Kaiserreich ein Feld konservativer Entscheidungen; in Frankreich standen dagegen eher Linksliberale und Teile der Sozialisten hinter den Anfängen der Sozialgesetzgebung. Das wurde im fünften Kapitel behandelt. In den vergangenen vier Jahrzehnten seit dem Zweiten Weltkrieg verschwanden solche Unterschiede weitgehend. Vor allem in der sozialen Sicherung ist das deutlich: Sicherlich war bei der Durchsetzung der sécurité sociale auch 1946 wieder eine Linkskoalition aus Sozialisten, Linksliberalen und Kommunisten bahnbrechend. Aber auch schon während der vorhergehenden Allparteienregierung de Gaulles hat der Arbeitsminister Parodi 1945 wichtige Weichen vor allem bei der Schaffung einer einheitlichen Organisation der staatlichen Sozialversicherung gestellt. Umgekehrt wurde zwar die wichtigste Reform staatlicher sozialer Sicherung in der Bundesrepublik, die Rentenreform, 1957 von der konservativen Regierung Adenauer durchgeführt. Im Unterschied zur Bismarckschen Sozialpolitik war diese Reform aber mit der sozialdemokratischen Opposition in wichtigen Teilen abgestimmt. Die heutigen bundesrepublikanischen Sozialversicherungen sind zudem stark von Reformen der sozialliberalen Koalition geprägt, die die flexible Altersgrenze, das «Babyjahr», die Anrechnung von Erziehungszeiten bei der Rente einführte und die Rentenversicherungen den Selbständigen öffnete. Ähnlich in der Bildungspolitik: Sicher stammten in Frankreich entscheidende Anstöße für die Schulreform von der Regierungskommission Langevin-Wallon, die eher der Linken nahestand und das linke Schulreformkonzept stark prägte. Durchgesetzt wurden Schulreformen aber erst unter der Präsidentschaft de Gaulles während der V. Republik – von den Bildungsministern Berthoin und Fouchet. In der föderalistischen Bundesrepublik war die Bildungspolitik sowieso zu sehr Ländersache als daß sich eines der beiden politischen Lager allein hätte durchsetzen können. Nicht anders schließlich in der Stadtplanung und Wohnungspolitik. Auch hier war vor allem die Durchsetzung neuer Stadtplanungskonzepte und des massiven Wohnungsbaus seit den späten 1950er Jahren von einem breiten politischen Konsens getragen.

Auch in den praktischen Details näherten sich französische und deutsche Sozialversicherungen, Stadtplanung und teilweise auch die staatliche Ausbildung einander an. Die staatliche soziale Sicherung war schon um 1950 und mehr noch um 1980 in Frankreich und der Bundesrepublik weit ähnlicher als vor dem Ersten Weltkrieg, gleichgültig, ob man sich die Institutionen, die Finanzierung, das Ausgabenvolumen, die Ausgabenarten, Leistungsformen oder die Mitgliedschaft im einzelnen ansieht. Das einst vorherrschende Prinzip der genossenschaftlichen oder wenn staatlichen, dann freiwilligen sozialen Sicherung wurde in Frankreich immer stärker zurückgedrängt, teils schon mit der Einführung einer staatlichen Rentenversicherung 1913 und einer staatlichen Krankenversicherung 1928, vor allem aber mit der Einrichtung einer einheitlichen, zentralisierten sozialen Sicherung 1945/46. Seit damals folgten sowohl in der Bundesrepublik als auch in Frankreich die Versicherungsinstitutionen dem Grundprinzip der zentralisierten staatlichen Pflichtversicherung. Annäherungen auch in der Finanzierung der Sozialversicherungen: Die freiwilligen französischen Renten- und Krankenversicherungen, die in der Vorkriegszeit noch vorherrschten, wurden fast ausschließlich aus Beiträgen der Versicherten finanziert und bürdeten daher de facto die Finanzierung weitgehend den Arbeitnehmern auf. Sowohl Staat als auch Arbeitgeber waren entlastet. Nur die freiwilligen Berufsunfallversicherungen wurden damals in Frankreich ausschließlich von Arbeitgebern finanziert. In Deutschland dagegen hatten die Arbeitnehmer in keiner der staatlichen Sozialversicherungen der Vorkriegszeit die Finanzierung voll zu tragen, in der Krankenversicherung nur zu zwei Dritteln und in der Rentenversicherung sogar nur zur Hälfte (den staatlichen Zuschuß nicht einmal mitgerechnet). Mit der Durchsetzung staatlicher Pflichtversicherungen in der Zwischen- und vor allem der Nachkriegszeit wurde auch in Frankreich das Prinzip der Kostenaufteilung eingeführt und so leicht schwankenden Anteilen von Staat, Arbeitgeber und Arbeitnehmer ähnlich wie in der Bundesrepublik auch bis in die Gegenwart beibehalten. Den um rund 10% höheren Finanzierungsanteil der Arbeitgeber in Frankreich sollte man nicht überschätzen. Selbst in der Europäischen Gemeinschaft gab und gibt es weit größere Gegensätze als diese französich-deutschen. In Dänemark und Irland, aber auch in Großbritannien war und ist der Arbeitgeberanteil weit niedriger als in der Bundesrepublik. In Italien war und ist umgekehrt der Arbeitnehmeranteil weit niedriger als in Frankreich.

Ähnlicher wurden seit dem Zweiten Weltkrieg auch die Ausgaben der Sozialversicherung. Während sich vor dem Ersten Weltkrieg die staatlichen Sozialausgaben Frankreichs und Deutschlands immer weiter auseinanderentwickelt hatten, lagen sie nun in den unterschiedlichen Berechnungen recht nahe beieinander. Nach Berechnungen der Europäischen Gemeinschaft lag der Sozialproduktanteil der Sozialausgaben um 1980 in Frankreich bei 26%, in der Bundesrepublik bei 29%, nach Berechnungen der OECD in Frankreich bei 30% in der Bundesrepublik bei 32%. Erstaunlich ähnlich war auch die Ausgabenstruktur. Die Anteile, die die französische «sécurité sociale» und die deutschen staatlichen Sozialversicherungen für Renten und Krankheiten – also die großen Brocken der sozialen Sicherung – in den 1960er und 1970er Jahren ausgaben, glichen sich weitgehend. Zum Teil haben sich diese Ausgaben in Westeuropa generell angenähert. Darüber hinaus ähnelte aber kaum ein anderes westeuropäisches Land der Bundesrepublik so sehr wie Frankreich. Selbst die Unterschiede in den Sozialleistungen an die Familien verloren ihre einstige Schärfe. Sie nahmen zwar in Frankreich weiterhin rascher zu. Aber das dramatische Hochschnellen der Rentenzahlungen und Krankenkosten deckte diese Unterschiede immer mehr zu und drängte die Sozialleistungen an die Familien auch in Frankreich immer mehr an den Rand. Um 1980 gingen in Frankreich 11% des Sozialbudgets, in der Bundesrepublik 7% in die familiäre Sicherung. Das war im Rahmen der Europäischen Gemeinschaft kein spektakulärer Unterschied mehr. Sicher gab kein anderes Land der Gemeinschaft einen so geringen Anteil der Sozialausgaben für familiäre Sicherung aus wie die Bundesrepublik, aber doch eine ganze Reihe anderer europäischer Länder einen erheblich höheren Anteil als Frankreich.

Ebenfalls erstaunlich war die große Ähnlichkeit Frankreichs und der Bundesrepublik in der Verteilung der Sach- und Barleistungen. Beide Länder entschieden sich in gleicher Weise für ein System der Kostenerstattung anstatt kostenfreier sozialer (vor allem medizinischer) Dienstleistungen. In Frankreich wie in der Bundesrepublik machten um 1975 die Kostenerstattungen rund drei Viertel der Gesamtausgaben aus, während in den Beneluxländern die Sachleistungen noch niedriger, umgekehrt in

Großbritannien, in Irland oder Skandinavien wegen der kostenlosen staatlichen Gesundheitsdienste weit höher waren. Deutlich angenähert hat sich auch der Lebenseinschnitt, den der Wohlfahrtsstaat besonders stark bestimmt: der Eintritt in den Ruhestand. Das Ruhestandsalter wurde seit dem Zweiten Weltkrieg in Frankreich und der Bundesrepublik erheblich ähnlicher. Schließlich eine letzte, aber besonders wichtige Annäherung: Die französischen und bundesrepublikanischen Sozialversicherungen deckten auch einen immer ähnlicheren Teil der Erwerbsbevölkerung ab. Vor dem Ersten Weltkrieg waren die Unterschiede noch riesig gewesen. Im damaligen Deutschen Reich waren um 1910 – so wird geschätzt – schon knapp die Hälfte der Erwerbstätigen durch eine staatliche Krankenversicherung, mehr als die Hälfte durch eine staatliche Rentenversicherung, und mehr als vier Fünftel durch die staatliche Unfallversicherung abgesichert. In Frankreich dagegen deckte keine dieser staatlichen Versicherungen mehr als ein Fünftel der Bevölkerung ab. Schon um 1950 hatte sich das Bild völlig gewandelt. In Frankreich und der Bundesrepublik gehörte nun ein fast identischer Anteil von Erwerbstätigen staatlichen Sozialversicherungen an; rund zwei Drittel aller Erwerbstätigen waren in staatlichen Kranken- und staatlichen Rentenversicherungen, etwas mehr als die Hälfte in staatlichen Arbeitslosenversicherungen. Um 1980 sicherte zwar Frankreich – folgt man den Schätzungen – eher mehr Erwerbstätige in staatlichen Sozialversicherungen ab als die Bundesrepublik. Aber an die Kontraste der Zeit vor dem Ersten Weltkrieg kamen diese französisch-deutschen Spielarten bei weitem nicht mehr heran. All das war Teil einer umfassenderen westeuropäischen Entwicklung, in der sich nach einer jahrzehntelangen, von zwischennationalen Kontrasten geprägten Erkundungs- und Versuchsphase die wohlfahrtsstaatlichen Institutionen und Programme immer mehr anglichen und europäische Wohlfahrtsstaatsprinzipien entstanden.

Schließlich milderten sich auch die französisch-deutschen Unterschiede der Lebensqualität ab. Sicher muß der Vorsprung Frankreichs im härtesten Indikator für Lebensqualität, in der Lebenserwartung, zu denken geben. Es gab aber in Westeuropa viele Länder, in denen die Lebenserwartung noch günstiger aussah als in Frankreich und auch einige Länder, in denen sie noch ungünstiger war als in der Bundesrepublik. Um 1980 hatten in Island, dem europäischen Land mit der höchsten Lebenserwartung, vierzigjährige Männer um über vier Jahre und vierzigjährige Frauen sogar um fast fünf Jahre länger zu leben als in Luxemburg, dem Land mit der niedrigsten Lebenserwartung für Erwachsene. Selbst im engen westeuropäischen Rahmen lagen daher die Bundesrepublik und Frankreich recht nahe beieinander. Sicher wird dies nicht nur mit Annäherungen des Wohlfahrtsstaats, sondern auch damit zusammenhängen, daß die französischen und deutschen Lebensgewohnheiten im Verlauf der vergangenen

Jahrzehnte immer näher aneinanderrückten. Die Trinkgewohnheiten haben sich geradezu dramatisch angeglichen. Selbst noch um 1960 war der Alkohol- und dabei vor allem der Weinkonsum in Frankreich fast zweieinhalbmal so hoch wie in der Bundesrepublik und lag einsam an westeuropäischer Spitze. Nicht umsonst gehörte der lebenslustige Franzose mit dauerhaft hohem Weinpegel zum festen Franzosenbild der anderen Europäer. Seitdem sank der Weinkonsum jedoch in Frankreich, stieg in der Bundesrepublik stark an und lag um 1980 in Frankreich deshalb nur noch um etwa ein Fünftel höher. Innerhalb Westeuropas gab es weit krassere Unterschiede als zwischen Frankreich und der Bundesrepublik. Angenähert hat sich anscheinend auch der Tabakverbrauch. Lungenkrebs und Leberzirrhose waren in der Folge davon in beiden Ländern auch ähnlich wichtige Todesursachen.

Spürbare Ähnlichkeiten und sogar Annäherungen seit 1945 sollte man auch in der Versorgung mit Bildung nicht unterschätzen. Übersehen wird dabei oft eine Angleichung, die heute als selbstverständlich angesehen wird: die Alphabetisierung. Noch im späten 19.Jahrhundert war die Analphabetenrate in Frankreich deutlich höher. Sie hatte sich allerdings schon im Jahrhundertanfang stark an die deutsche angenähert. Darüber hinaus sind besonders in den achtziger Jahren, die sonst als die Jahre neuer Divergenzen gelten, die Bildungsunterschiede zwischen beiden Gesellschaften geringer geworden. Im Kindergarten- und Vorschulbesuch während des dritten bis fünften Lebensjahres verringerte die Bundesrepublik ihren Abstand gegenüber Frankreich. Auch in der Bundesrepublik nahm das Angebot an Kindergartenplätzen rasch zu. Allein zwischen 1963 und 1980 stieg die Zahl der öffentlichen Kindergärten von knapp 14000 auf über 24000 an. Eine zweite Annäherung im Schulpflichtalter: Die Zahl der jungen Franzosen, die eine schulische Berufsausbildung oder eine Lehre machten, nahm in den siebziger und achtziger Jahren zu und näherte sich den bundesrepublikanischen Verhältnissen etwas an. Ein wichtige Annäherung gab es schließlich auch nach dem Schulpflichtalter: Schon immer ähnlich war die Neigung der jungen Franzosen und Deutschen zum Abitur. Ähnlicher wurde die Neigung nun auch zum Hochschulstudium: Die Bundesrepublik lag in der Zahl der Hochschüler immer weniger hinter Frankreich zurück und schloß 1981 mit etwas über einer Million Studenten gegenüber Frankreich auf. In beiden Ländern studierte von da an ein sehr ähnlicher Anteil junger Erwachsener, damals ungefähr jeder sechste im Alter zwischen 18 und 24 Jahren. Auch in einem für die Wirtschaft wichtigen Bereich, dem Anteil der Hoch- und Fachschulabsolventen unter den Ingenieuren, lagen beide Länder im Vergleich zu anderen westeuropäischen Ländern sehr nahe beieinander. Weniger divergierte auch die soziale Verteilung der Bildungschancen an Hochschulen. In den Zugangschancen für Frauen, bis heute ein wichtiger Unterschied, holte die Bundesrepublik etwas von ihrem Rückstand auf: noch in den sechziger Jahren war der bundesdeutsche Rückstand scharf gewesen. In den Abschlußklassen der Sekundarausbildung waren in Frankreich schon die Hälfte der Schüler Mädchen, in der Bundesrepublik nur ein Drittel. In den achtziger Jahren hingegen erreichte auch die Bundesrepublik an den Sekundarschulen Chancengleichheit zwischen den Geschlechtern, an den Hochschulen war die Annäherung an Frankreich spürbar. Noch stärker waren die Ähnlichkeiten im familiären Hintergrund der Hochschulstudenten. Frankreich und die Bundesrepublik hatten sich darin seit dem Zweiten Weltkrieg nie stark unterschieden. Beide Länder lagen in ähnlicher Weise hinter Staaten mit sehr offener Hochschulausbildung wie Skandinavien oder Großbritannien zurück, hatten aber in den sechziger und siebziger Jahre ähnliche begrenzte Erfolge beim Abbau von Zugangsbarrieren vorzuweisen. In den achtziger Jahren erscheinen daher die französisch-deutschen Unterschiede in der generellen Versorgung mit Bildung zwar nicht nivelliert, aber doch weniger ausgeprägt als direkt nach dem Zweiten Weltkrieg und vor allem als vor dem Ersten Weltkrieg.

Wichtige Annäherungen gab es schließlich auch in der Wohnsituation: Die Unterschiede im Wohnungsbestand waren zwischen anderen europäischen Ländern weit größer als zwischen Frankreich und der Bundesrepublik. Gemessen an der Bevölkerung entwickelte sich der Wohnungsbestand in Ländern wie Dänemark oder Belgien seit den sechziger Jahren günstiger als in der Bundesrepublik und umgekehrt in Italien oder in jüngster Zeit in Großbritannien erheblich ungünstiger als in Frankreich. Die Wohnungsqualität hat sich seit dem Zweiten Weltkrieg zwischen Frankreich und der Bundesrepublik sogar recht deutlich angeglichen. Als Folge des intensiveren Wohnungsbaus in Frankreich seit den sechziger Jahren war erstmals im zwanzigsten Jahrhundert die Austattung der Wohnungen mit sanitären Anlagen einigermaßen gleichwertig. Schließlich milderte sich auch der französisch-deutsche Unterschied im Wohnungsbesitz immer mehr ab. Auch in der Bundesrepublik stieg der Anteil der Haus- bzw. Wohnungsbesitzer von rund einem Viertel 1948 auf fast die Hälfte in den siebziger Jahren an. Es überrascht daher nicht, daß sich Franzosen und Bundesdeutsche in einer europäischen Umfrage 1979 über häusliche Probleme sehr ähnlich äußerten. In Frankreich wie in der Bundesrepublik war für rund 30% der Familien die Wohnung die größte materielle Sorge.

Zusammengenommen mißversteht man auch in der Entwicklung des Sozialstaats die bis in die Gegenwart bestehenden französisch-deutschen Unterschiede, wenn man sie nur als Entwicklungsvorsprünge der einen oder anderen Seite sieht. Sicher scheint auf den ersten Blick manches für solche Entwicklungsvorsprünge zu sprechen – vor allem für französische

Vorsprünge. Die jüngere französische Sozialversicherung erscheint in mancher Hinsicht moderner als die deutsche, der immer noch vieles von der Bismarckzeit anhaftet: Die französische Sozialversicherung wurde 1945/46 organisatorisch stärker vereinheitlicht, sicherte schon bald danach einen größeren Teil der Bevölkerung ab, gab den Versicherten mehr Mitbeteiligungsrechte an der Verwaltung und behielt gleichzeitig in den «mutuel» mehr genossenschaftliche Traditionen bei als die deutsche Sozialversicherung. Ähnlich die Versorgung mit Bildung. Auch hier spricht viel für einen moderneren französischen Wohlfahrtsstaat: Die Zeit der Schulpflicht wurde in Frankreich früher und weiter heraufgesetzt. Gleichzeitig war in den beiden Altersgruppen, in denen die moderne Schulpflicht überhaupt noch Raum für internationale Unterschiede läßt, das französische Bildungsangebot zumindest bis in die achtziger Jahre breiter: Im Alter vor der Schulpflicht, im Kindergarten- und Vorschulalter, ebenso wie im Alter nach der Schulpflicht, an den Hochschulen.

Umgekehrt gibt es freilich auch Argumente für modernere wohlfahrtsstaatliche Entwicklungen in der Bundesrepublik. Die Wohnungsversorgung und die Wohnungsqualität war in der Bundesrepublik nach der Behebung der Kriegszerstörungen bis in die siebziger Jahren erheblich besser als in Frankreich. Die staatliche Wohnungspolitik, vor allem die früheren, massiven staatlichen Ausgaben in der Bundesrepublik, haben dabei sicher eine große Rolle gespielt. Die staatliche Arbeitslosenversicherung der Bundesrepublik, um einen anderen Bereich zu nennen, hat sich besonders in der langen wirtschaftlichen Depression der siebziger und achtziger Jahre als leistungsfähiger erwiesen. Sie konnte den Versicherten nicht nur eher ihren Lebenstandard erhalten, sondern leistete auch erheblich mehr in der Weiterqualifikation der Arbeitslosen. Schließlich kann man auch im bundesrepublikanischen Bildungssystem moderne Züge sehen: Der Unterricht an Schulen und Hochschulen in der Bundesrepublik richtete sich nach 1945 stärker als in Frankreich auf die Selbständigkeit der Schüler und Studenten aus. Die rigid abgetrennte Eliteausbildung an grandes écoles, die eigentlich den eher egalitären Tendenzen des Wohlfahrtsstaates widerspricht, fehlt in der Bundesrepublik. Die staatlichen Bildungsausgaben waren in der Bundesrepublik erheblich höher als in Frankreich. Letztendlich ist es daher unmöglich, pauschal zu entscheiden, ob der französische oder bundesrepublikanische Wohlfahrtsstaat moderner war oder geworden ist.

Vor allem aber haben sich die Unterschiede doch so weit abgeschwächt, daß man nicht mehr wie noch vor 1914 von einer spektakulär größeren Modernität eines der beiden Länder sprechen kann. Hierin liegt wohl der tiefere Grund, warum weder in Frankreich noch in der Bundesrepublik der Sozialstaat auf der jeweils anderen Seite des Rheins diskutiert wird. Beide Sozialstaaten sind sich zu ähnlich geworden, als daß sie im Grundsatz noch als Modell für den anderen dienen könnten. Sicher sind französischer und deutscher Sozialstaat weit davon entfernt, identisch zu sein. Das wäre wohl auch gar nicht wünschenswert, denn europäische Vielfalt läßt Neuentwicklungen meist eher zu, als es europäische Uniformität täte. Trotzdem sind eine Reihe von französisch-deutschen Annäherungen unverkennbar: Die fundamentalste Annäherung ist der Wandel der Bewertung von Sozialstaatsintervention. Vor allem der Umbruch in der französischen Einstellung zum Staatsinterventionismus, der Rückgang des liberalen Staatsskeptizismus als Folge des Zweiten Weltkriegs, hat nicht nur zur wirtschaftlichen planification geführt, sondern auch die Durchsetzung wohlfahrtsstaatlicher Institutionen erleichtert und die alten französisch-deutschen Sozialstaatskontraste beseitigt. Darüber hinaus gab es eine ganze Reihe einschneidender einzelner Annäherungen in den Institutionen und Leistungen des Wohlfahrtsstaats in der sozialen Sicherung ebenso wie in der Ausbildung und im Wohnen. Sie haben es Franzosen und Bundesdeutschen vielfach erleichtert, den Sozialstaat und die Gesellschaft auf der anderen Seite des Rheins zu verstehen.

Zusammenfassung und Schlußbemerkungen

Sind die französische und deutsche Gesellschaft heute ähnlicher und stärker miteinander verflochten als am Anfang unseres Jahrhunderts? Hat sich das Bild von der jeweils anderen Gesellschaft gewandelt? Unsere Antwort ist überwiegend und eindeutig positiv. Niemals im zwanzigsten Jahrhundert waren sich die beiden Gesellschaften so nahe wie in der Gegenwart; niemals hatten sie so viel gemeinsam; niemals waren beide Gesellschaften so stark miteinander verflochten; niemals zuvor haben sich Franzosen und Deutsche vom jeweils anderen ein so nüchternes, vorurteilsloses, und wo immer möglich auch so vorteilhaftes Bild gemacht.

Die öffentliche Meinung hat diesen Wandel vielfach noch nicht wahrgenommen. Selbst Spezialisten der politischen Beziehungen beider Länder ist dieser gesellschaftliche Prozeß oft noch nicht oder zu wenig klar. Das mag zum Teil daran liegen, daß sich zwischen Frankreich und Deutschland wie zwischen allen europäischen Ländern und Regionen spürbare gesellschaftliche Unterschiede erhielten, die auch niemand völlig wegwünscht. Es mag auch daran liegen, daß einige spektakuläre Unterschiede neu entstanden oder alte Unterschiede verstärkt ins Bewußtsein traten. Vor allem einige der neuen sozialen Bewegungen der späten siebziger und frühen achtziger Jahre, darunter besonders die Friedensbewegung und die Umweltbewegung waren für europäische Verhältnisse in der Bundesrepublik ungewöhnlich stark und in Frankreich ungewöhnlich schwach. Sie ließen neue Irritationen der Franzosen über den «deutschen Koller» (Brigitte Sauzey) und der Deutschen über das Desinteresse von Franzosen an Umwelt und Frieden entstehen. Aber diese neuen Divergenzen schwächten sich in der jüngsten Vergangenheit nicht nur wieder ab, sie kamen auch nicht an die tiefgreifenden Unterschiede heran, die die beiden Gesellschaften am Jahrhundertanfang trennten. In der langfristigen Perspektive des ganzen zwanzigsten Jahrhunderts beeindruckt deshalb vor allem die Annäherung und Verflechtung beider Gesellschaften.

Ohne die starken französisch-deutschen Kontraste in der ersten Hälfte des zwanzigsten Jahrhunderts wird die Neuartigkeit der gegenwärtigen Situation nicht klar. Dies vor Augen zu führen, an sie zu erinnern und sie zu erklären, ist deshalb eines der beiden Hauptanliegen unseres Buches.

Vor allem fünf Gräben trennten in der ersten Jahrhunderthälfte beide Gesellschaften in einem heute vergangenen und oft auch vergessenen Ausmaß: (1) Ein erster Graben waren die unterschiedlichen Wege der *Industrialisierung*: Der deutsche Weg des raschen Industriewachstums und der raschen industriellen Produktionssteigerungen war verbunden mit großen Unternehmenseinheiten und damals modernen industriellen Managementmethoden, mit einer starken Produktionsgüterindustrie, mit besonders rasanter Entwicklung der damaligen Wachstumsindustrien, der Schwerindustrie, der chemischen Industrie, der Elektroindustrie, mit erstaunlicher Steigerung der Exporte und einem erfolgreichen Vordringen auf dem Weltmarkt. Er hatte aber auch soziale Schattenseiten, die nur durch massive Staatsintervention bekämpft werden konnten: ein für das damalige Europa außergewöhnlich schnelles Stadtwachstum und eine starke Überforderung der städtischen Dienstleistungen, um 1880 auch eine ungewöhnlich niedrige Lebenserwartung. Dagegen wuchs die Industrie in Frankreich langsamer und behielt länger den traditionellen Familienbetrieb bei, orientierte sich stärker am sicheren Binnenmarkt, am End- und Konsumprodukt, oft auch an Luxusgütern; wandelte sich freilich auch gemächlicher bei weniger sozialen Schattenseiten und weniger Zwang zu Staatsintervention; (2) Unterschiedlich war auch die Entwicklung der *Familie:* das für europäische Verhältnisse enorme demographische Wachstum, die große Kinderzahl deutscher Familien, die starke Belastung der deutschen Frauen bis hin zu hoher Müttersterblichkeit, die hohe Sterblichkeit auch der Säuglinge und Kinder, die lange Phase des Elterndaseins im Leben der Deutschen, die autoritäre Position des deutschen Mannes, die starke Familienbindung und seltenere Berufstätigkeit deutscher Ehefrauen, der große Einfluß und das Gewicht des Mütterlichkeitsideals, aber auch die klarere Ablösung der erwachsenen Kinder von der elterlichen Familie. Zur französischen Familie gehörten dagegen die für europäische Verhältnisse extrem niedrigen Geburtenraten, die geringere Kinderzahl, der Beginn und das Ende der Elternphase in früherem Alter, das Erleben einer nachelterlichen Phase in gutem Alter, die geringere Mütter-, aber auch geringere Säuglingssterblichkeit und der seltenere Tod in der Familie, das geringere Gewicht der Mutter- und Hausfrauenrolle, das weit wirksamere Modell der wirtschaftlich aktiven Frau und auch Ehefrau, aber auch das lebenslange Bauen auf die Sicherung durch die Familie; (3) Gravierend waren weiter die Unterschiede zwischen französischer *«Bourgeoisie»* und deutschem *Bürgertum:* Kennzeichnend für das deutsche Bürgertum war die Teilung der politischen Macht mit dem Adel und die häufige Besetzung der politischen, militärischen und administrativen Spitzenämter mit Adligen, der Niedergang des politischen Liberalismus seit den 1870er Jahren zu einer Minderheitspartei, die geringere bürgerliche Liberalität gegenüber Minderheiten und gegenüber dem Schonraum der Individuen vor Staatseingriffen, die stärkere bürgerliche Kritik an modernen demokratischen Verfassungen und an der modernen Industriegesellschaft, die stärkere innere Spaltung des deutschen Bürgertums in staatsnahes und wirtschaftliches Bürgertum, die massiven staatlichen Versuche der Kontrolle über das Bürgertum durch Berufsaufsicht und durch soziale Ränge, Titel, Orden. Kennzeichnend für die französische «bourgeoisie» war umgekehrt die weitgehende Kontrolle über die politische Macht im Zentralstaat, der seit der Gründung der Dritten Republik nicht unbedrohte, aber gewahrte Erfolg des Liberalismus und Republikanismus in Frankreich, die größere bürgerliche Liberalität gegenüber Minderheiten und gegenüber dem Schutz des Individuums, die geringere bürgerliche Stadt- und Industriefeindschaft, die stärkere innere soziale Verflechtung des französischen Bürgertums und seine geringere Kontrolle durch den Staat in der Berufsausübung und in den «feinen» sozialen Unterschieden; (4) Unterschiedliche Wege gingen die beiden Länder auch in den *Arbeitskonflikten:* Zum deutschen Weg gehörte eine stärker entwickelte Arbeiterkultur und eine gegenüber dem Modell bürgerlicher Kultur stärker abgeschirmte Arbeiterschaft, massivere Gewerkschaftsorganisation in einer zahlenmäßig weit stärkeren Arbeiterschaft, auch intensiver organisierte Arbeitgeberverbände, schon etwas stärkere Konfliktregelung und ein stärkeres Zurückdrängen spontaner, ungeplanter Streiks, eine verbalradikale Arbeiterbewegung und gleichzeitig sehr geringe Chance einer Beteiligung von Sozialdemokraten an der Reichsregierung. Zum französischen Weg dagegen gehörten schwächere Arbeiterorganisationen, stärkere Konflikte zwischen verschiedenen Richtungen in der Gewerkschaftsbewegung und stärkere syndikalistische Richtungen, vor allem in der sozialistischen Partei, schwächere, erheblich weniger effiziente und später einsetzende Arbeitgeberorganisationen, allerdings nicht weniger Streiks, eine geringere Entwicklung von Arbeitermilieus und größere Offenheit der sozialistischen Bewegung gegenüber Angestellten, Landarbeitern, Bauern, städtischem Handwerk, stärkere Integration der politischen Arbeiterbewegung in den republikanischen Konsens, ab der Jahrhundertwende auch Aufnahme einzelner Sozialisten als Minister in liberale Regierungen; (5) Verschieden schließlich waren auch die Anfänge der *Sozialstaatsintervention* in zwei Ländern mit langen bürokratischen Traditionen: eine erhebliche massivere deutsche Sozialstaatsintervention, besonders im Aufbau obligatorischer staatlicher Sozialversicherungen, in einer vergleichsweise kompetenzstarken Stadtplanung und in effizienten kommunalen Versorgungsleistungen, in hohen staatlichen Bildungs- und Forschungsausgaben, in der öffentlichen Gesundheitspolitik; in Frankreich geringere Zwänge zu staatlicher Intervention, weniger soziale Schattenseiten der Industrialisierung, eine geringere Ballung des Industrieproletariats und damit auch weniger bürgerliche Ängste, freilich auch deutlich andere französische Wege der Problemlösungen, leistungsfähige nichtstaatliche soziale Sicherung in den «mutuels» und in der kommunalen Armenverwaltung, eine kompetenzschwache, aber eindrucksvolle Innenstadtsanierung vor allem in Paris, auch oft unterschätzte Staatsinterventionen im Arbeitsschutz, in der Modernisierung der Hochschulforschung, in den Investitionen in der Elementarausbildung, in den Bildungschancen für Frauen. Diese Kontraste der französischen und deutschen Gesellschaft darf man sicher nicht verabsolutieren. Es gab auch Gemeinsamkeiten, in denen sich beide Länder zusammen von der europäischen Peripherie, aber auch von außereuropäischen Gesellschaften unterschieden. Beide Länder befanden sich gleichzeitig im Industrialisierungsprozeß; in beiden Ländern wandelte sich die Familie, sanken die Geburtenraten, intensivierten sich die Beziehungen in der modernen Kernfamilie; in beiden Gesellschaften gab es anders als in Osteuropa, in den USA oder Japan eine soziale Klasse des Bürgertums, das sich vom Adel, von den Industriearbeitern und von den Bauern klar unterschied; man kannte auf beiden Seiten eine wichtige sozialistische Gewerkschaftsbewegung und Arbeiterparteien, ein ähnliches Ausmaß an Streiks; beide Länder besaßen im Vergleich zu den USA, aber auch zu anderen europäischen Gesellschaften eine starke Tradition der Staatsbürokratie und der Staatsintervention. Auf der regionalen Ebene erscheinen die Kontraste noch unschärfer: Manches, was als französischer Weg geschildert wurde, gab es auch in Deutschland, besonders in den süddeutschen Staaten und den linksrheinischen Gebieten. Manches, was als deutscher Weg dargestellt wurde, findet sich auch im Osten und Norden Frankreichs. Es gab sogar gewisse, wenn auch schwache Annäherungstendenzen zwischen beiden Gesellschaften: In dem Wirtschaftsaufschwung vor dem Ersten Weltkrieg lag das Wirtschaftswachstum pro Kopf in Frankreich und Deutschland recht nahe beieinander; die Geburtenrate sank in Deutschland spürbar und lag nicht mehr ganz so weit über der französischen; die französische Bildungspolitik orientierte sich stark an dem deutschen Modell, und die wichtigste Universität Frankreichs, die Sorbonne, wurde seit den Universitätsreformen in den 1890er Jahren deutschen Universitäten erheblich ähnlicher. Aber in ihren jeweils vorherrschenden Tendenzen lagen und gingen beide Gesellschaften weit auseinander. Im Rahmen des industrialisierten Europa stellten sie sogar Extreme dar. Es muß daher für Franzosen und Deutsche schwierig gewesen sein, die jeweils andere Gesellschaft zu verstehen.

Das fiel besonders auch deshalb schwer, weil sich die französisch-deutschen Unterschiede nicht einfach als Rückständigkeit des einen Landes und größere Modernität des anderen fassen lassen. Wenn es so gewesen wäre, hätten dem einen Land die Probleme des anderen Landes aus der eigenen Vergangenheit bekannt gewesen sein müssen, und das andere Land hätte sie als eigene Zukunft begreifen können. Beide Länder gingen aber im europäischen Rahmen besonders weit auseinanderliegende Wege, die erst nach dem Zweiten Weltkrieg wieder in eine ähnliche gesellschaftliche Situation mündeten. Wir wollen nicht verhehlen, daß diese Sichtweise unter heutigen Historikern umstritten ist. Manche Historiker sehen die Industrialisierung und den Staatsinterventionismus in Deutschland oder umgekehrt die politische Macht des Bürgertums in Frankreich als moderner an. Wir haben versucht zu zeigen, daß diese Vereinfachung nicht nur an der historischen Realität vorbeigeht, sondern auch die Entfremdung zwischen beiden Gesellschaften nicht richtig verständlich werden läßt.

In der öffentlichen Diskussion Frankreichs und Deutschlands wurden diese Unterschiede in der Vor- und Zwischenkriegszeit oft genußvoll ausgekostet und zu wesensmäßigen Verschiedenheiten zwischen Franzosen und Deutschen hochstilisiert und verzerrt. Mit viel intellektueller Hingabe wurden grundlegende Unterschiede zwischen deutscher und französischer Frau, zwischen deutscher und französischer Bildung, deutschem und französischem gesellschaftlichen Umgang, deutschem und französischem Staat, selbst zwischen deutscher und französischer Physik, Mathematik oder Biologie aufgebaut. Diese intellektuellen Konstruktionen hatten sicher in den Augen auch der vorurteilslosen Zeitgenossen manches für sich, eben weil sich beide Gesellschaften besonders weit auseinanderentwickelt hatten. Trotzdem sind viele dieser Interpretationen nicht allein daraus erklärbar. Es gab offensichtlich darüber hinaus einen tiefsitzenden Wunsch nach gesellschaftlicher Andersartigkeit und Überlegenheit, einen heftigen Drang nach Feindbildern, ein ungestilltes Bedürfnis nach Sicherheit über den eigenen gesellschaftlichen Weg, das auch gegenüber dem Nachbarland jenseits des Rheins ausgelebt wurde und uns heute fremd, ja unverständlich geworden ist. Es hat viele damalige Franzosen und Deutsche nicht nur unfähig gemacht, aus der anderen Entwicklung des anderen Landes zu lernen, sondern erzeugte auch eine Grundstimmung, die den Beginn des Ersten Weltkriegs zu einem bizarren Hurra- und Befreiungserlebnis werden ließ. Diese Entfremdung hat sich in der Zwischenkriegszeit im ganzen erhalten und teilweise sogar noch verschärft. Dazu trug sicher die nationalistische Rivalität zwischen Deutschland und Frankreich nach den Friedensschlüssen der Pariser Vorortverträge bei, vor allem der Aufstieg des Nationalsozialismus in Deutschland und der Kontrast zur späten Dritten Republik. Diese geriet zwar in den 1930er Jahren ähnlich wie zuvor die Weimarer Republik in eine tiefe Krise. Aber das Vichy-Regime, das teilweise auch aus dieser Krise entstand, entwickelte sich nicht zu einem militärischen Eroberungs- und Völkermordsystem wie das NS-Regime.

Nach dem Zweiten Weltkrieg haben sich beide Gesellschaften dagegen stark angenähert. Auch diese Annäherung ist oft übersehen worden, teils weil die Intellektuellen besonders in Frankreich die Modernität des eigenen Landes oft unterschätzen und das Bild, das sie sich von ihrer eigenen

Gesellschaft machen, auch in der deutschen Öffentlichkeit oft mehr wirkt als die französische Realität; teils, weil die internationale Öffentlichkeit nach dem Zweiten Weltkrieg aus vielerlei Gründen zu sehr vom deutschen Wirtschaftswunder eingenommen war und den dramatischen Wandel der französischen Gesellschaft übersah; teils auch, weil vieles an diesem Wandel als Amerikanisierung angesehen wurde – nicht als französisch-deutsche Annäherung, sondern eher als gemeinsame Überfremdung; teils schließlich, weil es zur eingefleischten europäischen intellektuellen Tradition gehört, nationale Unterschiede zu kultivieren und an ihnen entlang zu denken. Um so mehr war es das zweite Anliegen dieses Buches, die eigenständige Annäherung beider Gesellschaften als Beispiel einer allgemeineren europäischen Annäherung herauszustreichen und dabei besonders auf den raschen Wandel der französischen Gesellschaft aufmerksam zu machen, ohne den diese Annäherung nicht zustandegekommen wäre.

Eine völlige Angleichung wurde mit dieser Annäherung freilich weder erreicht noch auch von irgendjemandem ernsthaft erhofft und gewünscht. Auch in der zweiten Hälfte des zwanzigsten Jahrhunderts blieben spürbare Unterschiede zwischen der französischen und bundesdeutschen Gesellschaft erhalten oder entstanden sogar neu. Sie hatten nicht nur mit den politischen Gegensätzen zwischen beiden Ländern zu tun, mit den großen Unterschieden der Verfassung und der politischen Parteien, mit der Zentralstaatlichkeit Frankreichs und dem Föderalismus der Bundesrepublik, mit der nationalstaatlichen Saturiertheit Frankreichs und den Ambivalenzen im Selbstverständnis der Bundesrepublik, mit einer in viel öffentlichem Zeremoniell ausgelesenen und scharf abgehobenen Elite, einer «noblesse d'état» in Frankreich, nicht aber in der Bundesrepublik. Auch gesellschaftliche Verschiedenheiten blieben. Wir haben sie im zweiten Teil des Buches eingehend behandelt und erinnern nur im Groben daran: Die bundesdeutsche Wirtschaft blieb exportorientierter, stellte mehr Produktionsgüter her, stützte sich auf ein größeres Potential an gelernten Arbeitern. Die bundesdeutschen Unternehmen waren weiterhin größer, der Familienbetrieb schon mehr zurückgedrängt. Die Wirtschaftspolitik beider Länder entwickelte sich unmittelbar nach dem Zweiten Weltkrieg sogar weiter auseinander als jemals zuvor. Die französische «planification», die Politik der raschen Modernisierung des Landes von oben, griff tiefer als je zuvor in die Wirtschaft ein. Im scharfen Gegensatz dazu setzte sich in den Westzonen und in der frühen Bundesrepublik eine dezidiert liberale, antiinterventionistische Wirtschaftspolitik durch. Alte, weiterbestehende und neu entstehende Unterschiede auch in der Bevölkerungsentwicklung und der Familie: Frankreich entwickelte sich seit dem Zweiten Weltkrieg allmählich zu einem der geburtenstärksten Länder, die Bundesrepublik zu einem der geburtenschwächsten Länder Europas. Die Familien in Frankreich waren dadurch nicht nur größer, auch die Bindung an die Familie, an die Kern- wie die Großfamilie, blieb in Frankreich deutlich enger. Gleichzeitig war die französische Ehefrau weiterhin wie schon in der ersten Jahrhunderthälfte häufiger berufstätig und auch in der Ehe gleichberechtigter als die bundesdeutsche Ehefrau. Auch die alten Unterschiede zwischen französischem und bundesdeutschem Bürgertum verwischten sich nach dem Zweiten Weltkrieg nicht sofort. Das französische Bürgertum war nicht nur durch Vichy und Kollaboration weniger diskreditiert als das bundesdeutsche durch den Nationalsozialismus. Auch die elitären staatlichen Ausbildungsinstitutionen, die das französische Bürgertum massiv nutzte und die es in der Bundesrepublik nicht gab, blieben erhalten und wurden sogar noch durch neue Institutionen erweitert. Die sozialen Trennlinien, die das Bürgertum nach unten zog, und die wirtschaftlichen Unterschiede, auf denen es aufbaute, waren in Frankreich zumindest in den Fünfzigern und Sechzigern immer noch schärfer und spürbarer als in der Bundesrepublik. Man sprach auch noch ohne Bedenken von der «bourgeoisie». In der Bundesrepublik wurde «Bürgertum» schon früher zu einem historischen Begriff. Starke Unterschiede auch im Arbeitskonflikt, der geradezu ein Musterbeispiel für bleibende oder sogar verschärfte französisch-deutsche Gegensätze ist: Die Tarifgegner waren in der Bundesrepublik nicht nur wie schon in der Vor- und Zwischenkriegszeit mitgliederstärker und schlagkräftiger. Die Gewerkschaften entwickelten sich zudem unmittelbar nach dem Zweiten Weltkrieg zu Einheitsgewerkschaften, während es in Frankreich weiterhin Richtungsgewerkschaften gab. In den Tarifverhandlungen liefen die Wege der Bundesrepublik und Frankreichs ebenfalls weiter auseinander als je zuvor: mit der Entscheidung für die Tarifautonomie, für den Rückzug des Staates aus dem Tarifkonflikt, für bis ins Detail geregelte Verhandlungsprozeduren und für die Einschränkung des Streiks als letzter, für politische Themen tabuisierter Waffe unterschied sich die Bundesrepublik krass von Frankreich mit seinen schwachen Tarifpartnern, den massiven Eingriffen des Staates in Tarifthemen, der Ungeregeltheit des Tarifkonflikts, der Häufigkeit von Streiks, besonders auch politischer Streiks. Neue, viel weniger bekannte Unterschiede auch im Sozial- und Wohlfahrtsstaat: Mit der grundlegenden Reform des französischen Sozialstaats und der Einrichtung der «sécurité sociale» entstanden in Frankreich Sozialversicherungen, die einheitlicher organisiert waren, mehr Mitwirkungsrechte für Klienten boten, zumindest in den fünfziger und sechziger Jahren auch einen größeren Teil der Bevölkerung absicherten, damals aber oft noch leistungsschwächer waren. Das Bildungsangebot in Frankreich entwickelte sich auf allen Ebenen meist rascher und bot daher lange Zeit mehr Chancen als die Bundesrepublik, mehr Kindergartenplätze, mehr Sekundarschulplätze, mehr Studienplätze (in den fünfziger Jahren ein erstaunlich großer Teil auch an den Elitehochschulen), auch mehr Chancen für Frauen. Umgekehrte, aber ebenfalls große Unterschiede in der Stadtplanung und Wohnungsversorgung: Vor allem in der Nachkriegszeit baute die Bundesrepublik weit mehr Wohnungen und ganze Stadtviertel. Sie bot deshalb (und auch wegen des starken öffentlichen Wohnungsbaus in der Zwischenkriegszeit) trotz größerer Kriegszerstörungen einen erheblich höheren Wohnungsstandard als Frankreich. Insgesamt eine ganze Liste beachtenswerter, teils bekannter, teils auch übersehener französisch-deutscher Gesellschaftsunterschiede.

Trotzdem sind sich beide Gesellschaft in vielfacher Hinsicht ähnlicher geworden. Die Zeit seit dem Zweiten Weltkrieg markiert eine langsame Tendenzwende, ein Ende der gesellschaftlichen Auseinanderentwicklung und den Beginn einer wechselseitigen gesellschaftlichen Verständlichkeit. Diese Annäherungen brachen nicht in einer Art Stunde Null unmittelbar nach dem Zweiten Weltkrieg plötzlich an, sondern setzten sich nur allmählich durch, wurden nicht selten erst in den sechziger und siebziger Jahren wirklich faßbar. Hier unsere lange und sicher nicht erschöpfende Liste der Annäherungen:[1]

Ähnlicher geworden sind in der langen Sicht zunächst die französische und deutsche Wirtschaft. Im Gesamtzeitraum seit dem Zweiten Weltkrieg war die Leistungsfähigkeit beider Wirtschaften, ihr Wirtschaftswachstum pro Kopf, bei aller Problematik dieses Maßes sehr ähnlich. Perioden höheren Wachstums in der Bundesrepublik in den fünfziger und achtziger Jahren glichen sich aus durch Perioden höheren Wachstums in Frankreich in den sechziger und siebziger Jahren. Die alten Strukturunterschiede zwischen deutscher und französischer Wirtschaft – wir nannten sie soeben nochmals – verschwanden sicher nicht völlig, milderten sich aber erheblich ab. Die französische Wirtschaft exportierte besonders seit den sechziger Jahren weit mehr, produzierte und exportierte weit mehr Produktionsgüter, besaß zunehmend größere Unternehmenseinheiten. Vor allem war die beherrschende Wachstumsindustrie, der Automobilbau, in der Vor- und Zwischenkriegszeit in Frankreich stärker, seit dem Zweiten Weltkrieg in beiden Ländern gleich stark angewachsen. Auch die wirtschaftspolitischen Nachkriegsgegensätze zwischen französischer «planification» und deutscher liberaler Marktwirtschaft schliffen sich in den späten fünfziger und vor allem in den achtziger Jahren wieder weitgehend ab. Französische und deutsche Wirtschaftsentwicklung näherten sich daher nach einer langen Periode der Kontraste und nach neuen Gegensätzen in der Nachkriegszeit wieder an.

Zum Teil als Folge davon gingen auch die Unterschiede in der Sozialstruktur stark zurück. Der Anteil der landwirtschaftlichen Arbeit, um 1950 in Frankreich noch weit höher als in der Bundesrepublik, glich sich nach einer dramatischen Schrumpfung in Frankreich fast ganz an die Bundesrepublik an. Der Anteil der industriellen Arbeit, um 1950 in der Bundesrepublik weit höher, stieg auch in Frankreich. Dienstleistungsarbeit wurde nicht nur in Frankreich, sondern seit den 1970er Jahren auch in der Bundesrepublik vorherrschender Beschäftigungssektor. Auch das Leben in der Stadt und in der Großstadt, um 1950 in der Bundesrepublik noch weit häufiger, wurde danach in beiden Ländern in immer ähnlicherer Weise üblich.

Die Familienstrukturen blieben ebenfalls nicht in all ihrer Unterschiedlichkeit erhalten: Der Kernfamilienhaushalt ohne Großeltern und Anverwandte, der von manchen Familienhistorikern als «europäische» Familie bezeichnet wird, setzte sich nun auch in Frankreich durch. Die familiären Lebenszyklen, die Heirat, die Elternphase, das «leere Nest», die Verwitwung unterschieden sich in beiden Ländern weniger als in der Vorkriegszeit. Die Berufstätigkeit der Ehefrau, noch unmittelbar nach dem Zweiten Weltkrieg in Frankreich erheblich häufiger, nahm auch in der Bundesrepublik erheblich zu. In den siebziger Jahren unterschieden sich darin beide Länder im westeuropäischen Rahmen nur noch wenig. Die Erziehungsziele der Eltern, die Eheideale und der Umgang der Ehepartner miteinander sahen unter der Mehrheit der Franzosen nicht viel anders aus als unter der Mehrheit der Bundesdeutschen.

Einschneidende und historisch einmalige Annäherungen gab es auch in der sozialen Schichtung. Das Bürgertum löste sich als einheitliche soziale Klasse und als Modell der Lebensführung nicht nur in der Bundesrepublik, sondern später auch in Frankreich allmählich auf. Die größeren Vermögens- und Einkommensabstände der höheren Schichten in Frankreich, die größere Häufigkeit von Familienunternehmen und Familienbesitz, von Dienstboten, von Rentiers ließen sich in den siebziger Jahren nicht mehr so klar belegen wie davor. Die sozialen Trennlinien, die das französische Bürgertum noch in den fünfziger Jahren nach unten zog, wurden auch in Frankreich blasser. Konsumgüter wie das Auto, das Fernsehen, die Waschmaschine, die Kleidermode, das Make-up, das Reisen, die Lebensversicherung, mit denen auch in der Nachkriegszeit noch die Grenzen des Bürgertums markiert werden konnten, wurden in beiden Ländern Massenkonsumgüter und taugten nur noch in feinen, manchmal nur noch für Insider erkennbaren Nuancen als sozialer Trennstrich. Gleichzeitig traten in Frankreich wie in der Bundesrepublik Unterschiede in der Lebensführung *innerhalb* des einstigen Bürgertums, *zwischen* Eigentümerunternehmern, Managern, freien Berufen, höheren Beamten weit schärfer hervor und zersetzten die einstigen Gemeinsamkeiten des bürgerlichen Lebensmodells. An den Rand gedrängt wurde seit dem Zweiten Weltkrieg auch das Kleinbürgertum. Noch um 1950 hatte es in Frankreich zahlenmäßig das gleiche Gewicht wie die Industriearbeiterschaft gehabt und gehörte immer noch, wie schon in der Vorkriegszeit, zu den Trägern der französischen Republik. Schon 1980 war es in Frankreich zu einer ebenso schmalen sozialen Schicht geworden wie in der Bundesrepublik. Ähnlich die Bauern, die unmittelbar nach dem Zweiten Weltkrieg nicht nur den Mythos vom ländlichen Frankreich stützten, sondern auch noch in einer ländlichen Gesellschaft lebten, die für sie Lebensperspektive war. Auch sie gab es um 1980 in Frankreich fast ebenso selten wie in der Bundesrepublik. Zurück ging schließlich auch das proletarische Arbeitermilieu, dessen eigenständige Lebens- und Geselligkeitsformen Deutschland bis in die Anfänge der Bundesrepublik sozial und politisch geprägt hatten. Die Bundesrepublik wurde dadurch der französischen Gesellschaft ähnlicher, in der der proletarische Arbeiter schon immer weniger entwickelt und einflußreich gewesen war. In beiden Ländern ging mit all dem eine besondere europäische Gesellschaftsepoche zu Ende, die vom klassenbewußten Bürgertum, von proletarisch gesinnten Arbeitern, von traditionellen Bauern und vom Kleinbürgertum bestimmt war. Diese Gesellschaftsformation war in Frankreich und Deutschland auf sehr unterschiedlichen Wegen entstanden und hatte daher in viele französisch-deutsche Gegensätze hineingeführt. Mit ihrem Auslaufen wurden beide Gesellschaften ähnlicher.

Selbst im Arbeitskonflikt gab es Hinweise auf Annäherungen: Die Unterschiede im Organisationsgrad der Arbeiter und in der Streikintensität (gemessen an den durch Streik verlorenen Arbeitstagen) waren vor allem in den 1970er und 1980er Jahren erheblich milder als noch in der Zwischenkriegszeit. Anzeichen für einen stärkeren Autonomiewunsch der Tarifgegner wurden seit den 1970er Jahren auch in Frankreich deutlich. Die innerbetriebliche Mitbestimmung setzte sich in der Praxis in französischen Unternehmen während der siebziger Jahre zunehmend durch und glich sich der bundesdeutschen Praxis an. Umgekehrt gab es in der Bundesrepublik in den späten sechziger und siebziger Jahren immer wieder Ausbrüche aus den strikten Regelungen der Tarifverhandlungen und Streiks, die an französische Arbeitskonflikte erinnerten. Diese Annäherungen im Arbeitskonflikt wurden noch nicht beherrschend. Aber übersehen sollte man sie nicht.

Erheblich massivere Angleichungen schließlich sind im modernen Sozial- und Wohlfahrtsstaat zu verzeichnen, der sich in Frankreich und der Bundesrepublik ähnlich wie in anderen westeuropäischen Ländern seit dem Zweiten Weltkrieg durchsetzte. Mit der sécurité sociale 1944/45 wurden auch in Frankreich in einem breiten, parteiübergreifenden Konsens die obligatorischen staatlichen Sozialversicherungen für alle Bürger eingeführt, anstatt der freiwilligen, oft nichtstaatlichen sozialen Sicherung. Diese Entscheidung war die Voraussetzung für eine vielfältige Angleichung zwischen französischen und bundesdeutschen Sozialversicherungen in der Finanzierung, in den finanziellen Leistungen (auch in der Entscheidung gegen einen kostenlosen öffentlichen Gesundheitsdienst wie in Großbritannien und Skandinavien) und in der Absicherung der gesamten Bevölkerung. Deutliche Annäherungen auch im Bildungsangebot auf allen Ebenen: Die Bundesrepublik holte im Angebot an Kindergartenplätzen ebenso auf wie im Sekundarschulbereich und bei den Studienplätzen. Die Bildungschancen der bundesdeutschen Frauen rückten den Chancen der Französinnen erheblich näher. Umgekehrt nahmen vor allem in den siebziger Jahren die Lehrstellen in Frankreich spürbar zu. Ein wirtschaftlich wichtiger Bildungsunterschied wurde dadurch etwas weniger scharf. Und schließlich zum Wohnstandard: Im Gegensatz zur Vorkriegszeit wurde die Stadtplanung in Frankreich angesichts des raschen Städtewachstums genauso wie in der Bundesrepublik und wie anderswo in Europa vor allem Stadterweiterungsplanung. Ganze Stadtviertel plante und baute man nun auch in Frankreich, in ähnlichem Stil, mit ähnlichen Erfolgen und ähnlichen Problemen wie in der Bundesrepublik. In den sechziger und siebziger Jahren gab es auch in Frankreich große Wohnungsbauprogramme und einen Wohnungsbauboom. In erstaunlich kurzer Zeit wurden dadurch die Rückstände im Wohnungsstandard ausgeglichen, die Frankreich unmittelbar nach dem Zweiten Weltkrieg gegenüber der Bundesrepublik und anderen eher nördlichen europäischen Ländern hatte. In den 1980er Jahren war der Wohnungsstandard in Frankreich und der Bundesrepublik kaum noch verschieden.

Alle diese gesellschaftlichen Annäherungen sind gewichtiger als die verbleibenden Unterschiede, weil sie zentrale Bereiche, die Wirtschaftsstruktur, die Sozialstruktur, die sozialen Schichten und Klassen, den Sozial- und Wohlfahrtsstaat prägen. Sie setzten sich in einer Periode tiefgreifender sozialer Wandlungen durch, die überwiegend in gesellschaftliche Gemeinsamkeiten und nicht wie frühere Umbruchperioden vor allem in gesellschaftliche Unterschiede hineinführte. Diese gesellschaftlichen Annäherungen sind auch wichtig, weil sie oft über die Bundesrepublik und Frankreich hinausgehen und allgemeine westeuropäische Entwicklungen sind. Sie markieren eine erstaunlich klare und tiefgehende Tendenzwende nach einer langen Zeit getrennter französischer und deutscher Entwicklungswege. Erstaunlich ist freilich auch, daß diese Liste bisher noch niemand aufgestellt hat.

Beide Länder wurden sich nicht nur ähnlicher, sie verflochten sich gesellschaftlich auch stärker miteinander. Wir können das aus Raumgründen hier nur noch kurz streifen.[2]

Sicher entwickelten sich auch die gesellschaftlichen Verflechtungen nicht einlinig in einer Richtung. Die Migration zwischen beiden Ländern verlor in der langen Sicht sogar erheblich an Gewicht gegenüber der Zuwanderung aus peripheren europäischen und nahöstlichen Ländern (vgl. Tabelle 2). Die kulturellen Beziehungen intensivierten sich nicht in jeder Richtung. Die französische und deutsche Sprache verlor im jeweils anderen Land im Vergleich zum Englischen an Anziehungskraft (vgl. Tabelle 3). Übersetzungen aus der jeweils anderen Sprache fielen in beiden Ländern weit hinter die Übersetzungen aus englischer Sprache zurück. Auch die französische und deutsche Wissenschaft büßte im gleichzeitigen Aufstieg der amerikanischen Wissenschaft viel an Einfluß im jeweils anderen Land ein. Solche ernüchternden Tatsachen sollte man nicht aus dem Auge verlieren.

Tab. 2: Verflechtungen durch Migration zwischen Frankreich und Deutschland bzw. der Bundesrepublik 1850–1985

	Migration			
	Deutsche in Frankreich		Franzosen in Deutschland	
	abs. in Tausend (1)	%[a] (2)	abs. in Tausend (3)	%[b] (4)
1850	57.2	15	...	...
1860	85.0	17	...	...
1870	39.3	5	4.7	2
1880	...	...	17.4	6
1890	83.6	7	19.5	5
1900	89.9	9	20.1	3
1910	102.1	9	18.8	2
1920	75.1	5	...	...
1930	70.6	3	6.0	1
1940	57.8	3	8.4	1
1950	24.4	1	9.7	2
1960	45.3	3	19.9	3
1970	46.4	2	47.1	1
1980	43.0(1975)	1	68.6	...
1985	...	...	74.9	1

Nicht mit Jahreszahlen am linken Rand identisch: Sp. 1: Jahre: 1946, 1968, 1975; Sp. 3: Jahre 1936, 1946, 1976.

[a] in % aller Ausländer in Frankreich
[b] in % aller Ausländer in Deutschland

Quelle: Spalte 1–4: P. Flora, State, Economy and Society in Western Europe, 1815–1975, Bd. 2, Frankfurt 1987, S. 43, 49 (Frankreich und Deutschland bzw. Bundesrepublik 1850–1960); INSEE. Données sociales, ed. 1981, Paris 1981, S. 46 f.; (Frankreich 1968, 1975); Wirtschaft und Statistik Jg. 1971, S. 290 (Bundesrepublik 1970); ebda., Jg. 1981, S. 39 (Bundesrepublik 1980); ebda., Jg. 1986, S. 183 (Bundesrepublik 1985).

Trotzdem ist unverkennbar, daß im gegebenen Rahmen der europäischen Entwicklung die gesellschaftlichen Verflechtungen zwischen Frankreich und der Bundesrepublik in wichtigen Hinsichten sogar ungewöhnlich eng geworden sind. Die Migration von Franzosen in die Bundesrepublik stieg in den 1970er Jahren überraschenderweise stark an. 1960 lebten noch rund 20000, 1985 dagegen rund 75000 Franzosen in der Bundesrepublik. Das waren weit mehr als jemals in den hundert Jahren davor (vgl. Tabelle 2). Ähnlich rasch nahm eine andere, wichtigere Form der sozialen Verflechtung zwischen beiden Ländern zu: der Studien- und Praktikumsaufenthalt, der meist in einer sehr empfänglichen Periode des Lebens stattfindet und daher zum intensiven Kennenlernen des anderen Landes beitragen kann. Während um 1965 nur rund 900 bundesdeutsche Studenten in Frankreich studierten, waren es 1985 rund 3400. Umgekehrt studierten in der Bundesrepublik um 1965 rund 1300, 1985 hingegen rund 2500 französische Studenten.[3] Ein Studium im jeweils anderen Land wurde damit besonders für Bundesdeutsche zu einer häufigen Erfahrung. Diese Form der gesellschaftlichen Verflechtung wurde sicher auch mit anderen europäischen Ländern und mit den USA enger, insbesondere aber mit Frankreich. In kein anderes Land anderer Sprache außer den USA gingen so viele bundesdeutsche Studenten. In die Bundesrepu-

Tab. 3: Fremdsprachenkenntnisse in der Bundesrepublik

a) Umfrage EMNID (Angaben in %)

	1958	1963	1975	1984	1988				
					Insg.	14–19	20–29	30–49	50–64 über 65
Englisch	13	19	30	43	46	90	77	51	17	11
Französisch	8	10	12	18	17	41	23	14	4	14
Latein	..	2	4	5	6	24	4	3	2	2
Italienisch	..	..	1	3	3	4	5	2	3	1
Spanisch	..	..	2	1	2	5	3	2	1	1
Russisch	1	3	1	1	1	1	1	1	2	–

b) Umfrage Allensbach (Angaben in %)

	1950	1961	1973	1979
Englisch	21	22	31	41
Französisch	15	11	13	13
Holländisch	..	4	9	5
Italienisch	1	2	2	2
Polnisch	..	3	2	2

Quelle: EMNID: Emnid-Informationen Jg. 41, Heft 1 1989, S. 16f. (Frage: Sprechen Sie eine oder mehrere Fremdsprachen, die auf der Liste aufgeführt sind, genügend gut, um sich darin verständlich machen zu können); «..» = Sprache nicht gesondert erfaßt; «-» = keine Sprachkenntnisse; Allensbach: Jahrbuch der öffentlichen Meinung, Bd. 1.1956, S. 98 (1950: «einigermaßen lesen»); Allensbacher Jahrbuch für Demoskopie, Bd. 8. 1983, S. 36 (1961, 1973, 1979: «einigermaßen gut sprechen und verstehen»). Der Einbruch der Französischkenntnisse zwischen 1950 und 1961 hat mit der veränderten Frage zu tun.

blik kamen aus keinem anderen Industrieland anderer Sprache so viele Studenten wie aus Frankreich – ausgenommen wiederum die USA. All das gilt wohl auch für den Schüleraustausch, dessen Dimensionen nirgends festgehalten wurden.

Neue intensive gesellschaftliche Verflechtungen entstanden seit dem Zweiten Weltkrieg schließlich auch durch die neue Form der Massenreisen. Ferien- und Geschäftsreisen nahmen zwischen beiden Ländern ähnlich wie zwischen anderen europäischen Ländern enorm zu. Die zahlreichen französisch-deutschen Städtepartnerschaften haben darüber hinaus eine Form des Reisens entstehen lassen, die weit mehr vom jeweils anderen Land erleben läßt als der übliche Ferientourismus. Auch die kulturellen Beziehungen blieben enger als mit allen anderen Ländern außerhalb des angelsächsischen Kulturkreises. Schon die Sprachkenntnisse zeigen das deutlich: Nach dem Englischen wurde weiterhin keine andere Sprache so häufig gesprochen und gelesen wie die französische Sprache in der Bundesrepublik und lange Zeit auch die deutsche Sprache in Frankreich (Tabelle 3). Übersetzungen aus dem Französischen hielten nach dem Englischen unangefochten den zweiten Platz, in der schöngeistigen wie in der wissenschaftlichen Literatur. Französische Filme waren nach amerikanischen Filmen in deutschen Kinos und im deutschen Fernsehen die häufigsten ausländischen Streifen. Französische Bücher wurden von deutschen Bibliotheken nach englischsprachigen Büchern immer noch am häufigsten angeschafft. Innerhalb Europas und abgesehen von den USA entwickelte sowohl Frankreich als auch die Bundesrepublik mit keinem anderen europäischen Land so enge Wissenschaftsbeziehungen wie mit dem Land jenseits des Rheins. Vor allem war in den supranationalen europäischen Wissenschaftskooperationen, die nach dem Zweiten Weltkrieg entstanden und einen tiefen Bruch mit den nationalen wissenschaftlichen Rivalitäten der Vor- und Zwischenkriegszeit darstellten, die französisch-deutsche Kooperation immer der Kern: Ohne französisch-deutsche Zusammenarbeit ist kein größeres supranationales europäisches Kooperationsprojekt zustandegekommen.

Freilich haben sich die meisten dieser gesellschaftlichen Verflechtungen erst in jüngerer Zeit intensiviert. Erst seit den siebziger Jahren leben Franzosen weit häufiger in Deutschland als zuvor. Erst seit damals nahm das Studium vor allem von Bundesdeutschen in Frankreich rapide zu und wuchs in völlig neue Dimensionen hinein. Erst seit den sechziger und siebziger Jahren vermehrten sich die Reisen – Touristenreisen wie Städtepartnerschaften – wirklich spürbar. Im Ganzen markierten daher nicht so sehr die unmittelbaren Nachkriegsjahre, sondern eher die sechziger und siebziger Jahre einen tiefen Einschnitt. Erst seit damals wurden die älteren Generationen mit unmittelbarer Kriegserfahrung allmählich zu einer Minderheit und machten jüngeren Generationen Platz, deren Erfahrungen mit dem jeweils anderen Land nicht mehr durch Krieg und Kriegspropaganda, sondern durch Schüleraustausch, durch Ferien- und Berufsreisen, durch Städtepartnerschaften, durch französische Literatur und Filme, auch im alltäglichen Konsum durch mehr Waren des jeweils anderen Landes als je zuvor geprägt waren.

Alle diese Annäherungen und Verflechtungen haben aus verschiedenen Gründen eine historisch einmalige Qualität. Sie überdeckten im ganzen doch recht klar die gegenläufige Divergenzen und Unterschiede, die es immer gibt und die in der ersten Jahrhunderthälfte die Gemeinsamkeiten noch an den Rand gedrängt hatten. Sie waren zwar eingebettet in allgemeinere, weltweit wachsende Ähnlichkeiten auch mit außereuropäischen Industriegesellschaften wie den USA oder Japan, gingen aber zwischen europäischen Gesellschaften weiter – Frankreich und die Bundesrepublik sind nur ein herausragendes Vergleichsbeispiel – und ließen dabei gleichzeitig auch die europäischen gesellschaftlichen Besonderheiten stärker hervortreten. Sie waren begleitet und wohl teilweise auch der Grund für gewandelte Einstellungen, die sich von der oft geradezu narzistischen Faszination von angeblich wesensmäßigen französisch-deutschen Unterschieden zur nüchternen wechselseitigen Beobachtung und Lernbereitschaft verschoben. Sie entzogen der komplizierten intellektuellen französisch-deutschen Haßliebe der Vor- und Zwischenkriegszeit viel an Boden, da dafür die französisch-deutschen Unterschiede nicht mehr groß genug waren. Sie ließen die Mobilisierung von nationalistischen Feindschaftsgefühlen zwischen diesen und anderen europäischen Ländern wirklichkeitsfremder erscheinen und trugen damit zur Schwächung einer langen und verhängnisvollen europäischen Tradition bei. Sie stellten schließlich mit ihrer Verstärkung europäischer Gemeinsamkeiten auch die europäische Integration auf festeren gesellschaftlichen Grund und setzten dadurch die europäische Politik in einen anderen gesellschaftlichen Rahmen.

Anhang

Anmerkungen

(In den Anmerkungen nur Hinweise auf Zitate und Definitionen. Belege für Daten und Thesen in der Rubrik «Literatur- und Quellenhinweise»)

Anmerkungen zur Einleitung

1 Vgl. für den neueren Umschwung in der Einstellung der Franzosen und Deutschen zueinander: R. Inglehart/J.-R. Rabier, La confiance entre les peuples: déterminants et conséquences, in: Revue française de Science Politique 1984; Eurobarometer No.19, Juni 1983, S. 107ff.; R. Inglehart, J.-R. Rabier, K. Reif, The Evolution of Public Attitudes Toward European Integration 1970-1986, in: Revue d'intégration européenne 1987, 2-3, S. 135-155; Le Monde, 28. 6. 1985, S. 2; für die Einstellung vor diesem Umschwung und für die Ideengeschichte des 19. und 20. Jahrhunderts vgl. R. Poidevin/J. Bariéty, Les relations franco-allemandes, 1875-1975, Paris 1977; W. Leiner, 1870/71 – Wandel des Deutschlandbilds im Spiegel der französischen Literatur, in: F. Knipping/E. Weisenfeld, Hg., Eine ungewöhnliche Geschichte, Bonn 1988; ders., Das Deutschlandbild in der französischen Literatur, Darmstadt 1989; G.Badia, Das Frankreichbild der Weimarer Zeit. Faszination und Ablehnung in der deutschen Literatur, in: a.a.O.; H. Ménudier, Das Deutschlandbild der Franzosen in den 1970er Jahren, Bonn: Europa Union Verlag 1981 (mit weiterführenden Literaturangaben); W. Loth, Die Franzosen und die deutsche Frage 1945-1949, in: C. Scharf/H.-J. Schröder, Hg., Die Deutschlandpolitik Frankreichs und die französische Zone 1945-1949, Wiesbaden 1983; H. Kaelble, Die vergessene Gesellschaft im Westen? Das Bild der Deutschen von der französischen Gesellschaft, 1871-1914, in: Revue d'Allemagne 21 1989.

2 Heinrich Heine, Französische Zustände, in: Sämtliche Schriften, 6 Bde., Darmstadt 1971, Bd. 3, S. 119.

3 Vgl. für solche ausgeprägten Generationsunterschiede: R. Inglehart, An End to European Integration? in: American Political Science Review 61 1967; ders., Changing Value Priorities and European Integration, in: Journal of Common Market Studies 10 1971/72.

4 Zu den Materialsammlungen und zu den direkten sozialhistorischen Vergleichen zwischen Frankreich und Deutschland sei auf die Bibliographie verwiesen.

5 Henri Lichtenberger, Das moderne Deutschland und seine Entwicklung, Dresden 1908, S. 11 (französisch: L'Allemagne moderne. Son évolution, Paris 1907)

6 H. Kaelble, Auf dem Weg zu einer europäischen Gesellschaft. Eine Sozialgeschichte Westeuropas, 1880-1980, München 1987 (französische Version 1988; englische Version 1990; italienische Version 1990).

7 Aus der Durchsicht zeitgenössischer französischer Beobachter der deutschen Gesellschaft und zeitgenössischer deutscher Beobachter der französischen Gesellschaft sind zudem entstanden: Kaelble, Vergessene Gesellschaft; A. Schmidt, Das deutsche Bürgertum im Kaiserreich (1871-1914) aus der Sicht der französischen Zeitgenossen: Familie und Bildung, Magisterarbeit FU Berlin 1990.

Anmerkungen zu Kapitel 1

1 H. Lichtenberger, Das moderne Deutschland und seine Entwicklung, Dresden 1908, S. 23 - In einer etwas anderen Version wurde dieses Kapitel veröffentlicht in: W. Treue, Hg., Geschichte als Aufgabe. Festschrift für Otto Büsch zu seinem 60. Geburtstag, Berlin 1988.
2 Henry-Gaston, Où va l'Allemagne?, Paris 1913, S. 17f.
3 F. Braudel, L'identité française est à rechercher en dehors de toute position partisane, in: Le Monde, 25. 3. 1985; vgl. auch sein Buch: L'identité de la France, Bd. 1 ff., Paris 1986 ff.
4 Lichtenberger, Das moderne Deutschland, S. 361.
5 Auguste Besse, En Allemagne. Etude industrielle, économique et sociale, Lyon 1911, S. 29 (über Mannheim), 488 (allgemein).

Anmerkungen zu Kapitel 2

1 Vgl. für die damalige Diskussion: E. Chantriot, L'Allemagne et sa situation économique, Paris 1910, S. 141 ff.
2 H. Ramin, Impressions de l'Allemagne, Paris 1897, S. 68 f.
3 J. Saint-Cères, L'Allemagne telle qu'elle est, Paris 1886, S. 126 f.; J. Grand-Carteret, La femme en Allemagne, Paris 1887, S. 61 ff.; J. Huret, In Deutschland. Teil I: Rheinland und Westfalen, Leipzig 1907, S. 389 f.; Ramin, Impressions, S. 74 f.; V. Tissot, L'Allemagne amoureuse, Paris 1884, S. 150 f.; H. Conti, L'Allemagne intime, Paris 1887, S. 104 f.; P. de Rousiers, Hambourg et l'Allemagne contemporaine, Paris 1902, S. 318; T. Wyzeka, Chez les Allemands, Paris 1895, S. 120 ff., 175 f., 233 ff.
4 Ramin, Impressions, S. 60f., 334.
5 K. Kautsky, Der Alkoholismus und seine Bekämpfung, in: Die Neue Zeit 9. 2. 1890, S. 107f.
6 K. Hillebrand, Frankreich und die Franzosen, 3. Aufl., Straßburg 1886, S. 15; sein Erstaunen darüber, daß in Paris Männer nicht getrennt von ihren Frauen ausgingen, bringt ein anderer Reisebericht zum Ausdruck: «So ist denn wirklich am Sonntagnachmittag das Pariser Mannesleben recht eigentlich das Pariser Frauenleben. Er und sie zusammen!» (R. Avé-Lallement, Wanderungen durch Paris aus alter und aus neuer Zeit, Gotha 1877, S. 104f.)
7 J. Huret, En Allemagne, La Bavarie et le Saxe, Paris 1911, S. 111; J. Grand-Carteret, La femme en Allemagne, Paris 1887, S. 62 f.
8 K. Eberhardt, Ein Jahr in Paris, Wien 1917, S. 32. «Kinder, gewöhnlich zwei bis drei an der Zahl, bilden (...) das einzige Interesse, die einzige Sorge der Eltern, deren Zärtlichkeit die Grenzen der besonnenen Liebe weit übersteigt.» (Hillebrand, Frankreich, S. 16); ähnlich auch französische zeitgenössische Beobachter: G. Choisy, Chez les Allemands, Paris 1904, S. 104f.; H. Conti, L'Allemagne intime, Paris 1887, S. 63 f., 116 f.; V. Tissot, Voyage au pays des millards, Paris 1876, S. 272 f. Allerdings wandelten sich diese Eindrücke von der französischen Familie während der zweiten Hälfte des 19. Jahrhunderts. Ganz anders noch selbst ein Bericht aus den 1860er Jahren: «Was weiß der Pariser von dem harmlosen Glück der Familie, das bescheiden im engen Kreise sich einschließt und scheu von der Bewegung und dem Geräusch des Marktes sich zurückzieht. Die Kinder sind nicht im Hause, sie sind meilenweit entfernt von dem Herzen der Eltern, in Confikten, bei Ammen und Pflegern, damit sie beim Erwerben und Genießen nicht stören.» (S. Kolisch, Auf dem Vulkan, Stuttgart 1868, S. 278)

Anmerkungen 251

9 Ramin, Impressions, S. 71–73, 107f.; Grand-Carteret, Femme, S. 44; Conti, L'Allemagne, S. 63; V. Tissot, Mes vacances en Allemagne, Paris 1886, S. 80f.; H. Celarié, Au Pair. Une française en Allemagne, Paris 1911, S. 31, 165.

10 Ramin, Impressions, S. 88. Umgekehrtes schreiben deutsche Beobachter über die französische Ehe: «Die meisten französischen Ehen sind glücklich – glücklicher oft als unsere Neigungsheirathen. (...) Untreue und Ehebruch sind in den Mittelständen äußerst selten, und das Familienleben ist durchschnittlich ein herzliches, beinahe inniges» (K. Hillebrand, Frankreich und die Franzosen, 3. Aufl., Straßburg 1886, S. 15, 23 ff.); ebenso: H. Kuhn, Französische Zustände der Gegenwart, Freiburg 1882, S. 155.

11 Ramin, Impressions, S. 107; G. Choisy, Chez les Allemands, Paris 1904, S. 104f.; Conti, L'Allemagne, S. 63; Grand-Carteret, Femmes, S. 44; V. Tissot, L'Allemagne amoureuse, Paris 1884, S. 132f.; T. de Wyzeka, Chez les Allemands, Paris 1895, S. 122ff., 225f.

12 R. Piper, Mein Leben als Verleger, München 1964, S. 23 ff., zit. nach Hubbard, Familiengeschichte, München 1983, S. 249f.

13 Ramin, Impressions, S. 72f.

14 Hillebrand, Frankreich, S. 55; ähnlich: Kuhn, Französische Zustände, S. 156; speziell für Frauenarbeit und die wirtschaftliche Rolle der Frau innerhalb der Familie auch: R. Avé-Lallemant, Wanderungen durch Paris aus alter und neuer Zeit, Gotha 1877, S. 105f.; H. Fernau, Die französische Demokratie. Sozialpolitische Studien aus Frankreichs Kulturwerkstatt. München 1914, S. 265, 268ff.

15 Avé-Lallemant, Paris, S. 105f.

16 Auch dieser Unterschied zwischen Frankreich und Deutschland fiel den Zeitgenossen auf: «Der Familienvater in Deutschland», schrieb ein Gegner der Berufstätigkeit verheirateter Frauen 1910, «kann seine Kinder bequem erziehen, ohne daß er auf ein zusätzliches Gehalt der Ehefrau angewiesen ist, wie das leider zu oft in anderen Ländern, besonders in Frankreich, der Fall ist.» (Besse, Allemagne, S. 221). Ähnlich: Kuhn, Französische Zustände, S.141; Fernau, Die französische Demokratie, S. 265, 268ff.

17 J. Grand-Carteret, La femme en Allemagne, Paris 1887, S. 36f.; ähnlich: Besse, Allemagne, S. 128; Ramin, Impressions, S. 69f., 335; G. Choisy, Chez les Allemands, Paris 1904, S. 70f.; V. Tissot, L'Allemagne amoureuse, Paris 1884, S. 52f., 112f., 140f., 150f.; H. Taine, Voyage en Allemagne 1870, in: Revue des deux mondes 60. 1920, S. 476; Conti, L'Allemagne, S. 69f.; J. Breton, Notes d'un étudiant français en Allemagne, Paris 1895, S. 81ff.; Celarié, Au Pair, S. 183 ff.; Hillebrand, Frankreich, S. 17f., 58; Kuhn, Französische Zustände, S.156.

18 A. Gasparin, Die Familie, ihre Pflichten, ihre Freuden und ihre Schmerzen, autorisierte dt. Ausgabe, Gütersloh 1870, S. 23 (Übersetzung in modernerem Deutsch übernommen aus: P. Gay, Die zarte Leidenschaft. Liebe im bürgerlichen Zeitalter, München 1987, S. 103); ähnlich: Ramin, Impressions, S. 69ff.; K. Hillebrand, Frankreich und die Franzosen, 3. Aufl. Straßburg 1886, S. 13 ff.; K. Eberhardt, Ein Jahr in Paris, Wien 1917, S. 122; Fernau, Die französische Demokratie, S. 292.

19 Ramin, Impressions, S. 336.

20 Gasparin, Die Familie, S.23; Hillebrand spricht im Unterschied zur französischen Heirat von «unseren Neigungsheirathen» (Frankreich, S. 13); Kuhn, Französische Zustände, S. 156ff.

21 Besse, Allemagne, S. 144.

22 Lichtenberger, Deutschland, S. 361.

23 Hillebrand, Frankreich, S. 18.

24 Hillebrand, Frankreich, S. 22.

Anmerkungen zu Kapitel 3

1 Zwei begriffliche Vorbemerkungen: Wenn im folgenden von französischem Bürgertum gesprochen wird, so ist damit die «bourgeoisie» im französischen Wortsinn gemeint. Das französische Wort konnte allerdings nicht einfach übernommen werden, da in der deutschen Sprache das Wort «Bourgeoisie» in engerem Sinn verwandt wird und anders als im Französischen im wesentlichen nur Unternehmer meint. Zweite begriffliche Vorbemerkung: Der Vergleich des Liberalismus in Frankreich und Deutschland stößt auf ein wichtiges terminologisches Problem: In Frankreich benutzt man den Ausdruck «libéraux» nicht so klar wie in Deutschland für die Parteirichtungen jenseits des konservativen, katholischen und sozialistischen politischen Lagers. Man trennt das, was man in Deutschland als Nationalliberal und Linksliberal bezeichnen würde, sehr viel schärfer, weil diese Richtung zumindest am Beginn der Dritten Republik stärker in liberale Orléanisten (also den Anhängern einer Wiederherstellung der Julimonarchie) und den konsequenten Republikanern gespalten waren und weil zudem bei Teilen der Republikaner die Verbindungen mit den Sozialisten enger waren als in Deutschland. Mit einigen Skrupeln habe ich trotzdem die deutschen Liberalen mit denjenigen politischen Richtungen in Frankreich verglichen, die ihnen in den politischen Grundforderungen (wenn auch nicht in der Einstellung zur Monarchie) glichen, d. h. mit den «libéraux» im engeren französischen Sinn und den «Republikanern». Für diese Gruppierungen habe ich auch für Frankreich den Ausdruck «Liberalismus» verwandt. – In kürzerer Form wurde dieses Kapitel veröffentlicht in: J. Kocka, Hg., Bürgertum im 19. Jahrhundert, Bd. 1, München 1988.

2 Henri Lichtenberger, Das moderne Deutschland und seine Entwicklung, Dresden 1908, S. 9 ff.

3 Vgl. für die These von der gesellschaftlichen Stagnation als Stabilisierungsfaktor für die Dritte Republik: Winnock, Republique, S. 105 ff.

4 J.-P. Azéma/M. Winock, La IIIe république (1870–1940), Paris 1970, S. 164: «La République gouvernait mal, mais se défendait bien.»

5 H. Lichtenberger, Das moderne Deutschland und seine Entwicklung, Dresden 1908, S. 56.

6 W. Sombart, Die deutsche Volkswirtschaft im 19. Jahrhundert und im Anfang des 20. Jahrhunderts, 4. Aufl., Berlin 1921, S. 450.

7 O. A. H. Schmitz, Das Land der Wirklichkeit der französischen Gesellschaftsprobleme, München 1914, S. 225.

8 Jules Laforgue, Berlin, der Hof und die Stadt (1887), Frankfurt 1970, S. 60.

Anmerkungen zu Kapitel 4

1 Alexandre Paÿ, L'Allemagne d'aujourd'hui, 1862–1882. Etudes politiques, sociales et littéraires, Paris 1883, S. 127 f. Hier wird aus einer *Frage* Paÿs, eines scharfen Gegners sozialistischer Ideen, zitiert. Seine Frage nimmt jedoch seine Antwort vorweg.

2 H. Lichtenberger, Das moderne Deutschland und seine Entwicklung, Dresden 1908, S. 52, 363. Lichtenberger betont allerdings auch gleichzeitig den nichtrevolutionären Charakter der deutschen Arbeiterbewegung.

3 Correspondenzblatt Jg. 14, S. 539 (1903), zit. n. Volkmann, Modernisierung des Arbeitskampfs? in: H. Kaelble u. a., Probleme der Modernisierung in Deutschland, Opladen 1978; S. 147.

4 Jean Jaurès 1904 auf dem Amsterdamer Kongreß der Internationale, zit. nach H. Grebing, Geschichte der deutschen Arbeiterbewegung, 6. Aufl., München 1977, S. 112.

Anmerkungen zu Kapitel 5

1 P. Didon. Les Allemands, Paris 1884, S. 156f.
2 Jean Breton, Notes d'un étudiand en Allemagne. Heidelberg – Berlin – Leipzig – Munich, Paris 1895, S. 118–120.
3 Zit. nach: J. Huret, In Deutschland, Bd. 2, Leipzig 1907, S. 375 f.
4 Eine positive zeitgenössische Einschätzung: E.Bourloton, L'Allemagne contemporaine, Paris 1872, S. 60 ff.
5 Beispiele von Zeitgenossen zur Volksschulehrerausbildung und zum Volksschulniveau: K. Eberhardt, Ein Jahr in Paris, Wien 1917, S. 147 ff.; H. Lichtenberger, Das moderne Deutschland und seine Entwicklung, Dresden 1908, S. 175; J. Saint-Cères, L'Allemagne telle qu'elle est, Paris 1886, S. 53 ff.; G. Blondel, L'éducation économique du peuple allemand, Paris 1909, S. 4; J. Huret, In Deutschland, Bd. 2, Leipzig 1907, S. 328 ff.; G. Bourdon, L'énigme allemand, Paris 1913, S. 343–349. Allein auf diese zeitgenössische Vergleiche sollte man sich allerdings nicht verlassen. Sie müßten unbedingt durch sozialhistorische Vergleiche überprüft werden.
6 H. Kuhn, Französische Zustände der Gegenwart, Freiburg 1882, S. 155 f.
7 Zit. nach V. Hentschel, Geschichte der deutschen Sozialpolitik 1880–1980, Frankfurt 1983, S. 25.
8 H. Kuhn, Französische Zustände der Gegenwart, Freiburg 1882, S. 139.
9 H. Lichtenberger, Das moderne Deutschland und seine Entwicklung, Dresden 1908, S. 365–66. Vgl. allerdings sein recht nüchternes und gut informiertes Kapitel über die Sozialversicherung S. 176–185. Das Zitat stammt aus der Schlußbemerkung. Derartige Äußerungen findet man allerdings in der französischen Literatur der Zeit weit seltener als Äußerungen über Bildung oder Industrie.
10 H. Kuhn, Französische Zustände der Gegenwart, Freiburg 1882, S. 370.
11 Es ist unwahrscheinlich, daß sich dieses Bild grundlegend ändert, wenn auch die deutschen *nichtstaatlichen* sozialen Sicherungen oder versicherungsähnlichen Institutionen in einem solchen Vergleich mitberücksichtigt werden. Am gewichtigsten sind dabei vor 1914 die sozialen Sicherungen durch die Gewerkschaften. Ohne Zweifel haben sie erhebliche finanzielle Leistungen vor allem für die soziale Sicherung gegen Krankheit und Arbeitslosigkeit aufgebracht und dabei sogar höhere Wachstumsraten erreicht als die staatlichen deutschen Sozialversicherungen. Trotzdem blieb ihr Volumen für unseren Zusammenhang bescheiden und kam auch unmittelbar vor dem Ersten Weltkrieg nicht über rund ein Zwanzigstel der Leistungen der deutschen staatlichen Sozialversicherungen hinaus. (vgl. K. Schönhoven, Selbsthilfe als Form der Solidarität. Das gewerkschaftliche Unterstützungswesen im deutschen Kaiserreich bis 1914, in: Archiv für Sozialgeschichte 20 1980; Vergleich mit Frankreich: Conrad, Ruhestand, S. 428). Ähnliches gilt für die Betriebskassen, die von Unternehmern eingerichtet wurden und im Jahrzehnt vor der Einrichtung staatlicher Sozialversicherungen in Deutschand immerhin rund eine halbe Million Mitglieder hatte. Auch sie verloren in den letzten Jahrzehnten vor dem Ersten Weltkrieg im Vergleich zu den gigantischen staatlichen Sozialversicherungen rasch an Bedeutung (W. Fischer, Die Pionierrolle der betrieblichen Sozialpolitik im 19. und beginnenden 20. Jahrhundert, in: Betriebliche Sozialpolitik deutscher Unternehmen seit dem 19. Jahrhundert, hg. v. H. Pohl, Wiesbaden 1978. Insgesamt waren die nichtstaatlichen Sozialversicherungen am Vorabend des Ersten Weltkriegs in Deutschland soweit an den Rand gedrängt worden, daß auch sie kein ernsthaftes Gegenstück zu den secours mutuel und den staatlich subventionierten Kassen in Frankreich mehr waren.
12 Victor Cambon, L'Allemagne au travail, Paris 1909, S. 148–149.
13 Ähnlich 1907 ein weiterer Deutschlandreisender, Jules Huret, dem allerdings der Wirklichkeitssinn ziemlich verlorengegangen war: «Alte Stadtviertel sind kaum

noch vorhanden; abgesehen von einigen wenigen altertümlichen Straßen, die hier und da noch erhalten sind, hat man überall reinen Tisch gemacht und neue breite Straßen geschaffen. Die Häuser sind alle erst neuerdings entstanden, denn es ist ebenso wie in Amerika Sitte, jedes Haus nach Ablauf von zwanzig Jahren abzureißen und durch einen Neubau zu ersetzen, so daß über den sauberen, reich ausgestatteten, aber zuweilen auf lächerliche Weise herausgeputzten Läden überall neue Gebäude mit vergoldeten und geschmückten Balkons herausragen. In den Stadtvierteln, wo man wohnt, haben sich die Bürger allerwärts hübsche, moderne Wohnhäuser gebaut, deren mannigfache und gefällige Bauart sehr verlockend wirkt. Selbst in den kleinsten Städten hat der ‹modern style› seinen Einzug gehalten, aber nicht jener fürchterliche Pariser Makaroni-Stil, der die kühnsten Neuerer entmutigt. Eine vollkommene Freiheit der Linien, eine heitere Abwechslung der Fragen, ein glückliches Gemisch von Kombinationen, aus welchem sicherlich der neue Baustil des Jahrhunderts hervorgehen wird.» (J. Huret, In Deutschland. I. Teil: Rheinland und Westfalen, Leipzig 1907, S. 12–13)

14 R. de Souza, Nice: capitale d'hiver, 1913, S. IX–X, 377–378, zit. n. A. Sutcliffe, Towards the Planned City, Oxford 1981, S. 126.

Anmerkungen zu Kapitel 6

1 Vgl. H. Didon, Les Allemands, Paris 1884, S. 10ff.; J. G. Fréon, En Allemagne. La vie et l'art, Paris 1894, S. 40f., 120f.; L. Gersch, Spree-Athen. Berliner Skizzen von einem Boötier, Leipzig 1892, S. 157ff.; C. Grad, Le peuple allemand. Ses forces et ses ressources, Paris 1888, S. 306ff.; V. Tissot, De Paris à Berlin. Mes vacances en Allemagne, Paris 1886, S. 69ff.; J. Laforgue, En Allemagne, Berlin, la cour et la ville, Paris 1930, S. 32ff.; H. Ramin, Impressions de l'Allemagne, Paris 1898, S. 121ff.; J. Huret, Berlin um 1900, München 1909, S. 8ff.; Th. Jordan, Choses d'Allemagne, Paris 1904, S. 24ff.; P. Pilant, le péril allemand, Paris 1913, S. 17ff.; Panurge (i.e. L. Thomas), Croquis d'Allemagne, Paris 1914, S. 248ff.
2 K. Eberhardt, Ein Jahr in Paris, Wien 1917, S. 132.

Anmerkungen zu Kapitel 7

1 vgl. B. Sauzay, Die rätselhaften Deutschen, Stuttgart 1986 (französisch: Le vertige allemand, Paris 1985. Frau Sauzay hat sich als Chefdolmetscherin für Deutsch des französischen Staatspräsidenten den Titel des deutschen Buches sicher genau überlegt); R. von Thadden, Un mariage de raison, in: Le Monde, 23. 1. 1988, S. 2 (Thadden spricht von den «divergences des opinions publiques» in einem Artikel, der insgesamt die französisch-deutsche Kooperation nüchtern, aber nachdrücklich positiv einschätzt). Ähnlich A. Grosser, Deutschland-Frankreich: die Perspektiven, in: Knipping, Franz/Ernst Weisenfeld, Hg., Eine ungewöhnliche Geschichte. Deutschland – Frankreich seit 1870, Bonn 1988, S. 198. All das sind Äußerungen aus der Zeit vor den Umbrüchen in Osteuropa.
2 Für den Meinungsumschwung in der wechselseitigen Einschätzung von Franzosen und Deutschen vgl. Anm. 1 der Einleitung; vgl. zur Entwicklung Frankreichs und der Bundesrepublik während des Booms: H. Kaelble, Boom und gesellschaftlicher Wandel, 1949–1973: Frankreich und die Bundesrepublik im Vergleich, in: Der Boom 1949–1973. Wirtschaftliche und gesellschaftliche Folgen, Oplagen vorauss. 1991.
3 vgl. A. Grosser, Das Bündnis. Die westeuropäischen Länder und die USA seit dem Krieg, München 1982, S. 452 (französisch: Les Occidentaux, Paris 1978).

4 J. Monnet, Erinnerungen eines Europäers, München 1980, S. 297.
5 Michelle Perrot, L'air du temps, in: Essais d'ego-histoire, hg. v. P. Nora, Paris 1987, S. 257.

Anmerkungen zu Kapitel 8

1 Robert d'Harcourt, Die deutsche und französische Jugend. Eine vergleichende Parallele, in: Frankreich und Deutschland. Elemente in der Neuorientierung in der kulturellen und politischen Begegnung der beiden Nachbarvölker, Würzburg 1963, S. 21.
2 H. J. Duteil, Visa pour l'Allemagne, Paris 1960, S. 74.
3 R. Faerber-Husemann, Plädoyer für eine große Koalition der Frauen, in: Vorwärts, 18. 6. 1988, S. 33.

Anmerkungen zu Kapitel 9

1 Françoise Giroud/Günter Grass, Ecoutez-moi. Paris-Berlin, aller-retour, Paris 1988, S. 88f.
2 Wir verfolgen in diesem Kapitel über die Ablösung des Bürgertums diejenigen Berufsgruppen, die früher einmal zum Bürgertum gerechnet wurden. Wir behandeln bewußt nicht nur die Oberschicht oder Eliten im engeren Sinn, weil sich sonst der Vergleich mit dem einstigen Bürgertum nicht mehr ziehen ließe. Namenlos sind diese oberen Schichten als Ganzes allerdings nur in der Bundesrepublik. Im Französischen gibt es für sie den Ausdruck «classes supérieures» oder auch «classes dominantes».
3 vgl. als Beispiele: J.-P. Rioux, La France de la Quatrième République, 2 Bde., Bd. 2, Paris 1980, Bd. 2, S. 285ff.; H. Morsel, La classe dominante de l'entre-deux-guerres à nos jours, in: Y. Lequin, Hg., Histoire des français XIXe-XXe siècles, Paris 1983, Bd. 2, S. 531ff.; D.Borne, Histoire de la société française, Paris 1988; Histoire de la vie privée, Bd. 5, Paris 1987; Y. Trotignon, La France au XXe siècle, Paris 1985, Bd. 2, S. 19 «(la grande bourgeoisie comme on disait autrefois»). Auch Bourdieu verwendet in seinem Buch über die feinen Unterschiede den Ausdruck «bourgeoisie» weit seltener als «classe dominante», dort, wo er präzise sein muß – etwa in Tabellen – sogar überhaupt nicht (P. Bourdieu, Die feinen Unterschiede, 3. Aufl., Frankfurt 1984); eindeutige Beibehaltung des Begriffs: A.Daumard, Les bourgeois et la bourgeoisie en France, Paris 1987, S. 315ff.
4 I.Kolboom, Wie der Unternehmer zum «patron» wurde, oder: Mimikry der Moderne, in: Frankreich-Jahrbuch 1988; ders., Unternehmer – Patron, in: J. Leenhardt/ R. Picht, Hg., Esprit/Geist. 100 Schlüsselbegriffe für Deutsche und Franzosen, München 1989, S. 238f; R. v. Thadden, Bürgerlich, in: a.a.O., S. 217ff.
5 Auf ein ähnlich schwaches Interesse an den Einstellungen und Meinungen der oberen Schichten trifft man auch bei der Durchsicht der Publikationen bundesrepublikanischer Meinungsforschungsinstitute. Vgl. etwa die Jahrbücher der öffentlichen Meinung (später Allensbacher Jahrbuch der Demoskopie) 1955–1983); E. Noelle-Neumann, Werden wir alle Proletarier? Wertewandel in unserer Gesellschaft, Zürich 1978.
6 Mit «normalien» und «rue d'Ulm» ist die Ecole normale supérieure, mit «polytechnicien» sind die Absolventen der Ecole polytechnique, mit «énarchiste» die Absolventen der ENA gemeint.
7 P.Scholl-Latour, Leben mit Frankreich. Stationen eines halben Jahrhunderts, Stuttgart 1988, S. 112f.

Anmerkungen zu Kapitel 10

1 F. Furet/J. Juillard/P. Rosanvallon, La république du centre. La fin de l'exception française, Paris 1988, S. 49 ff.; ähnlich: M. Winock, La fièvre hexagonale. Les grandes crises politiques 1871–1968, Paris 1987, S. 11, 409 ff.; zum Arbeitskonflikt: J. Droz, Bemerkungen zur Spezifik des «syndicalisme français», in: Lendemain 7–8 1977, S. 31 ff.; scharfe und sogar sich verschärfende Kontraste im Arbeitskonflikt erwähnt: R. Lasserre, Gewerkschaften/Syndicats, in: J. Leenhardt/R. Picht, Hg., Esprit/Geist. 100 Schlüsselbegriffe für Deutsche und Franzosen, München 1989, S. 244 ff.
2 A. Grosser, Deutschland – Frankreich: die Perspektiven, in: F. Knipping/E. Weisenfeld, Hg., Eine ungewöhnliche Geschichte. Deutschland – Frankreich seit 1870, Bonn 1988, S. 198.

Anmerkungen zu Kapitel 11

1 Zit. nach: A. Prost, L'école et la famille dans une société en mutation (1930–1980), Paris 1981, S. 580.

Anmerkungen zur Zusammenfassung

1 Zur französisch-deutschen Annäherung in Spezialbereichen, auf die wir hier nicht eingehen konnten: Zur Soziologie in beiden Ländern der brillante Kurzessay von R. Lepenies, Soziologie, in: Leenhardt/Picht, Hg., Esprit/Geist; zu den Parteien: J. Rovan, Woher die nächste Mehrheit nehmen? Deutsche und französische Parteien in ähnlichen Schwierigkeiten, in: FAZ 28. 12. 1989, S. 27.
2 Ich hoffe die folgenden kurzen Überlegungen in einem ausführlicheren Aufsatz genauer ausführen und belegen zu können.
3 UNESCO. Statistical Yearbook 1965, S. 482; Bundesministerium für Bildung und Wissenschaft. Grund- und Strukturdaten 1986/87, S. 164, 172 (französische Studenten in der Bundesrepublik und bundesdeutsche Studenten in Frankreich).

Literatur- und Quellenhinweise

Literatur und Quellen zu Kapitel 1

Für den Vergleich der wirtschaftlichen Entwicklung: D.Landes, The Unbound Prometheus, Cambridge 1969; T.Kemp, Structural Factors in the Retardation of French Economic Growth, in: Kyklos 15 no.2 1962; D.MacCloskey, The Achievements of the Cliometric School, in: The Journal of Economic History 38 1978; R.R.Locke, French Industrialization: The Roehl Thesis Reconsidered, in: Explorations in Economic History 18 1981; L.Bergeron, French Industrialization in the 19th Century: An Attempt to Define a National Way, in: J.F.Sweets, Hg., Proceedings of the 12th Annual Meeting of the Western Society for French History 24-27 October 1984 Albuquerque, New Mexico, Lawrence 1985; J.Marczewski, The Take-off Hypothesis and the French Experience, in: W.W.Rostow, ed., The Economics of Take-off into Sustained Growth, London 1963; M.Lévy-Leboyer, L'économie française au XIXe siècle, Paris 1985; J.J.-C.Asselain, Histoire économique de la France au XVIIIe siècle à nos jours, Bd.1, Paris 1984, S.190ff.; C.Fohlen, Allemagne, Etats-Unis, France, Russie: Une évolution économique comparable?, in: Histoire, économie et société 1985; W.Feldenkirchen, Wirtschaftswachstum, Technologie und Arbeitszeit von der Frühindustrialisierung bis zum Ersten Weltkrieg, in: H.Pohl, Hg., Wirtschaftswachstum, Technologie und Arbeitszeit im internationalen Vergleich, Wiesbaden 1983; indirekt wichtig: P.K.O'Brien/C.Keyder, Economic Growth in France and Britain, 1780-1914, London 1978; F.Crouzet, De la supériorité de l'Angleterre sur la France, Paris 1985; N.F.R.Crafts, Economic Growth in Britain and France, 1830-1910: A Review of the Evidence, in: Journal of Economic History 44 1984.; N.F.R.Crafts, Patterns of Development in 19th Century Europe, in: Oxford Economic Papers 36 1984; P.Bairoch, Europe's Gross National Product, 1800-1975, in: Journal of European Economic History 5 1976, S.286 (sehr ähnliche Wachstumsraten für Frankreich und Deutschland); P.Bairoch, International Industrialization Levels from 1750 to 1980, in: Journal of European Economic History 11 1982; H.Kaelble, Der Mythos von der rapiden Industrialisierung in Deutschland, in: Geschichte und Gesellschaft 9 1983, S.108; M.Lévy-Leboyer, L'économie française au XIXe siècle, Paris 1985, S.4 (andere Periodeneinteilung, aber ähnliches Grundmuster der Entwicklung); V.Hentschel, Produktion, Wachstum und Produktivität in England, Frankreich und Deutschland von der Mitte des 19. Jahrhunderts bis zum Ersten Weltkrieg, in: Vierteljahrschrift für Sozial- und Wirtschaftsgeschichte 68 1981 (ebenfalls ähnliches Grundmuster der Wachstumsraten); R.Poidevin, Les relations économiques et financières entre la France et l'Allemagne de 1898 à 1914, Paris 1969; W.Fischer, Wirtschaft und Gesellschaft Europas 1850-1914, in: ders., Hg., Handbuch der Europäischen Wirtschafts- und Sozialgeschichte, Bd. 5, Stuttgart 1985, S.158-163; mit Betonung auf den besonderen französischen Weg der wirtschaftlichen Entwicklung: J.Bouvier, Libres propos autour d'une démarche revisioniste, in: P.Fridenson/A.Straus, Hg., Le capitalisme français XIXe-XXe siècle, Paris 1987; ders., L'amont de notre incertain avenir: Des longues durées, in: Débat, Nr.46 (1987); F.Caron, Comparaison entre les systèmes techniques allemands et français au XIX siècle, in: K.F.Werner/K.Manfrass, Hg., Frankreich – Deutschland. Forschung, Technologie und industrielle Revolution im 19. und 20. Jahrhundert, vorauss. 1990; ders., La capacité d'innovation technique dans l'industrie française. Les enseignements de l'histoire, in: Débat no.46 (1987);

R.Cameron, L'économie française, passé, présent, avenir, in: Annales 25 1970; ders./ C.E.Freedeman, French Economic Growth. A Radical Revision, in: Social Science History 7 1983; R.Roehl, French Industrialization: A Reconsideration, in: Exploration in Economic History 13 1976; R.Aldrich, Late-Comer or Early-Starter? New Views on French Economic History, in: Journal of European Economic History 16 1987; für den französisch-deutschen Vergleich einzelner Industriebranchen vgl.die Beiträge von U.Wengenroth (Schwerindustrie), L.F.Haber und G.Plumpe (chemische Industrie), C.Bertho, A.Beltran, Th.Herzig (Elektroindustrie und Elektrizitätswirtschaft), P.A. Carré, H.Petzold (Telefonnetz), in: K.F.Werner/K.Manfrass, Hg., Frankreich-Deutschland.Forschung, Technologie und industrielle Entwicklung im 19.und 20. Jahrhundert, vorauss. 1990; M.Lévy-Leboyer, Histoire de l'entreprise et histoire de l'électricité, in: L'électricité dans l'histoire, Paris 1985, S.13ff.; W.N.Parker, Law and Enterprise: Ore Mining on the two Sides of the Franco-German Border, in: ders., Europe, America and the Wider World, 2 Bde., vol.1, Cambridge 1984; zu den Unternehmens- und Managementformen: vgl.M.Lévy-Leboyer, Le patronat français 1912-1973, in: ders., Le patronat de la seconde industrialisation, Paris 1978, S.171ff.; ders., The Large Corporation in Modern France, in: A.Chandler/H.Daems, Hg., Managerial Hierarchies, Cambridge 1980; L.Bergeron, Permanences et renouvellement du patronat, in: Histoire des français, XIXe-XXe siecles, hg. v. Y.Lequin, Bd.2, Paris 1983, S.153ff.; J.Kocka/H.Siegrist, Die hundert größten deutschen Industrieunternehmen im späten 19.und frühen 20.Jahrhundert, in: J.Kocka/N.Horn, Hg., Law and the Formation of the Big Enterprises in the 19th and Early 20th Centuries, Göttingen 1979; H.Kaelble, The Rise of Managerial Enterprise in Germany, c.1870 to c.1930, in: K.Kobayashi/H.Morikawa, Hg., Development of Managerial Enterprise, Tokio 1986; zur Rolle der Forschung: R.Locke, The End of the Practical Man. Entrepreneurship and Higher Education in Germany, France, Great Britain, 1880-1940, Greenwich 1984; R.Fox, The View over the Rhine: Perceptions of German Science and Technology in France, in: Werner/Manfrass, Hg., Frankreich-Deutschland; A.Broder, Enseignement et développement industriel en France dans la seconde moitié du siècle en comparaison avec l'Allemagne, in: ebda.;

Zu den sozialstrukturellen Folgen der verschiedenen Industrialisierungswege: zur Land-Stadt-Mobilität: M.Lévy-Leboyer, La décélération de l'économie française dans la seconde moitié du XIXe siècle, in: Revue d'histoire économique et sociale 49 1971, S.506; J.-P.Poussou/B.Lepetit/D.Courgeau/J.Dupâquier, Migrations et peuplement, in: J.Dupâquier, Hg., Histoire de la population française, Bd.3, Paris 1988; L.P.Moch, Paths to the City.Regional Migration in 19th Century France, Beverly Hills 1983; A.Châtelain, Les migrants temporaires en France de 1800 à 1914, Lille 1976; D.Courgeau, Three Centuries of Spatial Mobility in France, UNESCO Reports and Papers in the Social Sciences, No.51 (Paris 1983); D.Langewiesche, Mobilität in deutschen Mittel- und Großstädten.Aspekte der Binnenwanderung im 19.und 20.Jahrhundert, in: W.Conze/U.Engelhardt, Hg., Arbeiter im Industrialisierungsprozeß.Herkunft, Lage und Verhalten, Stuttgart 1979; ders./D.Lenger, Internal Migration: Persistence and Mobility, in: Population, Labour and Migration in 19th- and 20th Century Germany, hg. v. K.J.Bade, Leamington Spa 1987; dies., Räumliche Mobilität in Deutschland vor und nach dem Ersten Weltkrieg, in: A.Schildt/A.Sywottek, Hg., Massenwohnung und Eigenheim.Wohnungsbau und Wohnen in der Großstadt seit dem Ersten Weltkrieg, Frankfurt 1988; L.Niethammer/F.Brüggemeier, Wie wohnten Arbeiter im Kaiserreich? in: Archiv für Sozialgeschichte 16 1976; zur Erwerbstruktur: H.Kaelble. Was Prometheus Most Unbound in Europe? Labor Force in Europe during the Late 19th and 20th Centuries, in: Journal of European Economic History, 18 1989; P.Bourdelais/ M.Garden/A.Bideau, Structures, in: J.Dupâquier, Hg., Histoire de la population française, Bd.3, Paris 1988; zu den Unterschieden der Arbeiterstädte: Beispiele für Arbeiterstädte: H.Reif, Arbeiter und Unternehmer in Städten des westlichen Ruhrgebiets 1850-1930, in: J.Kocka, Hg., Arbeiter und Bürger im 19. Jahrhundert, München 1986, S.153; H.Tiessen, Industrielle Entwicklung, gesellschaftlicher Wandel und politische Bewegung in einer württembergischen Fabrikstadt des 19. Jahrhunderts: Esslingen 1848-1914, Esslingen 1982, S.204; W.Köllmann, Sozialgeschichte der Stadt Barmen im 19.Jahrhundert, Tübingen 1960, S.104; H.Matzerath, Urbanisierung in Preußen 1815-1914, Stuttgart 1985, S.175; vgl. für Lyon: Y.Lequin, Les ouvriers de la région lyonnaise (1848-1914), Lyon 1977, Bd. 1, S.166ff.; für Lille: P.Pierrard, La vie ouvrière à Lille sous le Seconde Empire, Paris 1965; für Decazeville: D.Reid, The Miners of Decazeville, Cambridge/Mass. 1985; S.Magri/C.Topalov, Villes ouvrières, 1900-1950, Paris 1989; P.Bourdelais, Le paysage humain, in: Histoire de la France, hg. v. A.Burguière/ J.Revel, Paris 1989, S.237f.; F.von Juraschek, Hg., Die Staaten Europas. Statistische Darstellung, 5.Aufl., Leipzig 1907, S.255 (Frankreich), 257 (Preußen); zu den bürgerlichen Reaktionen auf die Industrialisierung: A.Lees, Cities Perceived.Urban Society in European and American Thought, 1820-1940, Manchester 1985; E.Schwarz, Das Bild der Juden in deutschen und französischen Romanen des ausgehenden 19. Jahrhunderts, in: J.Kocka, Hg., Bürgertum im 19. Jahrhundert, Bd.2, München 1988; A.Mitchell, Bürgerlicher Liberalismus und Volksgesundheit im deutsch-französischen Vergleich, in: ebda.; D.Langewiesche, Bildungsbürgertum und Liberalismus im 19. Jahrhundert, in: J.Kocka, Hg., Bildungsbürgertum im 19. Jahrhundert, Teil IV, Stuttgart 1989; für die Heilpraktikerbewegung stütze ich mich auf sehr anregende Diskussionen mit Maurice Garden (Lyon) über sein vergleichendes Projekt zu diesem Thema; zu den Stadt-Land-Unterschiede der Sterberaten: Annuaire statistique 31.1911, S.37, 14 (Durchschnitt 1889-1891; 1910); a.a.O. 21.1901, S.34 (nur: Paris 1900); Preußische Statistik, Bd.188, S.38f. (Sterberaten für preußische Städte 1890, für preußische Großstädte und Berlin Durchschnitt 1886-90); Statistisches Jahrbuch für den preußischen Staat 10 1912, S.50 (Berlin), 51ff.(Sterberaten 1906-1910, die aus Sterbetafeln umgerechnet wurden); zur Lebenserwartung von Deutschen und Franzosen um 1900: Statistique générale de la France, Annuaire statistique 30.1910, S.170* (internationaler Vergleich); Säuglings- und Kindersterblichkeit: Fischer, Wirtschaft und Gesellschaft, S.25; zur Übersterblichkeit von Frauen in Deutschland: H.Kaelble, Industrialisierung und soziale Ungleichheit, Göttingen 1983, S.153; in Frankreich: Annuaire statistique de la France 72 1966, S.77; für die Zahl der Tuberkulosetoten im internationalen Vergleich: Annuaire statistique 32.1912, S.178 (ca. 1890-1910); zu Schulen, Ärzten, Kriminalität: Juraschek, Staaten, S.302-311 (Volksschulen), 382-389 (Kriminalität); Annuaire statistique 32.1912, S.21*, 29* (Lehrer, Ärzte); Bevölkerung und Wirtschaft 1872-1972, Stuttgart 1972, S.127 (Lehrer, allerdings nur an öffentlichen Schulen); G.Hohorst u.a., Sozialgeschichtliches Arbeitsbuch. Materialien zur Statistik des Kaiserreichs, München 1975, S.150; Annuaire statistique 23.1903, S.161; Stat. Jahrbuch für den preußischen Staat 1.1903, S.179 (Gefängnisinsaßen); H.Zehr, The Modernization of Crime in Germany and France, 1830-1913, in: Journal of Social History 8.1975; ders., Crime and the Development of Modern Society. Patterns of Criminality in 19th Century Germany and France, London 1976.

Literatur und Quellen zu Kapitel 2

Zur Familiengeschichte: M.Mitterauer, Sozialgeschichte der Jugend, Frankfurt 1986, S.19-43 (Gesamtthese der europäischen Familie am weitesten entwickelt); ders., Gesindedienst und Jugendphase im europäischen Vergleich, in: Geschichte und Gesellschaft 11.1985; M.Mitterauer/R.Sieder, Vom Patriarchat zur Partnerschaft, 2. Aufl., München 1980; P.Laslett, Family and Household as a Work Group and Kin Group, in: R.Wall u.a., Family Forms in Historic Europe, Cambridge 1983, S.526ff.; ders., Family

Life and Illicit Love in Earlier Generation, Cambridge 1977, Kap.1; M.Perrot, Figures et rôles, in: dies., Hg., La vie privée, Bd. 4, Paris 1987; A.Burguière et.al., Histoire de la famille, Bd. 2, Paris 1986, S.25ff.; H.J.Teuteberg, Zur Genese und Entwicklung historisch sozialwissenschaftlicher Familienforschung in Deutschland, in: P.Borscheid/ H.J.Teuteberg, Hg., Ehe, Liebe, Tod, Münster 1983, S.50ff.; Dénatalité.L'antériorité française, 1800-1914, Paris 1986; H.LeBras/E.Todd, L'invention de la France, Paris 1981, S.123 (zuhause Sterben), S.147 (Heiratsalter), 183 (Altersabstand zwischen Eheleuten); H.LeBras, Les trois Frances, Paris 1986, S.117, 159; P.Bourdelais, Vieillir en famille dans la France des ménages complexes, in: Vieillir autrefois, Paris 1988; M.Segalen, The Family Cycle and Household Structure: Five Generations in a French Village, in: R.Wheaton/T.K.Hareven, Hg., Family and Sexuality in French History, Philadelphia 1980; dies., Die Familie, Frankfurt 1990; A.E.Imhof, Unterschiedliche Säuglingssterblichkeit in Deutschland, 18. bis 20. Jahrhundert - warum?, in: Zeitschrift für Bevölkerungswissenschaft 7.1981, S.343-382 (französ.La mortalité infantile différentielle en Allemagne du XVIIIe au XXe siècle, in: Population et famille 50-51.1980, S.137-178); C.Duhamelle, Les deux Allemagnes de l'enfance (fin XVIIIe siècle-début XIXe), in: Institut d'histoire économique et sociale de l'université Paris I, Bulletin Nr.16, Dez.1987; zur Jugend zudem: A.Prost, Jeunesse populaire et jeunesse bourgeoise dans la France de l'entre-deux-guerres, in: D.Dowe, Hg., Jugendprotest und Generationenkonflikt in Europa im 20.Jahrhundert, Bonn 1986; zur Rolle älterer Frauen: P.N.Stearns, Old Age in European Society. The Case of France, London 1977; A.Farge/C.Klapisch-Zuber, Hg., Madame ou Mademoiselle? Itinéraire de la solitude féminine XVIIIe-XXe siècle, Paris 1984; P.Bourdelais, Le poids démographique de la femme seule en France (deuxième moitié du XIXe siècle), in: Annales de démographie historique 1981; T.Hareven/L.Tilly, Solitary women and family mediations in two textile cities: Manchester and Roubaix, in: ebda., 1981; zum Lebenszyklus in Deutschland: A.E.Imhof, Die gewonnenen Jahre, München 1981; zum Familienleben: S.Reck, Arbeiter nach der Arbeit. Sozialhistorische Studien zu den Wandlungen des Arbeitsalltags, Gießen 1977, S.119ff.; J.C.Fout, The Women's Role in the German Working-Class Family in the 1890's from the Perspective of Women's Autobiography, in: ders., Hg., German Women in the 19th Century, New York 1984; K.Saul u.a., Arbeiterfamilien im Kaiserreich, Königstein 1982, S.26, 28; I.Hardach-Pinke/G.Hardach, Einleitung, in: dies., Kinderalltag. Deutsche Kindheiten in Selbstzeugnissen, 1700-1900, Hamburg 1981, S.32f.; H.Rosenbaum, Formen der Familien, Frankfurt 1982, S.111ff. (Bauern), 468f. (Arbeiter); R.Roberts, Drink, Temperance and the Working Class in 19th Century Germany, Boston 1984; ders., Wirtshaus und Politik in der deutschen Arbeiterbewegung, in: G.Huck, Sozialgeschichte der Freizeit, Wuppertal 1980; M.Grüttner, Alkoholkonsum in der Arbeiterschaft, 1871-1939, in: T.Pierenkemper, Hg., Haushalt und Verbrauch in historischer Perspektive, St.Katharinen 1987; H.Spode, Langfristige Wandlungen des Eß- und Trinkverhaltens, Diss.Hannover 1990, Kap.6; A.Heggen, Überlegungen zum Alkoholkonsum deutscher Arbeiter im 19.Jahrhundert, in: W.H.Fahrenkrug, Hg., Zur Sozialgeschichte des Alkohols in der Neuzeit Europas, Drogalkohol 10.1987, S.207ff.; ders., Alkohol und bürgerliche Gesellschaft im 19.Jahrhundert, Berlin 1988, S.124ff.; I.Weber-Kellermann, Landleben im 19.Jahrhundert, München 1987, S.340ff.; C.Rollet, L'allaitement artificiel des nourissons avant Pasteur, in: Annales de démographie historique 1983; dies., Le patite enfance: un enjeu démographique pour la France (1870-1914), in: Les ages de la vie, 2 Bde., Paris 1983, Bd.2, S.161ff.; Frauenrollen und Frauenberufe: K.Hausen, Familie und Rollenaufteilung: Die Polarisierung der «Geschlechtscharaktere», in: W.Conze, Hg., Sozialgeschichte der Familie in der Neuzeit Europas, Stuttgart 1976; zudem: G.Bock, Historische Frauenforschung, in: K.Hausen, Hg., Frauen suchen ihre Geschichte, München 1983, S.35ff.; dies., Geschichte, Frauengeschichte, Geschlechtergeschichte, in: Geschichte und Gesellschaft 14 1988; B.Smith, Les bourgeoises du Nord, Paris 1989 (engl.: Ladies of the Leisure Class. The Bourgeoisies of Northern France in the 19th Century, Princeton 1981); A.Martin-Fugier, La bourgeoise. Femme au temps de Paul Bourget, Paris 1983; J.W.Shaffer, Family, Class, and Young Women: Occupational Expectations in 19th Century Paris, in: Wheaton/Hareven, Hg., Family, S.184f., 190ff.; U.Gerhard, Verhältnisse und Verhinderungen. Frauenarbeit, Familie und Rechte der Frauen im 19. Jahrhundert, Frankfurt 1978, S.180ff.; K.Saul u.a., Arbeiterfamilien im Kaiserreich, Königstein 1982, S.26; H.Rosenbaum, Formen der Familie, Frankfurt 1982, S.79ff. (Bauern), 156ff. (Handwerk), 340ff., 358f. (Bürgertum), 438ff. (Arbeiter); Historische Familienforschung: J.Jacobi-Dittrich, Growing up Female in the 19th Century, in: Fout, Hg., German Women; H.-U.Bussemer, Bürgerliche und proletarische Frauenbewegung (1865-1914), Düsseldorf 1979, S.43ff.; dies., Frauenemanzipation und Bildungsbürgertum. Sozialgeschichte der Frauenbewegung in der Reichsgründungszeit, Weinheim 1985; U.Frevert, Frauen-Geschichte, Frankfurt 1986, S.109, 113ff.; R.J. Evans, The Feminist Movement in Germany 1894-1933, London 1976; ders., Comrades and Sisters. Feminism, Socialism and Pacifism in Europe, 1870-1945, Brighton 1987; S.Meyer, Die mühsame Arbeit des demonstrativen Müßiggangs. Über häusliche Pflichten der Beamtenfrauen im Kaiserreich, in: Hausen, Hg., Frauen, S.172ff.; für den Anteil der berufstätigen Frauen und Ehefrauen: U.Knapp, Frauenarbeit in Deutschland zwischen 1850 und 1933, Teil I, in: Historical Social Research 28.1983, S.61, 66; A.Willms, Die Entwicklung der Frauenerwerbstätigkeit im Deutschen Reich, Nürnberg 1980, S.77ff., 116ff.; Statistik des Deutschen Reiches, Bd. 203, S.2-3 (Anteil Selbständiger an verheirateten weiblichen Erwerbstätigen); B.Franzoi, At the Very Last She Pays the Rent. Women and German Industrialization, 1871-1914, Westport 1985; für Frankreich: P.Flora, State, Economy and Society in Western Europe, 1815-1975, Bd. 2, Frankfurt 1987, S.120ff., 500; Annuaire statistique de la France 1910, S.9-10 (berufstätige Ehefrauen 1906); für das Frauenstudium vgl. H.Kaelble, Soziale Mobilität und Chancengleichheit im 19. und 20. Jahrhundert, Göttingen 1983, S.198ff.; U.Frevert, Frauen-Geschichte, Frankfurt 1986, S.119ff. Allerdings gab es auch in Frankreich in einer Reihe von Frauenberufen wie der Lehrerin, der Verkäuferin in Warenhäusern, der Sozialarbeiterin, vor dem Ersten Weltkrieg auch der Postangestellten selbst in höherem Erwachsenenalter(ab 30 Jahren) sehr wenig verheiratete Frauen. Vgl. dazu die Aufsätze von Marlène Cacouault, Françoise Parent-Lardeur, Pressette Pezerat, Danielle Poublan und Yvonne Kniebiehler in: Madame ou Mademoiselle? Itinéraires de la solitude féminine 18e-20e siècle, Paris 1984; für die Rechtstellung der Frau in Frankreich und Deutschland vgl. U.Gerhardt, Die Rechtsstellung der Frau in der bürgerlichen Gesellschaft des 19. Jahrhunderts: Frankreich und Deutschland im Vergleich, in: J.Kocka, Hg., Bürgertum im 19. Jahrhundert, Bd.1, München 1988; D.Blasius, Bürgerliche Rechtsgleichheit und die Ungleichheit der Geschlechter. Das Scheidungsrecht im historischen Vergleich, in: U.Frevert, Hg., Bürger und Bürgerinnen, Göttingen 1989; ders., Ehescheidungen in Deutschland, 1794-1945, Göttingen 1987; Liebesehe: E.Shorter, Die Geburt der modernen Familie, Hamburg 1977; P.Gay, Die zarte Leidenschaft. Liebe im bürgerlichen Zeitalter, München 1987; P.Borscheid, Geld und Liebe: Zu den Auswirkungen des Romantischen auf die Partnerwahl im 19. Jahrhundert, in: ders./H.J.Teuteberg, Hg., Ehe, Liebe, Tod, Münster 1983, S.112ff.; H. Rosenbaum, Formen der Familie, Frankfurt 1982, S.72ff., 149ff. (seltene Liebesheirat im Handwerk und unter Bauern), 332ff., 338 (Zunahme der Chance von Zuneigungsehen), 428f. (Häufigkeit von Zuneigungsheiraten in der Arbeiterschaft); H.Schenk, Freie Liebe – wilde Ehe, München 1987; R.Sieder, Sozialgeschichte der Familie, Frankfurt 1987, S.130ff.; zu Erben und Gründern unter Unternehmer*söhnen:* M.Lévy-Leboyer, Le patronat français, 1912-1973, in: ders., Hg., Le patronat dans la seconde industrialisation, Paris 1979; A.Daumard, Les bourgeois et la bourgeoisie en

France, Paris 1987, S.169ff., 196ff.; H.-G.Haupt, Sozialgeschichte Frankreichs seit 1789, Frankfurt 1989, S.232ff.; H.Kaelble, Sozialstruktur und Lebensweisen deutscher Unternehmer, 1907-1925, in: Scripta mercaturae vorauss. 1990, Tab. 3. *Statistische Überblicke über die demographische Entwicklung in Frankreich und Deutschland im Vergleich zu anderen europäischen Ländern:* B.R.Mitchell, European Historical Statistics 1750-1970, London 1987, S. 16ff.; Regionen: G.Hohorst u.a., Sozialgeschichtliches Arbeitsbuch. Materialien zur Statistik des Kaiserreichs 1870-1914, München 1975, S.56; A.Kraus, Quellen zur Bevölkerungsstatistik Deutschlands, 1815-1875, Boppard 1980; Statistisches Jahrbuch für das Deutsche Reich 23 1902, S.10; H.LeBras/E.Todd, L'invention de la France, Paris 1981, S.323ff. (anschauliche Karten); Statistique générale de la France, Annuaire statistique 24 1904, S. 23f.; Heiratsalter: H.Kaelble, Auf dem Weg zu einer europäischen Gesellschaft. Eine Sozialgeschichte Westeuropas 1880-1980, München 1987, Tabelle 1; zu Unterschieden in der Familiengröße: R.Spree, Soziale Ungleichheit vor Krankheit und Tod, Göttingen 1981, S.180 (Soziale Hierarchie der Familiengröße); H.Rosenbaum, Formen der Familie, Frankfurt 1982, S.351ff. (relativ kleine Familien in der Oberschicht); W.H.Hubbard, Familiengeschichte, München 1983, S.10 (Preußen, Eheschließungsjahrgänge 1900 und früher), 102f.; für französische Familiengrößen: Annuaire statistique 26.1906, S.8 (Familiengrößen nach 20-24jähriger Ehedauer, kinderlose Ehen nicht eingeschlossen, 1901); zum Alter der Französinnen bei der Geburt des ersten Kindes: berechnet nach: Annuaire statistique 31.1911, S.25, 17; für die Lebenserwartung: zeitgenössische Berechnungen in: Annuaire statistique 30.1910, S.170* (internationaler Vergleich).

Literatur und Quellen zu Kapitel 3

Zu den historischen Wurzeln des Bürgertums: H.-U.Wehler, Deutsche Gesellschaftsgeschichte Bd.2: Von der Reformära bis zur industriellen und politischen «Deutschen Doppelrevolution» 1815-1845/49, München 1987, S.174ff.; H.-U.Wehler, Wie «bürgerlich» war das Deutsche Kaiserreich, in: J.Kocka, Hg., Bürger und Bürgerlichkeit im 19. Jahrhundert, Göttingen 1987, S.245ff.; B.Wunder, Geschichte der Bürokratie in Deutschland, Frankfurt 1986, S.27ff.; H.-G.Haupt, Sozialgeschichte Frankreichs seit 1789, Frankfurt 1989, S.135ff.; auch: C.Boyer, Les hommes d'argent, Paris 1989; J.-M.Mayeur, Les débuts de la Troisième République 1871-1989, Paris 1973, S.9ff.; W.Mager, Frankreich vom Ancien Régime zur Moderne, Stuttgart 1980, S.195ff.; A.Jardin, A.J.Tudesq, La France des notables, 1815-1848, Paris 1973, Bd. 2, S.220ff.; grundlegend: J.Kocka, Bürgertum und bürgerliche Gesellschaft im 19.Jahrhundert. Europäische Entwicklung und deutsche Eigenarten, in: ders., Bürgertum im 19. Jahrhundert, Bd.1, München 1988; für Frankreich zusammenfassend: H.-G.Haupt, Sozialgeschichte Frankreichs seit 1789, Frankfurt 1989; L.Gall, Hg., Stadt und Bürgertum im 19. Jahrhundert, München 1990; T.Nipperdey, Deutsche Geschichte 1866-1918, Bd.1: Arbeitswelt und Bürgergeist, München 1990; zu den freien Berufe vgl. mit weiterführender Literatur: W.Conze/J.Kocka, Hg., Bildungsbürgertum im 19. Jahrhundert, Teil II, Stuttgart 1985; H.Siegrist, Hg., Bürgerliche Berufe. Zur Sozialgeschichte der freien und akademischen Berufe im internationalen Vergleich, Göttingen 1988; ders., Professionalisation as a Process: Patterns, Progression and Discontinuity, in: M.Burrage/R.Torstendahl, Hg., Professions in Theory and History, London 1990; ders., States and the Legal Professions: France, Germany, Italy, and Switzerland 18th to early 20th Centuries, in: A.H.Heidenheimer, Hg., The Professions and the State, vorauss. 1990; eine stärkere Kontrolle der französischen Rechtsanwälte durch den Staat streicht Michael Burrage heraus, allerdings primär im Vergleich zu den britischen und amerikanischen Rechtsanwälten und auch im Vergleich zu den vorrevolutionären französischen Rechtsanwaltsständen: M.Burrage, Unternehmer, Beamte und freie Berufe. Schlüsselgruppen der bürgerlichen Mittelschichten in England, Frankreich und den Vereinigten Staaten, in: H.Siegrist, Hg., Bürgerliche berufe, Göttingen 1988, S.64ff.; C.Huerkamp, Ärzte und Professionalisierung in Deutschland: Überlegungen zum Wandel des Arztberufs im 19. Jahrhundert, in: Geschichte und Gesellschaft 6 1980, S.361ff., 377ff.; dies., Die preußisch-deutsche Ärzteschaft als Teil des Bildungsbürgertums: Wandel in Lage und Selbstverständnis vom ausgehenden 18. Jahrhundert bis zum Kaiserreich, in: Conze/Kocka, Hg., Bildungsbürgertum, S.379; dies., Der Aufstieg der Ärzte im 19. Jahrhundert, Göttingen 1985, S.254ff.; R.Neuhaus, Arbeitskämpfe, Ärztestreiks, Sozialreformer. Sozialpolitische Konfliktregelungen 1900 bis 1914, Berlin 1986; M.Ramsey, The Policies of Professional Monopoly in 19th Century Medicine. The French Model and its Rivals, in: G.L. Geison, Hg., Professions and the French State, 1700-1900, Philadelphia 1984, S.254ff., 269ff.; J.Léonard, La vie quotidienne du médecin de province au XIX siècle, 2 Bde., Paris 1977; zum Aufstieg der Manager vgl. J.Kocka, Großunternehmen und der Aufstieg des Manager-Kapitalismus im späten 19. und frühen 20. Jahrhundert: Deutschland im internationalen Vergleich, in: Historische Zeitschrift, Bd. 232 1981; H.Kaelble, The Rise of Managerial Enterprise in Germany, c.1870-c.1930, in: K.Kobayashi u. H.Morikawa, Hg., Development of Managerial Enterprise, Tokio 1986; L.Bergeron, Permanence et renouvellement du patronat, in: Yves Lequin, Hg., Histoire des français, XIXe-XXe siècle, Bd. 2: La société, Paris 1983; M.Lévy-Leboyer, Le patronat français, 1912-1973, in: ders., Hg., Le patronat de la seconde industrialisation, Paris 1979; A.Chandler/H.Daems, Hg., Managerial Hierarchies, Cambridge 1980; A.D.Chandler, Scale and Scope, Cambridge/Mass. 1990; zur Rolle des Adels: A.Mayer, The Persistance of the Old Regime in Europe, London 1981; H.-U.Wehler, Hg., Europäischer Adel 1750-1950, Göttingen 1990; H.Reif, Sozialgeschichte des deutschen Adels (erscheint demnächst); zum Bund der Landwirte: H.-J. Puhle, Politische Agrarbewegungen in kapitalistischen Industriegesellschaften, Göttingen 1975², S.68ff. (mit weiterführender Literatur); ders., Aspekte der Agrarpolitik im «Organisierten Kapitalismus», in: H.-U.Wehler, Hg., Sozialgeschichte Heute, Göttingen 1974, S.543-564; zu den konservativen Parteien: W.Ribhegge. Deutscher Konservatismus seit 1780, erscheint demnächst (mit weiterführender Literatur); J.Flemming, Deutscher Konservatismus 1780-1980, Frankfurt 1983 (mit weiterführender Literatur); zu den Bürgerlichen und Adligen in Armee, Bürokratie und Regierung: R.Morsey, Die oberste Reichsverwaltung unter Bismarck, 1867-1890, Münster 1957, S.246ff. (bis 1890); H.Henning, Die deutsche Beamtenschaft im 19. Jahrhundert, Wiesbaden 1984, S.37-52 (Belege für Sachsen, Preußen, Baden, Württemberg, Bayern, Hessen-Darmstadt); H.Reif, Westfälischer Adel, 1770-1860, Göttingen 1979; Adelsanteile in Preußen: Sten. Prot. d. Preußischen Hauses der Abgeordneten, 3.Sitzung, 14.1.1911, S.104, wieder abgedruckt in: W.Runge, Politik und Beamtentum im Parteienstaat, 1918-1933, Stuttgart 1965, S.170; D.Bald, Der deutsche Generalstab 1859-1939, München 1977, S.104-113; M.Agulhon, La propriété et les classes sociales, in: Histoire de la France rurale, Bd. 3: Apogée et crise de la civilisation paysanne, 1889-1914, Paris 1976, S.87-94 (erste Hälfte des 19. Jh.); Haupt, Sozialgeschichte, S.129ff.; H.-G.Haupt über französischen Adel in: Wehler, Hg., Adel; den Adelsanteil in französischen Kabinetten und Parlamenten seit 1871: J.Charlot, Les élites politiques en France de la IIIe à la Ve République, in: Archives européennes de sociologie 14 1973; J.Estèbe, Les ministères de la république, 1871-1914, Paris 1982; M.Dogan, Les filières de la carrière politique en France, in: Revue française de sociologie 8 1967; J.G.Heinberg, Personnel of the French Cabinets, in: American Political Science Review 25 1931, S.389-396; W.Serman, Les officiers français dans la nation 1848-1914, Paris 1982, S.8, 18; F.Bédarida, L'armée et la République, Revue historique 1964, S.151; ders., Les hauts fonctionnaires en France au XIXe siècle, Paris 1980, S.27ff., 33f., 61ff. (Adelsanteile, Nepotismus); ders., Les élites de la République (1880-1900), Paris 1987; ders., Naissance des «intellectuels»,

1880-1900, Paris 1989; ders., La naissance d'un grand corps, in: Actes de la recherche, No 42, 1982; speziellere Arbeiten: C.Charle, Le recrutement des hauts fonctionnaires en 1901, in: Annales 35 1980, S.387; G.Thuillier, Bureaucratie et bureaucrates en France au XIXe siècle, Genf 1980, S.334ff. (concours und Nepotismus); für den conseil d'état: V.Wright, Le conseil d'état sous le Second Empire, Paris 1972; für die Präfekten: B.Le Clère u. V. Wright, Les Préfets du Second Empire, Paris 1973; J.Siwek-Pouydesseau, Les préfets de la Troisième et de la Quatrième République, Paris 1969, S.128; ders., Sociologie du corps préfectoral (1800-1940), in: J.Aubert et.al., Les préfets de France 1800-1940, Genf 1978, S.163ff.; für die directeurs des ministères: V. Wright, Les directeurs et secrétaires généraux des administrations centrales sous le Second Empire, in: Les directeurs de ministères en France, Genf 1976, S.44ff. (Adelsanteile); E.Chaudeau, Les inspecteurs des finances au XIXe siècle, profil social et rôle économique (1850-1914), Paris 1986, S.45 (Absinken des Adelsanteils von 12% vor 1890 auf 9% nach 1890); zum aristokartischen Modell unter deutschen Unternehmern: F. Zunkel, Der Rheinisch-Westfälische Unternehmer 1834-1879, Köln 1962; W.Zapf, Wandlungen der deutschen Eliten 1919-1961, 2. Aufl., München 1966, S.38ff.; H.Kaelble, Wie feudal waren die deutschen Unternehmer im Kaiserreich? in: R.Tilly, Hg., Studien zur quantitativen deutschen Unternehmensgeschichte, Klett: Stuttgart 1985, S.153ff. (andere, französische Version: ders., Le modèle aristocratique dans la bourgeoisie allemande à la fin du XIXe et au début du XXe siècle, in: Francia 1988); die Dissertation an der FU von Dolores L.Augustine über die Sozialstruktur und Familie der reichsten deutschen Unternehmer vor 1914; dies., Wealthy Businessmen in Imperial Germany, in: Journal of Social History 1988/89; dies., Moving into the Upper Class: the Business Wealth Elite of Wilhelmine Germany, in: D.Blackbourne/R.Evans, Hg., The German Bourgeoisie vorauss.1991; für ähnliche Argumente bzw. Belege für die Schwerindustriellen und Textilindustriellen des Ruhrgebietes und für die Unternehmer Deutschlands im weiteren Sinn vgl. W. Stahl, Der Elitekreislauf in der Unternehmerschaft, Frankfurt 1973, S.280f., 306f.; H.Henning, Soziale Verflechtung der Unternehmer in Westfalen 1860-1914, in: Zeitschrift für Unternehmensgeschichte 23 1978, S.18f.; H.-J.Teuteberg, Westfälische Textilunternehmer in der Frühindustrialisierung, Dortmund 1980, S.33f.; T.Pierenkemper, Die westfälischen Schwerindustriellen 1852-1913, Göttingen 1979, S.45f., 59f., 73f.; zu den Unternehmerverbänden: D.Stegmann, Art. «Unternehmerverbände», in: Handwörterbuch der Wirtschaftswissenschaften, Bd.8, Stuttgart 1980, S.155-170; H.-P.Ullmann, Der Bund der Industriellen, Göttingen 1976; ders., Interessenverbände in Deutschland, Frankfurt 1988; S.Mielke, Der Hansa-Bund für Gewerbe, Handel und Industrie 1909-1914, Göttingen 1976; H.Kaelble, Industrielle Interessenpolitik in der Wilhelminischen Gesellschaft, Berlin 1967; T.Pierenkemper, Trade Associations in Germany in the Late 19th and Early 20th Centuries, in: Trade Associations in Business History, hg.v.H.Yamazaki/M.Miyamoto, Tokio 1988; zum Liberalismus: zum Vergleich des französischen und deutschen Liberalismus die Artikel von H.-G.Haupt, R.Hudemann, F. Lenger, G.Krumeich, J.J.Sheehan, in: D.Langewiesche, Hg., Liberalismus im 19. Jahrhundert, Göttingen 1988; zudem: D.Langewiesche, Liberalismus in Deutschland, Frankfurt 1988; zum Liberalismus in Frankreich vor 1914 und Gesamteinschätzungen der III.Republik: J.-P.Azéma/M.Winock, La IIIe république (1870-1940), Paris 1970; M.Rébérioux, La République radicale? 1898-1814, Paris 1975; R.D.Anderson, France (1870-1914), London 1977; J.-M.Mayeur, La vie politique sans la IIIe république, Paris 1984; F.Caron, La France des patriotes de 1851 à 1918, Paris 1985; für den Beginn der Dritten Republik vgl. a. M.Erbe, Geschichte Frankreichs von der Großen Revolution bis zur 3.Republik, Stuttgart 1982; R.Hudemann, Fraktionsbildung im französischen Parlament. Zur Entwicklung des Parteiensystems in der frühen Dritten Republik (1871-1875), München 1979.

Zum Antiklerikalismus und Katholizismus: vgl. M.Lagrée, Exilées dans leur patrie

(1880-1920), in: F.Lebrun, Histoire des Catholiques en France du XVe siécle à nos jours, Toulouse 1980, S.396ff.; G.Cholvy/Y.-M.Hilaire, Histoire réligieuse de la France contemporaine, 2 Bde., Toulouse 1986; J.LeGoff/F.Lebrun, Hg., Histoire de la France réligieuse, Paris Seuil 1988.

Zur Industrialisierungs- und Stadtfeindschaft in Deutschland und Frankreich: A.Lees, Cities Perceived. Urban Society in European and American Thought, 1820-1940, Manchester 1985, S.140ff., 181ff., 186ff., 311; zu den Tendenzen im Bürgertum zum Verfall bürgerlicher Öffentlichkeit: H.Mommsen, Die Auflösung des Bürgertums seit dem späten 19. Jahrhundert, in: J.Kocka, Hg., Bürger und Bürgerlichkeit im 19. Jahrhundert, Göttingen 1987; zum bürgerlichen Antisemitismus in beiden Ländern vgl. Egon Schwartz, Das Bild der Juden in deutschen und französischen Romanen des ausgehenden 19. Jahrhunderts, in: Kocka, Hg., Bürgertum, S.68f., 76; für das Reformbürgertum in der Kommunalverwaltung: D.Langewiesche, Bildungsbürgertum und Liberalismus im 19. Jahrhundert, in: J.Kocka, Hg., Bildungsbürgertum im 19. Jahrhundert, Teil 4, Stuttgart 1989; zur Innerlichkeit in der deutschen Malerei: O.v. Simson, Der Blick nach Innen, Berlin 1986; für die Rolle des Intellektuellen in Frankreich und Deutschland im späten 19. und frühen 20. Jh.: Charle, Naissance des «intellectuels»; ders., Professionen und Intellektuelle. Die liberalen Berufe in Frankreich zwischen Politik und Wirtschaft (1830-1900), in: H.Siegrist, Hg., Bürgerliche Berufe, Göttingen 1988; R.Lepenies, Drei Kulturen, München 1987; vgl. zudem für die Verfassungsideen in Deutschland und Frankreich: D.Grimm, Die Grundrechte im Entstehungszusammenhang der bürgerlichen Gesellschaft, in: J.Kocka, Hg., Bürgertum im 19. Jahrhundert, Bd.1, München 1989; ders., Die Entwicklung der Grundrechtstheorie in der deutschen Staatsrechtslehre des 19. Jh., in: ders., Recht und Staat in der bürgerlichen Gesellschaft, Frankfurt 1987; ders., Grundrechte und soziale Wirklichkeit, in: W.Hassemer u.a., Hg., Grundrechte und soziale Wirklichkeit, Baden-Baden 1982; für das Vorgehen in Konflikten mit der Arbeiterschaft: H.-G.Haupt, Staatliche Demokratie und Arbeiterbewegung: Zum Einfluß der Polizei auf die Konstituierung von Arbeiterbewegung und Arbeiterklasse in Deutschland und Frankreich zwischen 1848 und 1880, in: J. Kocka, Hg., Arbeiter und Bürger im 19. Jahrhundert, München 1986, S.247ff.

Zur inneren Verflechtung des Bürgertums: Henning, Beamtenschaft, S.111, 122ff. (Heiratsverflechtungen); H.Kaelble, Soziale Mobilität und Chancengleichheit im 19. und 20. Jahrhundert, Göttingen 1983, S.50, 76, 90 (Professoren, höhere Beamte), 104, 228ff.; O.Janz, Bürger besonderer Art. Evangelische Geistliche in Preußen 1850-1914, Diss. FU Berlin voraussichtlich 1991; F.Ringer, Education und Society in Europe, Bloomington 1979, S.157ff.; ders., Bildung, Wirtschaft und Gesellschaft in Deutschland 1800-1960, in: Geschichte und Gesellschaft 6 1980, S.35; ders., Structural Change in French Secondary Education, 1865-1920, in: D.K.Müller et.al., The Rise of the Modern Educational System. Structural Change and Social Reproduction, 1820-1920, Cambridge 1987; zu berücksichtigen auch: P.Lundgreen, Bildung und Besitz – Einheit der Inkongruenz in der europäischen Sozialgeschichte, in: ebda, 7 1981; Kaelble, Unternehmer im Kaiserreich, S.155ff.; H.Henning, Soziale Verflechtungen der Unternehmer in Westfalen 1860-1914, in: Zeitschrift für Unternehmensgeschichte 1.1978; für Frankreich: M.Lévy-Leboyer, Le patronat français, 1912-1973, in: ders., Hg., Le patronat de la seconde industrialisation, Paris 1979, S.142; C.Charle, Les milieux d'affaires dans la structure de la classe dominante vers 1900, in: Actes de la recherche en sciences sociales no. 20-21, 1978, S.87; ders., Le pantouflage en France (1880-1980), Annales 1987; A.Daumard, Les bourgeois et la bourgeoisie en France, Paris 1987; vergleichend: Y.Cassis, Wirtschaftselite und Bürgertum. England, Frankreich und Deutschland um 1900, in: J.Kocka, Hg., Bürgertum im 19. Jahrhundert, Bd.2, München 1988.

Zum Verhältnis zum Kleinbürgertum: H.-G.Haupt, Große und kleine Bürger in

Deutschland und Frankreich am Ende des 19. Jahrhunderts, in: J.Kocka, Hg., Bürgertum im 19. Jh., Bd.2, München 1988; H.-G.Haupt, Soziale Ungleichheit und Klassenstrukturen in Frankreich seit der Mitte des 19. Jahrhunderts, in: H.-U.Wehler, Hg., Klassen in der europäischen Geschichte, Göttingen 1979, S.121ff.; G.Crossick/H.-G.Haupt, Introduction, in: dies., Hg., Shopkeepers and Master Artisans in 19th-Century Europe, London 1984, S.21ff.; H.-G.Haupt, Das Handwerk in Deutschland und Frankreich in der zweiten Hälfte des 19. Jahrhunderts, in: U.Wengenroth, Hg., Prekäre Selbständigkeit. Zur Standortbestimmung von Handwerk, Hausindustrie und Kleingewerbe im Industrialisierungsprozeß, Stuttgart 1989; H.A.Winkler, From Social Protectionism to National Socialism: The German Small Business Movement in Comparative Perspective, in: Journal of Modern History 48 1976; J.Kocka, Angestellte zwischen Faschismus und Demokratie, Göttingen 1977, S.323ff.; H.-G.Haupt, Angestellte in der französischen Gesellschaft vor 1914, in: J.Kocka, Hg., Angestellte im europäischen Vergleich, Göttingen 1981.

Literatur und Quellen zu Kapitel 4

Zur Geschichte der Arbeiterbewegung in Frankreich: P.Fridenson, Le conflit social, in: A.Burguière/J.Revel, Hg., Histoire de la France, Bd.3, Paris 1990; Y.Lequin, La montée des antagonismes collectifs, in: ders., Histoire des français XIXe et XXe siècles, Paris 1983, S.455f.; A.Cottereau, The Distinctiveness of Working-Class Cultures in France, 1848-1900, in: I.Katznelson/A.R.Zolberg, Hg., Working-Class Formation. Nineteenth Century Patterns in Western Europe and the United States, Princeton 1986, S.143; C.Willard, Geschichte der französischen Arbeiterbewegung, Frankfurt 1981; ders., Le mouvement socialiste en France(1893-1905). Les Guedistes, Paris 1965; G.Krumeich, Zwischen «republikanischem» und «sozialistischem» Block: Die französischen Sozialisten vor dem 1.Weltkrieg, in: Francia 7.1979, S.309-337; L.Derfler, Alexandre Millerand. The Socialist Years, Den Haag 1977; M.Rébérioux, La république radicale? 1898-1914, Paris 1975; in Deutschland: G.A.Ritter, Staat, Arbeiter und Arbeiterbewegung in Deutschland. Vom Vormärz bis zum Ende der Weimarer Republik, Berlin 1980; ders., Die Arbeiterbewegung im Wilhelminischen Reich, 2.Aufl., Berlin 1963; H.A.Winkler, Von der Revolution zur Stabilisierung. Arbeiter und Arbeiterbewegung in der Weimarer Republik 1918 bis 1924, Bonn 1984, S.19ff.; ders., Die Sozialdemokratie und die Revolution von 1918/19, Berlin 1979; J.Kocka, Die Trennung vor bürgerlicher und proletarischer Demokratie im europäischen Vergleich, in: ders., Europäische Arbeiterbewegung im 19. Jahrhundert, Göttingen 1983; H.Grebing, Der «deutsche» Sonderweg in Europa 1806-1945, Stuttgart 1986, S.118ff.; dies., Geschichte der deutschen Arbeiterbewegung, 6. Aufl., München 1977; C.E.Schorske, Die große Spaltung. Die deutsche Sozialdemokratie von 1905-1917, Berlin 1981; W.L.Guttsman, The German Social Democratic Party, 1875-1933, London 1981, S.152ff.; im Vergleich: D.Geary, Arbeiterprotest und Arbeiterbewegung in Europa 1848-1939, München 1983; H.Mitchell, Labor and the Origins of Social Democracy in Britain, France, and Germany, 1890-1914, in: ders./P.N.Stearns, Hg., The European Labour Movement, the Working Classes and the Origins of Social Democracy, 1890-1914, Ithaca 1971; G.Haupt, Socialisme et syndicalisme. Les rapports entre partis et syndicats au plan international: une mutation? in: Jaurès et la classe ouvrière, Paris 1981, S.34ff.; P.Schöttler, Syndikalismus in der europäischen Arbeiterbewegung. Neuere Forschungen in Frankreich, England und Deutschland, in: Arbeiter und Arbeiterbewegung im Vergleich, hg. v. K.Tenfelde, München 1986, S.425ff., 459f., 469ff.; H.-G.Haupt, Staatliche Bürokratie und Arbeiterbewegung. Zum Einfluß der Polizei auf die Konstituierung von Arbeiterbewegung und Arbeiterklasse in Deutschland und Frankreich zwischen 1848 und 1880, in: J.Kocka, Hg., Arbeiter und Bürger im

19. Jahrhundert, München 1986, S.219-254; ders., Frankreich: Langsame Industrialisierung und republikanische Tradition, in: Europäische Arbeiterbewegungen im Vergleich, hg. v. J.Kocka, Göttingen 1983; M.-L.Christadler, Die geteilte Utopie. Sozialisten in Frankreich und Deutschland, Opladen 1985, S.11-24; S.Jauch/R.Morell/ U.Schickler, Gewerkschaftsbewegung in Frankreich und Deutschland. Ein kontrastiver Vergleich ihrer zentralen Merkmale bis zum Ersten Weltkrieg, Frankfurt 1984; K.Tenfelde, Hg., Arbeiter und Arbeiterbewegung im Vergleich, München 1986; P.Lösche, Anarchismus, Darmstadt 1977, S.115ff.; für Wahlen und Parlamente: vgl. T.T.Mackie/R.Rose, The International Almanach of Electoral History, London 1984, S.132, 152; B.Bouvier, Französische Revolution und deutsche Arbeiterbewegung, Bonn 1982; D.Simon, Das Frankreichbild der deutschen Arbeiterbewegung 1859-1865, Gerlingen 1984; I.Kolboom, Zur Rezeption der französischen Gewerkschaftsbewegung im Deutschen Reich und in der Bundesrepublik. Eine bibliographische Skizze, in: Lendemains 2, Heft 7-8 (Juni 1977), S.5-30; für die Einstellung zur staatlichen Sozialpolitik in Frankreich: D.E.Ashford, The Emergence of the Welfare States, Oxford 1986, S.97ff.; H.-G.Haupt, Sozialgeschichte Frankreichs seit 1789, Frankfurt 1989, S.258ff.; M.Steffen, Hg., Mouvement ouvrier et santé, 2 Bde., Themenhefte von Prévenir Nr.18.1989 und Nr.19.1989; für die Wahlentscheidung 1914 in Frankreich: J.-P.Azéma/M.Winock, La Troisième République (1870-1940), Paris 1986; J.-M.Mayeur, La vie politique sous la Troisième République 1870-1940, Paris 1984, S.230f.

Zudem speziell zu Gewerkschaften, Arbeitgeberverbänden und Streiks: F.Boll, Streikwellen im europäischen Vergleich, in: Auf dem Weg zur Massengewerkschaft, hg.v.W.J.Mommsen/H.-G.Husung, Stuttgart 1984, S.119 (auch für die Mitgliederzahlen der Gewerkschaften); ders., Auf dem Weg zum 1. Mai (erscheint vorauss.1991); P.Jansen, Die gescheiterte Sozialpartnerschaft, Frankfurt 1987, S.80ff.; P.Schöttler, Die Entstehung der «Bourses du Travail». Sozialpolitik und französischer Syndikalismus am Ende des 19. Jahrhunderts, Frankfurt 1982; J.Juillard, Jaurès et le syndicalisme ouvrier, in: Jaurès et la classe ouvrière, Paris 1981; Cottereau, Working-Class Cultures, S.143ff.(Verständnis von Gewerkschaftsmitgliedschaft, Finanzen); G.Lefranc, Histoire du mouvement syndical sous la IIIe République, Paris 1967; B.Brizay, Le Patronat. Histoire, structure, stratégie du CNPF, Paris 1975; I.Kolboom, La revanche patronale. Le patronat français face au front populaire, Paris 1987; G.Lefranc, Les organisations patronales en France, du passé au présent, Paris 1976; E.Shorter/C.Tilly, Strikes in France, 1830-1968, Cambridge 1974; M.Perrot, Les ouvriers en grève – France 1871-1890, Paris 1974; K.Schönhoven, Die deutschen Gewerkschaften, Frankfurt 1987, S.61ff.; G.A.Ritter/K.Tenfelde, Der Durchbruch der Freien Gewerkschaften Deutschlands zur Massenbewegung im letzten Viertel des 19.Jahrhunderts, in: Vom Sozialistengesetz zur Mitbestimmung, hg. v. H.O.Vetter, Köln 1975, S.93ff.; H.Volkmann, Organisation und Konflikt: Gewerkschaften, Arbeitgeberverbände und die Entwicklung des Arbeitskonflikts im späten Kaiserreich, in: Arbeiter im Industrialisierungsprozeß, hg. v. W.Conze/U.Engelhardt, Stuttgart 1979; ders., Modernisierung des Arbeitskampfs? Zum Formwandel von Streik und Aussperrung in Deutschland 1864-1975, in: H.Kaelble u.a., Probleme der Modernisierung in Deutschland, Opladen 1978; H.-P.Ullmann, Unternehmerschaft, Arbeitgeberverbände und Streikbewegung 1890-1914, in: K.Tenfelde/H.Volkmann, Hg., Streik, München 1981, S.197f., 202; S.Mielke, Hg., Internationales Gewerkschaftshandbuch, Opladen 1983, S.342, 445ff.; H. Kaelble, Auf dem Weg zu einer europäischen Gesellschaft, München 1987, S.84 (Mitgliederzahlen Gewerkschaften).

Zur Arbeiterkultur und sozialen Basis der Arbeiterbewegung: K.Tenfelde, Vom Ende und Erbe der Arbeiterkultur, in: S.Miller/M.Ristau, Hg., Gesellschaftlicher Wandel, soziale Demokratie, Berlin 1988; ders., Bergarbeiterkultur in Deutschland, in: Geschichte und Gesellschaft 5 1979; D.Langewiesche, Die Gewerkschaften und die kulturellen Bemühungen der Arbeiterbewegung in Deutschland und Österreich (1890er bis 1920er Jahre), in: IWK 17.1982; ders./K.Schönhoven, Zur Lebensweise von Arbeitern in Deutschland im Zeitalter der Industrialisierung, in: dies., Arbeiter in Deutschland, Paderborn 1981, S.20-27; G.A.Ritter, Arbeiterkultur im deutschen Kaiserreich. Probleme und Forschungsansätze, in: ders., Hg., Arbeiterkultur, Königstein 1979; H.Wunderer, Arbeitervereine und Arbeiterparteien. Kultur- und Massenorganisationen in der Arbeiterbewegung(1890-1933), Frankfurt 1980; K.Schönhoven, Selbsthilfe als Form der Solidarität. Das gewerkschaftliche Unterstützungswesen im Deutschen Kaiserreich bis 1914, in: Archiv für Sozialgeschichte 20.1980; Cottereau, Working-Class Cultures, S.142ff.; Haupt, Frankreich, in: Kocka, S.53-56; ders., Sozialgeschichte Frankreichs seit 1789, Frankfurt 1989, S.244; R.P.Baker, Socialism in the Nord, 1880-1914. A Regional View of the French Socialist Movement, in: International Review of Social History 12.1967, S.357-389; R.Lavieille, Histoire de la mutualité, sa place dans le système francais de sécurité sociale, Paris 1964; für die Absetzung der Angestellten und des Kleinbürgertums gegenüber dem Arbeitermilieu vgl. J.Kocka, Die Angestellten in der deutschen Geschichte 1850-1980, Göttingen 1981; ders., Angestellte zwischen Faschismus und Demokratie. Zur politischen Sozialgeschichte der Angestellten: USA 1890-1940 im internationalen Vergleich, Göttingen 1977, S.296ff.; H.-G.Haupt, Kleinhändler und Arbeiter in Bremen zwischen 1890 und 1914, in: Archiv für Sozialgeschichte 22.1982; H.G.Haupt, Angestellte in der französischen Gesellschaft, in: Angestellte im europäischen Vergleich, hg. v. J.Kocka, Göttingen 1981.

Literatur und Quellen zu Kapitel 5

Zum Vergleich der französischen und deutschen Wirtschaftspolitik: R.F.Kuisel, Capitalism and the State in Modern France. Renovation and Economic Management in the 20th Century, Cambridge 1981, S.8ff.; W.R.Lee, Economic Development and the State in 19th-Century Germany, in: Economic History Review 61.1988; P.Aycoberry, Freihandelsbewegungen in Deutschland und Frankreich in den 40er und 50er Jahren des 19.Jahrhunderts, in: Liberalismus im 19.Jahrhundert. Deutschland im internationalen Vergleich, hg. v. D.Langewiesche, Göttingen 1988; zur Steuerquote und zu den Staatsausgaben: P.Flora, State, Economy and Society in Western Europe, 1815-1975, Frankfurt 1983ff., Bd.2, S.299ff., 376ff. (Staatsausgaben in Frankreich 1907 56 Millarden francs, 15% des Nettosozialprodukts; in Deutschland 1906 53 Milliarden Mark, ebenfalls 15% des Nettosozialprodukts); vgl. auch J.Kohl, Staatsausgaben in Westeuropa. Analysen zur langfristigen Entwicklung der öffentlichen Finanzen, Frankfurt 1985, S.220.

Zur Bildungspolitik: Für einen Überblick über die zeitgenössische französische Diskussion des deutschen Bildungssystems: P.Digeon, La crise allemande da la pensée française, Paris 1959; auch: V.Karady, Les universités de la Troisième République, in: Histoire des universités en France, hg. v. J.Verger, Paris 1987, S.325f., 349ff; zur Rolle der Bildung für das Wirtschaftswachstum: D.Landes, The Unbound Prometheus, Cambridge 1969, S.340ff.; vgl. als weitere vergleichende Arbeiten: R.Locke, The End of the Practical Man. Entrepreneurship and Higher Education in Germany, France, Great Britain, 1880-1940, Greenwich 1984; ders., Industrialisierung und Erziehung in Frankreich und Deutschland vor dem 1.Weltkrieg, in: Historische Zeitschrift 225.1978; R.Fox, The View over the Rhine: Perception of German Science and Technology in France, in: Frankreich – Deutschland. Forschung, Technologie und industrielle Entwicklung im 19. und 20. Jahrhundert, hg. v. K.F.Werner/K. Manfrass, vorauss. 1990; A.Broder, Enseignement et développement industriel en France dans la seconde moitié du XIXe siècle en comparison avec l'Allemagne, in: ebda.; P.Lundgreen, Wissen und Bürgertum, in: Bürgerliche Berufe, hg. v. H.Siegrist, Göttingen

1988; M.Späth, Der Ingenieur als Bürger: Frankreich, Deutschland und Rußland im Vergleich, in: ebda.; Staatsausgaben für den Hochschulsektor berechnet nach: Annuaire statistique 32.1912, S.39; Jahrbuch für den preußischen Staat 10.1912, S.544f.; Statistisches Jahrbuch für das Großherzogtum Baden 35.1904/05, S.618; Annuaire statistique 32.1912, S.39. Die französischen und deutschen Staatsausgaben für Hochschulen sind nur grob vergleichbar, weil die Ausgabentitel oft recht pauschal sind; für den Vergleich zwischen Frankreich und Preußen: P.Lundgreen, The Organization of Science and Technology in France: A German Perspective, in: The Organization of Science and Technology in France, 1808-1914, hg. v. R.Fox und G. Weisz, Cambridge 1980, S.323ff., 328ff.; die Schätzungen für den Lehrkörper und die Studenten beruhen zudem auf: Annuaire statistique 31.1911, S.68ff. (Studenten des conservatoire des arts et métiers; Studenten und Lehrkräfte der verschiedenen écoles supérieures im Bereich des enseigement commercial); Annuaire statistique 32.1912, S.284ff.; Statistisches Jahrbuch für den preußischen Staat 10.1913, S.460 (Lehrer und Studenten an deutschen technischen Hochschulen *außerhalb* Preußens, 1907/11); Datenhandbuch zur deutschen Bildungsgeschichte, Bd.1: Das Hochschulstudium in Preußen und Deutschland 1820-1944, hg. v. H. Titze, Göttingen 1987, S.88 (Studenten in Naturwissenschaften außerhalb Preußens); Statistisches Jahrbuch für den preußischen Staat 10.1913, S.460 (Deutsches Reich Wintersemester 1910/11)(Die Zahlen um 1900 unterscheiden sich absolut ebenfalls wenig und zeigen ebenfalls einen relativen Vorsprung Frankreichs); zu den Erfindungen ein Beispiel: Statistisches Jahrbuch für das Deutsche Reich 33.1912, S.85; Annuaire Statistique 31.1911, S.249 (1911 wurden in Deutschland 8571 Patente an Deutsche und 657 Patente an Franzosen erteilt, in Frankreich dagegen 7500 Patente an Franzosen und 3154 Patente an Deutsche); für die Analphabetenraten in Frankreich und Deutschland: P.Flora, Quantitative Historical Sociology, Den Haag 1977, S.54f,; ergänzt in: H. Kaelble, Industrialisierung und soziale Ungleichheit, Göttingen 1983, S.104; ein wichtiger Vergleich für die Zeit vor der Jahrhundertmitte: E.François, Alphabetisierung und Lesefähigkeit in Frankreich und Deutschland, in: H.Berding/E.François/H.-P.Ullmann, Hg., Deutschland und Frankreich im Zeitalter der französischen Revolution, Frankfurt 1989; M.J.Maynes, Schooling for the People. Comparative Local Studies of Schooling History in France and Germany, 1750-1850, New York 1985; als neuester Überblick über die deutsche Bildungsgeschichte vor 1914: Handbuch der deutschen Bildungsgeschichte, Bd. 4: 1870-1918, hg. v. C.Berg, München 1990; für die außeruniversitären Forschungsinstitute in Naturwissenschaften vgl. The Organization of Science and Technology in France 1808-1914, hg. v. R.Fox und G.Weisz, London 1980; Zu den öffentlichen Bibliotheken mit über 50000 Bänden: Juraschek, Staaten, S.348 (Frankreich 50; Preußen 39; Deutsches Reich 87 Bibliotheken); Nobelpreise zusammengestellt nach: W.Martin, Verzeichnis der Nobelpreisträger 1901-1984, München 1985; zum Vergleich der Schulen: F.Ringer, Education and Society in Modern Europe, Bloomington 1979; ders., On Segmentation in Modern European Educational Systems: The Case of French Secondary Education, 1805-1920, in: The Rise of Modern Educational Systems: Structural Change and Social Reproduction 1870-1920, hg. v. D.K. Müller, F. Ringer und B. Simon, Cambridge 1987 (Vergleich zwischen Frankreich und Deutschland); für die in Frankreich und Deutschland ähnliche Debatte über die klassischen Schulfächer, aber fallende Anziehungskraft in Frankreich vgl. J.Albisetti, The Debate on Secondary School Reform in France and Germany, in: a.a.O., S.181ff., 193; P.Lundgreen, Sozialgeschichte der deutschen Schule im Überblick, Bd.1, Göttingen 1980; zu den Bildungs- und Berufschancen von Frauen: Annuaire statistique 31.1911, S.48 (Lehrer an den écoles primaires élementaires et secondaires 1910/11 und an den écoles normales primaires, den Lehrerseminaren); a.a.O., 32.1912, S.284 (Lehrer an Sekundarschulen 1913); Statistisches Jahrbuch des preußischen Staates 10.1912, S.404f. (Volksschullehrerinnen), S.427 (Volksschullehrerseminare), 430f., 444f. (Lehrer und Lehrerinnen an staatlichen und kommunalen höheren Lehranstalten. In privaten höheren Mädchenschulen war der Frauenanteil erheblich höher); Annuaire statistique, 21.1903, S.63 (école normale supérieure in Sèvres), S.71 (Studentinnen an Lehrerseminaren, den écoles normales primaires), 98; a.a.O., 31.1911, S.62f. (nur einheimische, nicht ausländische Studentinnen in Frankreich 1903 und 1912); Datenhandbuch zur deutschen Bildungsgeschichte, I, 42f. (nur einheimische Studentinnen in Deutschland, 1910/11); C.Huerkamp, Frauen, Universitäten und Bildungsbürgertum. Zur Lage studierender Frauen 1900-1930, in H.Siegrist, Hg., Bürgerliche Berufe, Göttingen 1988; Statistisches Jahrbuch für den preußischen Staat 10.1912, S.427 (Studentinnen an Volksschullehrerseminaren in Preußen 1892-1912); zu den Ausgaben für Volksschulen: Annuaire statistique 23.1903, S.69 (Volksschüler und -lehrer 1902), 75 (Staats-, Départements- und Gemeindeausgaben 1902); a.a.O., 31.1911, S.48 (Volksschüler und -lehrer 1910-11), 51 (Staats-, Départements- und Gemeindeausgaben); Statistisches Jahrbuch für den preußischen Staat 2.1904, S.125 (Volksschullehrer und -schüler 1901), 79 (Ausgaben für Elementarschulen); a.a.O., 10.1912, S.422 (Volksschullehrer und -schüler 1822-1911; Lehrer einschl. Hilfslehrer), 545 (Ausgaben für Elementarschulen).

Zur Sozialpolitik: für die Sozialpolitik in Frankreich: H.-G.Haupt, Sozialgeschichte Frankreichs seit 1789, Frankfurt 1989, S.274f.; I.Bourquin, «Vie ouvriére» und Sozialpolitik: Die Einführung der «retraites ouvriéres» in Frankreich um 1910. Ein Beitrag zur Geschichte der Sozialversicherung, Bern 1977, S.112f.; P.Schöttler, Die Entstehung der «bourses de travail»: Sozialpolitik und französischer Syndikalismus am Ende des 19. Jahrhunderts, Frankfurt 1982; G.Noiriel, «Etat-providence» et «Colonisation du monde vécu». L'exemple de la loi de 1910 sur les retraites ouvrières et paysannes, in: Prévenir Nr.19.1989; J.H.Weiss, Origins of the French Welfare State. Poor Relief in the Third Republic 1871-1914, in: FHS 13.1983/84; zur Einstellung der französischen Gesellschaft zum Sozialstaat und die staatlichen Entscheidungen: P.Fridenson, Le conflit social, in: A.Burguière/J.Revel, Hg., Histoire de la France, Bd.3, Paris 1990; D.E. Ashford, The Emergence of the Welfare States, Oxford 1986, S.97ff., 135ff.; A.Suthcliffe, Towards the Planned City, Oxford 1981, S.146ff.; M.Steffen, Hg., Mouvement ouvrier et santé, 2 Bde., Themenhefte von Prévenir Nr.18.1989 und Nr.19.1989; H.Hatzfeld, Du paupérisme à la sécurité sociale en France, 1850-1940, Paris 1971, S.33ff., 185ff.; G.Krumeich, Zwischen «republikanischem» und «sozialistischem» Block: Die französischen Sozialisten vor dem 1.Weltkrieg in: Francia 7.1979, S.309-337; M.Rébérioux, La république radicale? 1898-1914, S.42-116; für die deutsche Sozialpolitik: G.A.Ritter, Sozialversicherung in Deutschland und England. München 1983, S.28ff., 52ff., 62ff.; W.Fischer, Armut in der Geschichte, Göttingen 1982, S.83ff.; V.Hentschel, Geschichte der deutschen Sozialpolitik 1880-1980, Frankfurt 1983, S.21ff., 33ff.; K.Saul, Staat, Industrie und Arbeiterbewegung im Kaiserreich, Düsseldorf 1974; L.Gall, Bismarck, Frankfurt 1983, S.648ff.; vergleichende Arbeiten: J.Albers, Vom Armenhaus zum Wohlfahrtsstaat. Analysen zur Entwicklung der Sozialversicherung in Westeuropa, Frankfurt 1982, S.24ff. (Überblick über westeuropäische Entwicklung); C.Conrad, Die Entstehung des modernen Ruhestands. Deutschland im internationalen Vergleich 1850-1960, in: Geschichte und Gesellschaft 14.1988, S.430ff.; für den zeitgenössischen Informationsstand in Deutschland über Frankreich: Art. «Invalidenversicherung», in: Handwörterbuch der Staatswissenschaften, 5.Aufl., Bd.5, Jena 1923, S.497f.; Art. «Rentenversicherung», ebda., Bd.7, Jena 1926, S.643ff.; für Schätzungen der Anteile der Abgesicherten an der Erwerbsbevölkerung um 1910: P.Flora/J.Albers, Modernization, Demokratization, and the Development of Welfare States in Europe and America, New Brunswick 1981, S.74-76; P.Flora, State, Economy and Society in Western Europe, 1815-1975, Frankfurt 1983ff. Bd.1, S.460; für die gesetzliche Schlichtung von Arbeitskämpfen in Frankreich ab 1892 vgl. H.-G. Haupt,

Außerbetriebliche Situationen und Erfahrungen von französischen Arbeitern vor 1914, in: Archiv für Sozialgeschichte 22.1982, S.493f.; Art. «Gewerbegerichte» und «Einigungsämter», in: Handwörterbuch der Staatswissenschaften, 3.Aufl., Jena 1909; Statistisches Jahrbuch des Deutschen Reichs 33.1912, S.320; Annuaire 32.1912, S.37 (Die Gewerbegerichte wurden in Deutschland 1910 in rund 118000 Fällen, die Conseils de Prud'homme in Frankreich 1910 in rund 77000 Fällen – also in Frankreich gemessen an der Arbeiterzahl eher etwas häufiger – angerufen); für die Sozialausgaben u.a. J.Kohl, Staatsausgaben in Westeuropa, Frankfurt 1984, S.229ff.; Flora, State, Bd.2, S.382, 391; für die generellen Ausgaben der Communes und der Départements 1912: Annuaire statistique 32.1912, S.305, 310 (leider keine Aufgliederung der Ausgaben); vgl. zudem Th.Köster, Die Entwicklung kommunaler Finanzsysteme am Beispiel Großbritanniens, Frankreichs und Deutschlands 1790-1980, Berlin 1984, S.130ff., 183ff.; für Arbeitszeit und Arbeitszeitbegrenzung: Bourquin, Sozialpolitik, S.108ff.; G.Cross, The Quest für Leisure. Reassessing the Eight-Hors Day in France, in: Journal of Social History 18.1984/85; Art. «Arbeitsschutzgesetzgebung», in: Handwörterbuch der Staatswissenschaften, 3.Aufl., Bd.1, Jena 1909, S.599ff.; a.a.O., 4. Aufl., Jena 1923, Bd.1, S.439ff.; M.Schneider, Streit um Arbeitszeit, Geschichte des Kampfs um Arbeitszeitverkürzungen in Deutschland, Köln 1984; W.H.Schröder, Die Entwicklung der Arbeitszeit im sekundären Sektor in Deutschland 1871 bis 1913, in: Technikgeschichte 47. 1980 (Entwicklung der tatsächlichen Arbeitszeit); W.Feldenkirchen, Von der Frühindustrialisierung bis zum Ersten Weltkrieg, in: H.Pohl, Hg., Wirtschaftswachstum, Technologie und Arbeitszeit im internationalen Vergleich, Wiesbaden 1983, S.133ff. (Vergleich von Deutschland und Frankreich); für eine wichtige Interpretation vgl. Haupt, Außerbetriebliche Situationen, S.493; Echo auf die Bismarcksche Sozialpolitik in anderen Ländern: G.A.Ritter, Der Sozialstaat. Entstehung und Entwicklung im internationalen Vergleich, München 1989, S.98ff.; P.Hennoch, Arbeiterunfallentschädigung und Arbeiterunfallversicherung. Die britische Sozialreform und das Beispiel Bismarcks, in: Geschichte und Gesellschaft 11.1985; H.Heclo, Modern Social Politics in Britain and Sweden. From Relief to Income Maintenaince, New Haven 1975; K.Ebert, Die Anfänge der modernen Sozialpolitik in Österreich, Wien 1977; M.Braun, Die luxemburgische Sozialversicherung bis zum Zweiten Weltkrieg, Stuttgart 1982.

Für die «mutuels» und die Hilfskassen: Ashford, Welfare States, S.149ff.; A. de Swaan, In Care of the States. Health Care, Education and Welfare in Europe and the USA in the Modern Era, Oxford University Press 1988, S.143ff.; H.-G.Haupt, Frankreich: Langsame Industrialisierung und republikanische Tradition, in: J.Kocka, Hg., Europäische Arbeiterbewegungen im 19.Jahrhundert, Göttingen 1983, S.44ff.; Y.Saint-Jours, Länderbericht Frankreich, in: P.A.Köhler/H.F.Zacher, Hg., Ein Jahrhundert Sozialversicherung in der Bundesrepublik Deutschland, Frankreich, Großbritannien, Österreich und der Schweiz, Berlin 1981, S.204; W.Fischer, Armut in der Geschichte, Göttingen 1982, S.87; K.Schönhoven, Selbsthilfe als Form der Solidarität. Das gewerkschaftliche Unterstützungswesen im deutschen Kaiserreich bis 1914, in: Archiv für Sozialgeschichte 20.1980.

Zur Stadtplanung und zur Kommunalpolitik: im Vergleich: A.Sutcliffe, Towards the Planned City. Germany, Britain, the United States and France 1780-1914, Oxford 1981, S.9ff.,126f.,202; A.Lees, Cities Perceived. Urban Society in European and American Thought, 1820-1940, Manchester 1985, S.239ff.; S.Fisch, Administratives Fachwissen und private Bauinteressen in der deutschen und französischen Stadtplanung bis 1918, in: Jahrbuch für europäische Verwaltungsgeschichte 1.1989; J.v.Simson, Kanalisation und Städtehygiene im 19.Jahrhundert, Düsseldorf 1983; John P.McKay, Tramways and Trolleys: The Rise of Urban Mass Transport in Europe, Princeton 1976, S.76ff.; M.Erbe, Nahverkehrsplanung in Berlin und Paris 1870 bis 1939. Ein kommunalpolitischer Vergleich, in: Geschichte als Aufgabe. Festschrift für O.Büsch, hg.

v.W.Treue, Berlin 1988, S.474ff.; N.Bullock/J.Read, The Movement for Housing Reform in Germany and France 1840-1914, Cambridge 1985; Th.Küsters, Die Entwicklung kommunaler Finanzsysteme am Beispiel Großbritanniens, Frankreichs und Deutschlands 1790-1980, Berlin 1984; A.Beltrain und H.Herzig in: K.F.Werner/ K.Manfrass, Hg., Frankreich – Deutschland, vorauss. 1990; P.Hall, Cities of To-Morrow. An Intellectual History of Urban Planning in the 20th Century, Oxford 1988; C.Engeli/H.Matzerath, Hg., Moderne Stadtgeschichtsschreibung in Europa, USA und Japan, Stuttgart 1989 (Forschungsstand); in Frankreich: A.Cottereau, L'apparition de l'urbanisme comme action collective: L'aglommération parisienne au début de ce siècle, in: Revue de sociologie de travail 1969; ders., Les débuts de planification urbaine dans l'agglomération parisienne, a.a.o., 1970; M.Roncayola, F.Choay, M.Agulhon in: Histoire de la France urbaine, Bd.4, Paris 1987; A.Sutcliffe, The Autumn of Central Paris: The Defeat of Town Planning, 1850-1970, London 1970; in Deutschland: H.Matzerath, Urbanisierung in Preußen, 1815-1914, Stuttgart 1985; D.Langewiesche, Bildungsbürgertum und Liberalismus im 19. Jahrhundert, in: J.Kocka, Hg., Bildungsbürgertum im 19. Jahrhundert, Teil IV, Stuttgart 1989; J.Reulecke, Geschichte der Urbanisierung in Deutschland, Frankfurt 1985, S.120ff.; H.Matzerath u. I.Thienel, Stadtentwicklung, Stadtplanung, Stadtentwicklungsplanung: Probleme im 19. und 20. Jahrhundert am Beispiel der Stadt Berlin, in: Die Verwaltung 10.1977, S.173-196; G.Fehl/J.Rodriguez-Lores, Hg., Städtebau um die Jahrhundertwende, Köln 1980; B.Ladd, Urban Planning and Civic Order in Germany, 1860-1814, Cambridge/Mass. 1990; L.Niethammer, Umständliche Erläuterung der seelischen Störungen eines Communalbaumeisters in Preußens größtem Industriedorf oder: Die Unfähigkeit zur Stadtentwicklung, Frankfurt 1979; für die Ausgrenzung nichtbürgerlicher Parteien aus der Kommunalpolitik: G.A.Ritter, Die Sozialdemokratie im Deutschen Kaiserreich in sozialgeschichtlicher Perspektive, München 1989. S.23ff.; einzelne Daten zu städtischen Versorgungsleistungen aus zeitgenössischen Nachschlagewerken.

Daten zu Stadtwachstum und Lebensqualität in den Städten: P.Flora, State, Economy and Society in Western Europe, 1815-1975, Bd.2, Frankfurt 1987, S.259-264 (Großstädte in Deutschland und Frankreich; Zuwachs von Städtern, d.h. Bewohner von Gemeinden mit mehr als 2000 Einwohnern, in Deutschland); ders., Indikatoren der Modernisierung, Opladen 1975, S.41 (Schätzungen für Zuwachs von Städtern, d.h. für Gemeinden über 2000 Einwohnern, in Frankreich); H.Matzerath, Urbanisierung in Preußen, 1815-1914, Stuttgart 1985, S.252ff; J.Reulecke, Geschichte der Urbanisierung in Deutschland, Frankfurt 1985, S.68ff.; Annuaire statistique 31 1911, S.37 14 (Durchschnitt der Sterberaten 1889-1891, 1910); a.a.O. 21 1901, S.34 (nur: Paris 1900), Preußische Statistik, Bd.188, S.38f. (Sterberaten für preußische Städte 1890, für preußische Großstädte und Berlin Durchschnitt 1886-90); Statistisches Jahrbuch für den preußischen Staat 10.1912, S.50 (Berlin), 51ff.(Sterberaten 1906-1910, die aus Sterbetafeln umgerechnet wurden).

Literatur und Quellen zu Kapitel 6

Zum Militarismus: R.Chickering, The Men Who Feel Most German. A Cultural Study of the Pan-German League 1886-1914, Boston 1984; M.Geyer, Deutsche Rüstungspolitik 1860-1980, Frankfurt 1984, S.45ff.; H.-U.Wehler, Wie «bürgerlich» war das Deutsche Kaiserreich? in: J.Kocka, Hg., Bürger und Bürgerlichkeit im 19. Jahrhundert, Göttingen 1987, S.266ff.; U.Frevert, Bürgerlichkeit und Ehre. Zur Geschichte des Duells in England und Deutschland, in: J Kocka, Hg., Bürgertum im 19. Jahrhundert, Bd.3, München 1988; E.Willems, Der preußisch-deutsche Militarismus. Ein Kulturkomplex im sozialen Wandel, Köln 1984; J.Dülffer/K.Holl, Hg., Bereit zum Krieg. Kriegsmentalität im Wilhelminischen Deutschland 1890-1914, Göttingen 1986.

Zur Entwicklung der Kirche und Religion: J.LeGoff/F.Lebrun, Hg., Histoire de la France réligieuse, Paris Seuil 1988; Y.Tranvouez, Entre Rome et le peuple (1920-1960), in: F.Lebrun, Hg., Histoire des catholiques en France du XVe siècle à mos jours, Toulouse 1980; J.-M.Mayeur, L'histoire réligieuse de la France, XIXe-XXe siècles, Paris 1975; G. Cholvy/Y.-M.Hilaire, Histoire réligieuse de la France contemporaine, 2 Bde., Toulouse 1986; T.Nipperdey, Religion im Umbruch. Deutschland 1870-1918, München 1988; O.Janz, Bürger besonderer Art. Evangelische Pfarrer in Preußen, 1850-1914, Diss. FU Berlin 1990; zum wichtigen, aber den französisch-deutschen Gegensatz weniger prägenden Unterschied zwischen den katholischen Kirchen beiderseits des Rheins fehlen bisher ebenfalls vergleichende Untersuchungen. Vgl. R.von Dülmen, Religion und Gesellschaft, Frankfurt 1989; J.Mooser, Arbeiter, Bürger und Priester in den konfessionellen Arbeitervereinen im Deutschen Kaiserreich, 1880-1914, in: J.Kocka, Hg., Arbeiter und Bürger im 19. Jahrhundert, München 1986.

Zur grundsätzlichen Einschätzungen der gesellschaftlichen Entwicklung der Zwischenkriegszeit: Frankreich: J.-P.Azéma/M.Winock, La Troisième République (1870-1940), Paris 1986; S.Berstein, La France des années 30, Paris 1988; C.Maier, Recasting Bourgeois Europe. Stabilization in France, Germany and Italy in the Decade after World War I, Princeton 1975; A.Prost, Les ancien combattants et la société française, 1914-1939, 3 Bde., Paris 1977; J.-M.Mayeur, La Troisième République 1870-1940, Paris 1984; W.Loth, Geschichte Frankreichs im 20. Jahrhundert, Stuttgart 1987, S.46ff.; Weimar: H.A.Winkler, Von der Revolution zur Stabilisierung, Berlin 1984; ders., Der Schein der Normalität, Berlin 1985; ders., Der Weg in die Katastrophe, Berlin 1987; H.Mommsen, Die verspielte Freiheit 1918-1933, München 1990; D.K.Peukert, Die Weimarer Republik. Krisenjahre der klassischen Moderne, Frankfurt 1987; zum Adel im Offizierskorps und zum Wandel der Unternehmer in der Weimarer Republik: D.Bald, Der deutsche Offizier, München 1982, S.90; H.Kaelble, Sozialstruktur und Lebensweisen deutscher Unternehmer, 1907-1927, Scripta mercaturae vorauss. 1991; zur demographischen Entwicklung der Zwischenkriegszeit: J.Dupâquier, Hg., Histoire de la population française, Bd.4, Paris 1988; A.Armengaud, La démographie française au XXe siècle, in: F.Braudel/E.Labrousse, Hg., Histoire économique et sociale de la France, Bd.4,2, Paris 1980; M.Gardens demographiehistorische Beiträge in: Y.Lequin, Hg., Histoire des français, Bd 1, Paris 1983; P.Marschalk, Bevölkerungsgeschichte Deutschlands im 19. und 20. Jahrhundert, Frankfurt 1984, S.53ff.; Vergleich leichter in: P.Flora, State, Economy und Society in Western Europe, 1815-1975, Bd.2, Frankfurt 1987, S.53ff., 178ff.; D.Langewiesche, Mobilität in deutschen Mittel- und Großstädten. Aspekte der Binnenwanderung im 19. und 20. Jahrhundert, in: W. Conze/U.Engelhardt, Hg., Arbeiter im Industrialisierungsprozeß. Herkunft, Lage und Verhalten, Stuttgart 1979; wirtschaftliche Entwicklung in Frankreich: A.Sauvy, Histoire économique de la France entre les deux guerres, 4 Bde., Paris 1965ff.; J.-C.Asselain, Histoire économique de la France au XVIIIe siècle è nos jours, Bd.2, Paris 1984, S.13ff.; K.F.Werner/K.Manfrass, Hg., Frankreich – Deutschland. Forschung, Technologie und industrielle Revolution im 19. und 20. Jahrhundert, vorauss. 1988; P.Fridenson/A.Straus, Hg., Le capitalisme français XIXe-XXe siècle, Paris 1987; C.Kindleberger, Die Weltwirtschaftskrise 1929-1939, München 1973.

Zum Arbeitskonflikt und zur Arbeiterkultur: D.Langewiesche, Politik – Gesellschaft – Kultur. Zur Problematik von Arbeiterkultur und kulturellen Arbeiterorganisationen in Deutschland nach dem Ersten Weltkrieg, in: Archiv für Sozialgeschichte 22 1982; J.Mooser, Arbeiterleben in Deutschland, 1900-1970, Frankfurt 1984; Winkler, Stabilisierung; ders., Schein der Normalität; ders., Katastrophe; ders., Klassenkampf versus Koalition. Die französischen Sozialisten und die Politik der SPD 1928-1933, in: Geschichte und Gesellschaft 17 1991; H.-G.Haupt, Sozialgeschichte Frankreichs seit 1789, Frankfurt 1989, S.244ff.; Berstein, Années 30, S.17ff.; zum Organisationsgrad der Gewerkschaften: H.Kaelble, Auf dem Weg zu einer europäischen Gesellschaft. Eine Sozialgeschichte Westeuropas 1880-1980, München 1987, S.84; zur Streikentwicklung: G.Goetz-Girey, Le mouvement des grèves en France 1919-1962, Paris 1965; H.Volkmann, Modernisierung des Arbeitskampfs? Zum Formwandel von Streiks und Aussperrungen in Deutschland, 1864-1975, in: H.Kaelble u.a., Probleme der Modernisierung in Deutschland, Opladen 1978; P.Flora, State, Economy and Society in Western Europe, Bd.2, Frankfurt 1987, S.708ff.; Tarifverträge: P.Jansen, Die gescheiterte Sozialpartnerschaft, Frankfurt 1987, S.90 (Zahl der Tarifverträge 1919-1939 schwankend zwischen 20 1933 und etwas über 3000 1937); D.Petzina u.a., Sozialgeschichtliches Arbeitsbuch III, München 1978, S.110 (Zahl der Tarifverträge während der Weimarer Republik schwankend zwischen knapp 8000 1918 und über 11000 1921).

Zum Wohlfahrtstaat der Zwischenkriegszeit: G.A.Ritter, Der Sozialstaat. Entstehung und Entwicklung im internationalen Vergleich, München 1989, S.102ff.; Peukert, Weimarer Republik, S.132ff.; P.Flora/J.Alber, Modernization, Democratization, and the Development of the Welfare States in Western Europe, in: P.Flora/A.Heidenheimer, Hg., The Development of Welfare States in Europe and America, New Brunswick 1981, S.55ff.; V.Hentschel, Geschichte der deutschen Sozialpolitik 1880-1980, Frankfurt 1983, S.119ff.; C.Sachße, Der Wohlfahrtstaat im Nationalsozialismus, Vortragsms.1989; Haupt, Sozialgeschichte, S.271ff.; D.Simon, Le patronat faces aux assurances sociales 1920-1930, in: Le mouvement social no.137 1986; M.Geyer, Ein Vorbote des Wohlfahrtstaates. Die Kriegsopferversorgung in Frankreich, Deutschland und Großbritannien nach dem Ersten Weltkrieg, in: Geschichte und Gesellschaft 9 1983; C.Conrad, Die Entstehung des modernen Ruhestands. Deutschland im internationalen Vergleich 1850-1960, in: Geschichte und Gesellschaft 14.1988; A.Schildt/A.Sywottek, Hg., Massenwohnung und Eigenheim. Wohnungsbau und Wohnen in der Großstadt seit dem Ersten Weltkrieg, Frankfurt 1988; W.Herlyn/A.v.Saldern/W.Tessin, Hg., Neubausiedlungen der 20er und 60er Jahre, Frankfurt 1987; A.Prost, La périodisation des politiques urbaines françaises depuis 1945: le point de vue d'un historien, in: Les politiques urbaines françaises depuis 1945, Bulletin de l'Institut d'histoire du temps présent, Supplément no.5, Paris 1984; A.Prost, L'école et la famille dans une société en mutation (1930-1980), Paris 1981; H.Tenorth, Zur deutschen Bildungsgeschichte 1918-1945, Köln 1985.

Literatur und Quellen zu Kapitel 7

Zum Wirtschaftswachstum und Strukturwandel Frankreichs und der Bundesrepublik meist im Vergleich: A.Maddison, Phases of Capitalist Development, Oxford 1982, S.44f. (auch längere Perspektive); ders., World Economic Performance since 1870, in: Interactions in the World Economy, ed.by C.-L.Holtfrerich, Hemel Hempstead 1989; J.-C.Asselain, Histoire économique de la France du XVIIIe siècle a nos jours, Bd.2, Paris 1984, S.107ff., 124ff. (Internationalisierung der französischen Wirtschaft); C.Sautter, France, in: A.Boltho, Hg., The European Economy, Oxford 1984; W.Abelshauser, Westeuropa vor dem Marshall-Plan. Entwicklungsmöglichkeiten und Wirtschaftsordnung in Großbritannien, Frankreich, Westdeutschland und Italien 1945-1950, in: Der Marshall-Plan und die europäische Linke, hg.v. O.N.Haberl/ L.Niethammer, Frankfurt 1986; ders., Die langen fünfziger Jahre, Düsseldorf 1987, S.77; OECD. Historical Statistics 1960-1985, Paris OECD 1987, S.44 (jährliches reales Wachstum pro Kopf 1972-1985); J.-J.Carré/P.Dubois/E.Malinvaud, La croissance française. Un essai d'analyse économique causale de l'après-guèrre, Paris 1972, S.32-39 (Frankreichs Wirtschaftswachstum seit dem späten 19. Jahrhundert) 219ff. (Konzentration der Unternehmen), S.493f. (Wachstumsbeschleunigung im Außenhandel), 611ff. (Einmaligkeit des Wachstums und des technischen Fortschritts); (engl. Version: J.-

J.Carré/P.Dubois/E.Malinvaud, French Economic Growth, Oxford 1976); F.Caron, An Economic History of Modern France, London 1979, S.177ff., S.215ff. (Aufschwung des Außenhandels), 301ff. (starke Unternehmenskonzentration); M.Lévy-Leboyer, Le patronat français 1919-1973, in: ders., Hg., Le patronat de la seconde industrialisation, Paris 1979, S.171ff. (Rückgang der Familienbetriebe und Aufstieg der Manager, Umbruch der Unternehmereinstellung); H.Weber, Le parti des patrons. Le CNPF (1946-1986), Paris 1986, S.259ff. (Entstehung «kaptalistischer» Unternehmereinstellung in 1950er Jahren); Le capitalisme français, XIXe-XXe siècle. Blocages et dynamismes d'une croissance, hg.v.P.Fridenson/A.Straus, Paris 1987; Historical Statistics of Foreign Trade 1965-1980, Paris OECD 1982, S.27, 29, 59, 61 (Gesamtvolumen und Struktur des Exports); Historical Statistics 1960-1985, Paris OECD 1987, S.36 (Agrar- und Industriebeschäftigung); Eurostat. Revue 1973-1982, Luxemburg 1982, S.54, 67, 121, 171, 183ff. (Anteil des Agrarsektors und des Industriesektors am Sozialprodukt und an der Erwerbsbevölkerung, Bruttoanlageinvestitionen, Güterverkehr, Elektrizitätsproduktion); Liste der 500 größten Unternehmen Europas 1986, geordnet nach Kapital, aber mit Angabe auch des Umsatzes und der Beschäftigten: Financial Times 26.11.1986; für den Vergleich der französischen und deutschen Wirtschaftspolitik: neben den in Kap.5 genannten Arbeiten zur Zeit vor 1914 zur französischen planification und zur Nationalisierung von Unternehmen: P.Mioche, Aux origines du plan Monnet: les discours et les contenues dans les permiers plans français, in: Revue historique, avril 1981; ders., Le plan Monnet. Genèse et élaboration 1941-1947, Paris 1987; De Monnet à Massé: enjeux politiques et objectifs économiques dans le cadre des quatre premiers Plans (1946-1965), Paris 1986; La Planification en crises (1965-1985), Paris 1988; R.F.Kuisel, Technocrats and Public Economic Policy: From the Third to the Fourth Republic, in: Journal of European Economic History 2.1973; ders., Capitalism and the State in Modern France, Cambridge 1981, S.187ff.; C.-F.Eck, Histoire de l'économie française depuis 1945, Paris 1988, S.13ff.; für den Anteil der Steuern und staatlichen Ausgaben am Sozialprodukt: A.Pedone, Public Expenditure, in: A.Boltho, Hg., The European Economy, Oxford 1982, S.393ff.; Flora, State, Bd.1, S.262ff.; Eurostat. Revue 1977-1986, Luxemburg 1988, S.66; für die bundesdeutsche Wirtschaftspolitik: G.Ambrosius, Die Durchsetzung der sozialen Marktwirtschaft in Westdeutschland 1945-1949, Stuttgart 1977; R.Klump, Wirtschaftsgeschichte der Bundesrepublik Deutschland. Zur Kritik neuerer wirtschaftshistorischer Interpretationen aus ordnungspolitischer Sicht, Wiesbaden 1985, S.81ff.; W.Abelshauser, Wirtschaftsgeschichte der Bundesrepublik Deutschland 1945-1980, Frankfurt 1983, S.46ff; R.Poidevin, L'Allemagne et le monde au XXe siècle, Paris 1983, S.192ff. (Erklärung des deutschen Wirtschaftswunders aus französischer Sicht); H.Uterwedde, Wirtschaft, in: J.Leenhardt/R.Picht, Hg., Esprit/Geist. 100 Schlüsselbegriffe für Deutsche und Franzosen, München 1989, S.228f.; ders., Wirtschaftspolitik der Linken in Frankreich. Programme und Praxis 1974-1986, Frankfurt 1988; Anteile am Weltexport berechnet nach: A.Maizel, Industrial Growth and World Trade, Cambridge 1962, S.430-434 (1953/55); Yearbook of International Trade Statistics, 1979, Bd.1, UN New York 1980; Anteile des Exports am Sozialprodukt: W.G.Hoffmann, Das Wachstum der deutschen Wirtschaft seit der Mitte des 19.Jahrhunderts, Berlin 1965, S.455, 520f.(Deutschland 1913 und Bundesrepublik 1950); M.Lévy-Leboyer, L'économie française au XIXe siècle, Paris 1985, S.45 (Frankreich 1907-13); Asselain, France, S.126 (Frankreich 1950); Historical statistics 1960-1980, Paris: OECD 1982, S.14 (Bundesrepublik und Frankreich 1980); für das raschere Wachstum des französischen Exports in den 1970er Jahren: Maddison, Capitalist Development, S.60; für den Wandel der Exportstruktur: J.Weiler, Long Run Tendencies in Foreign Trade: With a Statistical Study of French Foreign Trade Structure, in: Journal of Economic History 1971 (Exportstruktur Frankreichs 1950); W.G.Hoffmann, Wachstum, S.150ff. (Exportstruktur

1950 in der Bundesrepublik); Historical Statistics of Foreign Trade 1965-1980, Paris OECD 1982, S.27-29 (Exportstruktur 1965-80).
Zum Strukturwandel der Wirtschaft Frankreichs im Vergleich zur Bundesrepublik: Vgl. M.Baslé/J.Mazier/J.-F.Vidal, Croissance sectorielle et accumulation en longue période, in: Statistiques et Etudes financières, série orange, Nr.40,1979, S.45 (Zuwachsraten des Produktionswerts der Investitionsgüterindustrie in Frankreich 1946-1960 9% jährlich, 1960-1972 8% jährlich, konstante Preise; Anteil Unselbständiger in Investitionsgüterindustrie an Unselbständigen in Industrie: 1946: 24%; 1972: 33%); Hoffmann, Wachstum, S.358, 570 (Zuwachsraten Metallverarbeitung, im wesentlichen Maschinenbau, 1950-1959 ca.9%, konstante Preise); Statistisches Jahrbuch 1975 für die Bundesrepublik Deutschland, Stuttgart 1975, S.513 (Stahl-, Maschinen- und Fahrzeugbau, 1960-1972, konstante Preise 7% jährlich); Eurostat. Revue 1970-1979, Luxemburg 1980, S.172 (Jährlicher durchschnittlicher Zuwachs des Produktionsindex der Investitionsgüter 1970-1979 in Frankreich: 39%; in der Bundesrepublik: 15%); ebda., 1973-1982, Luxemburg 1984, S.164 (Höhere Zuwachsraten in Frankreich 1973-1981); Maddison, Capitalist Development, S.225ff.(nicht nur für fünfziger Jahre, sondern auch für sechziger und siebziger Jahre stärkeres Wachstum in der Bundesrepublik des enger definierten Stocks der Bruttoinvestitionen); Historical Statistics of Foreign Trade 1965-1980, Paris OECD 1982, S.27-29 (Anteil der Investitionsgüter am Export in Frankreich: 1965: 20%; 1980: 33%; in der Bundesrepublik: 1965: 46%; 1980: 45%) OECD. Labour Force Statistics 1964-1984, Paris OECD 1986, S.227, 247 (Beschäftigungsanteil der Produktionsgüterindustrien und der Hüttenindustrie an der industriellen Beschäftigung in Frankreich und der Bundesrepublik 1980, allerdings relativ weiter Begriff der Produktion von Metallgütern, Maschinen und Ausrüstungen, nur abhängig Beschäftigte); Eurostat. Revue 1970-1979, Luxemburg 1980, S.76-79 (Investitionsgüter per capita 1980 in Frankreich 534 ECU, in der Bundesrepublik mit 648 ECU); ebda., 1973-1982, S.68-71 (Brutto-Anlageinvestitionen je Einwohner, Anteil der Metallerzeugnisse und Maschinen an den Brutto-Anlageinvestitionen); W.Fischer, Wirtschaft, Gesellschaft und Staat in Europa, 1914-1980, in: ders., Hg., Handbuch der Europäischen Wirtschafts- und Sozialgeschichte, Bd.6, Stuttgart 1987, S.128 (Gewicht der französischen Automobilproduktion im europäischen Rahmen).
Für den sozialhistorischen Umbruch in Frankreich: J.Fourastié, Les trentes glorieuse ou la révolution invisible, Paris 1979; H.Mendras, La seconde révolution française, 1965-1984, Paris 1988; D.Borne, Histoire de la société française depuis 1945, Paris 1988; Ph.Pinchemel, La France. Activités, milieux ruraux et urbaines, 2 Bde., Paris 1981 (engl.: France, Cambridge 1986); F.Bloch-Lainé/J.Bouvier, La France restaurée 1944-1954. Dialogues sur les choix d'une modernisation, Paris 1986; H.Kaelble, Boom und gesellschaftlicher Wandel, 1949-1973: Frankreich und die Bundesrepublik im Vergleich, in: H.Kaelble, Hg., Der Boom 1949-1973, Opladen 1991; zum Wandel der Ausbildungsqualifikationen: J.Handl, Educational Chances and Occupational Opportunities of Women: A Socio-historical Analysis, in: Journal of Social History March 1984 (Schul-, Berufsschul- und Hochschulabschlüsse der Jahrgänge 1901-1940 in der Bundesrepublik); Frauen in Familie, Beruf und Gesellschaft, hg. v. Statistischen Bundesamt, Mainz 1987, S.119 (Abschlüsse der Schulabgänger 1972 und 1985 in der Bundesrepublik); R.Pohl/C.Thélot/M.-F.Jousset, L'enquête formation-qualification professionelle de 1970, in: Collections de l'INSEE, démographie et emploi, série D, no.32, Paris 1974, S.114 (Ausbildungsabschlüsse von Männern und Frauen in Frankreich der Jahrgänge 1919-1964, befragt 1971); Données sociales 1987, Paris INSEE 1987, S.557 (Abschlüsse der Schul- und Hochschulabgänger in Frankreich 1973, 1977, 1983); A.Prost, L'école et la famille dans une société en mutation (1930-1980), Paris 1981; für Konsum und Wohnen: N.Herpin/D.Verger, La consommation des français, Paris 1988; L.Lévy-Garboua, Les modes de consommation de quelques pays occidentaux:

Comparaisons et lois d'évolution (1960-1980), in: Consommation no.1.1983; A.S. Deaton, The Structure of Demand 1920-1970, in: Fontana Economic History of Europe, Bd.5, Teil 1, London 1976, S.99ff., 118ff. (Sparquote, Haushaltsausgaben für Essen, Wohnqualität 1946-1968, Autodichte 1922-1970); Statistisches Jahrbuch für die Bundesrepublik 1955, S.497 (Haushaltsausgaben mittlerer Einkommen, Vier-Personen-Haushalt, 1950-1954); Données sociales, édition 1984 Paris: INSEE 1984, S.39 (Arbeiteranteil 35% 1981), 285f. (Haushaltsausgaben 1959-1982); Données sociales, 1987, Paris INSEE 1987 S.316, 359 (Wohnungsqualität 1982 in Frankreich, Haushaltsausgaben in der Bundesrepublik, Frankreich, Italien, Belgien, Niederlande 1980 und 1983); J.Niaudet, L'évolution de la consommation des ménages de 1959 à 1968, Annales du centre de Recherches et de Documentation sur la Consommation, nos.2-3(1970); Eurostat. Sozialindikatoren für die Europäische Gemeinschaft 1960-1975, Luxemburg 1977, S.164-173, 242-251 (Haushaltsausgaben 1970, 1974; Wohnungsqualität und Wohnbesitz 1960-1974, Fernsehgeräte, Autos, langlebige Haushaltsgegenstände 1960-1975); Eurostat. Revue 1971-1980, Luxemburg 1982, S.110 (Autos, Fernsehgeräte, Geschirrspülmaschinen 1971-1980); P.Flora, State, Economy and Society in Western Europe, Bd.2, Frankfurt 1987, S.302ff. (Zimmerzahl pro Wohnung); Eurostat. Haushaltsrechnungen. Einige vergleichende Ergebnisse: BR Deutschland – Frankreich – Italien – Vereinigtes Königreich, Luxemburg 1985, S.94ff.; W.Glatzer, Die materiellen Lebensbedingungen in der Bundesrepublik Deutschland, in: W.Weidenfeld/ H.Zimmermann, Hg., Deutschland-Handbuch, Bonn 1989 (Haushaltsausgaben, langlebige Konsumgüter, Hausbesitz); für die groben Berufsstrukturdaten: Flora, State, Bd.2, S.505f., 519 (1946 für Frankreich, 1950 für die Bundesrepublik); Historical Statistics 1960-1975, Paris OECD 1987, S.36ff (1980); Labour Force Statistics 1964-1984, Paris OECD 1986, S.223, 235 (wirtschaftliche Selbständige); zur besonderen Rolle des Kleinbürgertums in Frankreich: H.-G.Haupt, Soziale Ungleichheit und Klassenstrukturen in Frankreich seit der Mitte des 19. Jahrhunderts, in: Klassen in der europäischen Geschichte, hg.v. H.-U.Wehler, Göttingen 1979; für die Zeit seit dem Zweiten Weltkrieg einige genauere Zahlen, die freilich auch von der Definition dieser weiten sozialen Schichten abhängen: Die Schicht der Selbständigen – meist kleine Selbständige – sank in Frankreich von 24% 1946 auf nur noch 14% 1975, die der Arbeiter und Angestellten im sekundären Sektor stieg von 24% 1946 auf 32% 1962 (blieb dann allerdings bis 1975 bei 31%), die der Angestellten und Arbeiter im Dienstleistungssektor von 23% 1946 auf 33% 1962 und weiter auf 42% 1975. In der Bundesrepublik waren die Veränderungen besonders in den fünfziger und sechziger Jahren meist langsamer: Die Schicht der Selbständigen sank von 15% 1950 auf 10% 1970, die der Arbeiter und Angestellten im sekundären Sektor stieg von 32% 1950 auf 41% 1961 und dann allerdings langsamer auf 44% 1970, die der Angestellten und Arbeiter im Dienstleistungssektor (ähnlich rasch wie in Frankreich zwischen 1946 und 1962) von 23% 1950 auf 30% 1961 und weiter auf 38% 1970 (berechnet nach Flora, State, Bd.2, S.505ff.; dazu auch: Données sociales 1987, Paris: INSEE 1987, S.39ff. ; Bevölkerung und Wirtschaft 1872-1972, hg. v. Statistischen Bundesamt, Stuttgart 1972, S.142); zum Verschwinden des ländlichen und bäuerlichen Lebensstils nach dem Zweiten Weltkrieg: R.Huebscher, Déstruction de la paysannerie? in: Y.Lequin, Histoire des français XIXe-XXe siècles, Bd.2: La société, Paris 1983; Ph.Collomb, La mort de l'Orme séculaire. Crise agricole et migration dans l'Ouest audois des années cinquante, Paris 1984. zur Migration: D.Langewiesche/ D.Lenger, Internal Migration: Persistence and Mobility, in: Population, Labour and Migration in 19th- and 20th-Century Germany, hg. v. K.J.Bade, Leamington Spa 1987; L.Goreux, Les migrations agricoles en France depuis un siècle et leurs relations avec certains facteurs économiques, in: Etudes et conjoncture, avril 1956; D.Courgeau, Mobilit et migrations, in: J.Dupâquier, Hg., Histoire de la population française, Bd.4, Paris 1988.

Literatur und Quellen zu Kapitel 8

Daten zur demographischen Entwicklung und zu Familienformen: P. Flora, State, Economy and Society in Western Europe, 1815-1975, Bd.2, Frankfurt 1987, S.53ff.; J.Dupâquier, Hg., Histoire de la population française, Bd.4, Paris 1988; für die jüngste Vergangenheit: Eurostat.Revue 1971-1980 (oder spätere Ausgabe) Luxemburg 1982, S.107; Eurostat. Bevölkerungsstatistik 1984, Luxemburg 1984 (oder spätere Ausgabe), S.66ff. (Regionale Geburtenraten); G.Calot, Données comparées saur l'évolution de la fécondité selon le rang de naissance en Allemagne fédérale et en France (1950-1977), in: Population 34 1979; Données sociales, édition 1984, Paris INSEE 1984, S.424 (Kinderzahlen nach Müttergeburtsjahrgängen 1910-1929, nur Ehen mit Kindern; Familiengröße nach Kinderzahl 1981 Frankreich); R.Nave-Herz, Kontinuität und Wandel in der Bedeutung von Struktur und Stabilität von Ehe und Familie in der Bundesrepublik Deutschland, in: dies., Hg., Wandel und Kontinuität der Familie in der Bundesrepublik Deutschland, Stuttgart 1988, S.73ff. (Kinderzahl nach Eheschließungsjahrgängen 1945-77, einschließlich Ehen ohne Kinder, die für den Vergleich mit Frankreich herausgerechnet wurden; ideale Kinderzahl nach Befragungen 1950 und 1979 in der Bundesrepublik); Kommission der Europäischen Gemeinschaften. Die Europäer und ihre Kinder, Brüssel 1979, S.74 (ideale Kinderzahl, Umfrage in der Europäischen Gemeinschaft 1979); R.Wall, Introduction, in: ders./J.Robin/P.Laslett, Hg., Family Forms in Historic Europe, Cambridge 1983, S.48ff. (Drei-Generationen-Familie); Eurostat. Bevölkerungsstatistik 1984, Luxemburg 1984, S.74-76 (Heiratsalter bei Erstehe, 1960-1980, Frauen und Männer, Frankreich und Bundesrepublik; Lebenserwartung von 40jährigen Männern und Frauen in Frankreich und der Bundesrepublik 1950-1974/79); H.Kaelble, Auf dem Weg zu einer europäischen Gesellschaft, München 1987, S.20 (Heiratsalter bei Erstehe 1880-1970); Statistisches Bundesamt. Frauen in Familie, Beruf und Gesellschaft, Ausgabe 1987, Stuttgart 1987, S.25 (Ehedauer der Eltern bei der Geburt der Kinder, 1965-1985; Heiratsalter 1950-1980); Eurostat. Bevölkerungsstatistik 1984, Luxemburg 1984, S.86, 98 (Fruchtbarkeitsraten von Frauen nach Altersgruppen für Frankreich und die Bundesrepublik); zur Übersterblichkeit von Frauen: Annuaire statistique de la France 72 1966, S.77; Bevölkerung und Wirtschaft 1872-1972, Stuttgart 1972, S.110f.

Zur Privatsphäre: A.Prost, Frontières et espaces du privé, in: Histoire de la vie privée, Bd.5: De la Première Guerre mondiale à nos jours, Paris 1987, S.77ff.; L.A.Vaskovics, Veränderungen der Wohn- und Umweltbedingungen in ihrer Auswirkung auf die Sozialisationsleistung der Familie, in: R.Nave-Herz, Hg., Wandel und Kontinuität der Familie in der Bundesrepublik Deutschland, Stuttgart 1988, S.37ff.; Flora, State, Bd.2, S.302ff. (Wohnungssituation um 1950 und in den sechziger Jahren); W.Glatzer, Ziele, Standards und soziale Indikatoren für die Wohnungsversorgung, in: W.Zapf, Hg., Lebensbedingungen in der Bundesrepublik Deutschland, Frankfurt 1978; M. Niehuss, Zur Sozialgeschichte der Familie in Bayern 1945-1950, in: Zeitschrift für bayerische Landesgeschichte 51 1988, S.928ff.

Zur Beziehung zwischen Eltern und Kindern: Données sociales 1987, Paris INSEE 1987, S.513 (Beaufsichtigung von Kleinkindern 1983 in Frankreich); Kommission der Europäischen Gemeinschaften. Die Europäer und ihre Kinder, Brüssel 1979, S.45 (Wünsche nach öffentlichen Institutionen zur Beaufsichtigung der Kinder, 1979 in der EG); S.Harding/D.Phillips/M.Fogarty, Contrasting Values in Western Europe, London 1986, S.120f.(Kinder als Faktor für Eheglück: Frankreich 65%, Bundesrepublik 41%; Umfrage 1981); Kommission der Europäischen Gemeinschaft. Die jungen Europäer, Brüssel Dezember 1982, S.24 (Jugendliche und junge Erwachsene und ihre Beziehungen zu ihren Eltern: «sehr gut» in Frankreich 49%, in der Bundesrepublik 30%); Kommission der Europäischen Gemeinschaft. Die Europäer und ihre Kinder, Brüssel

Oktober 1979, S.75 (Wunsch nach engeren Beziehungen zwischen Großeltern und Enkeln: Frankreich 72%, Bundesrepublik 58%); A.Prost, Frontières et espace du privé, in: Histoire de la vie privé, Bd.5, Paris 1987, S.81ff.; A.Prost, L'école et la famille dans une société en mutation, Paris 1981, S.23 (Kindergartenkinder 1928-1979); Données sociales 1987, Paris 1978, S.547 (Kindergartenkinder 1963-1986); Statistisches Jahrbuch für die Bundesrepublik Deutschland 1983, S.403 (Kindergartenkinder 1978-81).

Zu den Beziehungen zwischen den Ehepartnern: Commission des Communautés Européennes. Femmes et Hommes d'Europe en 1978, Brüssel Februar 1979, S.109-112 (Mithilfe des Ehemanns im Haushalt, zumutbare männliche Mithilfe im Haushalt); Commission des Communautés Européennes. Femmes et Hommes d'Europe en 1983, S.31, 40, 43 (Gleichheit im Haushalt; allgemeine Forderung nach Gleichheit für Frauen; Einschätzung der Frauenbewegung); Kommission der Europäischen Gemeinschaften. Frauen Europas. Nachtrag Nr.26: Frauen und Männer Europas im Jahre 1987, S.14ff., 60f. (Einstellung zur Rollenverteilung zwischen Frauen und Männern 1987 in der EG); Harding/Phillips/Fogarty, Values, S.20f., 44f., 120f. (Kirche und Familie; Vorstellungen von glücklicher Ehe)

Berufstätigkeit von Frauen: Bevölkerung und Wirtschaft 1872-1972, hg. v. Statistischen Bundesamt, Stuttgart 1972, S.96, 144 (Anteil Berufstätiger unter Ehefrauen 1950); Frauen in Familie, Beruf und Gesellschaft. Ausgabe 1987 Stuttgart 1987, S.63, 67 (Anteil Berufstätiger unter Ehefrauen 1980; Anteil der Selbständigen unter erwerbstätigen Frauen); Eurostat. Revue 1972-1981, Luxemburg 1983, S.120 (Frauenanteil an den Erwerbstätigen in Westeuropa 1972-1981); Eurostat. Sozialindikatoren für die Europäische Gemeinschaft 1960-1975, Luxemburg 1977, S.97, 104f. (altersspezifische Berufstätigkeit von Frauen in der EG 1975; allerdings handelt es sich dabei nicht um echte Erwerbslebensläufe, sondern um einen Vergleich der Erwerbsquoten von Frauen verschiedener Altersgruppen 1975); I.Sommerkorn, Die erwerbstätige Mutter in der Bundesrepublik, in: Nave-Herz, Hg., Familie, S.116f, 299; Bulletin mensuel de statistique, supplément janvier-mars 1951, S.18 (Anteil Berufstätiger unter Ehefrauen ohne Witwen und Geschiedene); Données sociales, 4e édition, Paris INSEE 1981, S.38 (Anteil Berufstätiger unter Ehefrauen in Frankreich 1975); id., 1981, S.39 (Anteil Selbständiger unter erwerbstätigen Frauen 1968-81); Eurostat. Revue 1972-1981, Luxemburg 1982, S.120 (globale Frauenarbeit); The Integration of Women in the Economy, OECD Paris 1985, S.17ff., 28ff. (Berufschancen von Frauen und Konzentration in Sektoren und Stellungen im Beruf), S.34 (Wandel der Erwerbslebensläufe von Frauen in Frankreich 1960-1982); Commission des Communautés Européennes. Femmes et Hommes d'Europe en 1978, Brüssel Februar 1979, S.17, 53, 91, 95, 101, 107 (Einschätzung der Frauenbewegung, Berufswunsch von Hausfrauen, Zufriedenheit mit Hausfrauentätigkeit); Commission des Communautés Européennes. Femmes et Hommes d'Europe en 1983, S.34, 48, 81, 93, 102-11 (Gleiche Berufsfähigkeit von Frauen und Männern, Bereitschaft von Frauen zur Organisation in Frauenbewegung, Neigung von Frauen zur Berufstätigkeit; Ungleichheit von Männern und Frauen im Beruf); Kommission der Europäischen Gemeinschaften. Frauen Europas. Nachtrag Nr.26: Frauen und Männer Europas im Jahre 1987, S.14ff., 60f.(Außenseiterposition der bundesrepublikanischen Einstellung zur Rollenverteilung zwischen Frauen und Männern auch 1987 in Westeuropa: Befürworter der gleichen Rollenverteilung zwischen Mann und Frau in der Familie: Frankreich: 45%: Durchschnitt der Europäischen Gemeinschaft: 41%; Bundesrepublik: 26%, darunter Männer 25%, Frauen 27%. In allen Ländern der Europäischen Gemeinschaft nahmen zwischen 1983 und 1987 die Befürworter zu, außer in der Bundesrepublik, Luxemburg und Griechenland); Commission des Communautés Européennes. Les femmes salariées en Europe, Brüssel Dezember 1980, S.46f., 53 (Einschätzung Frauenarbeit); Eurostat.Revue 1972-1981, Luxemburg 1983, S.116,

S.131-141 (Unterschiede zwischen Frauen und Männern in der Arbeitslosigkeit und dem Verdienst; Studentinnenanteil an Hochschulen); Données sociales 1987, Paris INSEE 1987, S.46ff. (Frauenanteil bei Ärzten, Rechtsanwälten, Gymnasiallehrern, Hochschullehrern, höheren Beamten 1982); Statistisches Bundesamt. Fachserie 1: Bevölkerung und Erwerbstätigkeit. Reihe 41.2: Beruf, Ausbildung und Arbeitsbedingungen der Erwerbstätigen 1980, Stuttgart 1980, S.51ff. (Frauenanteil in akademischen Berufen).
Für neue Familienformen und Lebenszyklen: M.Segalen/F.Zonabend, Familles en France, in: Histoire de la famille, hg.v. A.Burguière et.al., Paris 1986, S.498ff.; M.Segalen, Die Familie, Frankfurt 1990; L.Roussel, La famille incertaine, Paris 1989; Prost, Frontières, S.87f. (auch Probierehe in Frankreich); R.Sieder, Sozialgeschichte der Familie, Frankfurt 1987; zu den Detaildaten: Statistisches Bundesamt. Frauen in Familie, Beruf und Gesellschaft, Ausgabe 1987, Stuttgart 1987, S.22, 51 (Ehescheidungen in der Bundesrepublik 1950-1985; Einelternfamilien in der Bundesrepublik 1985); Données sociales, 5e édition, Paris INSEE 1984, S.424, 428, 447 (Ehescheidungen in Frankreich 1885-1982; Einelternfamilien in Frankreich 1981); P.Festy/F.Prioux, Le divorce en Europe depuis 1950, in: Population 30 1975; P.Chester, Hg., Divorce in Europe, Amsterdam 1977; Harding/Phillips/Fogarty, Values, S.120 (Billigung von Mutter-Kind-Familien; Frankreich: 61%; Bundesrepublik: 24%; Umfrage 1981).

Literatur und Quellen zu Kapitel 9

Zur Einkommens- und Vermögensverteilung: M.Sawyer, Income Distribution in OECD Countries, OECD Economic Outlook, Occasional Studies, OECD Paris July 1976, S.26ff.; H.Lydall, The Structure of Earnings, Oxford 1968, S.141ff. (Einkommensverteilung im internationalen Vergleich in den 1960er Jahren); für Abstände unter Lohn- und Gehaltsempfängern: Dispersion et disparités de salaires l'étranger: Etats-Unis, Grande Bretagne, Allemagne fédérale et comparaison avec la France, Documents du CERC, no.29/30, Paris: La documentation française 1976, S.126ff. (Vergleich zwischen Frankreich, Bundesrepublik, USA und Großbritannien 1951-1974); Structures des salaires et des emplois dans les entreprises françaises et allemandes, Documents du CERC, no.23, Paris: La documentation française 1974 (Untersuchung des CERC zu sieben ähnlichen französischen und deutschen Unternehmen der Maschinenbau-, Hütten- und Papierindustrie 1971); La hiérarchie des salaires. Une essai de comparaison internationale, Documents du CERC, no.12, Paris: La documentation française 1971 (Untersuchung des CERC 1968/69 zu jeweils 9-10 französischen, italienischen, britischen, niederländischen, amerikanischen und deutschen Unternehmen. Im Gegensatz zum Vergleich französischer und deutscher Unternehmen von 1971 zeigte diese Untersuchung allerdings nur geringe französisch-deutsche Unterschiede im Abstand zwischen Spitzengehältern und unteren Lohngruppen. Nach Eigenangaben des CERC war die Untersuchung von 1971 besser angelegt); Entwicklung in den siebziger Jahren: M.Sawyer, Income Distribution and the Welfare State, in: A. Boltho, ed., The European Economy, Oxford: Oxford University Press 1982, S.206f. (Einkommensanteil der Spitzeneinkommen nach den Steuern um 1970 in Frankreich 30.4%, in der Bundesrepublik 30.3%, in Italien dagegen 28.1%, in Spanien 26.7%, in Großbritannien 23.3%, in Schweden sogar nur 21.3%); Données sociales, édition 1984, Paris 1984, S.175 (Frankreich 1975); Les revenues des français. La croissance et la crise (1960-1983), Documents du CERC. Paris: Documentation française, 1986 (Frankreich 1985); K.-D. Bedau/B.Freitag/G.Göseke, Die Einkommenslage der Familien in der Bundesrepublik Deutschland in den Jahren 1973 und 1981, Berlin 1987; Vermögen: Données sociales, édition 1984, Paris 1984, S.224; D.Straus-Kahn, Eléments de comparaison internationale des patrimoines, in: Le patrimoine français, Economie et statistique no.144, Paris

INSEE 1983, S.119ff. (internationaler Vergleich in den 1970-er Jahren); H.Kaelble, Auf dem Weg zu einer europäischen Gesellschaft, München 1987, S.50ff. (internationaler Vergleich seit dem Jahrhundertanfang); P.Madinier/J.-J.Malpot, Le patrimoine des français. Montant et répartition, Documents du CERC, no.49, Paris: La documentation française 1979 (nur Vermögensverteilung in Privathaushalten); A.Daumard, Wealth and Affluence in France Since the Beginning of the 19th Century, in: W.D. Rubinstein, Hg., Wealth and the Wealthy in the Modern World, London 1980, S.112ff.; H.Mierheim/C.Wiecke, Die personelle Vermögensteilung in der Bundesrepublik Deutschland, Tübingen 1978 (Vermögensverteilung in der Bundesrepublik 1973); H.Morsel, La classe dominante de l'entre-deux-guerres à nos jours, in: Y.Lequin, Hg., Histoire des français XIXe-XXe siècles, Paris 1983, Bd.2, S.534 (Rentiers).

Zur Herkunft und Statusvererbung in den oberen Schichten: W.König/W.Müller, Educational Systems and Labour Markets as Determinants of Worklife Mobility in France and West Germany: A Comparison of Men's Career Mobility, 1965-1970, in: European Sociological Review 2 1986, S.86 (König und Müller schätzen, daß zwischen 1965 und 1970 in der Bundesrepublik ca.170000 mittlere Angestellte und ca.33000 gelernte Arbeiter in die weit definierten leitenden Angestelltenstellungen aufrückten, in Frankreich hingegen nur ca.88000 mittlere Angestellte und wohl nur sehr wenige gelernte Arbeiter. Der Aufstieg in selbständige Unternehmerpositionen dagegen scheint in der Bundesrepublik ähnlich selten gewesen zu sein wie in Frankreich); für die Herkunft der grands corps und der deutschen Verwaltungsspitzen um 1970: Kaelble, Soziale Mobilität, S.84ff.; für die familiäre Herkunft der cadres supérieurs und für den Beruf ihrer Söhne: A.Darbel, L'évolution récente de la mobilité sociale, in: Economie et statistique 71 1975, S.18f.; C.Thélot, La transmission du statut social entre générations, in: D.Kessler/A.Masson, Hg., Cycles de vie et générations, Paris 1985, S.135ff.; für die soziale Herkunft der Unternehmer: H.Kaelble, Soziale Mobilität und Chancengleichheit im 19. und 20. Jahrhundert, Göttingen 1983, S.258ff.; P.Bourdieu/M.Saint-Martin, Le patronat, in: Actes de la recherche en sciences sociales Nr.20/21, 1978; M.Lévy-Leboyer, Innovations and Business Strategies in 19th and 20th Century France, in: E.C.Carter et.al. (eds.), Enterprise and Entrepreneurs in 19th and 20th Century France, Baltimore 1976; ders., Le patronat français, 1912-1973, in: ders., Hg., Le patronat dans la deuxième industrialisation, Paris 1979; J.Marceau, «Plus ça change, plus c'est la même chose»: Access to Elite Careers in French Business, in: J.Howorth/P.G.Cerny, Hg., Elites in France, London 1981; für die politische Elite: H.Best, Recruitment, Careers, and Legislative Behavior of German Parlamentarians, 1848-1953, in: Historische Sozialforschung Nr.23, 1982; J.Charlot, Les élites politiques en France de la IIIe à la Ve république, in: Archives européennes de sociologie 14 1973.

Zur Familie der oberen Schichten: G.Desplanques, Cycle de vie et milieu social. Les collections de l'INSEE, série D, no.117, Paris 1987, S.195, 115 (verheiratete und unverheiratete Mütter, 1962-1981), 122-24 (Kinderzahl und Hausfrauenstatus), 132 (Studiendauer), 142ff. (Studium oder Berufstätigkeit der Kinder als junge Erwachsene), 149 (Heiratsalter der Kinder), 153f. (Anwesenheit Kinder im Haushalt der Eltern), 161ff. (Alter der Kinder bei der Geburt der Enkel), 169f. (Heiratsalter), 192ff. (Alter der Mütter mit Kindern unter 16 Jahren), 219ff. (Alter der Eltern beim Auszug der Kinder aus dem elterlichen Haushalt), 233ff. (Alter des Berufsbeginns von Frauen), 236ff. (Berufstätigkeit verheirateter Frauen), 258 (Scheidungen), 269ff. (Pensionierung und Verwitwung); M.Segalen/F.Zonabend, Familles en France, in: Histoire de la famille, hg.v. A.Burguière et.al., Paris 1986, S.511f. (besondere Bedeutung der Oberschichtfamilie für Freizeit und Karriere); Données sociales 1984, Paris INSEE 1984, S.16 (Frauenarbeit 1981), 260 (Einelternfamilien 1981), 416ff. (Kinderzahl, uneheliche Kinder 1968-1981); für Heiratsbeziehungen innerhalb der höheren Schichten (höhere Beamte, höhere Angestellte, Unternehmer in Betrieben mit mehr als 10 Beschäftigten): Données sociales, édition 1981, Paris INSEE 1981, S.28f. (eigene Berechnungen); K.U.Mayer, Statushierarchie und Heiratsmarkt, in: J.Handl u.a., Klassenlagen und Sozialstruktur, Frankfurt 1977, S.175 (eigene Berechnung nach Mayers Daten; Bundesrepublik 1971, Beruf des Ehemanns und des Schwiegervaters); vgl. auch Haupt, Sozialgeschichte Frankreichs, S.295 (Verflechtung der oberen Schichten untereinander); Morsel, La classe dominante, S.544f. (Zunahme der Heiratsverflechtung zwischen wirtschaftlichen und übrigen oberen Schichten); C.Thélot, La transmission du statut social entre générations, in: D.Kessler/A.Masson, Hg., Cycles de vie et générations, Paris 1985, S.137ff. (Beruf der Schwiegerväter und Schwiegersöhne in Frankreich 1977); P.A.Audirac, Cohabitation et mariage: Qui vit avec Qui? in: Economie et statistique no.145, juin 1982, S.41-60; Desplanques, Cycles de vie, S.171ff. (Beruf des Ehemanns und des Vaters der Ehefrau, Heiratskohorten 1952-1981); Recensement général de la population 1982. Ménages – familles. INSEE Paris 1982, S.144f. (Berufe Ehefrau und Ehemann 1982); ähnlich auch für 1981: Données sociales, édition 1984, INSEE Paris 1984, S.412; A.Prost, Frontières et espaces du privé, in: Histoire de la vie privée, Bd.5: De la Première Guerre mondiale à nos jours, Paris 1987, S.77ff.; für die grands corps: P.Escourbe, Les grands corps de l'état, Paris 1971; für das Modell der klassischen bürgerlichen Ehefrau: M.Perrot, Hg., Histoire de la vie privée, Bd.4, Paris 1987, S.132ff., 246ff., 486ff.; A.Martin-Fugier, La bourgeoise, Paris 1983; für die neue Rolle der Oberschichtfrau in Frankreich: B.de Wita, Ni vue, ni connue. Approche ethnographique de la culture bourgeoise, Paris 1988, S.83ff., 90ff. (Heiratsanbahnung).

Für die Lebensweisen: P.Bourdieu, Die feinen Unterschiede, 3. Aufl., Frankfurt 1984, S.822ff. (Wohnungstil, Möbel); ders., La noblesse d'état, Paris 1989, S.101ff., 140ff.; M.-A.Mercier, Repas à l'extérieur et au domicile en 1982, Collections de l'INSEE, série M, no.130, fév.1988, S.46 (Restaurantbesuche pro Woche), 52-59 (Ausgaben), 77 (Privateinladungen); Ministère de la culture. Pratiques culturelles des français. Description socio-démographique. Evolution 1973-1981, Paris 1982, S.206 (Ferienhäuser), 272f. (Bücher), 312f. (Musikinstrumente und Spiele), 382f. (Bilder); Données sociales 1987, Paris INSEE 1987, S.245 (Zweitwohnungen); für Heiratskreise: nicht mehr ausgewertet konnte: E.Mension-Rigau, L'enfance au château, Paris 1990; in der Bundesrepublik: Jahrbuch der öffentlichen Meinung Bd.1.1956, S.87 (Buchbesitz); Bd.2.1957, S.14 (Kosmetik bei Frauen), 19 (Eigenheim: freie Berufe 45%, Selbständige 48%, Beamte 17%, Angestellte 20%, Arbeiter: 18%), 39 (Lebensversicherung), 51 (Zeitungslektüre), 83 (Fernsehen), 107, 112ff. (Geschmack), 140 (Umgangsformen); Bd.3.1965, S.107f. (Angleichung im Besitz eines Fernsehgeräts 1957-1963), 148f. (Bücherbesitz); Bd.4.1967, S.29 (Sportinteresse), 58 (Urlaub), 99ff. (Kleidungs- und Einrichtungsgeschmack), 106-120 (Zeitungs-, Radio-, Fernseh-, Kinogewohnheiten); Bd.5.1974, S.14 (Körper), 19 (Krankheitsvorsorge), 47 (Sport), 48ff. (Urlaub), 53f. (Ausgehen), 63ff. (Ehekonflikte), 385f. (Berufschancen Frauen); Allensbacher Jahrbuch der Demoskopie, Bd.6: 1974-76, S.157 (Berufschancen von Frauen), S.235ff. (Besitz und Haushaltsaustattung), 265ff. (Urlaub); Bd.7: 1976-77, S.31 (Tageseinteilung), 48 (Hobbyfilmen), 141 (Ehe auf Probe), 154 (Mutterrolle der Frau), 237f. (Urlaub), 256 (Wohngeschmack), 259 (Telefon), 275ff. (Mediengewohnheiten); Bd.8: 1978-1983, S.48f. (Wohngeschmack), 89 (Ehe auf Probe), 482f. (Haushaltsausgaben); Das soziale Bild der Studentenschaft in der Bundesrepublik Deutschland. 11. Sozialerhebung des deutschen Studentenwerks, Bonn 1986, S.110 (Zahl der Geschwister), 116 (Erwerbstätigkeit der Mütter), 389 (Langzeitstudium, d.h. 13 Semester und mehr), 152 (Elternwohner, Zweitstudium und Verheiratete unter Studenten); zum Rückgang besondersartiger bourgeoiser Lebensweisen: B.de Wita, Ni vue, ni connue. Approche ethnographique de la culture bourgeoise, Paris 1988, S.74ff. (Kleidung); Ministère de la culture. Pratiques culturelles des français. Description socio-démographique. Evolution 1973-1981, Paris 1982, S.206, 272, 268, 380, 382f., 392 (allerdings unterscheiden

sich die beiden Oberschichtgruppen, die «gros commerçants et industriels» und die «cadres supérieuers» selbst in diesen Fällen nur um wenige Prozentpunkte von den den anderen Sozialgruppen. Streng statistisch genommen sind selbst diese Unterschiede meist nicht sicher); A.Prost, Frontières et espaces du privé, in: Histoire de la vie privée, Bd.5: De la Première Guerre mondiale à nos jours, Paris 1987, S.77ff. (Privatsphäre und Wohnen); Restaurantbesuch und Essenseinladungen: M.-A.Mercier, Repas à l'extérieur et au domicile en 1982, Collections de l'INSEE, série M, no.130, fév.1988; N.Herpin/V.Verger, La consommation des français, Paris 1988, S.51ff., 111-114 (Angleichung der Unterschiede im Haushaltsbudget zwischen verschiedenen sozialen Schichten); Desplanques, Cycles de vie, S.171ff. (Oberschichtehen); M.Burrage, Unternehmer, Beamte und freie Berufe. Schlüsselgruppen der bürgerlichen Mittelschichten in England, Frankreich und den Vereinigten Staaten, in: H.Siegrist, Hg., Bürgerliche Berufe, Göttingen 1988, S.69ff.
Zu Ausbildung und Karrieren: König/Müller, Worklife Mobility, S.77 (Hochschulstudium unter Freiberuflern und Unternehmern in Frankreich 69%, in der Bundesrepublik 55%; unter Spitzenangestellten und -beamten in Frankreich 42%, in der Bundesrepublik 38%). Allerdings gilt das in Frankreich wie in der Bundesrepublik nicht für mittlere und kleine Unternehmer, die in beiden Ländern selten Hochschulabsolventen waren, in der Bundesrepublik nur 12%, in Frankreich nur 14% (vgl. J.Affichard/F.Guillot, Formation. Recensement générale de la population de 1982, Paris, INSEE 1987, S.94; Statistisches Bundesamt. Frauen in Familie, Beruf und Gesellschaft. Ausgabe 1987, Stuttgart 1987, S.71); zu den Karrieren der Absolventen der ENA, der Ecole polytechnique, der Science Po und zum Überwechseln zwischen staatlichen grands corps in Managerposten der Privatwirtschaft: Ezra N. Suleiman, Elites in French Society, Princeton 1978, S.95ff.; P.Bourdieu, La noblesse d'état, Paris 1989, S.163ff.; L.Boltanski, Les cadres, Paris 1982 (Die Führungskräfte, Frankfurt 1989); J.-L.Bodiguel, Les anciens élèves de l'ENA, Paris 1978; R.Picht, Die Ära der Technokraten: Das Führungspersonal der V.Republik, in: Deutschland – Frankreich: Bausteine zum Systemvergleich, hg. v. R.Lasserre/W.Neumann/R.Picht, Bd.1, Gerlingen 1980, S.208ff.; Morsel, Classe dominante, S.536ff.; C.Charle, Le pantouflage en France (1880-1980), Annales 1987; A.Prost, L'école et la famille dans une société en mutation, Paris 1981, S.23 (Studenten an den grandes écoles); zum langsamen Niedergang des französischen Familienunternehmens unter den Großunternehmen: M.Lévy-Leboyer, Le patronat français, 1919-1973, in: ders., Le patronat de la seconde industrialisation, Paris 1979; zu den französischen Intellektuellen: C.Charle, Naissance des «intellectuels» 1880-1900, Paris 1989; P.Ory/J.-F.Sirinelli, Les intellectuels en France, de l'affaire Dreyfus à nos jours, Paris 1986; vgl.zur Diskreditierung der französischen «bourgeoisie» durch Vichy und Kollaboration: J.-P.Rioux, A Changing of the Guard? Old and New Elites at the Liberation, in: J.Howorth/Ph.G.Cerny, Hg., Elites in France. Origins, Reproduction and Power, London 1981.

Literatur und Quellen zu Kapitel 10

Gewerkschaften: P.Fridenson, Le conflit social, in: A.Burguière/J.Revel, Hg., Histoire de la France, Bd.3, Paris 1990; C.A.Wurm, Die Gewerkschaften in der französischen Politik, in: Politische Vierteljahrsschrift 25 1984; P.Jansen, Die gescheiterte Sozialpartnerschaft. Die französische Gewerkschaftsbewegung zwischen Tarifautonomie und Staatsinterventionismus, Frankfurt 1987; P.Jansen/L.Kißler/P.Kühne/C.Leggewie/O.Seul, Gewerkschaften in Frankreich, Frankfurt 1985, S.87ff.; P.Jansen/G.Kiersch, Frankreich, in: S.Mielke, Hg., Internationales Gewerkschaftshandbuch, Opladen 1986; W.Jäger, Gewerkschaften und Linksparteien in Frankreich, in: H.Rühle/H.-J.Veen, Hg., Gewerkschaften in den Demokratien Westeuropas, Bd.1, Paderborn 1983;

K.Schönhoven, Die deutschen Gewerkschaften, Frankfurt 1987; L.Niethammer, Strukturreform und Wachstumspakt. Westeuropäische Bedingungen der einheitsgewerkschaftlichen Bewegung nach dem Zusammenbruch des Faschismus, in: O.Vetter, Hg., Vom Sozialistengesetz zur Mitbestimmung, Köln 1975; K.Armingeon, Die Entwicklung der westdeutschen Gewerkschaften, Frankfurt 1988; I.Stöckl, Gewerkschaftsausschüsse in der EG. Die Entwicklung der transnationalen Organisation und Strategie der europäischen Fachgewerkschaften und ihre Möglichkeit zur gewerkschaftlichen Interessenvertretung im Rahmen der Europäischen Gemeinschaft, Kehl 1986; E.Kirchner, Trade Unions as a Presure Group in the European Community, Westmead 1977; K.Schwaiger/E.Kirchner, Die Rolle der Europäischen Interessenverbände. Eine Bestandsaufnahme der Europäischen Verbandswirklichkeit, Baden Baden 1981; G.Köpke, Aktionsmöglichkeiten der europäischen Gewerkschaftsausschüsse auf Branchen- und Konzernebene, in: P.Kühne, Hg., Gewerkschaftliche Betriebspolitik in Westeuropa, Berlin 1982; Gewerkschaftsinstitut, Hg., Gewerkschaftliche Grundrechte im Unternehmen in europäischen Ländern, Brüssel 1980; zum gewerkschaftliche Organisationsgrad (Anteil der Gewerkschaftsmitglieder an den beruflich aktiven abhängig Beschäftigten): Er lag in der Bundesrepublik 1950 bei 33%, 1960 bei 37%, 1970 bei 36%, 1980 bei 38%, 1985 bei 42%, in Frankreich 1950 bei 31%, 1970 bei 31%, 1980 bei 27%, 1983 bei 29%; der westeuropäische Durchschnitt: 1950 44%, 1960 42%, 1970 44%, 1980 50%; übernommen aus: H.Kaelble, Auf dem Weg zu einer europäischen Gesellschaft. Eine Sozialgeschichte Westeuropas 1880-1980, München 1987, S.84; für 1980 allerdings Frankreich neuberechnet nach den inzwischen erschienenen neueren Angaben in: P.Jansen u.a., Gewerkschaften in Frankreich, Frankfurt 1986, S.51 (Gewerkschaftsmitglieder in Frankreich 1980); für Frankreich 1983 und Bundesrepublik 1985: Le Monde 9.8.1983; Statistisches Jahrbuch der Bundesrepublik 1986, S.583; Labour Force Statistics 1965-1985, OECD Paris 1987, S.225, 245; für aktuellere Zahlen: A.Preyer, Frankreichs Gewerkschaften im Wandel, in: Dokumente 45.1989; vgl auch: G.S.Bain/R.Price, Profiles in Union Growth, Oxford 1980; zum Niedergang der Arbeiterkultur in der Bundesrepublik: K.Tenfelde, Vom Ende und Erbe der Arbeiterkultur, in: S.Miller/M.Ristau, Hg., Gesellschaftlicher Wandel, soziale Demokratie. 125 Jahre SPD, Köln 1988; J. Mooser, Arbeiterleben in Deutschland 1900-1970, Frankfurt 1984, S.141ff.; zum Arbeiteranteil in den Gewerkschaften: Jansen/Kiersch, Frankreich; Fridenson, Conflit social; Statistisches Jahrbuch der Bundesrepublik 1986, S.100, 583; Schönhoven, Gewerkschaften, S.227f., 242ff.

Arbeitgeber: H.Weber, Le parti des patrons. Le CNPF (1946-1986), Paris 1986, S.75, 94ff., 151ff.; W.Kowalsky, Frankreichs Unternehmen in der Wende (1965-1982), Rheinfelden 1989, S.41ff.; Fridenson, Conflit social; Ehrmann, La politique du patronat français 1936-1955, Paris 1959; B.Brizay, Le patronat. Histoire, structure, stratégie du CNPF, Paris 1975; G.Lefranc, Les organisations patronales en France du passé au présent, Paris 1976; I.Kolboom, Frankreichs Unternehmer zwischen Konfrontation und sozialer Öffnung. Die Strategie des CNPF seit 1971, in: Lendemain 11 1977; P.Ullmann, Interessenverbände in Deutschland, Frankfurt 1988, S.228ff.; V.Berghahn, Unternehmer und Politik in der Bundesrepublik, Frankfurt 1985; J.Hartmann, Verbände in der westlichen Industriegesellschaft. Ein international vergleichendes Handbuch, Frankfurt 1985, S.307ff., 315ff.

Streiks und Tarifbeziehungen: L.Kißler/R.Laserre, Tarifpolitik. Ein französisch-deutscher Vergleich, Frankfurt 1987; dies., Arbeitspolitik. Ein deutsch-französischer Vergleich, Frankfurt 1985; G.A.Ritter, Der Sozialstaat. Entstehung und Entwicklung im internationalen Vergleich, München 1988, S.172ff.; R.Laserre, Tarifpolitik zwischen gesellschaftlichem Konflikt und staatlicher Intervention, in: ders./W.Neumann/R.Picht, Hg., Deutschland - Frankreich: Bausteine zum Systemvergleich, Gerlingen 1981, Bd.2, S.158ff.; W.Neumann, Tarifbeziehungen als institutionelle Machtverteilung, in: ebda., Bd.2, S.115ff.; E.Shorter/C.Tilly, Strikes in France, 1830-1968, Cambridge 1974; F.Scharpf, Sozialdemokratische Krisenpolitik in Europa, Frankfurt 1987; G.Adam/J.D.Reynaud, Conflits du travail et changement social, Paris 1978, S.15ff.; Jansen, Sozialpartnerschaft; Eurostat. Revue 1973-1982, Luxemburg 1984, S.132 (Streiktage); Frankreich 1946-74: P.Flora, State, economy and society 1825-1975, Bd.2, Frankfurt 1987, S.709ff.; Bundesrepublik 1949-1979: H.Spode/H.Volkmann/ G.Morsch/R.Hudemann, Statistik der Streiks und Aussperrungen in Deutschland, Ostfildern vorauss. 1991; Streikfälle und Streikbeteiligte für Frankreich 1975-84 und für die Bundesrepublik 1980-84: Statistisches Jahrbuch für die Bundesrepublik Deutschland 1983, S.648; a.a.O.,1986 S.654; verlorene Arbeitstage für Frankreich 1975-84 und für die Bundesrepublik 1980-1984: Eurostat. Revue 1973-1982, Luxemburg 1984, S.132; Eurostat. Revue 1977-1986, Luxemburg 1988, S.120; H.Kaelble, The Dissolution of a European Strike Pattern? Disparities and Convergences in 20th Century European Industrial Relations, in: International Review of Social History vorauss.1992

Mitbestimmung: R.M.Staehelin, Mitbestimmung in Europa. Eine rechts- und praxisvergleichende Studie, Zürich 1979, S.147ff., 311ff.; Jansen/Kißler/Kühne/Leggewie/ Seul, Gewerkschaften, S.71ff.; P.Jansen, Nationale Besonderheiten der gewerkschaftlichen Interessenvertretungen – das Beispiel Frankreich, in: P.Kühne, Hg., Gewerkschaftliche Betriebspolitik in Westeuropa, Berlin 1982; W.Däubler, Nationale Besonderheiten der gewerkschaftlichen Interessenvertretung in Betrieb und Unternehmen. Das Beispiel der Bundesrepublik Deutschland, in: a.a.o.; B.Deschamps/F.Rychener, La démocratie industrielle: conflict ou coopération? Etude comparative: R.F.A., Grande-Bretagne, France, Paris 1979; H.Diefenbacher/H.G.Nutzinger, Praxisprobleme direkter Partizipation, in: L.Kißler, Hg., Industrielle Demokratie in Frankreich, Frankfurt 1985; F.Gamillscheg, Mitbestimmung und Mitwirkung der Arbeitnehmer bei den Entscheidungen in Betrieb und Unternehmen: Zum Verhältnis Betriebsrat und Gewerkschaft, in: ders., Hg., Mitbestimmung der Arbeitnehmer in Frankreich, Großbritannien, Schweden, Italien, den USA und der Bundesrepublik Deutschland, Frankfurt 1978; Ritter, Sozialstaat, S.164ff.; Schönhoven, Gewerkschaften, S.214ff.

Neue soziale Bewegungen im Vergleich: N.S.J.Watts, Mobilisierungspotential und gesellschaftliche Bedeutung der neuen sozialen Bewegungen. Ein Vergleich der Länder der Europäischen Gemeinschaft, in: R.Roth/D.Rucht, Hg., Neue soziale Bewegungen in der Bundesrepublik Deutschland, Frankfurt 1987, S.47-67 (Meinungsumfragen zur Einstellung zu einzelnen sozialen Bewegungen in der Europäischen Gemeinschaft 1981-1986); C.Leggewie, Propheten ohne Macht. Die neuen sozialen Bewegungen in Frankreich zwischen Resignation und Fremdbestimmung, in: K.-W.Brand, Hg., Neue soziale Bewegungen in Westeuropa und den USA, Frankfurt 1985; Die Europäer und ihre Umwelt, hg.v. der Kommission der Europäischen Gemeinschaften, Brüssel 1982, S.17, 38, 47f. (Ähnliche Sensibilität für Umweltprobleme in Frankreich und der Bundesrepublik 1982); Eurobarometer Nr.28, Dezember 1987, Anhang B, S.123ff. (Ansichten über Kriegsgefahr in Frankreich und der Bundesrepublik 1971-1987); S.von Oppeln-Bronikowski, Die Linke im Kernenergiekonflikt. Deutschland und Frankreich im Vergleich, Frankfurt 1989; dies., Parti Socialiste (PS) und neue soziale Bewegungen. Das Beispiel Kernenergiekonflikt, in: Perspektiven des Demokratischen Sozialismus 1.1985; W.Fach/G.Simonis, Die Stärke des Staats im Atomkonflikt. Frankreich und die Bundesrepublik im Vergleich, Frankfurt 1987; A.Touraine, Soziale Bewegungen, in: Leenhardt/Picht, Hg., Esprit/Geist, S.248ff. (betont starke französisch-deutsche Ähnlichkeiten).

Literatur und Quellen zu Kapitel 11

Zur Geschichte der Sozialversicherungen: H.C.Galant, Histoire politique de la sécurité sociale française 1945-1952, Paris 1955; J.-P.Rioux, La France de la Quatrième République, 2 Bde., Bd.1, Paris 1980, S.113ff.; Y.Saint-Jours, Länderbericht Frankreich, in: P.A.Köhler/H.F.Zacher, Hg., Ein Jahrhundert Sozialversicherung in der Bundesrepublik Deutschland, Frankreich, Großbritannien, Österreich und der Schweiz, Berlin 1981; F.Ewald, L'état-providence, Paris 1985; D.Borne, Histoire de la société française depuis 1945, Paris 1988, S.137 (Verachtundzwanzigfachung der Sozialausgaben Frankreichs zwischen 1959 und 1983); für die Bundesrepublik: V.Hentschel, Geschichte der deutschen Sozialpolitik 1880-1980, Frankfurt 1983, S.150ff.; J.Alber, Der Sozialstaat in der Bundesrepublik, 1950-1983, Frankfurt 1989; H.-G.Hockerts, Sozialpolitische Entscheidungen im Nachkriegsdeutschland. Alliierte und deutsche Sozialversicherunspolitik 1945-1957, Stuttgart 1980; J.Alber, Germany, in: P.Flora, Hg., Growth to Limits. The Western European Welfare States Since World War II, 5 Bde., Bd. 2, New York 1986, S.11ff.; für den Vergleich: G.Hockerts, Die Entwicklung vom Zweiten Weltkrieg bis zur Gegenwart, in: P.A.Köhler/H.F.Zacher, Hg., Beiträge zur Geschichte und zur aktuellen Situation der Sozialversicherung, Berlin 1982, S.148f. (tragende wohlfahrtstaatliche Entscheidungen nach 1945 in Frankreich und der Bundesrepublik); G.A.Ritter, Der Sozialstaat. Entstehung und Entwicklung im internationalen Vergleich, München 1969, S.152f., 158ff.; J.Alber, Vom Armenhaus zum Wohlfahrtsstaat. Analyse der Sozialversicherungen in Westeuropa, Frankfurt 1982; G.Schmid/B.Reissert/G.Bruche, Arbeitslosenversicherung und aktive Arbeitsmarktpolitik. Finanzierungssystem im internationalen Vergleich, Berlin 1987; G.Schmidt u.a., Arbeitslosenversicherung und aktive Arbeitsmarktpolitik. Finanzierungssystem im internationalen Vergleich, Berlin 1987; D.E. Ashford, The Emergence of the Welfare States, London 1988; Sozialindikatoren der europäischen Gemeinschaft 1960-1975, Luxemburg 1977, S.186ff. (Sozialleistungen an Familien, 1970-75; Sozialversicherungsbeiträge durch Arbeitnehmer, Arbeitgeber und Staat); Eurostat. Revue 1977-1986, Luxemburg 1988 (auch frühere, weiter zurückgehende Ausgaben), S.123f., 186-9 (Aufbringung der Einnahmen der Sozialversicherungen 1977-86; Sozialleistungen an Familien; Anteil Sozialleistungen am Sozialprodukt 1980); F.Schultheis, Sozialgeschichte der französischen Familienpolitik, Frankfurt 1988; Données sociales 1981, Paris INSEE 1981, S.317 (Sozialleistungen an Familien 1960-1979); Social Expenditure 1960-1990, Paris OECD 1985, S.21 (Anteil der Sozialleistungen am Sozialprodukt 1981); P.Flora, State, Economy and Society in Western Europe 1815-1975, 2 Bde., Bd.1, Frankfurt 1983, S.456ff. (Sozialausgaben, Anteil der Erwerbstätigen in staatlichen Sozialversicherungen); C.Conrad, Die Entstehung des modernen Ruhestands. Deutschland im internationalen Vergleich 1850-1960, in: Geschichte und Gesellschaft 14.1988, S.430ff., 440ff. (Annäherung des Ruhestandalters); generell zur Annäherung der westeuropäischen Wohlfahrtsstaaten: H.Kaelble, Auf dem Weg zu einer europäischen Gesellschaft, München 1987, S.73ff., 119ff.; P.Flora, Growth to Limits, Bd.5, Berlin New York vorauss. 1991.

Zur Bildungsgeschichte: in Frankreich: A.Prost, L'école et la famille dans une société en mutation (Histoire générale de l'enseignement et l'éducation en France, Bd.4), Paris 1981, S.23 (Studentenzahlen der grandes écoles), S.31f., 205ff., (soziale Herkunft der Studenten), 235ff. (Kommission Langevin-Wallon), 551ff. (Berufschulen und Lehre); ders., Histoire de l'enseignement en France 1800-1967, Paris 1968, S.420ff.; in der Bundesrepublik: M.Kraul, Das deutsche Gymnasium 1780-1980, Frankfurt 1984, S.185ff.; H.Becker, Bildungspolitik, in: Die Bundesrepublik, Bd.2: Gesellschaft, Frankfurt 1983; Alber, Germany, S.105ff.; B.Lutz, Bildungssystem und Beschäftigungsstruktur in Deutschland und Frankreich. Zum Einfluß des Bildungssystems auf die Gestaltung betrieblicher Arbeitskräftestrukturen, in: Betrieb – Arbeitsmarkt –

Qualifikation, hg. v. H.-G.Mendius u.a., Forschung, Frankfurt 1976, S.115ff.; M.Maurice/F.Sellier/J.-J.Silvestre, Politique d'éducation et organisation industrielle en France et en Allemagne, Paris 1982, S.6off.; P.Windolf, L'expansion de l'enseigement et la surqualification sur le marché de travail, in: Archives européennes de sociologie 25 1984, S.115ff., 126ff., 138 (Ausbildungsabschlüsse unter leitenden Angestellten Frankreichs und der Bundesrepublik); Données sociales 1987, Paris 1987, S.547, 551 (Fachschulausbildung 1963-1986; Lehrlinge 1954-85; Kindergartenkinder, Schüler, Studenten 1963-1986); Statistisches Jahrbuch für die Bundesrepublik Deutschland 1983, S.344, 403 (Kindergartenkinder, Vorschüler); Flora, State, Bd.1, S.381ff. (Bildungsausgaben) 582, 589 (Universitätsstudenten 1950-1975); H.Kaelble, Soziale Mobilität und Chancengleichheit im 19. und 20. Jahrhundert, Göttingen 1983, S.200, 210ff. (soziale Herkunft der Studenten und Studentinnenanteil in Frankreich und der Bundesrepublik), 222f. (Chancen des Hochschulzugangs); M.Haller, Klassenstrukturen und Beschäftigungssystem in Frankreich und der Bundesrepublik Deutschland. Eine makrosoziologische Analyse der Beziehung zwischen Qualifikation, Technik und Arbeitsorganisation, in: M.Haller/W.Müller, Hg., Beschäftigungssystem im gesellschaftlichen Wandel, Frankfurt 1983, Tabelle 1 (Hochschulabsolventen unter Ingenieuren: Frankreich 41%, Bundesrepublik: 32%); Das soziale Bild der Studentenschaft in der Bundesrepublik Deutschland. 11.Sozialerhebung des deutschen Studentenwerkes, Bonn 1986, S.71 (Studentenzahlen 1970-1985), S.87ff.; Eurostat. Revue 1973-1982, Luxemburg 1984, S.116 (Männer und Frauen an Hochschulen der Europäischen Gemeinschaft 1973-81); Statistisches Jahrbuch für die Bundesrepublik Deutschland 1953, S.89 (Abiturientinnen 1951; Kindergartenkinder und Vorschüler); ebda., 1967, S.413; ebda., 1982, S.404 (öffentliche Kindergärten 1963-1980); Données sociales, édition 1984, Paris 1984, S.472 (Studentenzahlen 1963-83); Eurostat. Bevölkerungsstatistik 1984, Luxemburg 1984, S.82f., 94f. (Zahl der 18-24jährigen in Frankreich und der Bundesrepublik); P.Flora, Quantitative Historical Sociology, Paris 1977, S.54f. (Analphabetenraten); The Integration of Women into the Economy, OECD Paris 1985, S.124 (Mädchenanteil der oberen Sekundarschulklassen).

Zur Stadtplanung und zum Wohnungsbau: in Frankreich: A.Prost, La périodisation des politiques urbaines françaises depuis 1945: le point de vue d'un historien, in: Les politiques urbaines françaises depuis 1945, Bulletin de l'Institut d'histoire du temps présent, Supplément no.5, Paris 1984; Histoire de la France urbaine, Bd.5: Les villes d'aujourd'hui, Paris 1985, S.75ff., 177ff.; D.Voldman, Images, discours et enjeux de la reconstruction des villes françaises après 1945, Cahiers de L'institut d'histoire du temps présent, no.5, Paris 1987; dies., La reconstruction des villes: solutions françaises et modèles allemands, in: Themenheft «France-Allemagne 1944-1947», a.a.O., no.13-14, 1989/90; J.-L.Harouel, Histoire de l'urbanisme, Paris 1981, S.32ff; P.A.Phillips, Modern France. Theories and Realities of Urban Planning, Lanham 1987, S.75ff., 116ff.; in Deutschland bzw. der Bundesrepublik: H.Matzerath/I.Thienel, Stadtentwicklung, Stadtplanung, Stadtentwicklungsplanung, in: Die Verwaltung 10 1977; A.Schildt/A.Sywottek, Hg., Massenwohnung und Eigenheim. Wohnungsbau und Wohnen in der Großstadt seit dem Ersten Weltkrieg, Frankfurt 1988; W.Herlyn/A.v.Saldern/W.Tessin, Hg., Neubausiedlungen der 20er und 60er Jahre, Frankfurt 1987; P.-C.Witt, Inflation, Wohnungszwangswirtschaft und Hauszinssteuer. Zur Regelung von Wohnungsbau und Wohnungsmarkt in der Weimarer Republik, in: L.Niethammer, Hg., Wohnen im Wandel, Wuppertal 1979, S.400; U. Blumenroth, Deutsche Wohnungspolitik seit der Reichsgründung, Münster 1975, S.399; H.Brunhöber, Wohnen, in: W.Benz, Hg., Die Bundesrepublik Deutschland, Bd.2, Frankfurt 1983, S.188 (Anteil der Wohnungs- bzw. Hausbesitzer an den bundesdeutschen Haushalten); in beiden Ländern: P.Hall, Cities of To-Morrow. An Intellectual History of Urban Planning in the 20th Century, Oxford 1988; Sozialindikatoren für die Europäische Gemeinschaft 1960-1975, Luxemburg 1977, S.252 (Bauträger); C.Engeli/H.Matzerath, Hg., Moderne deutsche Stadtgeschichtsforschung in Europa, USA und Japan, Stuttgart 1989; Sozialindikatoren für die Europäische Gemeinschaft 1960-1975, Luxemburg 1977, S.242ff (Wohnungsbestand und -bau, Mietpreise, Wohnungsaustattung und Zimmerzahl 1960-1975); Eurostat. Revue 1973-1982, Luxemburg 1984, S.111; ebda., 1977-86, Luxemburg 1988, S.100, (Wohnungsbestand und Mietpreise); A.S.Deaton, The Structure of Demand 1920-1970, in: Fontana Economic History, Bd.5, Teil 1, London 1976, S.118f. (Wohnungsstandards); Flora, State, Bd.2, S.302ff. (Zimmerzahl pro Wohnung); Living Conditions in OECD Countries, Paris OECD 1986, S.134f.; Die Europäer und ihre Kinder. Umfrageerhebung in den Ländern der Europäischen Gemeinschaft, Brüssel 1979, S.24.

Lebenssituation und eventuelle Wirkungen des Wohlfahrtsstaats: Living Conditions in OECD Countries. A Compendium of Social indicators, OECD Paris 1986, S.32, 35, 90f., 148 (Lebenserwartung für Neugeborene, 20-, 40- und 60jährige Frauen und Männer in Frankreich und der Bundesrepublik, 1950-1980; Kindersterblichkeit in Frankreich und der Bundesrepublik 1950-1980; Schichtarbeit und Nachtarbeit 1975/78; Luftverschmutzung in Frankreich und der Bundesrepublik 1980); Sozialindikatoren für die Europäische Gemeinschaft 1960-1975, Luxemburg 1977, S.166ff. (Verbrauch an Wein, Gemüse, Frischobst pro Einwohner, Zigaretten und Tabak pro Erwachsener in Frankreich und der Bundesrepublik 1960-1975); Measuring Health Care 1960-1983, Paris OECD 1985, S.12, 68ff. 89ff., 131, 135ff. (Anteil der Gesundheitsausgaben am BSP; Absicherung gegen Krankheitskosten; Heilberufe; Lebenserwartung, Alkohol- und Tabakverbrauch, Leberzirrhose und Lungenkrebs); Femmes et hommes d'Europe en 1978, hg.v.d. Kommission der Europäischen Gemeinschaften, Brüssel 1979, S.48f. (Berufszufriedenheit; allerdings gab es diesen Unterschied in der Nachfolgebefragung 1983 nicht mehr: a.a.O. en 1983, Brüssel o.J., S.108f.); Eurostat. Haushaltsrechnungen. Einige vergleichende Ergebnisse: BR Deutschland - Frankreich - Italien - Vereinigtes Königreich, Luxemburg 1985, S.94ff.

Register

Académie française 182, 189
Adenauer, Konrad 149, 224
Akademiker (auch akademische Berufe) 69, 75, 105, 175, 179
Alber, Jens 115
Angestellte (auch Angestelltenberufe; Industrieangestellte) 20, 31, 49, 52, 82f., 93f., 114f., 140, 142, 157, 164, 179, 184, 188, 193, 197f., 200, 217f., 222, 234
Antisemitismus 35, 69, 86, 104
Arbeiter (auch Industriearbeiter; Arbeiterklasse; Arbeiterschaft) 11, 28–32, 38, 48, 51, 68f., 81ff., 87, 93–97, 101, 107, 114ff., 118, 120–124, 126, 128, 139, 141, 145, 147, 164, 184, 188, 196, 199f., 211, 217, 233f., 237, 240
Arbeiterbewegung 32, 70, 81, 87f., 91, 93, 96, 98–101, 118f., 121ff., 125f., 128, 140ff., 144, 206, 214, 233
Arbeitgeber (auch Arbeitgeberverbände; Arbeitgeberorganisationen) 92f., 95, 115, 142, 147, 184, 199, 201–205, 207ff., 216f., 224f., 233f.
Arbeitslosigkeit (auch Arbeitslose) 122, 179, 208, 229
Aristokratie (auch Adel; aristokratisch) 11f., 59–66, 71f., 76, 79, 84f., 99, 134, 138, 140f., 145, 233
Armee 63ff., 67, 70, 84, 86, 99, 141, 145
Aroux, Gesetze 1982 204, 208
Aufstiegschancen 11, 185
Ausbildung (auch Bildung, Erziehung; s. a. grandes écoles, Schulen, Technische Hochschule, Universitäten) 35, 38, 56, 172, 227, 229, 235; Handwerker-, Facharbeiterausbildung 24f., 157, 166, 215, 224, 230
Auswanderung 11, 28

Baden 105, 111, 213
Bauern (auch bäuerlich) 11, 20, 47f., 53, 60, 151, 156f., 164, 166, 184, 194, 196, 234, 240
Beamte (auch Beamtentum; Staatsbeamte) 60, 63, 65, 69, 73, 75–78, 80, 82, 96, 110, 139, 183, 188f., 193, 197, 201f., 204, 217, 240; Beamtenfamilie 49, 73f.; Beamtinnen 179f.
Belgien (auch belgisch) 23, 26, 32, 36, 91, 95, 126, 179, 198, 208, 228
Berlepsch, Hans Herrmann v. 119
Berlin 33, 77, 117, 129, 133, 135f.
Berufe, freie (auch Professions; Ärzte; Anwälte; Ingenieure; Architekten; Apoth.; Chemiker; s. a. Akademiker) 20, 31, 37, 55f., 60ff., 72f., 75–79, 85f., 110, 183, 240; Berufe, staatsnahe 69, 73, 85, 233
Besatzung, deutsche (1940–45) 10, 194, 198, 215
Beveridge, William Henry 216
Bevölkerungswachstum (s. a. Geburtenrate, Heirat, Kindersterblichkeit, Lebenserwartung, Müttersterblichkeit, Sterberate) 10, 11, 28, 30, 33, 36f., 39, 81, 126, 130, 135, 141, 146, 162
Bewegungen, soziale 12, 196f., 205f., 209–212, 231
Bismarck, Otto v. (auch Bismarckzeit) 22, 27, 64, 67ff., 114f., 117f., 127, 137, 217, 223f., 229
Bourdieu, Pierre 182, 184
Borgeois, Léon 119
Borgeoisie 13f., 59, 75, 84ff., 136, 182ff., 186f., 190f., 194, 233, 237
Brandt, Willy 190, 195
Bürgertum (auch bürgerlich; s. a. Großbürgertum; freie Berufe; Unternehmer; Beamte; Bourgeoisie) 11, 13f., 32, 35, 42, 48, 51, 53, 55f., 59–67, 69–86, 95, 99, 102, 113f., 119f., 130, 137–141, 144ff., 170, 182–185, 188, 190ff., 194–196, 233ff., 237, 239f.; Bildungsbürgertum 35, 38, 73f., 77, 110, 130; Wirtschaftsbürgertum 60, 69, 75, 85, 110
Bund der Landwirte 63f.
Bundesrepublik (als Epochenbezeichnung) 11f., 14f., 149, 151, 153–181, 183, 185–194, 196–231, 236–245

Cambon, Victor 129, 135
CFDT 198 ff.
CFTC 198
CGC 198
CGT 11, 82, 89, 91 f., 98, 198 ff., 209, 211
CNPF 199, 207
Communeaufstand 82, 87 f., 97, 118, 137
concours (Eintrittsprüfung in die französische Verwaltung) 64 f., 110

Dänemark (auch dänisch) 36, 91, 179, 228
Daladier, Edouard 205
DGB 197, 199 f., 208
Didon, Henri 104
Dienstleistungssektor 29, 31, 96, 147, 156, 158, 164, 179, 199 f.
Digeon, Paul 104
DDR 15, 162 f.
Dreyfus-Affaire 66 f., 70, 84
Dritte Republik 64–67, 69 f., 75 f., 80, 98 ff., 107, 110–114, 120, 137, 140 f., 144 ff., 152, 206, 233, 236

Einheit, deutsche 13, 163
Einwanderung (auch Immigration) 11, 28
Elsaß (auch elsässisch) 19, 27, 67, 133, 209
Eltern 36, 41 f., 44–50, 54, 56 ff., 140 f., 168–174, 176 f., 186, 233, 239
Erhard, Ludwig 154
Europa (auch europäisch; s. a. Westeuropa) 12, 15, 19, 21, 26–31, 33, 36, 39, 42 ff., 50 f., 53 f., 59, 68, 71, 78, 83, 85 ff., 92, 98 ff., 103 f., 115, 119 f., 128, 130, 134, 139–142, 144, 147, 152, 154 f., 159, 161, 164, 167, 169, 176, 180, 183, 185 f., 191 ff., 196, 205 f., 208, 212 f., 216, 222 f., 225 ff., 229–232, 235 ff., 239, 241 f., 244 ff.
Europäische Gemeinschaft 10, 159, 162, 179, 212, 225
Europäischer Gewerkschaftsbund 196, 209, 212
Export 25 f., 155, 159

Familie (s. a. Eltern, Frau, Heirat, Haushalt, Jugendliche, Kinder, Scheidung) 11, 13 f., 34, 36, 41 f., 44, 46 f., 49, 51–58, 60, 95, 112 ff., 139 ff., 167–174, 176 ff., 180 f., 192, 217, 221, 223, 232 ff., 237, 239; Familiengröße 12, 44, 168, 170; Familienleben 14, 41, 43, 47, 49, 56, 168–172, 176, 180 f., 188, 192
Familienunternehmen (auch Familienbetriebe) 11, 24, 30, 57, 62, 86, 190, 202, 232, 237, 240
Feindbilder 10, 235
FEN 198, 200
Ferry, Jules 68, 112
Feudalisierung (des dt. Bürgertums) 71 f.
FO 198–200
Frau 29, 36, 43 f., 47 f., 50–53, 57, 70, 104, 110 ff., 118, 120 ff., 126, 141 f., 158, 168, 173–181, 188, 192, 210, 214, 220, 222, 228, 232–235, 241; Ehefrau (s. a. Haushalt, Heirat) 41, 50–53, 140 f., 168, 174 f., 181, 188, 192, 232 f., 237, 239
Frauenarbeit 51 ff., 57, 163, 174 f., 179 ff.
Frauenbewegung 51, 175, 209
Fünfte Republik 148, 162, 202, 206, 215, 219, 224
Furet, François 196

Gaulle, Charles de (auch Gaullisten) 191, 215, 218, 223 f.
Geburtenrate 12, 29 f., 33, 39, 41 ff., 49 f., 53, 57, 135, 140 f., 146, 163, 169 f., 174, 233 f.
Gewerkschaften 11, 32, 82, 87, 89–96, 142, 147, 153, 182, 196–212, 237
Giroud, Françoise 182
grandes écoles 12, 24, 27, 73, 106, 109 f., 168, 188 f., 191, 193, 218 f., 229
Grass, Günther 182
Griechenland 170, 179
Großbritannien (auch England, englisch, britisch) 19, 23, 26, 28, 32, 36, 54 ff., 68, 89, 95, 97, 101, 104, 114 f., 119, 126 f., 132 f., 136, 138, 147, 158, 165, 179, 185, 191, 201, 205, 208, 225 f., 228, 241
Großbürgertum (auch großbürgerlich, Großbourgeoisie; s. a. Bürgertum) 48, 51 f., 59, 62, 65, 71 ff., 84 f., 134, 182 f., 185, 192 f., 195
Grosser, Alfred 150, 197
Großgrundbesitzer 60, 71 f., 75, 85
Großstadtkritik (auch Großstadtfeindschaft) 35, 69
Großunternehmen (auch Großindustrie) 12, 20, 39, 66, 72, 75, 86, 94, 101, 112, 145, 160, 166, 190

Großunternehmer 11 f., 31, 71 f., 74, 76, 85
Guesde, Jules 91, 98

Habsburger Monarchie 21, 28, 54
Handel 31 f., 52 f., 63, 82, 218, 221
Handwerk (auch Handwerker; handwerklich; Gewerbe; Kleinunternehmer) 20, 23, 31 f., 52 f., 82, 94, 113, 156, 199 f., 218, 221
Haupt, Heinz-Gerhard 120
Haushalt 41 f., 44, 50 ff., 54, 56, 176, 178, 181, 192
Haussmann, Georges Eugène 129, 132, 134 f.
Heine, Heinrich 9
Heirat 41, 44 f., 71, 175, 177, 187 ff., 193 f., 239; Heiratsalter 43 ff., 45, 54, 174, 177, 181; Heiratskreise 72, 74, 76, 194
Hitler, Adolf 205

Industrialisierung (auch industrielle Revolution) 11, 20 f., 23, 30, 36, 39, 41, 69, 74, 85, 87, 93, 108, 110–114, 126, 130, 155, 160, 232, 234 f.; Industrialisierungsweg 19, 94 f., 100, 112 f., 122, 158, 167
Industrie 13, 19 f., 22 f., 25 ff., 29 f., 32, 39 f., 63, 113, 130, 141, 156 ff., 164, 166, 175, 179, 199, 218, 232
Intellektuelle 35, 61, 69 f., 84, 86, 94, 139, 145, 190 f., 194, 211, 236
Interessenverbände 59, 86, 142, 199
Irland 43, 68, 170, 179, 225 f.
Italien 28, 91, 179, 198, 205, 208, 225, 228

Japan 85, 234, 245
Jaurès, Jean 98 ff., 117, 119
Jeanne d'Arc 52
Judentum 35, 77, 193
Jugendbewegung 35, 56
Jugendliche 56, 121, 171

Kaiserreich, deutsches (als Epochenbezeichnung) 67, 70 f., 84, 97, 99 f., 120 f., 140 f., 145, 148, 193, 216, 223
Kalter Krieg 197 f., 207
Karriere 12, 86, 189, 193
Kathedersozialisten 117, 119

Katholiken 12, 53, 67 f., 76 f., 84, 89, 112, 117, 144, 193
Kautsky, Karl 48
Keynes, John Maynard 162
Kinder 11, 36, 41 f., 44–52, 57, 118, 121, 140 f., 168, 171–174, 176 ff., 180, 188, 192, 221, 232
Kindersterblichkeit 36, 40, 46, 49 f., 57, 140, 146, 220, 232
Kirche 12, 48, 59, 68 f., 76 f., 84, 99, 112, 144, 173, 178, 184, 190, 218
Kleinbürgertum (auch kleinbürgerlich) 11, 52, 60, 68, 76, 81 ff., 85, 93 f., 100, 140, 142, 156 f., 164, 166, 184, 196, 240
Kleinhandel 20, 29, 52
Klerikale 66, 68, 84, 100, 112, 137
Kohl, Jürgen 116
Kolonialpolitik 67
Konservatismus (auch Konservative) 63, 67–70, 84, 94, 119, 128, 223 f.
Konsumgewohnheiten 163, 166
KPF (auch Kommunisten) 191, 198, 210 f., 223
Kriegserlebnis 10, 245

Laforgue, Jules 80
Laizismus 67 f., 76, 112
Land (auch Dorf) 29 f., 33 f., 47, 75, 82, 137, 139 ff., 151, 157, 160, 181, 219, 240
Landarbeiter 94, 100, 140, 234
Landwirte (s. a. Bauern) 30 f., 81, 94, 100, 140, 156
Landwirtschaft 29, 31, 52 f., 125, 156, 158, 164, 179
Laslett, Peter 54, 176
Lebenserwartung 35, 38 ff., 45, 126, 141, 146, 220, 226 f., 232
Lebenskrisen, individuelle 31, 34, 39, 122
Lebensstandard 223, 229
Lebensstil 60, 71, 76, 156, 164, 182, 185 f., 188, 192 ff.
Legien, Carl 89, 92
Liberalismus (auch Liberale) 32, 38, 40, 65–72, 75, 81, 83 f., 86, 89, 99 f., 102, 112 ff., 117, 119, 127 f., 130, 136 f., 139, 144, 153 f., 182, 194, 197, 230, 233 f., 237, 239
Lichtenberger, Henri 19, 74, 118
Lille 27, 32, 133
Linksliberale 67, 88, 94, 97, 99, 140, 142, 223

Lothringen 27, 67
Louis Philippe 64, 78 f.
Lundgreen, Peter 27, 110
Luxemburg 173, 227
Lyon 27, 32, 132

Manager 11, 20, 24, 62, 73, 86, 96, 106, 112, 139, 141, 155, 183, 190, 240
Männer 36, 45, 47 f., 50–57, 158, 173, 175–178, 210, 220, 232
Meinung, öffentliche 10, 154, 191, 231
Migration 29, 33, 39, 156, 190, 242 f.
Militarismus 142
Millerand, Alexandre 97, 117, 119
Mitbestimmung, betriebliche 204, 208 f., 212, 241
Mittelschicht 44, 83, 140, 192
Mitterauer, Michael 54
Mitterand, François 162, 190, 219
Mobilität, soziale s. Aufstiegschancen, Karrieren
Monarchisten 66, 84, 100, 137
Müttersterblichkeit 49 f., 57, 140 f., 232
musée social 117, 132

Napoleon I. 9, 112, 120
Napoleon III. 64, 66, 104, 120
Nationalismus 9, 67, 104, 236, 245
Nationalsozialismus (auch NS-Regime) 145, 147 f., 152, 154, 182 f., 190 f., 193, 206 f., 211, 216, 236
Nationalstaat 39, 67, 84
Niederlande 36, 43, 53, 68, 104, 138, 198, 205 f., 208, 214
notables (auch Notablenfamilien) 64, 75, 85, 137, 140

Oberschicht (auch obere Schichten) 44, 70, 72, 74 ff., 158, 167, 182–194, 214, 223
OECD 160, 221, 225
Österreich 28, 32, 42, 53, 104, 114
Offiziere 11, 63 f., 71 f., 75, 80
Osteuropa 42, 59, 234

pantouflage 188
Paris (auch Pariser; Pariserin) 9, 12, 27, 32 f., 33, 49, 76, 88, 97, 107, 117, 129, 132–138, 157, 162, 189, 234, 236

planification 152 ff., 161, 223, 230, 237, 239
Pompidou, Georges 188
Portugal 21, 170, 198, 206
Preußen (auch preußisch) 27, 29, 63 f., 66, 77, 80, 104 f., 107 ff., 111 f., 130, 135, 144, 183, 213
Protestanten (auch evangelisch) 68, 77, 144, 191

Region (auch regional) 15, 20, 27 f., 33, 43, 49, 64, 73, 76 f., 80, 137, 170, 181, 193, 202 f., 205, 207, 211, 231
Reichsgründung 32, 64, 67, 71
Reichstag 63, 65 f., 130
Religion (auch Religiosität; s. a. Kirche, Katholiken, Protestanten) 12, 68, 178
Republikaner (auch republikanisch; Republikanismus) 66 f., 75, 81, 83, 88, 94, 97, 100, 112, 119, 140, 144, 146, 233 f.
Revolution, französische 43, 68, 79, 84, 144, 196
Revolution von 1848 84
Revolution von 1918/19 99, 207
Ringer, Fritz 69, 108, 110
Roubaix 32, 95
Ruhrgebiet 68, 95
Rußland 28, 85

Sachsen 63, 77, 80
Saint-Cères, Jacques 47
St. Etienne 32, 95
Sauzay, Brigitte 149, 231
Scheidung 169, 177, 186, 192
Schichtung, soziale 31, 156, 163 f., 239
Schiller, Karl 162
Schmoller, Gustav 120
Schule 37, 40, 44 f., 68, 71, 73, 104, 110, 172 f., 179, 218, 229
Schweden 23, 32, 90, 94, 97, 104, 115, 119, 126, 147, 168, 179, 191, 214
Schweiz 23, 26, 32 f., 53 ff., 68, 78, 104, 126, 198, 206
Seconde Empire 64, 79
secours mutuel 97, 122–125
Selbständige 31, 53, 81, 164, 174, 184, 224
SFIO 83, 90 f., 94, 97 f., 100
Sieburg, Friedrich 155
Siegfried, Jules 117, 132 f.
Skandinavien 33, 54, 114, 201, 205, 226, 228, 241

Socialistes independants 97f.
Sombart, Werner 75
Sorbonne 74, 106, 117, 235
Sozialdemokratie (auch SPD) 66, 83, 87, 89ff., 93–100, 119, 154, 196, 224, 233
Sozialisten (auch sozialistisch) 67, 82, 87–91, 93f., 96–100, 117ff., 128, 137, 139, 196f., 200, 215, 223, 233f.
Sozialistengesetz 48, 89
Sozialstaat (auch Wohlfahrtsstaat) 12, 14, 101–104, 123, 128f., 139, 141f., 148, 152, 182, 214–217, 220–223, 226f., 229f., 238, 241f.
Sozialversicherung 38, 70, 98, 103, 114–119, 121–128, 141f., 147f., 215–217, 223–226, 229, 234, 238, 241
Spanien 21, 43, 170, 198
Staat (auch Staatsintervention; Interventionsstaat) 11, 13, 32, 38ff., 70, 83, 87, 102ff., 113, 117, 138, 152f., 158, 167, 194, 211, 215, 223, 232, 234
Staatsverwaltung (auch Staatsbürokratie; s.a. Beamte) 12f., 20, 31, 63ff., 68, 84, 86, 102, 110, 116, 131, 145, 153f., 188, 193f., 203, 205, 209, 215, 229, 234
Stadt (auch Großstadt; städtisch; s.a. Großstadtkritik) 31–34, 37f., 54f., 75f., 80, 82, 97, 128, 134f., 137, 139–142, 157, 219, 234, 239; Industriestädte 11, 32, 69, 95, 100, 126, 141
Stadtplanung 38, 70, 100, 102ff., 129–138, 141, 147f., 214ff., 219f., 224, 234, 238, 241; Stadtverwaltung 35, 38, 127, 129, 131–136; Stadtwachstum 11, 134f., 137–139, 232; Städtewachstum (auch Verstädterung) 13, 31f., 34, 36–39, 156, 241
Sterberate 34, 36, 135
Streik (auch Arbeitskonflikt) 13f., 83, 91ff., 96, 100, 120, 147, 168, 198f., 201ff., 208, 238, 240f.
Studenten (auch Studentinnen) 12, 27, 53, 108, 109f., 111, 175, 209, 221f., 228f., 244
Süddeutschland 85, 97, 100, 234
Südeuropa 42, 176, 200
Sutcliffe, Antony 129
Syndikalismus (auch syndikalistisch; Syndikalisten) 88ff., 98, 117, 233

Technische Hochschule 62, 73, 104, 108ff., 131, 219

Thadden, Rudolf v. 149
Titel 71, 79, 140, 145, 183, 233

Ungarn 42, 114
Universitäten 11f., 27, 53, 61f., 73, 84, 100, 104ff., 108, 110, 112, 139, 175, 189, 214, 219, 235
Unternehmen (s.a. Großunternehmen) 24, 30, 59, 61f., 76, 92, 121, 127, 141f., 147, 153, 159, 189, 201, 204, 237, 241
Unternehmer (s.a. Großunternehmer; Manager) 19, 28, 56, 60, 71, 73f., 76ff., 83, 87, 94f., 102, 107, 121f., 153, 155, 183f., 186, 193, 199; Unternehmerfamilie 20, 24, 72f., 155; Unternehmersöhne 55f., 73f.

Verein für Socialpolitik 117, 131
Vereinigte Staaten (auch USA, Amerika) 19, 26, 55, 85, 133, 136, 138, 152, 158, 168, 185, 208, 214, 234, 236, 243ff.
Verständigung, deutsch-französische 14, 16
Vichy-Regime 190, 198, 236f.
Vierte Republik 148, 162, 202, 206, 219
Viviani, Pierre 97, 119
Volksfrontzeit 147, 207

Währungsreform 154
Waldeck-Rousseau, Pierre-Marie 97
Wall, Richard 54
Weimarer Republik 61, 120, 145–148, 203, 206f., 211, 216, 236
Weltwirtschaftskrise 146, 208
Westeuropa (auch westeuropäisch) 11, 14, 36, 43, 54, 59, 61, 90, 98, 137, 153, 162, 165f., 170, 173, 175f., 179ff., 197f., 202–207, 209f., 216f., 223, 225–228, 239, 241f.
Westzonen 199, 237
Wilhelm II. 118, 217
Winnock, Michel 70
Wirtschaft 12, 14f., 26f., 74f., 86, 90, 105ff., 109f., 139, 141, 151f., 155f., 158–163, 166f., 185, 191, 193, 228, 237ff.
Wirtschaftswachstum 20, 22, 139, 160, 166, 235, 238
Wissenschaft 12, 39, 59, 61, 105, 108, 139, 194, 243

Wohnung 35, 165, 171, 187, 192, 219f., 222, 228f., 238; Wohnungsbau 148, 219, 222, 224, 228; Wohnungsmarkt 40, 135

Zensuswahlrecht 66, 75
Zola, Emile 70
Zwischenkriegszeit 13, 145–148, 182, 198f., 208, 213, 222, 235f., 245

Werke zur Geschichte Deutschlands und Frankreichs im Verlag C. H. Beck

Eberhard Weis
Deutschland und Frankreich um 1800
Aufklärung, Revolution, Reform
Herausgegeben von Walter Demel und Bernd Roeck.
1990. 333 Seiten.
Broschiert

Ernst Weisenfeld
Frankreichs Geschichte seit dem Krieg
Von de Gaulle bis Mitterrand
2., überarbeitete und ergänzte Auflage.
1982. 334 Seiten. Paperback
Beck'sche Reihe Band 218

Ernst Weisenfeld
Charles de Gaulle
Der Magier im Elysee
1990. 148 Seiten.
Gebunden

Ernst Weisenfeld
Welches Deutschland soll es sein?
Frankreich und die deutsche Einheit
seit 1945
1986. 203 Seiten.
Broschiert

Johannes Willms
Paris
Hauptstadt Europas 1789–1914
1988. 564 Seiten, 7 Abbildungen.
Gebunden

Werke zur Geschichte Deutschlands und Frankreichs im Verlag C. H. Beck

Gordon Alexander Craig
Deutsche Geschichte 1866–1945
Vom Norddeutschen Bund bis zum Ende des Dritten Reiches
Aus dem Englischen übersetzt von Karl Heinz Siber
66. Tsd. 1989. 806 Seiten.
Leinen

Alexander Demandt (Hrsg.)
Deutschlands Grenzen in der Geschichte
Unter Mitarbeit von
Reimer Hansen, Ilja Mieck, Josef Riedmann,
Hans-Dietrich Schultz, Helmut Wagner und Klaus Zernack
2., verbesserte und erweiterte Auflage.
1990. 279 Seiten.
Leinen

Thomas Nipperdey
Deutsche Geschichte 1800–1866
Bürgerwelt und starker Staat
5., durchgesehene Auflage. 1991. 838 Seiten.
Leinen

Thomas Nipperdey
Deutsche Geschichte 1866–1918
Band 1: Arbeitswelt und Bürgergeist
2. Auflage. 1991. 885 Seiten.
Leinen

Raymond Poidevin
Jacques Bariéty
Frankreich und Deutschland
Die Geschichte ihrer Beziehungen 1815–1975
Aus dem Französischen übertragen
von Josef Becker und Johannes Haas-Heye
1982. 498 Seiten.
Leinen